21世纪哲学系列教材

中国现代哲学通论

宋志明　著

中国人民大学出版社
·北京·

21世纪哲学系列教材

目　　录

21世纪哲学系列教材

CONTENTS

绪　论

中国哲学的新阶段

本章要点

1. 由于中国现代哲学家有了自觉的现代意识和哲学学科意识，哲学遂成为一门独立的学科。

2. 现代中国哲学承接了两种思想资源，一种是中国固有的思想资源，另一种是西方近现代的思想资源。

3. 中国马克思主义哲学、现代新儒家哲学、实证哲学构成了中国现代哲学的基本格局。

4. 价值安立、知识获得、社会改造是中国现代哲学面临的主要理论问题。

5. 中国现代哲学的理论特色是：时间短促，内容丰富；思想交锋，论战频仍；融会中西，综合创新。

以 1919 年前后的五四新文化运动为标志，中国哲学发展到了现代阶段。本书把从 1919 年到 1949 年这一历史区间的中国哲学称为中国现代哲学。我们这里所说的“现代”，并不是从“社会发展史”的意义上说的，而是从“思想演变史”的意义上说的，因为这一时期的中国哲学与前此的中国哲学相比，确实表现出不同的时代特征。

到1949年为止，中国哲学的发展史大体上可以划分为两大阶段。第一个阶段从先秦到清末鸦片战争之前，可以称之为“中国传统哲学”。在这一阶段，中国哲学基本上保持着独立发展的态势，尚未受到西方哲学全面而根本的影响。东汉时期印度佛教传入中国，固然发生较大的影响，但并未从根本上改变中国固有哲学的理论形态。佛教渐渐融入中国固有哲学系统，实现了中国化，成为中国传统哲学的组成部分。16世纪，利马窦等西方传教士来到中国，曾介绍过西方哲学，但影响也十分有限，不能改变中国传统哲学独立发展的态势。鸦片战争以后，中国社会发展迈入近代的门槛，西学涌入中国思想界。不过，在五四以前，“西学”还是一个笼统的概念，其中虽然包含有西方哲学方面的内容，但并不是启蒙思想家们关注的重点。他们心目中的“西学”主要是指西方近代的自然科学、生产技术和社会科学，尤其是制度设计、社会改造方面的理论。在中国近代，哲学还没有真正成为一门独立的学科。哲学在中国成为一门独立的学科是在五四以后实现的，也就是在现代实现的。我们认为，中国近代是由“中国传统哲学”到“中国现代哲学”的过渡阶段，对其可以做思想史的陈述，但难以做哲学史的陈述。对于“中国传统哲学”，可以做广义的哲学史陈述，笔者曾著有《中国传统哲学通论》一书；对于“中国现代哲学”则可以做狭义的哲学史陈述，这就是本书的主旨。本书是《中国传统哲学通论》的姊妹篇。

一、现代哲学学科意识的自觉

中国哲学在现代的新进展，集中表现为现代哲学家有了自觉的现代意识和哲学学科意识，而这两种意识是紧密联系在一起的。

（一）现代意识的自觉

在五四新文化运动之前，先进的中国人已经有了尚变、进化、富国、强兵等意向，但是还没有自觉的、明确的现代意识。在相当长的时期内，人们的目光尚专注于如何改变中国政体的问题上。以孙中山为代表的革命派，主张效仿法国的模式，用暴力推翻清廷，建立民主共和政体；以梁启超为代表的立宪派，主张效仿英国和日本的模式，用改良的手段改造清廷，建立民主立宪政体。1912年中华民国的建立结束了帝制，可是中国社会的状况并没有因此好转，反而变得更加混乱不堪：推倒了一个清廷小皇帝，却冒出了更多个土皇帝；军阀混战，民不聊生，国事日非。在这种情况下，先进的中国人不得不深入思考“中国向何处去”的问题。

“中国向何处去”的追问，既有当下的意义，也有长远的意义。就其当下意义来说，就是如何改变当时中国的混乱状况、重建社会秩序、挽救民族危机的问题；就其长远意义来说，就是如何在中国实现现代化的问题。换句话说，这种追问包含着先进中国人对于现代意识的自觉。陈独秀写过一篇题为《吾人最后之觉悟》的文章，把中国人的觉悟过程分为七个阶段。第一个阶段是明中叶，“西教西器初入中国”；第二个阶段是清之初，由于引入西方的“火器历法”，在中国引发新旧之争；第三个阶段是清之中世，发起洋务运动；第四个阶段是清之末季，实行戊戌变法，终被旧势力扼杀；第五个阶段是民国初建，推翻帝制；第六个阶段是民国初年，军阀专政，反对专制的呼声日高。他预言第七个阶段将是“吾人之最后之觉悟”。他指出，“最后之觉悟”包括两个方面内容：一是“政治的觉悟”，在中国建立名副其实的共和国；二是“伦理的觉悟”，更新伦理观念，造就现代的精神文明。他在文章结尾写道：“继今以往，国人所怀疑莫决者，当为伦理问题。此而不能觉悟，则前之所谓觉悟者，非彻底之觉悟，盖犹在惝恍迷离之境。吾敢断言曰：伦理的觉悟，为吾人最后觉悟之最后觉悟。”① 陈独秀所说的“最后之觉悟”，其实就是对于现代意识的自觉。

在五四时期，先进的中国人对现代性的倡导首先体现在呼唤科学和民主。陈独秀在《〈新青年〉罪案之答辩书》中写道：

> 本志同人本来无罪，只因为拥护那德莫克拉西（Democracy）和赛因斯（Science）两位先生，才犯了这几条滔天的大罪。要拥护那德先生，便不得不反对孔教、礼法、贞节、旧伦理、旧政治。要拥护那赛先生，便不得不反对旧艺术、旧宗教。要拥护德先生又要拥护赛先生，便不得不反对国粹和旧文学。……
>
> 西洋人因为拥护德、赛两先生，闹了多少事，流了多少血，德、赛两先生才渐渐从黑暗中把他们救出，引到光明世界。我们现在认定只有这两位先生，可以救治中国政治上、道德上、学术上、思想上的一切黑暗。若因为拥护这两位先生，一切政府的压迫，社会的攻击笑骂，就是断头流血，都不推辞。②

---

① 《陈独秀文章选编》上，109页，北京，生活·读书·新知三联书店，1984。

② 同上书，317～318页。

科学和民主是五四新文化运动举得最高的两面旗帜，并且成为现代新式知识分子的共识。中国的马克思主义者拥护科学和民主，中国实证哲学家、现代新儒家也拥护科学和民主。他们的哲学思考都是围绕维护科学和民主而展开的。经过新文化运动浪潮的冲击，中国人的思想观念发生了很大的变化，科学和民主观念深入人心。由于民主观念深入人心，袁世凯、张勋等人搞的复辟闹剧，均无法成功。由于科学享有很高的威信，梁启超在《欧游心影录》中批评科学主义思潮时，也不能不小心翼翼地申明：自己绝不是反对倡导科学。

在现代中国，许多思想家认识到：在中国建构现代性，就必须改变自然经济占主导地位的情况。最早接受马克思主义的李大钊运用唯物史观分析中国社会的现状，认为中国的农业经济和大家庭制度构成“二千年来的社会的基础构造”，但在帝国主义入侵以后已经动摇了，不能再维系下去了，必须实行现代转化。实用主义者胡适主张用“摩托车文明”取代“人力车文明”。冯友兰主张中国尽早摆脱“乡下人”的处境，变成“城里人”，把中国“以家庭为本位”的传统社会改变为“以社会为本位”的现代社会。贺麟主张儒商、儒工出来做新社会的柱石，选择“健康的工业化的途径”。尽管他们各自提出的社会改造方案有所不同，但都强调中国必须选择现代化道路，改变中国社会的经济结构。

有些思想家在欢迎现代性的同时，也注意到现代性的负面效应，注意到西方发达国家在现代化进程中已经出现的“现代病”。由于杜亚泉、梁漱溟等人曾对西方的现代性提出尖锐的批评，因而曾被许多人视为“思想保守”，这其实是一种误解。他们批评西方的现代性，并不等于拒斥一切现代性，而恰恰表明他们对于现代性的自觉。他们清醒地意识到，现代化并不等于西方化，西方的现代性并不是现代性的唯一模式。他们同样在努力呼唤现代性，不过他们呼唤的不是西方已有的现代性，而是后发展国家所需要的现代性，即一种有创新性的现代性，一种符合中国国情的现代性。杜亚泉主张“以吾固有文明为绳索”贯穿“西洋之断片的文明”，就是在呼唤这种现代性。梁漱溟说：“第一，要排斥印度的态度，丝毫不能容留；第二，对于西方文化是全盘承受，而根本改过，就是对其态度要改一改；第三，批评的把中国原来态度重新拿出来。”① 他也是在呼唤这种现代性。

黑格尔说：“哲学是这样一个形式：什么样的形式呢？它是最盛开的花朵。它是精神的整个形态的概念，它是整个客观环境的自觉和精神本质，它是时代的精神、作为自己正在思维的精神。这多方面的全体都反映在哲学里面，以哲学作

---

① 梁漱溟：《东西文化及其哲学》，202页，上海，商务印书馆，1922。

为它们单一的焦点，并作为这全体认知其自身的概念。”① 马克思吸收黑格尔思想中的合理内核进一步概括说：哲学是时代精神的精华。我们可以套用这句话说：中国现代哲学也是那个年代的时代精神的精华。现代中国一切看不见的精华都凝结在中国现代哲学中。只有紧紧地抓住这一点，才能抓住中国现代哲学的本质特征，才能搞清楚现代哲学家何以能达到对于哲学学科的自觉，才能了解现代中国哲学何以能突破中国传统哲学的原有框架。

资料卡片

五四新文化运动

近代反封建的思想文化运动。在五四运动前后达到高潮，故名。1915 年 9 月陈独秀主编的《青年杂志》（次年出版的二卷一号起更名为《新青年》）在上海创刊，标志着运动的兴起。陈独秀、胡适、吴虞、鲁迅、李大钊等人是运动的主要领袖。新文化运动以辛亥革命的失败为直接原因，是中国近代历史发展的必然结果。道德革命和文学革命是运动的基本内容。五四新文化运动对封建主义的意识形态进行了空前广泛深入的批判，在社会上产生了较大影响，为马克思主义在中国的传播创造了条件。但它全盘否定传统文化，客观上带来了民族文化虚无主义的不良影响。五四运动后，新文化运动发展为马克思主义的思想运动。

摘自方克立主编：《中国哲学大辞典》，100 页，北京，中国社会科学出版社，1994。

（二）哲学学科意识的自觉

中国传统哲学事实上早已存在，只是没有“哲学”这种称谓而已。黑格尔在《哲学史讲演录》中，就把中国哲学与印度哲学同视为东方哲学。中国哲学不仅“源远”，而且“流长”，几千年绵延不断，这在世界上是绝无仅有的。中国传统哲学与古希腊哲学类似，也是一种包罗万象的学问，并不是一门独立的学科；哲学家也没有形成自觉的哲学学科意识。

以“爱智”解释哲学的说法，中国学人在 16 世纪就已经接触到了。1631 年，由来华传教的耶稣会士傅泛济意译、李之藻达辞的《名理探》，开宗明义首

① ［德］黑格尔著，贺麟、王太庆译：《哲学史讲演录》，第 1 卷，56 页，北京，商务印书馆，1983。

论“爱知学原始”，写道：“爱知学者，西云斐录琐费亚，乃穷理诸学之总名。译名，则知之嗜；译义，则言知也。”又说：“译名，则言探取凡物之所以然，开人洞明物理之识也。”“哲学”这个词是日本学者西周翻译的，中国学者黄遵宪最早在《日本国志》（1895年初刻本）中使用“哲学”一词。1901年，蔡元培写《哲学总论》解释说：“哲学为综合之学”，“以宇宙全体为目的，举其间万有万物之真理原则而考究之以为学”。“爱智”同中国“弘道”、“穷理”、“求是”言殊而旨同，中国学者正是从这个角度接受“哲学”一词的。中国哲学事实上早已存在，只是没有成为一门独立的学科。尽管中国学术史上存在着文史哲不分、经史子集不分的情形，但《庄子·天下》、《荀子·非十二子》、《韩非子·显学》、王充的《论衡》、黄宗羲的《明儒学案》和《宋元学案》等著作，显然都带有哲学史的性质。

在西方，哲学的学科意识是在近代明朗起来的。近代以来科学有了长足的发展，各门学科纷纷独立，哲学不再是包罗万象的学问，回复了它的本来意义，成为一个专门的学科。在中国，对于哲学学科意识的自觉，则是在现代逐步明朗起来的。

五四新文化运动以后，中国学者对哲学的学科性质有了新的认识，哲学在现代中国也逐渐成为一门独立的学科。蔡元培是第一个获得哲学博士学位的中国人，他对哲学的理解颇具代表性。他不再像从前那样把哲学理解为“综合之学”，而是理解为各门学科分化出去之后的独立学科。他在《简易哲学纲要》中写道：

> 哲学是人类思想的产物，思想起于怀疑，因怀疑而求解答，所以有种种假定的学说。普通人都有怀疑的时候，但往往听到一种说明，就深信不疑，算是已经解决了。一经哲学家考察，觉得普通人所认为业已解决的，其中还大有疑点；于是提出种种问题来，再求解答。要是这些哲学家有了各种解答了，他们的信徒认为不成问题了；然而又有些哲学家看出其中又大有疑点，又提出种种问题来，又求解答。有从前以为不成问题而后成为问题的；有从前以为是简单问题而后来成为复杂问题的。初以为解答愈多，问题愈少，那知道问题反随解答而增加。几千年来，这样的递推下来，所以有今日哲学界的状况。①

在这里，蔡元培表达了一种自觉的哲学学科意识。他认为，在科学发展起来之后，哲学作为一门学科，不再是包罗万象的学问，而是不断深化的问题思考方式。他关于哲学的看法，着重突出问题意识和怀疑精神，这是一种理性主义的眼光，凝聚着五四时期的时代精神的精华。他强调，哲学处在发展的过程中，不是

---

① 《蔡元培哲学论著》，305页，石家庄，河北人民出版社，1985。

僵化的教条。至于哲学与科学的关系，他不同意把二者对立起来的看法，认为“科学与哲学，不是对待的，而是演进的”①。科学为哲学思考提供资源，但人类自有一种超乎实证科学的世界观和人生观的要求，因而在科学出现后哲学依然有独立的发展空间。蔡元培把哲学研究的问题概括为三个：一是认识问题，涉及认识的起源、认识的适当、认识的对象等内容；二是偏于世界观方面的原理问题，涉及实在论、生成论等内容，由此形成“理论的哲学”；三是偏于人生观方面的价值问题，涉及价值、伦理、美感等内容，由此形成“实际的哲学”。他还指出，以科学为前提的现代哲学同古代哲学相比较，区别在于不再受到宗教的限制，甚至具有取代宗教的功能。基于这种认识，他主张“以美育代宗教”。他所说“美育”，属于他所说的“实际的哲学”的范围，“以美育代宗教”也有“以哲学代宗教”的意思。概括起来，蔡元培关于哲学学科的看法有三个要点：第一，哲学是关于认识论的学问，应当诉诸理性，讲究逻辑证明，不能像以往那样建立在“圣言量”上面，不能再走“以引证代替论证”的老路。第二，哲学是关于世界观的学问，提出一种关于世界总体的理论，它不可能被科学取代。第三，哲学是关于人生观的学问，帮助人们树立一种指导人生实践的价值理念，满足人的精神需求。基于对哲学学科的新认识，蔡元培在任北京大学校长期间，创办了中国大学的第一个哲学系。

胡适是到美国攻读哲学博士学位的第一个中国学者，师从实用主义者杜威。胡适对哲学学科的认识，深受实用主义的影响。在他看来，哲学研究的主要问题不在世界观方面，而在人生观方面，尤其是同人生观有关的方法论和价值观方面的问题。他给哲学下的定义是：“凡研究人生切要的问题，从根本上着想，要寻一个根本的解决，这种学问，叫做哲学。”② 金岳霖在谈到胡适的时候说：“哲学中本来有世界观和人生观的。我回想起来，胡适是有人生观，可是没有什么世界观的。看来对于宇宙、时空、无极、太极……这样一些问题，他根本不去想；看来他头脑里也没有本体论和认识论或知识论方面的问题。他的哲学仅仅是人生哲学。”③ 金先生的评论基本上符合胡适思想的实际状况。的确，按照胡适的看法，哲学主要是关于人生观的学问，而不是关于世界观的学问。不过，他在论及人生观时，不能不涉及世界观，说胡适的哲学“仅仅是人生哲学”似乎也不太确切。

熊十力不赞成西方近代以来所谓“哲学就是认识论”的论调，强调哲学研究

---

① 《蔡元培哲学论著》，311 页。

② 胡适：《中国哲学史大纲》，1 页，上海，上海古籍出版社，1997。

③ 刘培育主编：《金岳霖的回忆与回忆金岳霖》，29 页，成都，四川教育出版社，1995。

应当以本体论为重心。他创立了“新唯识论”哲学体系，反复申明“《新论》本为发明体用而作”。从本体论讲起，最终还是要讲到人生观，用他的话说：“学者如透悟体用义，即于宇宙人生诸大问题，豁然解了，无复凝滞。”① 为了创立“体用不二”的本体论，熊十力几乎投入毕生的精力。他从20世纪20年代就着手研究这个问题，于30年代中期搭起理论框架，然后又磨砺修改多年，多方面展开论证，直到晚年因遇“文化大革命”动乱，才不得不中止研究。熊十力的本体论研究既涉及世界观，也涉及人生观。他曾想写一本认识论方面的著作，叫做《量论》，但最终没能写出来。

金岳霖和冯友兰注重从理性主义（尤其是“逻辑分析”方法）入手建设哲学学科。冯友兰认为，讲哲学不能诉诸直觉，必须诉诸理性。他在《中国哲学史》中说：“无论科学、哲学，皆系写出或说出之道理，皆必以严刻的理智态度表出之。”“故哲学乃理智之产物；哲学家欲成立道理，必以论证证明其所成立。”“欲立一哲学的道理，谓不辩为是，则非大辩不可；既辩则未有不依逻辑之方法者。”② 他认为哲学的研究范围包括三大部分：一是宇宙论，“目的在求一‘对于世界之道理’”；二是人生论，“目的在求一‘对于人生之道理’”；三是知识论，“目的在求一‘对于知识之道理’”。冯友兰撰写完《中国哲学史》后，不再满足于仅仅做一个哲学史家，开始创建自己的哲学体系。从1939年开始，他陆续出版“贞元六书”，创立了“新理学”体系。在“贞元六书”中，《新理学》是关于宇宙论或世界观的专著，《新原人》是关于人生论或人生观的专著。他没有写出关于知识论的系统性的专著。

冯友兰晚年对哲学学科有了新的看法。他在《中国哲学史新编》中写道：“哲学是人类精神的反思。所谓反思就是人类精神反过来以自己为对象而思之。人类的精神生活的主要部分是认识，所以也可以说，哲学是对于认识的认识。对于认识的认识，就是认识反过来以自己为对象而认识之，这就是认识的反思。”③ 在他看来，哲学不能以与人无关的、纯粹的客观世界为研究对象，而应当以人类的精神生活中的内容为研究对象。“概括地说，有三个方面：自然，社会，个人的人事。人类精神的反思包括三方面以及其间互相关系的问题。这些都是人类精神的反思的对象，也就是哲学的对象。”④ 至于哲学的功能，他认为在于提升人的精神

① 熊十力：《新唯识论》，241页，重庆，商务印书馆，1944。

② 冯友兰：《中国哲学史》，上册，4～6页，北京，中华书局，1992。

③ 冯友兰：《中国哲学史新编》，第1册，9页，北京，人民出版社，1982。

④ 同上书，16页。

境界。“哲学可以给人一个‘安身立命之地’。就是说，哲学可以给人一种精神境界，人可以在其中‘心安理得’地生活下去。”① 在冯友兰晚年的哲学观中，他不再强调哲学是关于世界观的学问，而特别注重哲学是关于人生观的学问。

金岳霖对哲学学科的理解与冯友兰相近，但也有区别。他在冯友兰著《中国哲学史》审查报告中说：“我很赞成冯先生的话，哲学根本是说出一种道理来的道理。但我的意见似乎趋于极端，我以为哲学是说出一个道理来的成见。哲学一定要有所‘见’，这个道理冯先生已经说过，但何以又要成见呢？哲学中的见，其论理上最根本的部分，或者是假设，或者是信仰；严格的说起来，大都是永远或者暂时不能证明与反证的思想。如果一个思想家一定要等这一部分的思想证明之后，才承认他成立，他就不能有哲学。这不是哲学的特殊情形，无论甚么学问，无论甚么思想都有，其所以如此者就是论理学不让我们丢圈子。”② 讲哲学就是讲道理，当然应该遵循理性主义的路径，对哲学结论做尽可能充分的理论论证。不过，要想做完全充分的论证是十分困难的。哲学结论作为一种整体性的论断，难以从形式逻辑的角度找到充分的理由，难以形成所有人的共识，这种结论不可避免地带有假设或信仰的色彩，所以金岳霖称之为“成见”。他所说的“成见”并没有贬义，就是“一家之言”的意思。“成见”或“一家之言”当然有局限性，只有不断地突破这种局限性，哲学才会不断地发展。在哲学发展观方面，金岳霖的看法同蔡元培的看法是一致的。金岳霖认为哲学研究的内容有两大项，一项是“元学”，即本体论学说；另一项是知识论。研究知识论可以暂时不考虑人的情感因素，只以知识为研究对象，对知识的发生过程做出客观的解释；研究“元学”就不能不考虑人的情感因素了，因为元学的研究既关涉世界观，也关涉人生观。依据这种见解，他写了两本哲学专著，一本是《知识论》，一本是《论道》。

据冯友兰讲，金岳霖在英国剑桥大学讲学时曾说过：哲学是概念的游戏。在金岳霖那里，“成见”说和“游戏”说是一致的，意思都是说，很难对哲学结论做出能使所有人都接受的理论论证。接受某种哲学，有如认同一种游戏规则，只有如此，参与此项游戏的人才能玩到一起；而拒斥游戏规则的人是无法参与此项游戏活动的。金岳霖把一个哲学家提出的哲学体系比作一套游戏规则；既然是讲规则，一定要用概念，一定要讲理性，并且要自圆其说。冯友兰在《中国现代哲学史》中表示认同金岳霖的“游戏”说，他写道：“现在我认识到，这个提法说

---

① 冯友兰：《中国哲学史新编》，第1册，27页。

② 冯友兰：《中国哲学史》，下册，附录。

出了哲学的一种真实性质。试看金岳霖的《论道》，不就是把许多概念摆来摆去吗？岂但《论道》如此，我的哲学体系，当时自称为‘新统’者，也是如此。”① 冯友兰补充说：哲学虽然可以视为“概念的游戏”，但并非没有用处；其用处就在于提升人的精神境界，为人提供“安身立命之地”。

最早表述哲学学科自觉意识的中国马克思主义理论家是瞿秋白。1923年，他担任上海大学社会科学系主任，讲授《社会哲学概论》。他在讲义中指出：最初的哲学是一切知识的总称，“随后智识渐渐分类、综合、组织而成系统，就发生种种科学，——从哲学之中分出；至今所剩的仅仅是方法论和认识论”。“科学分工的结果，使哲学仅仅能成为综合一贯的智识，有统率精神物质各方面的智识而求得一整个儿的宇宙观之倾向；更因科学进步而智识系统日益严密，于是，哲学——所谓‘求宇宙根底的功夫’愈益得以深入。然而初民哲学与现代哲学仍旧同样是人对宇宙的认识。”② 他明确地指出，各门科学纷纷独立以后，作为学科的哲学仍旧存在。不过，这时的哲学不再是古代那种包罗万象的学问，而只是一种“求宇宙根底的功夫”。

20世纪30年代以后，苏联编纂的哲学教科书《辩证唯物主义和历史唯物主义》传入中国。受苏联哲学教科书的影响，中国的马克思主义哲学工作者大都把哲学学科理解为“关于世界观的学问”。这种理解不能说不对，但不够全面。准确地说，哲学既是关于世界观的学问，也是关于人生观的学问。哲学作为关于世界观的学问，以客观世界为研究对象，应当诉诸工具理性；哲学作为关于人生观的学问，以人类自身为研究对象，既应当诉诸工具理性，也应当诉诸价值理性。人只能通过认识世界来认识自身，也只能在认识自身的过程中认识世界：这两个方面是分不开的。著名的马克思主义理论家冯契在晚年提出“化理论为方法”和“化理论为德性”的主张，注意到了哲学理论作为关于世界观的学问和人生观的学问的一致性。“化理论为方法”关涉世界观，“化理论为德性”关涉人生观。他写出了《认识世界与认识自己》、《逻辑思维的辩证法》、《人的自由和真善美》等三本哲学专著，把关于世界观的研究与关于人生观的研究统一起来了。冯契对哲学学科的认识同普通哲学教科书的提法相比，显然更为全面。

综上所述，我们可以做出这样的判断：中国现代哲学家在现代意识的基础上，已经达到了对于哲学学科的自觉。尽管他们对哲学的理解并不完全相同，各自的侧重点也不一样，但他们都明确地意识到：当各门科学成为独立的学科之后，哲学不

---

① 冯友兰：《中国现代哲学史》，239页，广州，广东人民出版社，1999。

② 转引自黄美珍等编：《上海大学史料》，268页，上海，复旦大学出版社，1984。

再是古代那种包罗万象的学问，而成为一门专门的学问；哲学有别于宗教，必须建立在理性的基础上；哲学也有别于科学，其研究范围呈现出总体性的特点，是关于世界观和人生观的学问。在这种哲学学科意识的引导下，哲学在现代中国逐渐成为一门独立的学科。大学开设了哲学系，哲学界有了《哲学评论》等专业的学术刊物，有了中国哲学会、新哲学会一类的学术团体，出现了专业的哲学理论工作者，他们专门从事哲学研究，写出了数量可观的哲学专著。除了专业的哲学理论工作者之外，许多著名的革命家、政治家、思想家也十分重视哲学研究，并且结合自己的社会实践为现代中国哲学的发展做出重大的贡献。在这一历史时期，中国哲学已经走出中国，走向世界，同世界范围的现代哲学思潮接轨，进入“综合创新”的新阶段。

正是因为有了这种哲学学科意识的自觉，中国现代哲学同中国传统哲学相比有了质的区别。对于传统中国哲学，由于哲学家尚未形成自觉的哲学学科意识，我们只能写出广义的哲学史；对于现代中国哲学，我们则可以写出狭义的哲学史。

资料卡片

蔡元培（1868—1940）

近代资产阶级学者，教育家。字鹤卿，号孑民。浙江绍兴人。早年好学，曾在叔父蔡铭恩的指导下博览群书。1889 年中举人，1890 年中进士，1892 年为翰林院庶吉士，1894 年补编修。1905 年加入同盟会，被指定为上海同盟会分部主盟员。1907 年赴德国莱比锡大学研究哲学、文学、美学与心理学。1910 年出版《中国伦理学史》。1911 年武昌起义后回国就任南京临时政府教育总长。1912 年 7 月因不满袁世凯专制退出内阁，出访德、法，从事著述工作。1916 年回国出任北京大学校长，推行“思想自由，兼容并包”的方针，提倡学术研究自由，使北京大学成为新文化运动的重要阵地。在哲学上他认为世界一是现象，一是实体，“前者相对于因果，而后者超轶乎因果律。前者与空间时间有不可分离之关系，而后者无空间时间之可言。前者可以经验，而后者全直观。故实体世界不可名言也”（《对于教育方针之意见》）。提出“以美育代宗教说”，认为美育可以“陶养吾人之感情，使有高尚纯洁之习惯”。认为中国没有“独创的哲学”，五十年来只是对西洋哲学之介绍与对中国古代哲学的整理。其主要哲学著作有《中国伦理学史》、《以美育代宗教说》、《五十年来之中国哲学》等。著作编为《蔡元培全集》。

摘自方克立主编：《中国哲学大辞典》，712～713 页，北京，中国社会科学出版社，1994。

二、思想资源

现代中国哲学承接了两种思想资源，一种是中国固有的思想资源，另一种是西方近现代的思想资源。哲学理论工作者们依据自己对时代精神需求的理解，充分利用这两种资源，致力于艰苦的“综合创新”工作，并且取得了相当可观的成绩。

（一）固有的资源

对于中国固有的思想资源，现代哲学家肩负着双重的任务，一是清除封建主义的尘垢，为中国社会的发展扫清思想障碍；一是提炼体现时代精神和民族精神的合理内核，促使中国哲学实现现代转化。他们首先把重点放在前者，后来则逐渐转向后者。

辛亥革命以后，延续数千年之久的封建帝制被推翻，儒学失去了官方的支持，因而也失去在意识形态领域中的主导地位，不再拥有独尊的优势，反而成为人们诟病的话题。尽管如此，对于中国现代哲学来说，作为中国文化主干的儒学依旧是重要的思想资源。自鸦片战争以来，中国知识分子把挽救中国的希望寄托在西学的引进上，并且把传统儒学视为引入西学的思想障碍，形成扬西抑中的倾向。这种倾向到五四时期演化为“打孔家店”的批孔思潮。在新文化运动中，激进派批判传统儒学所包含的封建主义思想因素无疑是正确的，问题在于他们把儒学完全归结为封建主义，全盘否定其正面价值，流露出民族文化虚无主义的情绪。有些人甚至提出一些过火的、不切实际的主张，如废除汉字、把线装书丢到茅厕中去等，这显然有损于民族自尊心的树立和自信心的提升。正是针对激进派的民族文化虚无主义倾向，现代新儒学思潮开始兴起。从新式知识分子队伍中走出来的现代新儒家学者，认同科学与民主的价值，反对封建主义，接纳现代性，有别于守旧派；他们拒斥全盘西化论，摆脱激进情绪的困扰，以理性的眼光和同情的态度看待儒学的价值，努力推动儒学的现代转化，亦有别于激进派。在树立民族自尊心和提升民族自信心方面，他们是有贡献的。批儒的风潮平静下来以后，中国马克思主义者和中国实证论者也开始重视儒学的正面价值，予以同情的理解，并将其作为发展中国现代哲学的重要资源。郭沫若甚至主张把马克思请进“文庙”，与孔子互称“同志”，让孔子的“大同”理想与马克思的共产主义学说进行交流。他认为马克思主义与儒家思想的精华可以融会贯通。实用主义者胡适在晚年也改变一味批儒的偏激心态，试图对儒学做出积极的评价，以自由主义精神透视、整理、提升中国固有文化。

随着曾经独尊的儒学在思想理论领域中失势，儒学以外的中国固有学派越来越受到思想界的重视，并且获得了发展空间。有些学者试图利用佛教的思想资源重构中国哲学理论形态，于是，在现代中国出现了新佛学思潮。在新佛学思潮中，现代居士佛学处于主导地位。现代居士佛学的源头可以追溯到近代。鸦片战争以后，居士杨文会就致力于佛教的复兴与改革事业，创建金陵刻经处、祇洹精舍，开办佛学研究所，吸引了一批从学弟子。但是，居士佛学的长足发展却是在现代。1911年杨文会去世之后，从学弟子欧阳竟无继承了乃师开创的事业，于1922年在南京创办了支那内学院。欧阳竟无为内学院制定的院训是“师、悲、教、戒”，还撰写了近万字的《内学院训释》。他主讲《唯识抉择谈》，引导学生研习佛教典籍，颇有社会影响。除了欧阳竟无之外，现代居士佛学的代表人物还有韩清净、梅光羲、王一亭、黄忏华、王季同、吕澂、王恩洋、周叔迦、夏莲居、黄念祖、贾题韬等人，形成比较大的阵容。他们的主要阵地是南京支那内学院和北京三时学会。除了居士佛学之外，寺僧佛学也有所发展，其领军人物则是太虚。他倡导“人生佛教”的新理念，为复兴佛教、佛化社会而努力奔走。一些现代新儒家学者如梁漱溟、熊十力、马一浮等人，也十分重视开发佛学思想资源，他们的新儒学思想都带有浓重的佛学色彩。

儒学失势以后，道家和道教在现代中国也获得发展的机会，形成了重新审视道家和道教学术价值、挖掘其中有现代意义的内容的新思潮。道家和道教也是现代中国思想界重视的一种思想资源。著名学者陈寅恪对儒、释、道三家做了比较研究，他得出的结论是：“中国儒家虽称格物致知，然其所殚精致意者，实仅人与人之关系，而道家则研究人与物之关系，故吾国之医药学术之发达出于道教之贡献为多。其中固有怪诞不经之说，而尚能注意人与物之关系，较之佛教，实为近于常识人情之宗教。然则道教之所以为中国自造之宗教，而与自印度所输入之佛教终有区别者，或即在此等处也。”① 五四以来，涌现出一批关注道家和道教学术价值的学者，其中有仙学的倡导者陈撄宁、养生学的弘扬者萧天石、道教文化研究的拓荒者王明和道藏学研究的奠基者陈国符。

除了儒、释、道之外，诸子学也受到人们的关注。墨家、法家、名家等都有人做专门的研究，试图做出现代的诠释。不过，这些研究比较分散，没有形成有影响力的思潮。

---

① 《陈寅恪史学论文选集》，181页，上海，上海古籍出版社，1992。

资料卡片

支那内学院

研究佛教思想的学院和机构。1918 年由欧阳竟无、吕澂等人在南京金陵刻经处研究部设筹备处，经过四年的努力，于 1922 年正式创建。“支那”为梵文音译，意译为“神州”，即中国；“内学”为佛教自称，故得名。该院以“育通才宏至教”为主旨。1943 年欧阳竟无仙逝，吕澂继任院长。自 1922 年至 1943 年，先后在学院从事研究活动的学者达二百余人。此期在南京刻经一百一十部，一千零五十五卷；入蜀后刻经三十部，五十余卷。自 1944 年至 1952 年，学院继续讲学校勘刻写典籍，但因经费匮乏仅刊印了《大藏经》的目录。同时将院园辟作菜园，实行半耕半读。学院规模缩小，但院友众多，有梁漱溟、陈铭枢、汤用彤、熊十力、王恩洋、李一平等人。1952 年停办。支那内学院在中国近现代佛学研究史上占有十分重要的地位。

摘自方克立主编：《中国哲学大辞典》，60～61 页，北京，中国社会科学出版社，1994。

（二）外来的资源

对于西方近现代的思想资源，中国现代哲学家也高度重视，力求充分地加以借鉴和利用，借以推动中国哲学的现代化进程。对于中国现代哲学影响较大的西方近现代哲学思想资源主要有三种：一是从笛卡儿到黑格尔的近代理性主义思潮以及它在现代的延续——实证哲学思潮；二是黑格尔以后的现代非理性主义思潮；三是马克思主义哲学。

西方近代理性主义和实证哲学对现代中国哲学的影响，主要体现在启蒙精神、崇尚科学的实证精神和以主客二分为特征的主体性原则等方面。近代理性主义在西方曾经是反对封建主义的锐利武器，它高扬启蒙精神，主张把一切封建主义的旧思想、旧观念都放到“理性的法庭”上审判，起到了极大的思想解放作用，推动了西方社会由中世纪到近代资本主义社会的转折。在中国近现代，反对封建主义一直是思想战线的一项重要任务。为了完成这项任务，陈独秀等人发起了五四新文化运动，倡导启蒙精神，抨击专制主义、蒙昧主义，从西方理性主义思想武库中寻找到了合适的武器。近代理性主义同实证科学的发展有紧密的联系，承担着为科学的发展提供哲学理论基础和方法论原则的任务。1840 年以后，中国文化同西方文化相遇，给严复等人印象最强烈的就是西方比较发达的实证科学。他们在介绍实证科学的同时，就把浸透在实证科学中的理性主义精神介绍到中国来了。在五四新文化运动中，陈独秀等人高举科学和民主的大旗，进一步弘扬了理性主义精神。近代理性主义崇尚科学的实证精神在西方的实证哲学思潮那里得到延续，胡适、丁文江、张东荪、金岳霖等人通过引入实用主义、马赫主义、新实在论，承接了西方理性主义的传统。中国现代实证哲学思潮的形成同西方近代理性主义有直接的关系。中国的哲学理论工作者接受近代理性主义的影响，还表现在他们接受了以主客二分为特征的主体性原则。现代新儒家已突破中国固有哲学天人合一的思维模式，不再像传统儒家那样，把哲学思考的着眼点放在伦理观方面，而直接探讨宇宙观、认识论问题。他们依据主体性原则，提出“现在的我”、“本心”、“道德自我”等观念，以此作为儒家“道德形上学”的根基。中国实证派学者特别重视认识论研究，强调感觉经验是认识的来源，强调人心在认识形成过程中的“本位”作用。中国马克思主义者坚持“能动的革命的反映论”，辩证地看待“主观和客观、理论和实践、知和行的具体的历史的统一”，运用实践的观点对主体性原则做出正确的说明。

西方现代非理性主义对中国现代哲学的影响，主要体现在现实批判精神和人本主义精神等方面。西方近代理性主义到黑格尔发展到了顶峰。黑格尔以后，非理性主义在西方哲学中开始抬头，出现了叔本华、尼采等强调意志、贬低理性的非理性主义者；第一次世界大战以后，资本主义的弊病暴露出来，为非理性主义思潮的发展提供了契机；社会批判思潮兴起，非理性主义作为社会批判思潮的组成部分在全世界范围内流行开来，并传播到了中国。尼采“重新评估一切价值”的口号，在以反对封建主义为己任的中国思想家那里得到了回应。1919 年，杜威到中国讲学，把法国生命主义哲学家柏格森作为“现代三大哲学家”之一介绍给他的听众。一些在国外留学的中国学生，也撰文向国内思想界介绍柏格森的哲学思想。1921 年，《民铎》杂志出版了一期“柏格森专号”，刊载的文章有严既澄著《柏格森传》、张君劢著《法国哲学家柏格森谈话记》、冯友兰著《柏格森的哲学方法》、张东荪著《柏格森哲学与罗素的批评》、李石岑著《柏格森之著述与关于柏格森研究之参考书》、梁漱溟著《唯识家与柏格森》等近 20 篇。1922 年，商务印书馆出版了张东荪翻译的柏格森的主要哲学著作《创化论》和《物质与记忆》。尚志学会还出面邀请德国生命哲学家杜里舒到中国来讲学。中国实证派学者对于非理性主义大都表示拒斥，而现代新儒家则表示欢迎，并将这一思潮当做阐发儒家价值观念的重要思想资源。梁漱溟对柏格森哲学赞赏备至，说它“迈越古人，独辟蹊径”。他把柏格森哲学同儒家思想相比较，得出的结论是：“只有孔子的那种精神生活，似宗教非宗教，非艺术亦艺术，与西洋晚近生命派的哲学有些相似。”① 熊十力、张君劢、冯友兰、贺麟等人在建构新儒学思想体系时，也不同程度地使用了非理性主义的思想资源。

俄国十月革命以后，马克思主义哲学传入中国，给中国人民送来先进的宇宙观和观察中国命运的思想武器，改变了中国的命运，也改变了中国现代哲学发展的方向。马克思主义哲学传入中国以后，极大地拓展了先进中国人的理论视野，他们不再把眼光局限在资产阶级的思想武库，而特别关注马克思主义新哲学，并且迈上了把马克思主义同中国革命实践相结合的发展道路。五四时期，李大钊、陈独秀等初步具有共产主义思想的知识分子率先接受并大力传播唯物史观，到20世纪30年代，马克思主义哲学便在哲学界占据了主导地位。中国共产党人在革命实践中坚持和发展马克思主义哲学，运用马克思主义哲学原理解决实际问题，创立了中国化的马克思主义哲学——毛泽东哲学思想。在毛泽东思想的指引下，中国人民终于取得了革命的胜利，推翻了压在中国人民头上的三座大山，建立了中华人民共和国。纵观中国现代哲学的历史，马克思主义哲学可以说是一条主线。

资料卡片

柏格森（1859—1941）

法国哲学家，生命哲学、直觉主义的代表。他于1914年当选为法国科学院院士，1928年获1927年诺贝尔文学奖，1941年1月4日死于德军占领下的巴黎。

柏格森把时间区分为两种：一种是科学使用的由钟表度量的时间，也叫做“空间化的时间”；一种是通过直觉体验到的时间，也叫做“绵延”。在前一种时间中，各部分处于均匀、互相分离的状态；而绵延则像河水一样川流不息，各个阶段互相渗透、交融，汇合成一个不可分的永远处于变化中的运动过程。他认为绵延是唯一的实在，而科学的时间只是记忆的抽象的幻觉。柏格森又提出，人的记忆也分为两种，即习惯记忆与真正记忆。习惯记忆全凭大脑功能，例如通过背诵来学习；而真正记忆则是精神活动，它像滚雪球一样通过形象把过去的经验全部保存下来，并不依靠大脑。因此，他强调精神决不属于身体，身体不过是精神用来达到自身目的的工具。他还把生命同物质对立起来，攻击唯物主义和机械

① 梁漱溟：《东西文化及其哲学》，153页。

论。在他看来，进化并不只是生物适应外界环境的结果，支配进化的原动力是宇宙间的生命冲动，进化就是生命冲动不断克服感性物质、不断创造不可预见的新形式的过程。在进化过程中，生命和精神表现为上升的运动，物质表现为下降的运动。

摘自《中国大百科全书·哲学》，68页，北京，中国大百科全书出版社，1987。

三、基本格局

在中外哲学双向交流的过程中，现代中国哲学一改儒、释、道三教竞长争高的态势，代之以中国马克思主义哲学、现代新儒家哲学、实证哲学互动的新格局。

（一）现代新儒家思潮

发端于20世纪初叶的现代新儒学思潮至今已有80多年的历史了。“现代新儒学思潮”的外延应当包括两个组成部分，一部分可以称为“现代新儒家”，指那些明确地表示以接续儒家道统为己任的学者，他们表现出鲜明的文化保守主义学术立场；另一部分可以称为“儒家解释学”，指那些不标榜道统的儒家研究者或诠释者，他们分别站在不同的学术立场对儒家思想做同情的理解与诠释，以彰显儒学的现代价值。换句话说，“现代新儒家”只是现代新儒学思潮中的部分内容，只是这一思潮中的一种讲法，并不是这一思潮的全部内容。但是，在中国现代哲学史上，现代新儒家思潮的确是一种主要的哲学思潮。现代新儒家思潮已成为历史，而现代新儒学思潮至今仍在发展。

现代新儒家大体上可以划分为两种类型，一种是狭义新儒家，一种是广义新儒家。狭义新儒家奉儒家内圣学为道统，尊陆王而贬程朱，采取生命的进路，标榜道德形上学，主张由内圣开出外王；从梁漱溟、熊十力到唐君毅、徐复观、牟宗三，构成了一条明显的学脉，阵容比较大，是一个比较严格意义上的学派。广义新儒家比较松散，各自的讲法不同，相互之间有影响，但不构成继承关系，不是严格意义上的学派。

（二）中国实证哲学思潮

在中国现代哲学史上，除了现代新儒家思潮外，中国实证哲学思潮也是很有影响的思潮。这一思潮发端于近代，而长足发展则在现代完成。中国实证哲学思潮大体上可以划分为引入期、发展期、反思期三个阶段。

在引入期，严复和王国维功不可没。他们还不能算是严格意义上的实证论者，但不失为开中国实证哲学思潮先河的思想家。在发展期，胡适、王星拱、丁文江等人最具代表性。胡适宣扬实用主义，王星拱宣扬马赫主义，丁文江发动科学与人生观论战，在他们的共同努力下，中国实证哲学思潮发展到了高峰。在反思期，张东荪和金岳霖接着实证哲学提出的知识论问题讲，而不是照着实证论者的讲法讲，并且讲出了新意，创建了有中国特色的知识论或认识论体系。

（三）中国马克思主义哲学思潮

在五四新文化运动时期，马克思主义哲学开始传入中国，从此开始了中国马克思主义哲学思潮的发展历程。这一历程大体上也可以概括为三个阶段，即对唯物史观的传播和理解阶段、对马克思主义哲学体系的规范化传播和理解阶段、马克思主义哲学中国化阶段。

五四新文化运动期间，李大钊、陈独秀相继完成了从激进民主主义到共产主义的转变，并成为中国第一批马克思主义哲学的传播者和理解者。在他们的带动下，形成了马克思主义在中国的第一次传播高潮。1921 年中国共产党成立以后，马克思主义在中国的传播由自发走向自觉，形成了第二次传播高潮。在第二次高潮中，瞿秋白首先注意到辩证唯物主义的重要性，开启了对马克思主义哲学体系规范化传播和理解的新阶段。1927 年大革命失败以后，中国马克思主义者认真总结经验教训，进一步加强了传播马克思主义的力度，形成了马克思主义在中国的第三次传播高潮。在第三次传播高潮中，涌现出李达和艾思奇等马克思主义哲学家。他们编写规范化、通俗化的教材，为马克思主义哲学的广泛传播做出了很大贡献，为马克思主义哲学中国化创造了条件。毛泽东哲学思想的形成标志着中国马克思主义哲学思潮发展到了中国化阶段。

资料卡片

邓中夏论现代中国思想界

科学方法派大概都是学过科学的，他们的态度，第一步是怀疑，第二步是实证（拿证据来）；他们的主张，是自然科学的宇宙观，机械论的人生观，进化论的历史观，社会化的道德观（皆见胡适之上海大学讲辞）。就中杨铨是学社会学的，他专攻击章行严。

唯物史观派，他们亦根据科学，亦应用科学方法，与上一派原无二致。所不同者，只是他们相信物质变动（老实说，经济变动），则人类思想都要跟着变动，这是他们比上一派尤为有识尤为彻底的所在。此派现在不仅是努力进行文字宣传，而且从事实际活动呢。

总括起来，东方文化派是假新的，非科学的，科学方法派和唯物史观派是真新的，科学的。现在中国思想界的形势，后两派是结成联合战线，一致向前一派（指东方文化派）进攻，痛击。

摘自邓中夏：《中国现在的思想界》，载《中国青年》，1923（6）。

四、主要问题

中国现代哲学面临的主要理论问题有以下三个：

第一，人生价值观念如何树立？

20世纪初，随着清王朝的覆灭，以儒家纲常伦理为核心的价值观念体系也宣告破产，不能发挥“范围人心”的作用了。于是，如何重新建立价值观念体系，便成为思想界的一项重要任务。在新文化运动初期，陈独秀在《吾人最后之觉悟》中曾提出：“自西洋文明输入吾国，最初促吾人之觉悟者为学术，相形见绌，举国所知矣；其次为政治，年来政象所证明，已有不克守残抱缺之势。继今以往，国人所怀疑莫决者，当为伦理问题。此而不能觉悟，则前之所谓觉悟者，非彻底之觉悟，盖犹在惝恍迷离之境。吾敢断言曰：伦理的觉悟，为吾人最后觉悟之最后觉悟。”① 他所说的“最后之觉悟”，其实就是价值观念如何重建的问题。现代中国哲学探讨价值重建问题，可以选择的向度主要有三个：一是改造儒家的价值观，使之适应现代人的精神需求；二是引入西方近现代的自由主义价值观，以取代传统的价值观；三是接受马克思主义的价值观，并且同中国的实际相结合。现代新儒家选择了第一个向度。他们明确地表示以接续儒家道统为己任，

① 陈独秀：《独秀文存》，41页，合肥，安徽人民出版社，1987。

但无意维护纲常伦理，而是利用西方近现代的哲学思想资源，重建儒家道德形上学根基，彰显价值理性，论证“道德自我”的本体论意义，诠释儒者人格的现代意蕴，确立道德理想主义的价值取向。中国实证派选择了第二个向度。他们大都推崇科技理性，坚信科学能够解决人生观问题，批判现代新儒家的价值观，曾发动科学与人生观论战。他们拥护民主政治，向往自由主义的理想人格。在价值观方面，他们的科学主义取向和自由主义取向是显而易见的；但是在价值重建问题上，由于过分偏重引进与传播，并没有取得积极的研究成果，也没有找到他们心目中的“科学的人生观”。中国马克思主义者选择了第三个向度。中国马克思主义者从辩证唯物主义和历史唯物主义的哲学立场出发看待价值重建问题，强调个人与集体的统一，强调人民群众的主体性，强调人类的解放和人的全面发展，倡导共产主义的人格理想。毛泽东在《为人民服务》和《纪念白求恩》中，刘少奇在《论共产党员的修养》中，都结合中国革命的实践，结合中国优秀的传统文化，对共产主义的人格理想做了深刻的论述，至今对于解决价值重建问题仍具有重要的指导意义。在三大思潮中，最关注价值观念重建问题的，当属现代新儒家。

第二，科学知识如何获取？

科学和民主是五四新文化运动提出的两个最响亮的口号。为了真正把“赛先生”请到中国来，中国现代哲学特别关注科学知识如何获得的问题，特别重视认识论研究。传统的中国哲学比较关注人生问题，不大注重认识论问题。即便涉及认识论问题，也是同心性修养结合在一起的，只关心“价值的知识”如何获得的问题，而对“事实的知识”如何获得并不十分关心。在传统儒学中，“价值的知识”被称为“大体之知”、“天德良知”；而“事实的知识”被称为“小体之知”、“见闻之知”。高扬“价值的知识”而贬抑“事实的知识”，可以说是传统儒学的一个特点。现代新儒家受这一传统的影响，也都把眼光集中到“价值的知识”上，对于科学知识如何获得的问题没有进行深入的研究。中国实证派学者大都有在国外留学的经历，受西方文化影响较深。他们崇拜科技理性，倡导科学精神，把哲学研究的重点放在“科学知识如何获得”的问题上。胡适坚信“有用就是真理”，提出“大胆的假设，小心的求证”的思想方法，举起实用主义的旗帜。丁文江认为感觉经验是知识的唯一来源，主张唯觉主义。张东荪折衷经验论和先验论，提出多元主义的认识论。金岳霖承认有独立存在的外物，强调感觉材料是客观的呈现，重视意念的双重作用，提出客观主义的知识论。中国马克思主义者贯彻辩证唯物主义的认识路线，认为认识是主体对客体的能动反映，实践是主体和客体相联系的唯一纽带，是认识的动力、基础和来源，是认识的目的、归宿和检验标准。由实践到认识，再由认识到实践，如此“实践、认识、再实践、再认识，这种形式，循环往复以至无穷”，这就是认识从简单到复杂、从低级到高级、从有限趋于无限的发展过程。中国马克思主义者虽然没有专门讨论“科学知识如何获得”的问题，但他们坚持的辩证唯物主义认识论对于解决这一问题无疑具有指导意义。

第三，中国社会如何改造？

中国现代哲学的发展正值中华民族积贫积弱、饱受帝国主义欺压的苦难时期，正值中国社会由传统转向现代的变动时期，“中国向何处去”是全民族最关切的问题，自然也是哲学理论工作者最关切的问题。他们把自己的理论研究活动紧紧同中华民族的命运联系在一起，从各种角度寻找改造中国社会的方案。现代新儒家幻想以学术救国、以文化救国，使业已破产的中国社会得以重建。他们中间有人办学，有人从事乡村建设运动，希望以自己的学说影响社会，可惜事与愿违、收效甚微。中国实证派学者幻想科学救国、教育救国、言论救国。他们呼吁建立“好人政府”，呼吁“少数人”担负起社会责任，办政论刊物，鼓吹人权，组织社团，提出自由主义主张，要求走“第三条道路”，在现实中也屡屡碰壁。只有中国马克思主义者在正确理论的指导下，才找到改造中国社会的正确道路。马克思主义哲学同以往仅仅解释世界的旧哲学的最大区别在于，它紧密联系社会实践，指导社会实践，是改造世界的锐利武器。中国马克思主义者把马克思主义的普遍真理同中国的革命实践相结合，同中国的优秀传统相结合，创立了现代中国的新哲学。依据马克思主义哲学，中国共产党人认清了中国半殖民地半封建社会的国情，找到了动员广大人民群众的指导思想，找到了武装革命的正确道路，制定了新民主主义革命的总路线。在中国共产党的领导下，中国人民经过数十年的艰苦奋斗，终于结束了旧中国的苦难历程，建立了社会主义新中国。

对于上述三个问题，中国马克思主义哲学、现代新儒家哲学、实证哲学三大思潮都做出了自己的贡献，但各有侧重。相比较而言，现代新儒家侧重探讨第一个问题，实证哲学侧重探讨第二个问题，中国马克思主义哲学侧重探讨第三个问题。中国马克思主义哲学同非马克思主义哲学的最大区别在于，它不是书斋里的学问，而是广大人民群众革命实践的指南。在中国马克思主义哲学的指导下，中国人民终于找到了“中国向何处去”的正确答案，推翻了帝国主义、封建主义、官僚资本主义三座大山。中国马克思主义哲学改变了中国社会的落后面貌，改变了中国人民的精神面貌，理所当然地成为中国现代哲学的主流。

资料卡片

毛泽东论现代中国的思想转向

在这个反抗运动中，在一个很长的时期内，即从一八四〇年的鸦片战争到一九一九年的五四运动的前夜，共计七十多年中，中国人没有什么思想武器可以抗御帝国主义。旧的顽固的封建主义的思想武器打了败仗了，抵不住，宣告破产了。不得已，中国人被迫从帝国主义的老家即西方资产阶级革命时代的武器库中学来了进化论、天赋人权论和资产阶级共和国等项思想武器和政治方案，组织过政党，举行过革命，以为可以外御列强，内建民国。但是这些东西也和封建主义的思想武器一样，软弱得很，又是抵不住，败阵下来，宣告破产了。

一九一七年的俄国革命唤醒了中国人，中国人学得了一样新的东西，这就是马克思列宁主义。中国产生了共产党，这是开天辟地的大事变。孙中山也提倡“以俄为师”，主张“联俄联共”。总之是从此以后，中国改换了方向。

摘自《毛泽东选集》，2 版，第 4 卷，1513～1514 页，北京，人民出版社，1991。

五、理论特色

中国现代哲学的理论特色主要表现为以下三点：

第一，时间短促，内容丰富。

中国现代哲学从 1919 年五四新文化运动算起，到 1949 年中华人民共和国成立为止，只有短短的三十年时间。在这三十年中，中国哲学实现了从传统的包罗万象的哲学到独立哲学学科的转变，而西方哲学实现这种转变则用了几百年的时间。在这三十年中，西方哲学传入中国，各种哲学理论几乎都有人介绍，极大地拓宽了中国学人的理论视野。在这三十年中，学者们采用现代的思想方法开发中国传统哲学资源，促成传统与现代的视界交融，对中国哲学做出新的阐发，涌现出新儒学、新道学、新墨学、新佛学，真可谓是诸家蜂起。中国现代哲学的丰富程度足以同先秦时期媲美。如果说先秦时期形成了百家争鸣的话，那么，可以说在现代中国形成了第二次百家争鸣。先秦时期的百家争鸣奠立了中国传统哲学的根基，而现代中国的百家争鸣促使中国哲学成为一门独立的学科。

第二，思想交锋，论战频仍。

中国现代哲学思想非常活跃，各个学派都刚刚问世，都为开拓自己的生存空间而努力。各种观点相互交锋，申诉立论的理由，批驳不同的观点，形成多次论战和思想交锋。李振霞教授在《中国现代哲学史纲要》一书中，把发生在中国现代的论战和思想交锋概括为：问题与主义的论战、关于社会主义问题的论战、马克思主义与无政府主义的论战、"科学与玄学"的论战、无神论与有神论的论战、马克思主义与国家主义的论战、反对戴季陶主义的斗争、反对陈独秀主义的斗争、中国社会性质与中国社会史问题的论战、关于辩证法的论战、反对王明主观主义的斗争、马克思主义反对唯生论与力行哲学的斗争、马克思主义反对新理学与新心学的斗争。① 通过这些论战和思想交锋，正确的学说理论得到广泛的传播，占领思想阵地，成为中国现代哲学的主流；错误的学说理论被清除出思想论坛。

第三，融会中西，综合创新。

在中国现代哲学家那里，中国固有的思想资源和西方哲学思想资源都不是简单的物理组合，而是发生了化学反应。他们充分利用两种资源，力图创造出适应时代要求的哲学理论体系。无论是对于固有的思想资源，还是来自西方的思想资源，他们都不是"照着讲"，而是"接着讲"，并且努力讲出新意来。中国的马克思主义者并不照搬教条，而是运用马克思主义的立场、观点、方法研究中国社会的实际问题，结合中国社会实践发展马克思主义，最终创造出马克思主义的新形态——毛泽东思想和邓小平理论。现代新儒家虽然标榜"道统"，其实并不一味守旧。他们以各自的方式融会中西哲学，力求成就一家之言，不能把他们看成是"封建主义的卫道士"。中国实证派学者尽管西化色彩浓重，但也不是简单稗贩西方的学说。他们有自己的理论选择，有自己的独立思考，有自己的理论创新。例如，胡适的实用主义哲学就有别于美国的实用主义。他可以接受"有用即是真理"的观点，用于冲破旧思想束缚，但并不欣赏实用主义的宗教观。我们在研究中国现代哲学的时候，应当特别注意把握其中国特色，不能简单地给中国现代哲学家戴上一顶西方的某某主义的帽子就算完事。因为这种"戴帽子"的方法，忽略了中国现代哲学家的中国特色，只能流于肤浅的皮相之见。

---

① 参见李振霞：《中国现代哲学史纲要》，北京，红旗出版社，1986。

资料卡片

艾思奇论中国现代哲学

真正的新时代之到来，是在新时代已完成了自己特殊的武器而能独立地与传统作战的时候。在欧洲，这就是文艺复兴以至启蒙运动的时期；在中国，就要举出五四。五四在哲学上的表现与欧洲的相同点是：两者同是以新的科学方法之建立为基础。……哲学上的思想方法之科学化，就历史的意义来说，比其他任何的研究介绍都更极重要。

摘自《艾思奇文集》，第1卷，62页，北京，人民出版社，1981。

思考题

1. 简述中国现代哲学家对哲学学科的认识。
2. 简述中国现代哲学的基本格局。
3. 简论中国现代哲学的理论特色。

参考文献

1. 冯契．中国近代哲学的革命进程．上海：上海人民出版社，1984
2. 冯友兰．中国现代哲学史．广州：广东人民出版社，1999
3. 李泽厚．中国现代思想史论．北京：东方出版社，1987

第一章 现代新儒家思潮

本章要点

1. 现代新儒家思潮为中国现代哲学思想的发展方向之一。它以融会中西学术为基本特征，以发展人类精神文明为根本宗旨，寻求儒学在现时代的表达方式。

2. 梁漱溟第一个举起现代新儒家的旗帜，提出“大生命”的本体论、“三量说”的认识论、“三路向”的文化观和“求诸内”的价值观。

3. 熊十力是狭义新儒家本体论和内圣学的奠基人。他建构“体用不二”论，关注内圣学，提出“性体呈露”说。

4. 唐君毅是港台新儒家的领军人物。他沿着内圣学的理路，彰显人文精神，提出“道德自我”本体论和心灵九境说。

5. 牟宗三是狭义新儒家的集大成者。他采取同西方哲学对话的方式，凸显儒学的理论特质，提出道德形上学和“内圣开出新外王”的理论。

6. 新理学家冯友兰从客体性视角契入，开辟广义新儒家理路，采用逻辑分析方法建构“理世界”本体论和人生境界说。

7. 新心学家贺麟从主客体统一的视角契入，重申一个世界原则，采用逻辑综合的方法，建构“心理合一”本体论和新式儒者人格论。

现代新儒家思潮把理论重心放在人对于世界的价值关系上，以“人生价值观念如何树立”为核心话题。针对过度彰显工具理性的科学主义倾向，现代新儒家高扬道德理性，要求在现代化的语境中重建意义的世界或价值的世界，重新找回安身立命之地。他们把天人合一的哲学思维模式同主客二分的哲学思维模式结合起来，不再像传统儒学那样诉诸圣人的权威，转而诉诸道德理性的诠释。他们把世界价值化，提出“生命”、“本心”、“理世界”、“仁的宇宙观”、“道德自我”等本体论观念，以各自的方式对道德理性的至上性做出本体论证明，创立了各种各样的现代新儒学思想体系。

一、概　述

自五四新文化运动以来，现代新儒学思潮就成为中国现代哲学思想的发展方向之一。这一思潮以融会中西学术思想为基本特征，以发展人类精神文明为根本宗旨。它一方面面向世界，吸纳、理解、转化包括马克思主义在内的西方各种学术思想；另一方面基于时代的要求，反省、充实、推进传统的儒家思想，使儒家思想在现时代获得新的表达方式，促进人类精神文明的发展，建设适应时代要求的精神家园。现代新儒学思潮发端于现代新儒家，但不限于现代新儒家。它作为中国现当代的主要发展方向之一，其范围已超出少数的现代新儒家。许多学者并没有沿用现代新儒家的思维模式，而是以各自的方式研究、诠释儒学，他们的研究成果也属于现代新儒学思潮的范围。“现代新儒学思潮”是指社会思想动向，“现代新儒家”是指中国现代哲学史上既定的文化现象，尽管二者的外延有部分重合的情况，但毕竟不是同一概念。“现代新儒家”作为“来龙”，已经成为历史；“现代新儒学思潮”作为“去脉”，正在参与创造历史。不过，要了解现代新儒学思潮的来龙去脉，无疑还应当从现代新儒家讲起。

（一）现代新儒家思潮的起因

现代新儒家思潮之所以发端于五四新文化运动时期，同当时已经形成具有独立思考能力的新式知识分子队伍有密切的关系。自从鸦片战争以来，先进的中国人抱着“向西方寻找真理”的心态，有意无意地把西学理想化，看成解决一切问题的灵丹妙药。他们常常把中学与西学对立起来，把中学等同于旧学，把西学等同于新学，对儒家思想缺少应有的同情。平心而论，之所以会出现这种情况，同他们尚未形成独立的思考能力有关。到五四时期，这种情况有了改观。在这一时期，新式知识分子队伍，无论在数量上，还是在质量上，都有很大的变化。从人数上看，一大批留学日本的学人回国，从中国自己办的新式学校中也走出数量可观的毕业生；从质量上看，有一批在欧美取得高学历的学人回到祖国。由于对西方文化了解得比较深刻，他们发现，西方文化并非尽善尽美，也存在诸多弊端。特别是经历了第一次世界大战以后，人们对这种弊端看得更为清楚。中国新式知识分子逐步破除了对西方文化的迷信，形成独立思考的能力，开始重新思考中国的出路问题，重新理解中学与西学的关系、新学与旧学的关系，重新审视固有文化的价值。于是，从这一群体中涌现出一批现代新儒家学者，梁漱溟、熊十力、马一浮、冯友兰、贺麟都属于这一群体。

在五四新文化运动时期，中国思想界关注的焦点已由传统社会形态的“破坏”转向现代社会形态的“建设”。在辛亥革命以前，先进中国人关注的焦点是传统社会形态的“破坏”，致力于推翻清王朝的斗争。辛亥革命以后，中华民国成立，废除了统治中国数千年之久的封建帝制，“破坏”的目的应该说基本达到，可是中国的社会状况非但没有变好，反而更加恶化。打倒了一个清廷小皇帝，冒出了数十个土皇帝，军阀争战，接连不断。正如孙中山所说：“去一满洲之专制，转生出无数强盗之专制，其为毒之烈，较前尤甚，于是而民不聊生矣。”① 残酷的现实告诉人们：仅有“破坏”是远远不够的，还必须着眼于“建设”；“建设”是一项更为艰巨的任务。这里所说的“建设”是多方面的，其中既包括经济建设、制度建设，也包括社会建设和精神文明建设。经济建设和制度建设可以借鉴西方成功的经验，而西方的社会状况和精神文明状况并不能令人满意，中国人必须进行独立的探索。孙中山提出“心理建设”理论，是在社会建设和精神文明建设方面所做的探索；陈独秀提出“伦理的觉悟为吾人最后觉悟之最后觉悟”的说法，是在这方面所做的探索；现代新儒家提出各种学说，也属于在这方面所做出

① 《孙中山选集》，104 页，北京，人民出版社，1956。

的探索。

现代新儒家思潮是对五四时期批孔思潮的反弹。自鸦片战争以来，中国知识分子把挽救中国的希望寄托在西学的引进上，并且把传统儒学视为引入西学的思想障碍，形成扬西抑中的倾向。这种倾向到五四时期演化为“打孔家店”的批孔思潮。在新文化运动中，激进派批判传统儒学所包含的封建主义思想因素无疑是正确的，问题在于他们把儒学完全归结为封建主义，全盘否定其正面价值，流露出民族文化虚无主义的情绪。有些人甚至提出一些过火的、不切实际的主张，如废除汉字、把线装书丢到茅厕中去等，这显然有损于民族自尊心的树立和自信心的提升。正是针对激进派的民族文化虚无主义倾向，现代新儒家思潮开始兴起。从新式知识分子队伍中走出来的现代新儒家学者，认同科学与民主的价值，反对封建主义，接纳现代性，有别于守旧派；他们拒斥全盘西化论，摆脱激进情绪的困扰，以理性的眼光和同情的态度看待儒学的价值，努力推动儒学的现代转化，亦有别于激进派。在提升民族自尊心和自信心方面，他们是有贡献的。

现代新儒家思潮的出现，同世界性文化批判思潮也有密切的关系。自近代以来，中国哲学走向世界，世界哲学走入中国。我们考察现代新儒家思潮，既要看到它兴起的国内背景，也要看到它的国际背景。第一次世界大战爆发以后，西方资本主义社会的矛盾和危机更加表面化、尖锐化，暴露出西方资本主义现代文明的弱点，于是形成世界性的文化批判思潮。斯宾格勒在《西方的没落》一书中，用“没落”一词形容当时西方人的思想状态。梁启超考察欧洲之后，也做了这样的报道：“全社会人心都陷入怀疑沉闷畏惧之中，好像失去了罗盘的海船遇着风、遇着雾，不知前途怎样是好。”现代文明的一大问题是工具理性与价值理性的失衡。在现代西方思想界，批评科学主义的声音越来越强，呈现出人本主义思潮抬头的趋势，这使以价值理性为中心的儒学获得发展的契机。现代新儒家从非理性主义、人本主义思潮寻找现代转化的资源，试图创立儒学的新形态。

现代新儒家思潮兴起的根本原因，还在于儒学确实有实行现代转换的可能性，能够成为中国精神文明建设不可或缺的宝贵资源。

儒学作为中国文化的主干，既有时代性的一面，也有民族性的一面。因其有时代性，传统儒学作为农业社会的产物，不能不表现出历史的局限性，甚至被帝王用来作为维护统治的工具。五四时期新文化运动的倡导者们发起对传统儒学的批判，其实并不是对儒学的全盘否定，而是把矛头指向传统儒学的历史局限性。李大钊说：“故余掊击孔子，非掊击孔子之本身，乃掊击孔子为历代君主所塑造之偶像的权威也；非掊击孔子，乃掊击专制政治之灵魂也。”① 在这里，他把“孔子之本身”同“孔子之偶像”区分开来，明确表示只掊击后者，而不掊击前者。五四时期对传统儒学历史局限性的批判有积极的意义，起到了思想解放的作用，这是不能否定的，那种视此为“文化断层”的论点是不能成立的。实际上，新文化运动的倡导者对传统儒学既有批判，也有同情的诠释。令人遗憾的是，长期以来在“左”的话语占主导地位的情况下，人们夸大了五四时期“批孔”的一面，而忽视了“释孔”的一面。五四时期对传统儒学的历史局限性的批判，贡献之一在于凸显出儒学实行现代转化的必要性。正如贺麟所说，五四新文化运动破除了“儒家的僵化部分的躯壳形式末节和束缚个性的传统腐化部分”，“他们并没有打倒孔孟的真精神、真意思、真学术。反而因他们的洗刷扫除的功夫，使得孔孟的真面目更是显露出来”②。

由于儒学有时代性的一面，必须清除历史灰尘，适应新时代要求不断做出新的诠释，从而促使现代新儒学思潮的形成。由于儒学有民族性的一面，体现了中华民族的文化共识，如何发掘儒学体现时代精神的正面价值，将是一个恒久的课题。从这个角度看，现代新儒学思潮的出现也是必然的。从哲学人类学的意义上看，任何社会组织必须有一套全体社会成员达成基本共识的主流价值观念和伦理规范，这是每个民族形成所必不可少的文化共识。这种文化共识可以采用宗教的形式来表达，也可以采用非宗教的形式来表达。大多数民族采用宗教的形式，正如伏尔泰所说，一个民族即便没有神，也要造出一个神来。中华民族则采用非宗教的形式，这就是儒学。儒学是世界上少有的以非宗教的、内在超越的方式安顿精神世界的成功模式，有别于基督教、佛教、伊斯兰教等宗教模式。中国人依据儒学，有效地组织社会、安顿人生。在长期的历史发展过程中，儒学已成为中国人的文化基因，并且具有强盛的生命力。儒学有深厚的历史积淀，有广泛的社会影响，并不会因新文化运动的冲击而终结。如何把握民族性与时代性相统一的原则，克服传统儒学的局限性，走出民族文化虚无主义的误区，摆脱“左”的偏见，重估儒学的价值，开发儒学资源，培育适应时代精神的中华民族精神，将是我们的一项重要的理论任务。

在启蒙主义的话语下，现代观念与传统观念之间的联系被割断了，过分强调现代对于传统的变革，而忽视现代对于传统的继承，这并不符合现代社会发展的实际。以西方发达国家为例，尽管各国都曾发生过批判基督教的启蒙主义运动，但基督教并没有因此而消失，而是进行了现代转化，依然发挥着文化共识的作

① 《李大钊选集》，80页，北京，人民出版社，1959。

② 贺麟：《当代中国哲学》，9页，南京，胜利出版公司，1947。

用，依然维系着现代西方社会的运转。在五四时期，激进派受启蒙主义的影响，也像西方启蒙主义者批判基督教那样批判儒学，于是，出现了全盘否定儒学的西化思潮。西方基督教受到启蒙主义思潮的冲击，但并没有消失，而是实行了现代转化；同样，儒学受到西化思潮的冲击也不会消失，也会实行现代转化。现代新儒学思潮的出现，正是对西化思潮的反弹，体现了中国文化发展的大趋势。

长期以来，在“左”的思潮主导下，儒学被视为封建主义意识形态，受到全盘的否定：儒学的历史局限性被夸大了，儒学的普适性被消解了。在传统与现代对立的思维模式下，儒学只是被驱逐的消极因素，“打倒孔家店”成为流行语。许多人把“打倒孔家店”说成五四时期的口号，实际上是个误传。在五四时期，并没有“打倒孔家店”的提法，近似的说法是“打孔家店”。胡适曾在为《吴虞集》作序时，称赞吴虞是“只手打孔家店的老英雄”，并没有用“打倒”两个字。“打倒孔家店”以及“批林批孔”的口号，都是1949年以后出现的“左”的话语，反映出全盘否定儒学的偏见。

儒学是极其复杂的民族文化现象，不能把儒学简单等同于封建主义意识形态。儒学与中华民族已构成共生关系，为中华民族组织社会、安顿价值提供了哲学基础。对于已经成为中国传统文化主干的儒学，至少可以从三个角度来把握：

第一，有作为学理的儒学。儒学是一种行之有效的社会组织原理，体现人类性或合群体性，具有普适价值。在先秦时期，孔子通过反思“礼崩乐坏”的历史现象，建立以“仁”为核心的儒学，讲的是做人的道理、处理人际关系的准则，建立道德规范。孔子创立的儒学，只是百家中的一家，并不是官方哲学。后儒讲论儒学，并不都是站在官方的立场上说话，有许多人都是将其当做学理来研究的。虽然历代儒学家关于儒学的阐述，对于我们认识儒学社会组织原理很有帮助，但仍需要适应现代社会发展的要求不断做出新的阐发。从这个意义上说，儒学是一门常讲常新的学问，可以实现现代转化。

第二，有工具化的儒学。汉武帝采纳“罢黜百家，独尊儒术”的政策以后，儒学从一家之言上升为官方哲学。值得注意的是，即便儒学在意识形态领域获得主导地位后，也并不是一种声音，而是多种声音。在儒学营垒中，有古文经学与今文经学的分疏，有宋学与汉学的分疏，有程朱理学与陆王心学的分疏。儒学内部不同学派的讨论，有助于儒学在成为官方哲学以后，仍保持发展学理的活力。毋庸讳言，儒学在古代中国社会曾经被统治者当成思想统治的工具，有禁锢思想的负面作用。随着社会的发展，这种贵族化、制度化、政治化的儒学，已经失去了存在的合理性。但需要注意的是，我们不能在批判工具化的儒学的时候，抹煞儒学的普适价值。

第三，有作为生活信念的儒学。先秦以后，的确有些儒者站在官方的立场上讲论儒学，推动工具化的儒学，但并非所有的儒者都是这样做的。有相当一部分儒者并不是站在官方的立场上讲论工具化的儒学，而是站在民众的立场上讲论作为生活信念的儒学。陈献章、王艮及其从学弟子，大都是抱着这种态度。在王艮的弟子中有许多人就是普通的劳动者。他们讲论儒学，不抱有任何功利目的，就是为了寻找精神上的“安身立命”之地。儒学在中国已经有几千年的历史，已经深入到人民群众的精神世界和生活世界中，成为中国人树立道德理念、处理人际关系、凝聚民族群体的理论依据。作为生活信念的儒学，有别于贵族化、制度化、政治化的儒学，可以称之为民间儒学或草根儒学。这样的儒学有广泛的社会基础，因而有实行现代转化的充分根据。

长期以来，有相当一部分人把君主政体看成儒学唯一的栖息地，认为随着君主政体的解体，儒学也就成为历史陈迹了。这种看法是片面的。实际上，儒学的栖息地并不是一个，而至少是三个：君主政体、家庭、心灵深处。作为统治工具的儒学是同君主政体伴生的，随着君主政体的废除，显然已经寿终正寝了；可是，作为学理的儒学和作为生活信念的儒学，并不是君主政体的伴生物，绝不会因君主政体解体而失去存在的价值。君主政体废除了，可是家庭并没有因之而废除，人们心灵深处的集体记忆并没有因之而消除。这两个儒学栖息地仍旧存在。由于失去了君主政体的维护，人们的儒学观念可能会有所淡化，不再成为主流话语，但绝不会消失。君主政体被推翻以后，儒学的主要栖息地失掉了一个，但还剩下两个。由此观之，儒学在中国仍有进一步存在和发展的可能。那种把儒学视为“游魂”的说法，是站不住脚的。

今日的中国是昨日的中国的继续，任何不尊重历史的虚无主义观点都是站不住脚的。西方发达国家实现现代化以后，没有抛弃有广泛社会基础的基督教，而是促使其实行现代转化；同样，中国建设现代化，也不可能抛弃有广泛社会基础的儒学，也应当促使其实行现代转化。这正是现代新儒学思潮发生的内在原因和根本原因。

资料卡片

张岱年论儒学

儒家学说中确实具有一些微言大义，“微言”即微妙之言，“大义”即基本含义。微言大义即比较具有深奥精湛的思想，亦就是儒学的深层义蕴。儒学是有时代性的，时至今日，儒学的许多观点（主要是浅层思想）都已过时了，但是其中也有一些重要观点（主要是深层思想）却具有相对的“普遍意义”，虽非具有永恒的价值，但至今仍能给人们以深刻的启迪。

摘自《张岱年全集》，第7卷，1～2页，石家庄，河北人民出版社，1996。

（二）现代新儒家思潮的发展历程

现代新儒家思潮的发展历程，大体上可以概括为三个阶段，即五四时期的草创，20世纪30—40年代的理论建构以及50年代以后港台新儒家的活跃。

1. 五四时期的草创

五四时期是中国思想史上思想比较活跃的时期，甚至可以同先秦时期媲美。梁启超用“百家争鸣”来形容先秦时期的思想活跃程度，因此有人用“小百家争鸣”来形容五四时期的思想活跃程度。从五四时期开始，西方学术思潮大规模地涌入中国。各种各样的学说，几乎都有人介绍；杜威、罗素等西方著名的哲学家纷纷到中国讲学，听众甚多；中国到欧美的留学生选择同中国文化有关的题目作博士论文的题目（如胡适的博士论文的题目是《中国古代哲学方法之进化史》，出版时改为《先秦名学史》）。从此，西方学术走入中国，中国学术走向世界。当然，这种交流并不是平等的，西方学术处于强势，中国学术处于弱势。西化思潮在五四时期一度成为主流话语。

辛亥革命以后，袁世凯篡夺中华民国大总统的职位，并且企图恢复君主制，预定在1916年元旦举行“登基大典”。袁世凯的倒行逆施引发全国性的反袁斗争，他的皇帝梦也没有做成。袁世凯死后，北洋军阀分裂为几个派系，并且形成军阀混战的局面。北洋军阀政府为了维护自己的统治，还打起了“尊孔”的旗号。1919年10月，北京政府总统徐世昌出面举行秋丁祀孔活动，北京政府还规定孔子生日为公休假日。徐世昌牵头组织四存学会，以昌明“周公孔子之学”自我标榜。当时还有人提议把尊孔写入宪法。当局的尊孔活动受到先进中国人的激烈批判。李大钊说：“我们可以晓得孔子主义（就是中国人所谓纲常名教）并不是永久不变的真理。孔子或其他古人，只是一代哲人，决不是‘万世师表’。他的学说所以能在中国行了二千余年，全是因为中国的农业经济没有很大的变动，他的学说适宜于那样经济状况的原故。现在经济上发生了变动，他的学说就根本动摇，因为它不能适应中国现代的生活，现代的社会。就有几个尊孔的信徒天天到曲阜去巡礼，天天戴洪宪衣冠去祭孔，到处建筑些孔教堂，到处传布‘子曰’的福音，也断断不能抵住经济变动的势力来维护他那‘万世师表’、‘至圣先师’

的威灵了。”[1] 陈独秀写了《驳康有为致总理书》、《宪法与孔教》、《孔子之道与现代生活》、《袁世凯复活》、《再论孔教问题》、《旧思想与国体问题》、《复辟与尊孔》等文章，认为孔子之道已经不能适应现代社会生活的需要，应当抛弃，因此反对北京政府搞尊孔活动。反对尊孔的思潮与扬西抑中的西化思潮汇合在一起，便形成在当时思想舆论界占主导地位的“批孔”潮流。

五四时期的批孔潮流的积极意义，在于推翻旧式儒学在思想界的权威，清算封建主义，粉碎统治者把儒学工具化的图谋，起到了倡导启蒙、解放思想的作用，标志着中国人民的觉醒达到了新的水平。由于推倒了旧式儒学的权威，为新思想的发展提供了条件，从而揭开了中国哲学思想发展新的一页，使其进入现代阶段。但是，这一潮流也有明显的缺陷。第一，由于当时形势所迫，批判者有意无意地把学术批判与政治批判混在一起，感情色彩很浓，甚至把对军阀政府的憎恨迁怒于儒学，难以保持学术批判的清醒和冷静，往往使用一些过激的语句，理论深度不够。第二，思想方法有片面性。批判者只看到儒学的局限性，而没有看到儒学的合理性，仿佛把洗澡水和小孩一起都倒掉。“那时的许多领导人物，还没有马克思主义的批判精神，他们使用的方法，一般地还是资产阶级的方法，即形式主义的方法。他们反对旧八股、旧教条，主张科学和民主，是很对的。但他们对于现状，对于历史，对于外国事物，没有历史唯物主义的批判精神，所谓坏就是绝对的坏，一切皆坏；所谓好就是绝对的好，一切皆好。这种形式主义地看问题的方法，就影响了后来这个运动的发展。”[2] 批孔潮流存在的这些缺陷，成为现代新儒学思潮的诱因。

面对批孔潮流，第一个站出来“为儒家说话”的是梁漱溟。1917 年，梁漱溟应北京大学校长蔡元培之聘，到北大哲学系任特约讲师，他声明：“我此来除替释迦、孔子发挥外，更不作旁的事。”[3] 由于受到批孔潮流的触动，原本信仰佛教的梁漱溟转向儒家。他在北大任教期间，写了《吾曹不出如苍生何》，自印成册，散发给友人。这时，他已放弃佛教的出世主义，皈依儒家的入世主义，表示以关注国事民瘼为己任。

那时北大是五四新文化运动的中心，新旧两派争论得很激烈。梁漱溟拒斥批孔潮流，对儒家表示同情与敬意，似乎倾向于旧派，但他并不是旧派中人。他与李大钊等新派人物有交往，也有共识。他从一个新的角度思考新旧两派争论的问

---

① 《李大钊选集》，301～302 页。

② 《毛泽东选集》，2 版，第 3 卷，831～832 页，北京，人民出版社，1991。

③ 梁漱溟：《东西文化及其哲学》序。

题，致力于儒学的新发展。在他看来，以辜鸿铭为代表的旧派只是株守传统儒学，实在不是陈独秀等新派人物的对手。“旧派只是新派的一种反动；他并没有倡导旧化。……他们自己思想的内容异常空乏，并不曾认识了旧化的根本精神所在，怎能禁得起陈先生那明晰的头脑，锐利的笔锋……”① 旧派之所以败下阵来，吃亏吃在“思想的内容异常空乏”上，可见一味守旧是行不通的，并不能真正弘扬儒学。基于这种认识，梁漱溟努力从西方现代哲学中寻找可资利用的思想资源和思想方法，通过中西文化比较融通的办法，重新诠释儒学的优长，促使儒学复兴。这样一来，他就开辟了新的学术方向，即现代新儒学的方向，遂成为现代新儒家的开山，也成为现代新儒学思潮的开山。

1920 年秋，梁漱溟在北大讲演《东西文化及其哲学》，次年又应王鸿一的邀请到山东省教育厅讲演同一题目，引起较大的反响。1922 年，他的学生罗常培和陈政根据这两次讲演的记录稿以及梁漱溟在《少年中国》杂志上发表的《宗教问题》一文，整理成书，题为《东西文化及其哲学》，由商务印书馆出版。此书是梁漱溟的成名之作，标志着他的新儒学思想业已形成，也标志着现代新儒家思潮开始问世。1923 年，梁漱溟在北大哲学系讲授《孔学绎旨》，并打算写《人心与人生》一书，阐述儒家的“人类心理学”。由于种种原因，这本书迟迟未能脱稿。直到 1984 年，他在 91 岁时才写出此书，自费在学林出版社出版，了却了数十年的心愿。

在五四时期，拒斥批孔潮流、同情固有文化、反对盲目崇拜西方文化的学人，除了梁漱溟之外，还大有人在。他们对于现代新儒学思潮的兴起也起到了推波助澜的作用。首先应当提到的是梁启超。1920 年，梁启超到第一次世界大战后的欧洲考察，亲身感受到战后西方学术思想的变化。世界大战暴露出资本主义文明的危机，许多有识之士开始反思这种文明的弊端，甚至对这种文明的合理性表示怀疑，开始批判西方近代以来一直是主流话语的科学主义思潮。深有感触的梁启超回国以后写了一篇题为《欧游心影录》的长文，发表在上海《时事新报》上。他在文中写道：“当时讴歌科学万能的人，满望着科学成功黄金世界便指日出现。如今功总算成了，一百年物质的进步，比前三千年所得还加几倍。我们人类不惟没有得到幸福，倒反带来许多灾难，好像沙漠中失路的旅人，远远望见个大黑影，拼命往前赶，以为可以靠它向导，哪知赶上几程，影子不见了，因此无限凄惶失望。影子是谁？就是这位‘科学先生’。欧洲人做了一场科学万能的大梦，到如今却叫起科学破产来，这便是最近思潮变迁一个大关键了。”② 在高扬

① 梁漱溟：《东西文化及其哲学》，205 页。

② 《梁启超选集》，724 页，上海，上海人民出版社，1984。

科学与民主大旗的五四时代，梁启超介绍批判科学主义的观点，似乎有些不合时宜。为了避免误解，梁启超特地在文章中声明：他并不反对科学，只反对把科学当成崇拜对象的科学主义。梁启超也许是五四时期第一个表示反对科学主义的学人，他这种观点对于人们摆脱西方文化的负面影响，无疑是有意义的。他帮助人们认识到，西方文化并非尽善尽美，不必全盘接受。梁启超这种新的西方文化观，有助于人们走出盲目崇拜西方文化的误区，有助于唤起人们对儒家的同情。

梁启超介绍批判科学主义的观点，开启了重新审视西方文化的新风气。不过，他对西方文化的质疑，还仅限于科学主义思潮。《东方杂志》的主笔杜亚泉则把质疑的范围扩大到整个西方的物质文明和精神文明，并且主张重新摆正东西方文化的关系。他说："西洋人于物质上虽获成功，得致富强之效，而精神上之烦闷殊甚。正如富翁，衣锦食肉，持筹握算，而愁眉百结，家室不安，身心交病。"西方物质文明和精神文明的病态，反衬出以儒家学说为代表的东方精神文明的优长，因此，应当重新评估东方精神文明的价值，它或许能帮助西方人摆脱困境，救治精神文明方面的危机。杜亚泉在这里找到了对于中国固有文化的自信心，他说："吾代表东洋社会之中国，当此世界潮流逆转之时，不可不有所自觉与自信。""我国先民，于思想之统整一方面，最为精神所集注。周公之兼三王，孔子之集大成，孟子之拒邪说，致力于统整者。后世大儒亦大都绍述前闻，未闻独创异说……此实先民精神之产物，为吾国文化之结晶体。"[①] 杜亚泉认为儒学是中国文化的主干，具有普适价值。"吾国儒家，一方面抱治平的理想，自强不息，具进化的乐天观；一方面安贫乐道，不骛纷华，又具超越的乐天观。"[②] 他固然对儒学抱有同情和敬意，但并不主张一味守旧，而是主张"东西方文明调和"，探寻人类文明未来的发展方向。他说："救济之道，在统整吾固有之文明，其本有系统者则明了之，其间有错出者则修整之。一方面尽力输入西洋学说，使其融入于吾国固有文明之中。西洋之断片的文明，如满地散钱，以吾国固有文明为绳索，一以贯之。"[③] 这种主张正是现代新儒家的共识。

除了《东方杂志》之外，《学衡》杂志也是推动现代新儒学思潮的重镇。学衡派的代表人物梅光迪提出，"中国最大之病根"，"实在不行孔子之教"。他主张"守数千年来圣哲崇尚之精神生活，而以道德为人类文明之指归耳"[④]。被人们赞

---

① 《杜亚泉文存》，363页，上海，上海教育出版社，2003。

② 同上书，128页。

③ 同上书，367页。

④ 梅光迪：《敬告我国学术界》，载《学衡》，1923（23）。

誉为“向西方寻找真理”的严复，这时也改变了以往扬西抑中的态度，成为《学衡》的撰稿人之一。据《严几道与熊纯如书札节钞》，他说：“鄙人行年将近古稀，窃尝究观哲理，以为耐久无弊，尚是孔子之书。四子五经，固是最富矿藏，惟须改用新式机器，发掘淘炼而已。”① 所谓“新式机器”，显然是指西方哲学的思想方法。他希望用这种方法重新诠释儒家学说，也是在为现代新儒学思潮鼓与呼。

在五四新文化运动的后期，中国思想界发生了影响颇大的“科学与人生观论战”，也称为“科学与玄学论战”。1923 年，张君劢在清华大学做《人生观》讲演，认为科学不能解决人生观问题。他所说的“人生观”，并不是通常意义上的关于人生价值的看法，而是指哲学意义上的世界观。在哲学上，他举起人文主义的旗帜，反对科学主义的哲学观。张君劢的人文主义哲学观招致科学主义者丁文江的批评，于是引发“科学与人生观论战”，或称“科学与玄学论战”。丁文江针对张君劢的人文主义的哲学观，张开科学主义旗帜，宣称“科学方法万能”，强调“科学可以解决人生观问题”。1923 年 12 月 20 日，中国共产党的理论刊物《新青年》发表了陈独秀著《科学与人生观·序》和瞿秋白著《自由世界与必然世界》，对论战双方的唯心主义观点均加以批评，阐述唯物史观的立场，遂形成科学派、玄学派、唯物史观派三方鼎立的格局。在中国现代哲学的语境中，张君劢举起人文主义的旗帜，也就是举起现代新儒家的旗帜，表明了现代新儒家的学术立场。他对宋明理学家表示同情与敬意，盛赞他们“功不在禹下”。他自称为“20 世纪的新儒家”，在 1958 年唐君毅起草的《为中国文化敬告世界人士宣言》（学界称“现代新儒家宣言”）上，签上了自己的名字。通过科学与人生观论战，现代新儒家思潮在中国现代哲学领域中占据了与科学派、唯物史观派抗衡的位置，代表了中国现代哲学发展的一个重要方向。

资料卡片

学衡派

因办《学衡》杂志而得名。1922 年 1 月，南京东南大学教授梅光迪、胡先骕、吴宓等创办此刊，攻击五四后的新文化运动，维护封建文化。声称以“论究学术，阐求真理，昌明国粹，融化新知”为宗旨，诬指“新文化运动者，甫一启

① 梅光迪：《严几道与熊纯如书札节钞》，载《学衡》，1922（13）。

齿，而弊端丛生，恶果立观”（梅光迪《评提倡新文化者》）。攻击文学改革是“盲人说烛”，“不过是枯燥无味之教训主义”（胡先骕《评尝试集》）。指斥宣传马克思的科学社会主义是“愈激烈则愈是以耸观听，而愈不近人情”，断言“今中国犹未至资本制实现之时，则今日在中国倡社会主义，虽欲谓无病而呻得乎?”（萧纯锦《中国提倡社会主义之商榷》）当时即受到鲁迅等的反驳。到1922年底，作为派别实体已趋于分解和消亡。

摘自冯契主编：《哲学大辞典·中国哲学史卷》，443～444页，上海，上海辞书出版社，1985。

2. 30—40年代的理论建构

到20世纪30年代，南京政府成立，东北军的张学良易帜，军阀混战暂时平息。1931年，日本帝国主义侵占东北三省，民族危机加剧，抗日救亡的民族主义情绪高涨，批孔思潮渐渐退去。在这种形势下，学术界对儒学的同情度大大提升，促使现代新儒学发展到了理论建构阶段。

在这一阶段，倡导儒学开始成为新的潮流。五四新文化运动的支持者、著名教育家蔡元培写了《中华民族与中庸之道》、《孔子之精神生活》等文章，把儒学同孙中山创立的三民主义联系在一起，提出：“孙博士创立这种主义，成立中国国民党，实在是适合中华民族性，而与古代的儒家相当。”“我们不能说孔子的语言，到今日还是句句有价值；也不敢说孔子的行为，到今日还是样样可以做模范。但是抽象地提出他的精神生活的概略，以智、仁、勇为范围，无宗教的迷信而有音乐的陶养，这是完全可以师法的。”① 他认为，儒家伦理实行现代转化之后，仍然可以指导中国人的精神生活。国学大师章太炎早年曾批评儒学“少振作”、“骄吝”、“迂阔”，这时也转变了态度，对儒学表示同情和敬意，他宣称：“余以为救之之道，舍读经未由。”② 他们作为名人，出面倡导儒学，社会影响相当大。最早站出来“为孔子说话”的梁漱溟，在30年代以后致力于乡村建设运动，这一运动的指导思想就是梁漱溟创立的新儒学。他写出《中国民族自救运动之最后觉悟》和《乡村建设理论》等书，试图把新儒学思想落实到社会改造的实践中。尽管乡村建设运动没有取得成功，但对于儒家思想影响的扩大，还是有所促进的。

---

① 《蔡元培哲学论著》，397、431页，石家庄，河北人民出版社，1985。

② 章太炎：《读经有利无弊》，见蔡尚思主编：《中国现代思想史资料简编》，第3卷，650页，杭州，浙江人民出版社，1982。

1935年，上海的王新命等十教授发表了《中国本位的文化建设宣言》。这篇宣言最早刊登在这年1月10日出版的《文化建设》月刊第1卷第4期，因而又称为“一十宣言”。这篇宣言被各报刊转载后，引起各方面的辩论，形成继五四之后思想界第二次关于中西文化关系的大讨论。在这次讨论中，西化派虽然对本位文化派加以反驳，但已无力控制舆论了。王新命等人的“本位文化建设”主张，并没有提出什么系统的文化理论，但表达了同情以儒学为主干的固有文化的思想倾向。这反映出现代新儒学影响在扩大，并且已经成为一种社会舆论。

经过十几年的理论准备和舆论准备，现代新儒学理论建构的条件已经成熟了。在理论建构方面有建树的现代新儒家，主要有熊十力、冯友兰、贺麟等人。

（1）熊十力的“新唯识论”。熊十力是新陆王型的、狭义的现代新儒家。他是由佛教转向儒家的，故而把自己的理论体系称为“新唯识论”。这个“新”字，表示他已经走出了佛教的唯识学，归宗于儒家。他虽然没有明确表示承续陆王学脉，实际上是接着陆王讲的。他提出的“体用不二”论，同陆九渊的“吾心即是宇宙，宇宙即是吾心”，王阳明的“心外无理，心外无物”思路是一致的。在他看来，“本心”就是宇宙万有的本体，宇宙万物则是这一本体的功用或表现。本心是唯一的真实存在，现实的宇宙万物则是“诈现的迹象”而已。本心作为本体，具有“翕”和“辟”两种功用。本心借助“翕”的功用，物化为物质宇宙，又借助“辟”的作用，使物质宇宙向自己复归。“翕”和“辟”相辅相成，对立统一，构成宇宙的无限的运动发展过程。本心既是宇宙万有的本体，也是人生价值的本体。从价值本体的意义上说，本心就是儒家讲的“仁”。但是，现实社会生活中的人，由于受到“量智”思维的限制，常常把世界看成是物质的，让“习心”蒙蔽了本心，不能体认价值本体，遂形成善与恶的分化。因此，熊十力主张用“性智”思维取代“量智”思维，祛除“习心”，树立本心，培育“内圣”的道德价值理念。熊十力强调，“内圣”应当通过“外王”即经世致用体现出来，以此矫正宋明理学“有内圣无外王”的空疏之弊。总之，本心是“新唯识论”的最高范畴和核心范畴，而“内圣外王”则是终极的价值目标。

（2）冯友兰的“新理学”。冯友兰是新程朱型的、广义的现代新儒家。他奉程朱理学为正宗，融会新实在论的思想资源，运用逻辑分析的方法建构了“新理学”思想体系。他认为，在人们经验所及的“实际”（现象界）之外，潜存着超验的“真际”。“真际”在逻辑上先于“实际”，它是“实际”的范型、目的和根据。真际就是程朱理学中所说的“理世界”，也可以称为“大全”、“太极”、“真际”、“天”或“哲学中的宇宙”（有别于“科学中的宇宙”或“实际的宇宙”）。“理”构成宇宙万物的形式因，“气”构成宇宙万物的质料因，“道体”构成宇宙万物的动力因，而“大全”则构成宇宙万物的目的因。“理世界”既是存在意义上的本体，也是价值意义上的本体。人通过“觉解”的途径与“理世界”发生关系，形成主观的精神状态，也就是人的精神境界。按照人对“理世界”的觉解程度，人生中的境界可以划分为自然、功利、道德、天地等四种类型，其中天地境界为最高境界。在此种境界中的人，“经虚涉旷”，“自同于大全”、“极高明而道中庸”，主观精神与真际本体合而为一。天地境界就是传统中国哲学所说的天人合一的境界。从真际先于实际的本体论原则出发，经过“觉解”的途径，达到最高的天地境界——这就是新理学的基本框架。

（3）贺麟的“新心学”。贺麟是新陆王型的、广义的现代新儒家。他承续陆王学脉，借鉴新黑格尔主义的思想材料和思想方法，建立了“新心学”思想体系。贺麟认为，世界是心的表现。通常所说的“物”的颜色和形状由意识渲染而成，其条理和价值也是由心赋予的。事物的客观性来自人的认识的普遍性和共同性，即所谓“人同此心，心同此理”，所以“心和物是不可分的整体”。在这个整体中，心为本质，为主宰，为逻辑主体。他把这种宇宙观引申到认识论方面，便形成“自然的知行合一论”。在知行合一的展开过程中，知是行的本质，行是知的表现；知永远决定行，故为主；行永远为知所决定，故为从。依据心理合一的宇宙观和“自然的知行合一论”，贺麟构想了“合理性、合人情、合时代”的现代儒者人格，主张由“重忠孝仁爱信义和平的道德之儒商儒工”出来做社会的柱石。

除了熊十力、冯友兰、贺麟之外，比较著名的现代新儒家还有马浮和钱穆。

马浮（1886—1967），字一浮，号湛翁，别号蠲戏老人。他长期隐居在西湖畔，钻研学问。旧学功底深厚，擅长诗词书画，精通多种外语。抗日战争时期，他在四川乌尤寺创办复性书院，出任主讲。他在学界的名气很大，贺麟称他是“中国文化仅存之硕果”。在他的门人眼里，“先生守程朱居敬穷理之教，涵养之粹，读书之博，并世未见其比”。马浮为复性书院所立的学规是：“主敬为涵养之要，穷理为致知之要，博文为立事之要，笃行为进德之要。”主要著作有《泰和会语》、《宜山会语》、《尔雅台答问》、《复性书院讲录》等。

马浮认为，文化是精神的产物，而儒家的六艺之学则是人类文化的根本。“全部人类之心灵，其所表现者不离乎六艺，其所演变者不能外乎此。”

他承继程朱看重经典、读书务博的学风，重视对儒家经典的研读；也承继陆王发明本心的传统，把心性视为六艺的根基。他说："性外无道，事外无理。六艺之道，即吾人自性本具之理，亦即伦常日用所当行之事也。"① 又说："一切道术皆统摄于六艺，而六艺实摄于一心，即是一心之全体大用也。"② 既然心性是六艺之道的根基，那么，治学的原则当然是由博返约。"今明心外无物，事外无理，即物而穷理者，即此心之物，而穷其本具之理也。此理周遍充塞，无乎不在，不可执有内外。"③ 马浮调和朱陆，但侧重于道的普遍性和绝对性，实则倾向于朱，而不是陆。马浮的名声很大，但在理论上的创新程度不是很高。

钱穆（1895—1990），字宾四，江苏无锡人。1949年以前曾在北京大学、西南联合大学、江南大学任教授，到台湾后曾任"中央研究院"院士。著述有《先秦诸子系年》、《中国近三百年学术史》、《国史大纲》、《国史新论》、《中国文化史导论》、《宋明理学概论》等四十余种。他自称："自问薄有一得，莫匪宋明儒者之所赐。"④ 他以宋明理学为指导思想编纂历史，以叙述历史的方式阐发宋明理学。他很重视儒学的特色，并且将其与外国文化加以比较，得出的结论是："大抵中国主孝，欧西主爱，印度主慈。故中国之教在青年，欧西在壮年，印度在老年。我姑赐以嘉名，则中国乃青年性文化，欧西为壮年性文化，而印度为老年性文化也。又赠之以美谥，则中国文化为孝的文化，欧西为爱的文化，而印度为慈的文化。"⑤ 在他看来，孔子堪称青年人的楷模。"孔子中国之大圣，其为人也发愤忘食，乐以忘忧，不知老之将至，是孔子终身常带一种青年气度也。《论语》中国之大典，二十篇首《学而》，子曰：'学而时习之，不亦说乎？有朋自远方来，不亦乐乎？'有子曰：'孝弟为仁之本。'曾子曰：'吾日三省吾身，为人谋而不忠乎？与朋友交而不信乎？传不习乎？'是孔门弟子教训皆主为青年发。《论语》即一部青年宝训也。"⑥ 在他看来，儒学有恒常的价值，"只因有孔子的心教存于中国，所以中国能无需法律宗教，而社会可以屹立不摇。此后的中国乃至全世界，实有盛唱孔子心教之必要"。钱穆主要是从史学的角度倡导儒学的，在哲学上没有多少建树。

---

① 马浮：《复性书院讲录》卷三。

② 马浮：《宜山会语》。

③ 马浮：《复性书院讲录》卷一。

④ 钱穆：《宋明理学概述》序，台北，学生书局，1977。

⑤ 钱穆：《中国文化与中国青年》，见《中国现代思想史资料简编》，398页。

⑥ 同上书，400页。

资料卡片

《中国本位的文化建设宣言》

王新命等撰。发表于1935年1月《文化建设》一卷四期。主张文化本位主义的代表性文章。文章认为中国已在现代世界文化领域中消失，使之恢复过去的荣光，重新占据重要位置的途径，就是从事于中国本位的文化建设。认为本位文化建设的方针是："根据中国本位，采取批评态度，应用科学方法，来检讨过去，把握现在，创造将来。"声称既反对盲从和模仿西方，也反对复古守旧。在"既要有自我的认识，也要有世界的眼光；既要有不闭关自守的度量，也要有不盲目模仿的决心"的言辞下，变相坚持"中体西用"的观点。认为中国共产党领导的革命运动是"模仿苏俄"，"其错误和主张模仿英美的人完全相同，都轻视了中国空间时间的特殊性"。

摘自方克立主编：《中国哲学大辞典》，115～116页，北京，中国社会科学出版社，1994。

3. 50年代以后港台新儒家的活跃

20世纪50年代以后，师承熊十力的唐君毅、徐复观、牟宗三等人来到香港，并且经常到台湾任教讲学，来往于港台之间。在他们的推动下，港台新儒家开始兴起。港台新儒家的第一项重大举措就是创办新亚书院。1949年6月，唐君毅、张丕介、程兆熊等人共同创办新亚书院，唐君毅出任教务长。到60年代初，这所书院发展成为有哲学、历史、中文、数学、生物、物理、化学等学科的综合性学院。1963年，新亚、崇基以及联合三所书院合并，组建了香港中文大学。新亚书院可以说是港台新儒家的研究基地，徐复观、牟宗三都曾在此执教。港台新儒家的第二项重大举措是创办《民主评论》。这份由徐复观筹措资金在香港创办的杂志，是港台新儒家主要的思想阵地。港台新儒家的第三项重大举措是发表《为中国文化敬告世界人士宣言——我们对中国学术研究以及中国文化与世界文化前途之共同认识》(简称《宣言》)。他们在与世界各国学者交往的过程中，深深感到西方学者对以儒学为主干的中国文化存在很大的误解，觉得自己有责任站出来纠正这种误解，提升中国文化在国际上的地位。唐君毅与当时在台湾的牟宗三、徐复观以及在美国的张君劢联系，达成共识。由唐君毅起草，四人共同署名，于1958年元旦在《民主评论》和《再生》杂志上同时发表了这份《宣言》。钱穆也参与了《宣言》起草，但因有些看法存在分歧，最终没有在《宣言》上署名。

《宣言》4万多字，表达了港台新儒家的基本主张和共同的学术立场。他们对西方学者关于中国文化的偏见提出批评。《宣言》指出，有的西方学者出于传教的目的，曲解中国文化；有的人出于政治的目的，曲解中国文化；有的人则出于好奇心，把中国文化看成博物馆中的文物。在某些西方人的眼里，中国文化与古埃及文化、古波斯文化、小亚细亚文化一样，都属于已经死亡了的文化。针对这种偏见，《宣言》严正声明：尽管中国文化有缺陷，称为"病人"未尝不可，称为"死人"断断不可。有数千年历史的中国文化仍旧是活的生命存在，"这中间有血、有汗、有泪、有笑，有一贯的理想与精神在贯注"。因此，考察中国文化时，应当抱有"同情"和"敬意"："敬意向前伸展增加一分，智慧之运用亦随之增加一分，了解亦随之增加一分。"（《宣言》第三节）《宣言》在海外产生了较大的影响，标志着港台新儒家作为一个学术群体已经形成。在这个学术群体中，唐君毅、徐复观、牟宗三无疑最具代表性。

唐君毅是仁者型的港台新儒家。他侧重于从正面疏通中国文化的精神与价值，纠正民族文化虚无主义倾向。在本体论研究方面，熟悉西方哲学的唐君毅也从生命进路契入，但同熊十力相比，还是向前推进了一步。他的本体论思想更加凸显人文色彩，并且指向道德理性。他不再以佛教为对话的主要对象，更为重视中国哲学与西方哲学的比较与会通。他借鉴德国古典哲学（尤其是黑格尔哲学）的理论思维成果，诠释儒家的心性之学，力图证成"道德自我"的本体论地位。

在他看来，宇宙间万物在时空中固然相互外在，然而在这种外在性中隐含着万物之间相互联系着的内在性。内在性是超越于物质世界之上的，其实是生命的表现形式。于是，唐君毅从物质世界跃升到生命的世界。他指出，生命的特质在于，它必须求得自身的不断延续，求其过去的生命内在于现在的生命，求现在的生命于将来的生命。唐君毅由此得出结论："任一生物，皆有一使全宇宙的物质皆表现其身体之形式之潜在的要求。此是一生命之盲目的大私，亦即其晦暗之原始之无明，或欲征服一切之权力意志。"① 在这里，他把宇宙的内在性归结为生命，把生命理解为动态的本体，理解为盲目的意志，显然是接受了从叔本华到柏格森的西方现代非理性主义的影响。但唐君毅并不是非理性主义者。在他看来，生命的世界还不是究极的世界，因为在生命的世界中尚无自觉的价值意识，尚处在"无明"状态。因此，必须超越生命的世界，继续向前探究。

唐君毅对生命世界做了这样的分析：生物的生命活动不可避免地受到生存环

---

① 唐君毅：《文化意识与道德理性》，62页，台北，学生书局，1986。

境的限制，不过这种限制随着生命的发展可以被突破、被超越。到了生命的高级形态，“克就此时超越自身之形式之限制，而有所增益上言，则生物之本性即不得说为不自觉之大私或无明，而是不断自其私之形式解放，以开明其自体，而通达于外者”①。这段分析表明，唐君毅已摆脱了非理性主义，而跨入理性主义的轨道。他由非理性的生命世界跃升到理性的人文世界，并且把人文世界描述为体现道德价值的世界，运用现代的哲学语言表达了“仁者与万物同体”的儒家情怀。在人文的世界中，“大私”、“无明”、“权力意志”等非道德的因素均被化除，形而上的精神实体朗现。至此，唐君毅终于由形而下达到形而上，由物质世界、生命世界的“杂多”求得人文世界的“统一”，证成他心目中的本体——他称之为“生生不息之几之形上实体或形上之宇宙生命精神”。这种宇宙生命精神是通过人自觉地体现出来的，从这个意义上说，它就是“本心”、“仁体”、“道德自我”、“精神自我”、“超越的自我”、“道德理性”。我们从唐君毅哲学思考步步展开的过程中不难看出，他的本体论思想始终关注着人文的价值、道德的价值。他的本体论无疑是一种唯心主义，但不是西方哲学中那种认知意义上的唯心主义，而是道德意义上的唯心主义。唐君毅的本体论思想既有熊十力的痕迹，又透出黑格尔式的思辨，就其理论深度来说，显然已超出了乃师。

徐复观是勇者型的港台新儒家。他对形而上的哲学思辨不感兴趣，甚至对他的师友有所批评，怀疑他们“把中国文化发展的方向弄颠倒了”。在他看来，儒学的根基建立在“仁心”或“本心”这一价值的自我意识上就足够了，没有必要对其做形而上的本体论证明。他认为，“仁心”规定了人生的价值或意义，认同这一价值意义的源泉，并且由此引出生活格局、社会秩序，这就是儒家思想的基本路数。显然，徐复观的新儒学思想同其师友一样，也是基于“仁心”这一最高范畴，也是贯彻内圣外王的理路。同其师友不同的是，他不愿意把思考的重点放在本体论方面，以免人们把儒学视为难以涉足其间的畏途。照他看来，与其费力地探讨内圣（本体）如何建立，不如探讨外王（科学和民主）如何开出，这样才会使新儒学更具现代感，更有社会影响力。

那么，外王如何从内圣开出呢？徐复观提出的方案是“转仁成智”。所谓“仁”是指价值的自我意识，而“智”是指认知理性。他认为由“仁”无法直接开出科学和民主，因此必须转仁成智才能实现儒学的现代转化。他指出，传统儒学之所以没有开出科学和民主，原因之一就在于没有实现转仁成智。徐复观对传统儒学抱有深沉的同情和崇高的敬意，但并不讳言传统儒学的缺点。他认为传统

① 唐君毅：《文化意识与道德理性》，62页。

儒学大都为统治者说话，很少为被统治者说话，现代新儒家必须转变立场，做被统治者的代言人。他是这样说的，也是这样做的。他发表大量政论文章，抨击当局的专制主义政策，为呼吁民主而大声疾呼。

严格地说，徐复观的“转仁成智”说并没有回答**如何**从内圣开出新外王的问题，只是肯定由内圣**应该**开出新外王。他的主张实则是推进传统，而不是保守传统。他极力证明传统的儒学同现代的民主政治并不矛盾，从儒家典籍中找出“天听自我民听，天视自我民视”之类的民主思想的闪光点，但从未做出从儒学中直接开出民主政治的断语。徐复观这样处理传统儒家学说与民主政治的关系，表现出较强的批判精神、正视历史的求实精神和面向世界的时代精神，这在狭义新儒家当中颇为独特。

牟宗三是智者型的港台新儒家。他沿着生命—人文—道德的进路，明确地提出“道德的形上学”，最后完成了对新儒家思想的本体论诠释。牟宗三指出，“道德的形上学”不同于“道德底形上学”。后者是从形上学角度研究道德，并非是“形上学”本身；前者“则是以形上学本身为主，而从‘道德的进路’入，以由‘道德性当身’所见本源渗透至宇宙之本源，此就是由道德而进至形上学了，但却是由‘道德的进路’入，故曰‘道德的形上学’”①。按照牟宗三的解释，儒家所谓“仁”，所谓“本心”并非仅指道德意义上的主体，而应当视为宇宙万有的本体，故称“道德的形上学”——这正是儒家哲学的特质之所在。所谓“道德的形上学”，也就是指儒家一脉相传的内圣心性之学或“成德之教”。它所讨论的主要问题有两个方面：“首在讨论道德实践所以可能之先验根据（或超越的根据），此即是心性问题是也。由此进而复讨论实践之下手问题，此即是工夫入路问题是也。前者是道德实践所以可能之客观根据，后者是道德实践所以可能之主观根据。宋明儒心性之学之全部即是此两问题。以宋明儒词语说，前者是本体问题，后者是工夫问题。”② 立足于“本心仁体”这一“道德的形上学”的基本理念，牟宗三试图解决“外王如何从内圣开出”的问题。他使用三个术语评判传统儒学：一是道统，即“道德的形上学”，这是儒学的最突出的理论成就；二是学统，即科学知识，传统儒学对此不够重视；三是政统，即民主政治，在这方面只有理性之运用表现而无理性之架构表现。总的结论则是在传统儒学当中“有道统而无学统与政统”。换句话说，传统儒学事实上并未开出新外王，未开出科学和民主。那么，在理论上，从儒家的内圣之学能否开出新外王呢？牟宗三的回答是肯定

---

① 牟宗三：《心体与性体》，第1册，140页，台北，中正书局，1968。

② 同上书，8页。

的。他认为开出的具体途径就是“良知的自我坎陷”，即从德性主体转出知性主体，以便为科学、民主的发展提供依据。他说：“由动态的成德之道德理性转为静态的成知识之观解理性，这一步转，我们可以说是道德理性之自我坎陷（自我否定）：经此坎陷，从动态转静态，从无对转有对，从践履上的直贯转为理解上的横列。”① 至于如何从道德主体“坎陷”出知性主体，他并未做出令人信服的说明。

资料卡片

张君劢（1887—1969）

现代资产阶级学者、政治家。原名嘉森，号立斋，别署世界室主人。江苏宝山（今属上海）人。1952 年赴美西雅图定居，专门从事著述活动。三年后移居旧金山。1957 年与 1963 年先后发表两卷本《新儒学思想史》。1958 年与牟宗三、徐复观、唐君毅一起发表《为中国文化敬告世界人士宣言》，认为以儒学为主脉的中国传统文化永远持续着、发展着，她是一个活的机体，是一个大生命，从而把当代新儒学运动与中国哲学文化的研究推向高潮。晚年仍不失对中国传统文化的拳拳赤子之心，颠踬奔波，扶杖讲学。他在哲学上标榜自己是“唯实的唯心主义”者，他说：“我之系统中，以万物之有为前提，而其论心之所以认识与万物之所以建立，则以心之综合与精神之运行为归宿”；“以唯心论为本，兼采唯实论之长”。实则是二元论或唯心论者。在历史观上提出社会“函变说”或“机能说”，主张社会历史的发展“即人类意志力加入客观环境所起的一种函变关系”。认为政治、法律和经济的社会关系“找不出何者为上层建筑，何者为下层基础”。主要哲学著作有《人生观》、《再论人生观与科学并答丁在君》、《明日之中国文化》、《辩证唯物主义驳议》、《新儒家思想史》、《中西印哲学文集》等。

摘自方克立主编：《中国哲学大辞典》，399 页，北京，中国社会科学出版社，1994。

（三）现代新儒家的类型

现代新儒家是一批明确表示接续儒家道统的学者，大体上可以分为两种类型：一种类型是狭义新儒家，以梁漱溟、熊十力、唐君毅、牟宗三等人为代表；

① 牟宗三：《政道与治道》，58 页，台北，学生书局，1983。

另一种类型是广义新儒家，以冯友兰、贺麟等人为代表。

1. 狭义新儒家

狭义新儒家有比较明显的学派特征，他们或为道友，或为师生，交往很多，关系密切。梁漱溟与熊十力是道友，而唐君毅、徐复观、牟宗三都是熊十力的从学弟子，亦是道友。在思想上，他们有许多共识。他们有较强的道统意识，都把儒家内圣学视为道统；他们自觉地接着陆王心学讲，尊陆王而贬程朱；他们采取生命的进路，融会中外哲学资源，试图建构道德的形上学；他们肯定儒学的现代价值，主张从内圣开出外王，同科学、民主等现代文明成果接榫。

梁漱溟是狭义新儒家的开山，他确立了这一学派的基本风格。首先，他第一个站出来"为儒家说话"，从现代理论需要的角度肯定儒学的价值。他从西方发生第一次世界大战的严酷事实中看出，西方文化绝非如某些中国人原来想象的那么美妙。尽管中国在物质文明方面的成就远不如西方，但在精神文明方面却具有西方文化不可比拟的优长。他的这种儒家思想优于西方文化的看法，尽管在后来的狭义新儒家当中有所修正，但基本上得到比较一致的认同。其次，他采取生命的进路诠释儒学的现代价值。他认为柏格森的生命哲学与儒学有相通之处，借鉴柏格森的思想方法和思想资料，从主体主义立场出发，接上陆九渊、王阳明等心学一脉，为狭义新儒家定下了崇陆王而贬程朱、发挥内圣学的基本发展思路，这在后来也成为狭义新儒家理论的基本风格。

梁漱溟提出儒学优位论、主体主义和生命的进路，可以说表述了狭义新儒家的基本理念，但他都未来得及做出充分的论证。他只是开启者，而不是终结者。他在草创新儒学思想之后，便转向实践方面，长期致力于乡村建设运动和其他社会活动，在理论方面没有取得多少进展。梁漱溟的道友熊十力接过他在北京大学的教职，多年从事教学和理论研究，担负起了发展狭义新儒家基本理论的任务。他从生命层面进入到人文层面，确认儒家"本心"范畴的本体论意义。他在《新唯识论》中写道："本书生命一词，为本心之别名，则斥指生生不息之本体而名之。"① 本心具有"翕"和"辟"两种功用，施设宇宙，统摄宇宙，构成存在的本体。"仁者，本心也，即吾人与天地万物所同具之本体也。"② 本心也是人生价值的源头。他依据"体用不二"论，发挥内圣学，提出"性体呈露"说。

熊十力的新儒学特别关注两个问题：一是本体如何建立的问题，二是外王如何从内圣开出的问题。他对第一个问题投入的精力比较多，但由于他对西方哲学

---

① 熊十力：《新唯识论》，525页，北京，中华书局，1985。

② 同上书，567页。

并不十分熟悉，主要是采取与佛教对话的方法展开他的哲学构想，虽多有创见，可是对西方哲学的回应毕竟有些力不从心。这对熊十力的理论思维深度不能不构成一个明显的限制。就连他的弟子牟宗三也觉得乃师的本体论思想“没有十字打开”。至于外王如何从内圣开出的问题，他解决得也不够理想。他的“外王”观念也比较陈旧，尚未明确地赋予科学与民主的内涵。尽管受到主客观条件的限制，熊十力对上述两个问题的解决不够圆满，然而正是他把这两个问题凸显出来，为后来的狭义新儒家开辟了广阔的理论思考空间，从而对狭义新儒家的发展起到了导向的作用。1949 年以后，狭义新儒家的研究中心转到港台地区，熊十力的弟子唐君毅、徐复观、牟宗三成了狭义新儒家的代表。他们的新儒学思想各有特色，但也有共性。其共性就是，他们都试图以各自的方式解决“本体如何建立”和“外王如何开出”这两个狭义新儒家的基本问题。

唐君毅也是从生命进路契入的，但同熊十力相比，又向前推进了一步。他立足于人文主义立场，试图通过与西方哲学对话的方式，进一步回答“本体如何建立”的问题。他从西方哲学中引入“理性”、“自我”等哲学范畴，认为本体就是“道德自我”或“道德理性”，把儒家的心性之学诠释为超验的唯心论。在他看来，宇宙间万物在时空中固然都是相互外在的，然而在这种外在性中也隐含着万物之间相互联系着的内在性。内在性是超越于物质世界之上的，其实是生命的表现形式。于是，唐君毅从物质世界跃升到生命世界，又从生命世界跃升到人文世界。为此，他进一步提出了“生命三向说”和“心灵九境说”，展开了他关于“道德自我”的系统论述。

不喜欢哲学思辨的徐复观，不大关心“本体如何建立”的问题，而特别看重“外王如何从内圣开出”的问题。徐复观提出的解决方案是“转仁成智”。所谓“仁”是指价值意义上的自我意识，而“智”是指工具理性。以往的儒家过分拘泥于“仁”，而没能转“仁”成“智”，因而无法开出科学和民主。现代新儒家应当在先儒的基础上，把儒学向前推进一步，实现“转仁成智”，实现儒学的现代转化，接纳科学和民主。徐复观已经意识到，工具理性的缺失是传统儒学的不足之处，弥补这一不足乃是儒学实现现代转化的关键。至于从“仁”何以可能转出“智”，或者说，从价值理性何以可能转出工具理性，他似乎还未做深入的理论探讨。

牟宗三沿着梁漱溟开辟的生命进路，认同熊十力的本心本体论，吸收唐君毅和徐复观的研究成果，最后建构成“道德的形上学”。他强调，儒家立足于人所特有的“智的直觉”，从有限进入无限，达到了“道德的形上学”。所谓“道德的形上学”，就是道德意义上的本体论，有别于西方哲学中认知意义上的本体论。

这种“道德的形上学”，就是儒家做人的哲学依据，就是儒家独特的理论造诣，就是先儒所说的天德良知，就是儒家的安身立命之地。牟宗三强调，儒家的“道德形上学”已经超越了康德，达到了西方哲学没有达到的理论高度。依据“道德的形上学”，牟宗三提出“坎陷”说。他指出，首先必须从德性主体“坎陷”出知性主体，然后才可以从儒家的内圣学开出新的外王学，即开出科学和民主。至此，他比较系统地回答了狭义新儒家的两个基本问题，为这一学派的发展画上了句号。他的新儒学思想是狭义新儒家的最高阶段，换言之，狭义新儒家到牟宗三这里便宣告终结了。这里所说的“终结”不等于“完结”，不等于说牟宗三后继无人，只是说他的后继者很难再沿着他的思路继续推进他的理论，很难在学理上有新的突破。

2. 广义新儒家

广义新儒家的道统观念比较宽泛，冯友兰奉程朱为正统，贺麟则力图化解陆王与程朱的对立，但倾向于陆王。他们在建立思想体系的时候，没有选择非理性主义的生命进路，而是选择了理性主义的学理进路。同狭义新儒家相比，广义新儒家不能算是严格意义上的学派，他们之间有明显的观点分歧。

冯友兰采取逻辑分析的进路建构了“新理学”体系。他用“理”、“气”、“道体”、“大全”等四个“逻辑观念”解释世界：“理”是万事万物的形式因，“气”是质料因，“道体”是动力因，“大全”是目的因。根据人对“理世界”的觉解程度，人生境界可以划分为自然、功利、道德、天地等四种境界，其中天地境界为最高境界。在天地境界中的人，就是儒家所说的圣人，也就是进入天人合一境界中的理想人格。新理学引入当时现代西方哲学界较为流行的逻辑分析方法，改造传统儒家哲学的思维方式，对于推动儒学的现代转换，具有促进作用。一般说来，传统的儒家学者虽然提出一些深邃的哲理，但不重视逻辑论证，因而理论性显得比较薄弱。新理学力图纠正这个缺点。冯友兰以知性思维的逻辑性和明晰性纠正了直觉思维的独断性和神秘性，开辟了中国哲学研究的新路。同时，冯友兰的新理学彰显出理世界的超越性，由超越性讲到内在性，对于全面弘扬宋明理学的学术精神做了必要的工作，而狭义新儒家往往尊陆王而黜程朱，从生命的进路承续内圣学，但沿着他们的进路恐怕讲不出超越性来。从这个意义上说，新理学的确有狭义新儒家所不及之处。

贺麟采取逻辑综合的进路建构了“新心学”体系。在他看来，心与物是不可分的整体：不能离开心，解释事物的存在；也不能离开物，把心抽象化。心有两种含义，一为“心理上的心”，二为“逻辑上的心”。“心理上的心”规定物，“逻辑上的心”规定理。“心理上的心”是“被物支配之心”，相当于宋明理学中的

"已发"，故"心亦物也"；"逻辑上的心"是"超经验的精神原则，是经验的统摄者，行为的主宰者，知识的组织者，价值的评判者，是心理意义的心由以成立的根据"，相当于宋明理学中的"未发"。"未发"为"已发"之体，故"心为物之体，物为心之用"。心与物是不能两相分离的，所有的现实存在物，都是心物合一的。贺麟合心而言实在，合理而言实在，合意义价值而言实在，得出的结论是："从哲学看来，仁乃仁体，仁为天地之心，仁为天地生生不已之生机，仁为自然万物的本性。仁为万物一体、生意一般之有机关系和神契境界。简言之，哲学上可以说是有仁的宇宙观，仁的本体论。离仁而言本体，离仁而言宇宙，非陷于死气沉沉的机械论，即流于黑漆一团的虚无论。"① 通过对"仁"这一儒家伦理规范的强调，贺麟新心学的宇宙论也就从唯心主义过渡到了泛道德主义，从而实现了向儒家学脉的复归。

资料卡片

徐复观（1903—1982）

当代史学家、政论家，港台新儒家学派主要代表之一。湖北浠水人。1920年考入湖北武昌第一师范。1926年参加国民革命军第七军。1928年去日本留学，先在明治大学学习经济，后入日本士官军校步兵科学习军事。"九一八"事变后回国，曾在国民党军队中担任团长、荆宜师管区司令、重庆复国团教官、国共联合秘书处副秘书长等职。1946年以少将衔退役，曾在南京主办《学原》月刊。1949年在香港创办《民主评论》半月刊。1952年去台中农学院任教。1955年任东海大学中文系教授兼系主任。1969年从东海大学退休，次年去香港担任香港中文大学客座教授、新亚研究所教授兼导师等职。他戎马半生，五十岁后开始治学，主要研究中国思想史特别是先秦、两汉思想史。认为思想史研究最重要的任务之一就是"要在中国文化中发现可以和民主政治衔接的地方"，而要完成这一使命首先必须努力还儒家思想以本来面目，因为"顺着孔孟的真精神追下来，在政治上一定是要求民主"。主要著作有《中国人性论史》（先秦篇）、《两汉思想史》、《中国经学史的基础》、《中国思想史论集》等。

摘自方克立主编：《中国哲学大辞典》，579～580页，北京，中国社会科学出版社，1994。

① 贺麟：《文化与人生》，10页，北京，商务印书馆，1988。

二、梁漱溟

梁漱溟（1893—1988），原名梁焕鼎，原籍广西桂林。曾参加京津同盟会，民国初年担任过北京政府司法部秘书。1917 年受聘为北京大学哲学系特约讲师。1922 年出版《东西文化及其哲学》一书，阐述了他的新儒学思想，开启现代新儒学思潮。1931 年从事乡村建设运动，任山东乡村建设研究院研究部主任。抗日战争期间以村治派领袖的身份参加国民参政会，担任参议员。他与张澜等人发起成立“民主政团同盟”，担任民盟秘书长。新中国成立后，当选为全国政协委员、常委。著作编为《梁漱溟全集》，由山东人民出版社出版。

针对五四时期全盘否定中国文化的偏见，梁漱溟第一个举起现代新儒家的旗帜。他一反严复以来知识分子扬西抑中的思路，竟主张用儒学挽救西方文化的危机。他不无豪迈地宣称：“我又看着西洋人可怜，他们当此物质的疲敝，想要得精神的恢复，而他们所谓精神不过是希伯来那点东西，左突右突，不出此圈，真是所谓未闻大道，我不应当导他们于孔子这一条路来吗?”[①] 梁漱溟既是现代新儒学思潮的开山，也是狭义新儒学的开山。他的许多观点，在后来的狭义新儒家那里都得到了认同。

（一）“大生命”的本体论

中国传统哲学探讨本体论问题的哲学思维模式与西方近代哲学不同。由于中国传统哲学以天人关系为基本问题，没有把主体与客体对立起来，几乎无人单独从存在的角度寻求本体。中国传统哲学主张天人合一，把宇宙人生看做有内在联系的整体。与此相关，在中国传统哲学中，本体不仅仅是宇宙存在的哲学依据，更重要的是人生意义价值的哲学依据。同西方哲学相比，中国哲学比较注重本体的价值意义。同西方近现代哲学接触以后，现代新儒家的本体论思考方式发生了变化。他们一方面接受西方近现代哲学的影响，从主客二分的角度思考本体论问

① 梁漱溟：《东西文化及其哲学》序。

题，试图构建解释世界的存在本体论学说；一方面继承中国哲学天人合一的学脉，努力把存在本体论翻转为价值本体论，凸显本体的价值意义。

梁漱溟从柏格森哲学中受到启发，采取生命的进路，从主体出发诠释儒学，这后来成为狭义新儒家的基本风格。“生命”是梁漱溟从柏格森那里接受的第一个哲学观念。从这个观念出发，他突破了天人合一的模式，从主客二分角度思考宇宙存在的本体论依据。他从存在论的视角考察宇宙，否认客体自身的实在性，把宇宙视为生活或生命的表现形式。他说：“在我思想中的根本观念是‘生命’、‘自然’，看宇宙是活的，一切以自然为宗。”① 在梁漱溟的哲学中，生活、生命、自然是同等程度的本体论观念，都是指动态的宇宙本体。他说：“照我们的意思，尽宇宙是一生活，只有生活，初无宇宙。由生活相续，故而宇宙似乎恒在，其实宇宙是多的相续，不似一的宛在。宇宙实成于生活之上，托乎生活而存者也。这样大的生活是生活的真象，生活的真解。”② 这是梁漱溟关于生命本体论的基本概括。

在他看来，宇宙作为既成的事实，并不是独立的存在，必须以生命本体为终极依据。宇宙与生命既有区别，又有联系：宇宙是现象，生命是本体；宇宙是静态的“宛在”，生命是动态的“相续”。从根本上说，宇宙不过是生命的表现形式。梁漱溟的结论是：“宇宙是一大生命。从生物的进化史，一直到人类社会的进化史，一脉下来，都是这个生命无尽无已的创造。”③ 无论是自然现象，还是社会现象，在梁漱溟看来都是生命的创造；宇宙的统一性就在于其为生命的本性的表现。梁漱溟所说的生命，是一个哲学意义上的概念，并不是生物科学意义上的概念。在他看来，哲学意义上的生命并不依赖于载体。“生活就是‘相续’。……生活与‘生活者’并不是两件事，要晓得离开生活没有生活者，或说只有生活没有生活者——生物。再明白的说，只有生活这件事，没有生活这件东西。所谓生物，只是生活。生活生物非二，所以都可以叫作‘相续’。”④ 按照这种解释，生命过程就是一切，实体是不存在的。

梁漱溟的生命本体论本来是他在柏格森的启发下所做的理论创新，可是在他看来，这种本体论在儒家原有哲学中也是有充分根据的。例如，孔子的形而上学就是“以生活为对，为好的态度。这种形而上学本来就是讲‘宇宙之生’的，所以说‘生生之谓易’。由此孔子赞美叹赏‘生’的话很多，像是：‘天地之大德曰

① 梁漱溟：《朝话》，135页，重庆，商务印书馆，1940。

② 梁漱溟：《东西文化及其哲学》，48页。

③ 梁漱溟：《朝话》，79页。

④ 梁漱溟：《东西文化及其哲学》，48页。

生'；'天何言哉，四时行焉，百物生焉，天何言哉'；'致中和天地位焉'；'唯天下至诚为能尽其性，能尽其性则能尽人之性，能尽人之性则能尽物之性，能尽物之性则可以赞天地之化育，可以赞天地之化育则可以与天地参矣'；'天地变化，圣人效之'；'大哉圣人之道，洋洋乎发育万物，峻极于天'；如此之类总是赞叹不止。这一个'生'字是最重要的观念，知道这个就可以知道所有孔家的话。孔家没有别的，就是要顺着自然道理，顶活泼顶流畅的去生发。他以为宇宙总是向前生发的，万物欲生，即任其生，不加造作必能与宇宙契合，使全宇宙充满了生意春气"[①]。"他相信恰好的生活在最自然，最合宇宙自己的变化——他谓之'天理流行'。"[②] 梁漱溟的这些说法，应当说是他从生命本体论角度对儒家哲学的一种理解、一种诠释，我们不必考究这种说法是否完全符合儒家哲学的原意，但应当承认其确有新意，那就是从现代哲学的角度为儒学的现代转型找到了契入点。另外，传统儒家哲学的本体论的确不是实体本体论，而是动态本体论。尽管以往儒家没有把动态本体明确地归结为生命，但毕竟同生命本体论有契合之处。因此，梁漱溟的诠释也不是完全没有根据的。我们不能说梁漱溟曲解了儒家哲学，因为他是接着传统儒家哲学，并不是照着传统儒家哲学讲的，他必须找到新的讲法。

梁漱溟在提出"尽宇宙是一生活"的论断之后，进一步探究生命的根本，他做出的第二个论断是"生活的根本在意欲"。梁漱溟认为，每个人所面临的宇宙，都是眼、耳、鼻、舌、身、意等六根不断地"探问或追寻"的结果。而"在这些工具之后则有为此等工具所自产出而操之以事询问者，我们叫他大潜力或大要求或大意欲——没尽的意欲"。按照梁漱溟的解释，所谓"大意欲"就是叔本华所说的"宇宙意志"。他说："生活就是没尽的意欲——此所谓'意欲'与叔本华所谓'意欲'略相近，——和那不断的满足与不满足罢了。"[③] 这样，他便从生命本体论过渡到意志本体论。

梁漱溟把宇宙意志与唯识宗所说的"阿赖耶识"看成同等程度的观念，借用佛教唯识宗的术语展开说明意志本体论的意涵。他指出，每个人面对的"殆成定局的宇宙"，其实是"表层的生活"或"影象"。用通行哲学术语说，就是现象。至于造成"殆成定局的宇宙"的终极原因，则来自宇宙意志或阿赖耶识。梁漱溟解释说："所变现影象何自来呢？与此之本质皆在阿赖耶识……唯一的物件只此阿赖耶识，东看西看，上看下看，所碰到的都是他。不过不单是影象是随时变

---

① 梁漱溟：《东西文化及其哲学》，121 页。

② 同上书，129 页。

③ 同上书，24 页。

现，非恒在的东西，就是这内外的本质，你看他死呆呆的物质世界，实在也是迁流不息，相续而转。一块石头不是一块石头，是许多石头的相续。不但影象是随人变现各自不同，你眼识所现的红白属你，我眼识所现的红白属我；就是本质也非客观存在而是随人不同的，你的宇宙是你所现，我的宇宙是我所现，此时最可注意的，内外俱是一阿赖耶识而竟被我们打成两截，中间加了重重隔膜。”① 末那识在现象世界变现的过程中起的作用至关重要，因为它是联系阿赖耶识与认知主体的中间环节。“最关重要的还是在第七识（即末那识），大约有生命无生命是生物非生物之辨”全在于此。末那识借助生物体的感官“极狞恶的在那里东寻西找”，变现出现象世界。从作为宇宙意志的阿赖耶识到末那识，从末那识再到生物体的感官寻求；在生物体的感官寻求的过程中，变现出现象世界——这就是梁漱溟构想的现象世界发生论。

从梁漱溟对现象世界的发生原因的解释中，自然而然地引出主体主义的结论。他指出，无人身的宇宙意志，最终通过有人身的主体落到了实处。“有一个地方是宇宙大生命的核心，这个地方就是‘人’。”“宇宙本来在‘我’，——每一生命为一中心，还之宇宙皆为其所得而为宰制。”② “一切生活都由有我，必有我才活动才生活。”③ 梁漱溟把认知主体叫做“现在的意欲”或“现在的我”，把与主体相对的现象世界叫做“前此的我”或“已成的我”。现象世界作为客体，是由主体设定的，是主体活动所留下来的陈迹。他对物质宇宙的成因所做的哲学解释是：

> 这个差不多成定局的宇宙——真异熟果——是由我们前此的自己而成功这样的；这个东西可以叫做“前此的我”或“已成的我”，而现在的意欲就是“现在的我”。所以，我们所说小范围生活的解释即是“现在的我”对于“前此的我”之一种奋斗努力。所谓“前此的我”或“已成的我”，就是物质世界能为我们所得到的，如白色，声响，坚硬等感觉对他现出来的影子呈露我们之前者；而这时有一种看不见，听不到，摸不着的非物质的东西，就是所谓“现在的我”。这个“现在的我”大家或谓之“心”或“精神”，就是当下向前的一活动，是与“已成的我”——物质——相对待的。④

至此，梁漱溟从生命这一“根本观念”出发，经由“大意欲”（宇宙意志），

---

① 梁漱溟：《东西文化及其哲学》，85页。

② 梁漱溟：《中国民族自救运动之最后觉悟》，80页，上海，中华书局，1933。

③ 梁漱溟：《东西文化及其哲学》，160页。

④ 同上书，49页。

落实到“现在的我”，完成了对现存世界的哲学解释，形成了一个以“生命——意欲——我”为骨架的宇宙观。他的宇宙观具有如下几个特点：

（1）自觉地贯彻主体性原则，迈入现代哲学门槛。梁漱溟作为现代中国哲学家，他已掌握了主客二分的哲学思维方式。他把物质世界视为现象意义上的存在，主张从主体把握客体，直接面对物质与精神的关系这一哲学基本问题。在他看来，主体只具有精神的规定性，称其为“现在的我”；物质世界并非独立的客观的存在，可以归结为“已成的我”。以主客二分为特征的主体性原则，并不是西方哲学的专利，而是现代性的表现之一。众所周知，西方近代哲学的主体性自觉以笛卡儿提出“我思故我在”为标志，那时欧洲资本主义经济已经相当发达了。梁漱溟从“现在的我”出发解释世界，同笛卡儿提出“我思故我在”一样，标志着中国现代哲学家已达到对于主体性原则的自觉。

（2）视宇宙为发展过程，具有浓重的非理性主义色彩。梁漱溟心目中的主体，不是理性的概念，而是非理性的生命。他没有像西方近代理性主义者那样，把宇宙本体归结为物质实体或精神实体，而是归结为有生命的演化过程。他把生命本体与叔本华所说的宇宙意志联系在一起，从而同非理性主义思潮相衔接。他以生命本体诠释传统儒学“天地之大德曰生”等命题，找到儒家的动态本体论与非理性主义的结合部。

（3）凸显个体主义，强调每个人都是一个认知主体。在梁漱溟的宇宙观中，主体就是个体。每个人作为主体，都可以变现出只属于他自己的现象世界。他说：“盖各自有各自的宇宙——我宇宙与他宇宙非一。抑此宇宙即是他——他与宇宙非二。”[①] 按照这种说法，他只能承认小我，而不能承认大我。他没有为大我给出哲学依据，也没有为“公共的宇宙”给出哲学依据。因此，梁漱溟遇到了无法克服的困难。他把每个个体都看成一个能变现出他自己的宇宙的主体，那么，各个主体之间如何发生关系？他自己产生了这样的疑难：当我的意欲同他人的意欲发生了冲突，该怎么办呢？“例如，我要求别人不要恨我，固然有时因为我表白诚恳可以变更旁人的‘他心’，而有时无论如何表白，他仍旧恨我，或者口口声声不恨而心理照旧的恨。这对我的要求满足与否是毫无一定，不能由我作主的。”[②] 当这个主体与那个主体发生矛盾时，这种矛盾将是无法解决的。其实，按照梁漱溟的个体主义宇宙观，并不会发生这种矛盾，因为并没有在主体之间建立起普遍的联系，各个主体之间并没有相互沟通的理由。

---

① 梁漱溟：《东西文化及其哲学》，48页。

② 同上书，52页。

资料卡片

生命哲学

一种试图用生命的发生和发展来解释宇宙，甚至解释知识或经验基础的唯心主义学说或思潮。19 世纪末至 20 世纪初流行于德、法等国。它是在 A. 叔本华的生存意志论和 F. W. 尼采的权力意志论、C. R. 达尔文的生物进化论和 H. 斯宾塞的生命进化学说，以及法国 M. J. 居约（1854—1888）的生命道德学说的影响下形成的。德国哲学家 W. 狄尔泰最早用“生命哲学”一词表示他的哲学，主张精神生活哲学的 R. C. 奥伊肯（1846—1926）也是这种思潮的主要代表人物。新康德主义者如 W. 文德尔班、H. 李凯尔特等人，严格区分了自然科学与价值论（或文化哲学、精神科学），也对生命哲学的发展给予有力的推动。20 世纪初，德国 H. A. E. 杜里舒（1867—1941）的生机主义，法国 H. 柏格森的创化论，则试图从生命的进化或生物学的立场，为生命哲学建立自然科学的基础。

生命哲学是对 19 世纪中期的黑格尔主义和自然主义或唯物主义的一种反抗。生命哲学家不满意 G. W. F. 黑格尔所主张的严酷的理性，不满意自然主义或唯物主义所依据的因果决定论，认为这些思想是对个性、人格和自由的否定。他们要从“生命”出发去讲宇宙人生，用意志、情感和所谓“实践”或“活动”充实理性的作用。他们声明自己并不反对自然科学和理性，只说这些经验或知识不完全，必须提高意志、情感的地位，才能穷尽“生命”的本质。

摘自《中国大百科全书·哲学》，787 页，北京，中国大百科全书出版社，1987。

（二）“三量说”的认识论

传统儒学采用天人合一的哲学思维模式建构本体论，并不对其做认识论上的论证。梁漱溟采用主客二分的哲学思维模式建构生命本体论，则必须找到认识论上的根据，这个根据就是“直觉”。“直觉”是梁漱溟从柏格森那里接受的第二个哲学观念。在他看来，“直觉”也可以印证儒家思想：“儒家尽用直觉，绝少来讲理智。”他把概念的认识称为理智，认为理智不可能成为认识本体的渠道，只有直觉才是认识本体的唯一渠道。他借用佛教唯识学的术语阐述直觉主义认识论，并以此作为生命本体论的认识论基础。

1. 现量—感觉论

梁漱溟把感觉叫做现量。他说：“所谓‘现量’就是感觉。譬如我喝茶时所尝到的茶味，或我看见桌上白布所得到的白色，都是‘现量’。”① 在佛教唯识学中，“量”是计量的意思。按照唯识学的说法，感觉就是“见分”（认知主体）和“相分”（被知客体）直接发生关系。梁漱溟也是这样看待感觉的。按照他的看法，感觉既然是主体与客体直接发生关系，那么便是瞬间发生、瞬间消失的，因而不具有把握本质的功能，只能停留在“性境”即现象的层面。例如，“看见白布的‘白’即是‘性境’；‘白’是我的影象，我所以觉得‘白’是由视神经对于外界的刺激而反射者；……因为无论什么人不能不用眼睛看，用眼睛看时，所得即为我眼识之所变现，而非布之本质。”② 按照他的分析，由感觉所得到的认识，尽管同本质有某种对应的关系，但并不能把握本质，不过是由感官变现出来的现象而已。这样，他就在本质和现象之间划了一道不可逾越的鸿沟，否定了人通过现象认识本质的可能性。诚然，感觉不能直接感知事物的本质，感性认识有待于上升到理性认识，但感觉毕竟是人透过现象深入本质的桥梁。梁漱溟拆毁了这座桥梁，为他抬高直觉埋下了第一道伏笔。他所说的本质，并非仅指事物具体的本质，主要是指宇宙万有的抽象本质，也就是本体即“大生命”。基于这样的现量—感觉论，梁漱溟不可能像贝克莱那样，依据经验主义理路建构本体论，而是选择了直觉主义的理路。

2. 比量—理智论

梁漱溟把概念的理性认识叫做比量。他说：“‘比量智’即是今所谓‘理智’，也是我们心理方面去构成智识的一种作用。”这种作用就是“将种种感觉综合其所同、简别其所异，然后才能构成正确明了的概念”。例如“茶”这个概念，一方面就是把红茶、绿茶、清茶、浓茶等“自相”总括为“共相”，另一方面就是同非茶的液体如白水、菜汤、油、酒等区别开来。他不否认概念的认识来源于感官认识，但不认为概念的认识把握到了认识对象的本质。在他看来，概念的认识非但没有深入本质，反而离本质更远了。由概念得到的“独影境”，与本质并无瓜葛。“‘独影境’是有影无质的；当我心中作‘茶’之一念时，其所缘念亦为一影象。然此影象无质为伴而与‘见分’同种生；照直说，就是非藉于客观之物才变生的，而是我心中自生私有的。”③ 概念连具体事物的本质都不能认识，当然更不可能成为宇宙本体的认识途径了。

在梁漱溟看来，拘泥于概念的认识实则构成人们疏离生命本体的认识论原因。由于人们一味地诉诸理智，打破了天人合一状态。“在直觉中‘我’与其所

①② 梁漱溟：《东西文化及其哲学》，70页。

③ 同上书，71～72页。

处的宇宙是混然不分的，而这时节被他打成两截，再也合拢不来，一直到而今，皆理智的活动为之也。”① 他把理智看成对于本体的遮蔽，为抬高直觉埋下了第二道伏笔。基于这样的“比量—理智”论，他不可能像黑格尔那样，依据理性主义的理路建构本体论，而是选择非理性主义的理路。

3. 非量—直觉论

沿着非理性主义理路，梁漱溟强调直觉在认识过程中起决定作用。他的理由是：“单靠现量和比量是不成功的。因为照唯识家的说法，现量是无分别、无所得的；——除去影象之外，都是全然无所得，毫没有一点意义；如是从头一次见黑无所得，则累若干次仍无所得，这时间比量智岂非无从施其简、综的作用？所以在现量与比量中间，另外有一种作用，就是附于感觉——心王——之‘受’、‘想’二心所。‘受’、‘想’二心所对于意味的认识就是直觉。”② 他认为直觉超越主客二分，使二者浑然一体，故称之为“非量”。他指出，由直觉所得的是一种有情味的知识。比如，欣赏一幅书法作品，感觉所得到的是黑的笔画，理智也无从表达其中的奥妙，只有直觉才能体会其中的意味，捕捉难以言传的精神。这意味、精神“既不同乎呆静之感觉，且亦异乎固定之概念，实是一种活形势也”。

梁漱溟强调，直觉是内省的知识。“着眼研究者是内界生命，其所用是直觉。”“‘我’之认识，感觉所不能为，理智所不能为，盖全出于直觉所得。”通过内省的直觉，可以发现内界生命与“大生命”之间的关联，证得终极本体。他的说法是：“要晓得感觉与我们内里的生命是无干的，相干的是附于理智的直觉。我们内里的生命与外面通气的只是直觉的窗户。”③ 直觉是梁漱溟为其“大生命”本体论找到的唯一认识论根据，不过这并没有对其本体论学说做出充分的论证。从理性主义的观点看，梁漱溟的直觉论仍旧是一种非理性主义的独断论。

资料卡片

直觉主义

一种强调直觉或直观在认识中的作用的思潮和学说。它认为直觉是比抽象的理性认识更基本、更可靠的认识世界的方式。这种学说或思潮通常带有强烈的反

① 梁漱溟：《东西文化及其哲学》，63页。
② 同上书，72页。
③ 同上书，121页。

理性主义、反实证主义和反唯物主义的倾向。直觉或直观一词来自拉丁文 *intueri*，意为“观看”。在哲学上，直觉指认识主体对于自身、其他心灵、外部世界以及共相、价值和真理的直接认识或获得这种认识的能力。历史上不少哲学家都重视直觉，但直到20世纪初才真正形成一种学说和思潮。

法国哲学家H. 柏格森把直觉和分析看做两种根本不同的认识方法。他认为，直觉可以深入事物的内部，分析却只能停在事物外围。前者得到的认识是绝对的，后者得到的认识是相对的。只有直觉才能把握川流不息的世界本质即“绵延”；分析却把时间空间化，也就是把“绵延”的时间分割开来，从而使活动中的实在僵化为静止的事态。他指出，直觉是使人得以体验事物本身运动的精神状态和洞察终极存在的非概念认识。柏格森所推崇的直观带有一种反理性的神秘主义色彩。

摘自《中国大百科全书·哲学》，1174页，北京，中国大百科全书出版社，1987。

(三)“三路向”的文化观

梁漱溟生活在全球化时代，比以往的儒者有更宽广的视野。他找到了一种关于儒学的新的诠释方式，那就是文化比较的方式。他在论述了本体论和认识论之后，立即把话题转向文化观，提出“三路向”说。

梁漱溟的文化观念是从“大生命”本体论演绎出来的。他说：“文化是什么东西呢？不过是那一民族生活的样法罢了。……通是个民族，通是个生活，何以他那表现出来的生活样法成了两异的采色？不过是他那为生活样法最初本因的意欲分出两异的方向，所以发挥出来的便两样罢了。”① 他非常重视文化的民族性和差异性，但也不否认文化的普适性与可通约性。基于这种认识，他把人类的文化路向划分为意欲向前要求、意欲调和持中、意欲反身向后三种类型。

第一路向是西洋文化。西洋文化“以意欲向前要求为其基本精神”，在思维方式上以崇尚理智为基本特征，这是一种功利主义的路向。他不否认，西方人“向前要求的路向”有可取的一面，那就是推动了生产力的发展，在物质生活方面取得了很大的成就；但是，它在精神生活方面却是失败的。由于过度的功利追求，“他们精神上也因此受了伤，生活上吃了苦，这是十九世纪以来不可掩的事实！”② 西方的功利主义路向违背了生命本性，不可能给人们带来真正的幸福。“当

① 梁漱溟：《东西文化及其哲学》，24页。

② 同上书，63页。

西洋人力持这态度以来，总是改造外面的环境以求满足，求诸外而不求诸内，求诸人而不求诸己，对着自然界就改造自然界，对着社会就改造社会，于是征服了自然，战胜了威权，器物也日新，制度也日新，改造又改造，日新又日新，改造到这社会大改造一步，理想的世界出现，这条路便走到了尽头处!”① 梁漱溟指出，当人类社会发展处于“人对物质的问题之时代”，西洋的功利主义路向是适用的，而今已进入“人对人的问题之时代”，这种路向也就过时了。“曩者之满足求诸外求诸人，这时只得还而求诸内，求诸己。”他预言，西洋式的功利主义路向将为儒家一向倡导的调和主义路向所取代，人类文化的发展将由第一路向转为第二路向。

第二路向是中国文化。中国文化以“意欲调和持中”为基本精神，在思维方式上以崇尚直觉为基本特征。这是一种顺世主义的路向。按照这种路向，人们“遇到问题不去要求解决，改造局面，就在这种境地上求我自己的满足。譬如屋小而漏，假使照本来的路向一定要求另换一间屋，而持第二路向的遇到这种问题，他并不要求另换一间屋，而就在此种境地之下变换自己的意思而满足，并且一般的有兴趣。这时下手的地方并不在前面，眼睛并不望前看而向旁边看；他并不想奋斗的改造局面，而是回想的随遇而安。他所持应付问题的方法，只是自己意欲的调和罢了。”② 西方文化把人同环境对立起来，当成改造的对象，梁漱溟称之为“有对”的文化；中国文化把人同环境调和起来，当成顺应的对象，梁漱溟称之为“无对”的文化。

梁漱溟承认中国文化存在着“早熟”的问题，即在没有解决“人对物质的问题”的情况下，过早地转向了“人对人的问题”；但也有西方文化所不及之处。他预言，西方文化的下一步发展将选择第二路向，从中国文化获取思想资源。他采用比较的手法，充分肯定中国文化的现代价值，坚信中国文化可以解救西方文化的危机，断言“世界未来文化就是中国文化的复兴，有似希腊文化在今世的复兴那样”③。

第三路向是印度文化。印度文化以“意欲反身向后”为基本精神，乃是一种出世主义的路向。按照这种路向，“遇到问题他就想根本取消这种问题或要求。这时他既不像第一路向的改造局面，也不像第二路向的变更自己的意思，只想根本上将此问题取消”④。在梁漱溟看来，印度文化可以解决人的情志问题，即要

---

① 梁漱溟：《东西文化及其哲学》，167 页。

② 同上书，53～54 页。

③ 同上书，199 页。

④ 同上书，54 页。

求生活而又不为老、病、死所困扰。印度文化将来有可能取代中国文化，但现在还不宜在中国和世界提倡。

通过三种文化路向的比较，梁漱溟得出的结论是：不走全盘西化的老路，排斥印度的态度，“批评地重新把中国原来的态度拿出来”。他所说的中国文化就是指儒学。虽然他对儒学的现代价值做了充分的肯定，但并不主张把儒学原封不动地拿出来，而是主张加以改造和发展。他的“三路向”说，其实并不是一种建立在实证研究基础上的文化学理论，而是一种高扬儒学现代价值的表达方式。

资料卡片

胡适对梁漱溟文化观的批评

我们在这里要指出梁先生的出发点就犯了笼统的毛病，笼统的断定一种文化若不能成为世界文化，便根本不配存在；笼统的断定一种文化若能存在，必然翻身成为世界文化。他自己承认是“牢牢地把定一条线去走”的人，他就不知不觉的推想世界文化也是“把定一条线去走”的了。从那个笼统的出发点，自然生出一种很笼统的“文化哲学”。他自己推算这个世界走的“一条线”，现在是西洋化的时代，下去便是中国化复兴成为世界文化的时代，再下去便是印度化复兴成为世界文化的时代。这样“整齐好玩”的一条线，有什么根据呢？原来完全用不着根据，只须梁先生自己的思想，就够了。

摘自《胡适文存》，二集，169～170页，合肥，黄山书社，1996。

(四)“求诸内”的价值观

梁漱溟借鉴柏格森的生命哲学，将“大生命”视为宇宙的本体。不过，值得注意的是，梁漱溟的生命观念与柏格森的生命观念并不完全一样。在柏格森那里，生命是用来揭示存在的本体论范畴，在价值上是中立的；在梁漱溟那里，生命却是价值判断的主体。梁漱溟称这种价值判断的主体为“内里的生命”。他借用“生命”、“直觉”等现代哲学的术语，为儒家一向重视的“我欲仁斯仁至矣”、“为仁由己”、“反求诸己”、“先立乎其大”、“发明本心”、“致良知”等内在性原则找到了现代的表述方式。同正统儒学一样，梁漱溟的新儒学思想体系也以“求诸内”的价值观为归宿。

梁漱溟认为，价值判断与事实判断是有区别的。事实判断以主客二分为前提，他称之为“有对”。在事实判断中，主体的认识为客体所规定，与自由意志无关。价值判断超越主客二分，诉诸直觉，他称之为“无对”。由于价值判断与事实判断不同，人们的价值取向可以有两种不同选择。一种是“求诸外”，立足于事实判断；另一种是“求诸内”，立足于价值判断。

沿着“求诸外”的取向，形成功利主义、个人主义的价值观，以西方的现代人为代表。抱着这种价值观的西方现代人，把自己当成主体，把自然和社会当做客体，要求通过改造客体来满足自己的愿望，把自己置于与客体相对立的位置。梁漱溟说：“西洋人所做的生活以理智为其唯一重要工具，此甚明白之事。”① 他认为，理智认定是个体功利主义价值观形成的根本原因。理智“一认定，一计算，在我就失中而倾欹于外了。……制定这个是善那个是恶，这个为是那个为非，这实是大错”。抱着功利主义、个人主义价值观的人，都是自我中心主义者，都把自己与外界对立起来，把自己同他人对立起来。这种人“小我”意识强，私心重，斤斤计较，患得患失。“自己要打量计算，就通通谓之‘私心’‘私欲’。……私心人欲不一定是声、色、名、利的欲望之类，是理智的一切打量、计较、安排，不由直觉去随感而应。”② 梁漱溟称这样的人生为“算账的人生”，并且认为这样的人生同“孔家的人生”格格不入：“最与人相违的生活就是算账的生活。所谓不仁的人，不是别的，就是算账的人。”“理智为其分配打量之便利，而假为分别；若当做真的分别，那就错误而且危险了。什么错误危险？就是将整个的人生生活打成两断截，把这一截完全附属于那一截，而自身无其意味。”③ 他认为西方人的这种人生态度违背了生命本性，并不值得中国人仿效。针对西化派“全盘西化”的主张，他批评说：“因为那西洋人从来的人生态度到现在已经见出好多弊病，受了严重的批评，而他们还略不知拣择的要原盘拿出来。”④ 他反对把西方的功利主义和个人主义观念不加批判地搬到中国来。

沿着“求诸内”的取向，形成直觉主义、群体主义的价值观，以中国的儒家为代表。梁漱溟认为，儒学价值观与西方功利主义、个人主义价值观的根本区别在于，它并不以主体与客体的分别为前提，直接建立在生命本体之上。“中国古人却正有见于人类生命之和谐——人自身是和谐底，人与人是和谐底（所谓‘能以天下为一家，中国为一人’者在此），以人为中心底整个宇宙是和谐底（所以

① 梁漱溟：《东西文化及其哲学》，158 页。

② 同上书，127 页。

③ 同上书，133～134 页。

④ 同上书，205 页。

说‘致中和天地位焉，万物育焉’，‘赞天地之化育，与天地参’等等），儒家对于宇宙人生，总不胜其赞叹。”[①] 儒学价值观并不凸显个体性原则，而是凸显合群体性原则，以和谐为核心价值。如果说西方人的功利主义、个人主义价值观是理智型的，那么，儒学价值观是直觉型的。中国人“不像西洋有那样的知识（科学）发达成就而依之以为生活，其理智无甚作用是很明的。……他那人与自然的浑融不是由直觉吗？其社会生活上人与人的尚情感而鲜计较，不是用直觉吗？其所依以为生活之一切学术莫非玄学化，艺术化，不都是用直觉的吗？”[②] 在梁漱溟看来，以儒学为主体的中国文化与以功利主义为核心的西方文化在价值取向上不同，在思维方式上不同，在行为方式上不同，乃是两种不同类型的文化。

依据生命主义和直觉主义，梁漱溟对儒学价值观做了新的阐发。他说：“孔子就因为把握得人类生命更深处作根据，而开出无穷无尽之前途。”[③]“他不分什么人我界限，不讲什么权利义务，所谓孝悌礼让之训，处处尚情而无我。”[④] 他把儒学价值观的特色概括为“尚情而无我”，并做了展开论述：

第一，“尚情”就是随感而应。梁漱溟指出：“人自然会走对的路，原不须你操心打量，遇事他便当下随感应，通是对。”“这种直觉人所本有，并且原本非常敏锐，除非有了杂染习惯的时节。你怎么能复他本然敏锐，他就可以活动自如，不失规矩。”[⑤] 在这里，他对儒家的性善论做了直觉主义的诠释：人性作为生命本体的体现是至善，道德价值的判断就是良知的自我发现，就是一任直觉。这种判断与理智的考量无关，取决于主体自身的自觉与自愿。道德价值的判断依据在于其内在性，而不是外在性。照梁漱溟看来，程朱理学取途穷理于外，“不甚得孔家之旨”。理由是“在孔子只有所谓人生无所谓性理，性理乃宋人之言孔子所不甚谈者”。他认为儒家伦理是一种德性伦理学，并不是程朱理学家所诠释的规范伦理学。由于受新文化运动的影响，他对程朱理学抱着一种批评的态度，对传统礼教抱着一种批评的态度。他说：“自宋以来，种种偏激之思想，固执之教条，辗转相传而益厉，所加于社会人生的无理压迫，益已多矣。”[⑥] 在批判“固执之教条”这一点上，梁漱溟同新文化运动的倡导者并没有分歧。不过，他坚决反对抓住一点，不及其余，因而全盘否定儒学的价值观。他从“尚情”的角度对宋儒

---

① 梁漱溟：《中国文化要义》，144页，成都，路明书店，1949。

② 梁漱溟：《东西文化及其哲学》，159页。

③ 梁漱溟：《中国民族自救运动之最后觉悟》，76页。

④ 梁漱溟：《东西文化及其哲学》，152页。

⑤ 同上书，125～126页。

⑥ 同上书，150页。

的天理学说做了新的解释："这自然流行日用不知的法则就是'天理'，完全听凭直觉活动自如，他自然不失规矩，就谓之'合天理'。"① "孔子的伦理，实寓有他所谓絜矩之道在内，父慈、子孝、兄友、弟恭，总使两方面调和而相济。"②在他看来，儒家伦理的普适性来自内在德性的自觉，并非来自外在的理性强制。

第二，"尚情"就是履行仁道。梁漱溟对儒家伦理的核心范畴"仁"做了这样的解释："孔子所谓仁是什么？此敏锐的直觉，就是孔子所谓仁。""仁就是本能、情感、直觉。""仁只是生趣盎然。"③ 既然是这样，那么求仁也就是追求情感上的安慰，在"安"字上求得"仁"。"直觉敏锐且强的人其要求安，要求平衡，要求调和就强，而得发诸行为，如其所求而安，于是旁人就说他是仁人，认其行为为美德，其实他不过顺着自然流行求中的法则走而已。"④ 追求情感上的安慰的过程，也就是向内心探索、体验生命本性的过程。梁漱溟由此得出结论："孔家情之安定都为其生活重心在内故也。""孔家所以值得特别看重，越过东西一切百家的，只为唯他圆满了生活，恰好了生活。"⑤ 他对儒家仁学的解释同传统儒学虽然有所不同，但他仍旧承袭了儒家历来主张"内自省"、"内自讼"的内在性原则。

第三，"尚情"就是自得其乐。梁漱溟指出："人生快乐就在生活本身上，而不在有所享受于外，试着指给大家一条大路，就是改换那求生活于外边享受的路子而回头任取自身活动的乐趣，各自找个地方去活动。人类的天性就是爱活动，就在活动上而有乐趣。"顺着本能自觉活动，"情"安"理"得，就是"乐"；反之，就是"苦"——这就是梁漱溟对"孔颜之乐"做的新阐发。依据这种苦乐观，他得出的结论是："中国的一切起居享用都不如西洋人，而中国人在物质上所享受的幸福，实在倒比西洋人多。盖我们的幸福乐趣，在我们能享受的一面，而不在所享受的东西上，——穿锦绣的未必便愉快，穿破衣的或许很乐；中国人以其与自然融洽游乐的态度，有一点就享受一点，而西洋人风驰电掣的向前追求，以至精神沦丧苦闷，所得虽多，实在未曾从容享受。"

第四，"无我"就是拒斥来自理智小我的干扰。"尚情"是梁漱溟从正面对儒学价值观的论述，"无我"则是他从反面对儒学价值观的说明，也就是反对从理智角度看待人生的价值。他指出，从直觉的角度看，"人生没有什么意义可指，

---

① 梁漱溟：《东西文化及其哲学》，127 页。

② 同上书，152 页。

③ 同上书，134 页。

④ 同上书，127 页。

⑤ 同上书，181 页。

如其寻问，就是在人生生活上而有其意义；人生没有什么价值可评，如其寻问，那么，不论何人当下都已圆足无缺无欠（不待什么事业、功德、学问、名誉，或什么好的成就，而后才有价值）；人生没有什么责任可负，如其寻问，那么只有当下自己所责于自己的”。而从理智的角度看，“开口就是权利义务、法律关系，谁同谁都是要算账，甚至父子夫妇之间也都如此；这样生活实在不合理，实在太苦”①。“无我”才能“无欲”，因为“人在欲望中恒只知为我而顾不到对方；反之，人在情感中，往往只见对方而忘了自己”②。在他看来，无“小我”才会有“大我”，才会树立“仁者与万物同体”的儒者情怀。

归结起来，梁漱溟对儒学价值观的新阐发，就是解构儒家既成的伦理规范体系，保留儒学人性善的价值理念。他的第一个着眼点是论证儒家的合群体性原则，强调和谐的理念，希望以此解决当时中国社会面临破产的问题，达到中国社会重建的目的。他的这种愿望无疑是美好的，无奈在当时社会动荡的情况下，并没有可操作性。借用司马迁的话说，可谓是“迂远而阔于事情”。他的第二个着眼点是论证儒家的内在性原则，试图重建“安身立命之地”。他肯定人的生命本性中有自我完善的终极依据，符合儒家的一贯主张。可惜的是，他只是过分强调内在性的非功利主义取向，却忽视了儒家经世致用的功利主义取向，并且把这两种取向截然对立，未能全面把握儒家的“合内外之道”。在梁漱溟的价值观中，由于没有把内在性同经世致用联系在一起，因而显得十分抽象。他对个人主义、功利主义价值观的批评是深刻的，有力地揭示了西方现代社会中流行的“现代病”，足以使我们引以为戒。他肯定儒学有对治“现代病”的功效，但是他未能发掘出儒学能够适应现代性发展的价值。他的价值观基本上是传统型的，尚未实现从传统到现代的转化。他的价值观诉诸本能，诉诸直觉，诉诸情感，诉诸过程，没有设定终极的价值目标，忽略了对儒家工夫论的阐发，有浓重的自然主义色彩。他对于儒家的人文主义精神、道德理想主义精神的挖掘，显然做得不够充分。梁漱溟在价值观方面的偏向，在他的道友熊十力那里得到了一定程度的矫正。

资料卡片

价　值

作为价值学和哲学的基本范畴，价值是对人类生活中一种普遍现象和内容的

① 梁漱溟：《东西文化及其哲学》，152页。

② 梁漱溟：《中国文化要义》，149页。

本质概括，是各个领域中各种特殊的、具体的价值形态的总概括、总抽象。“价值”一词的词源，最初来自梵文的*Wet*（掩盖、保护）和*Wal*（掩盖、加固），拉丁文*Vallo*（用堤护住、加固）、*Valeo*（成为有力量的、坚固的、健康的）和*Valus*（堤），取其“对人有掩护、保护、维持作用”的意思。后来演化为“可珍惜、令人重视、可尊重”的意思，与日常口语中的“好”相类似。作为一个名词，它已成为专门的术语。

就其一般含义来说，价值可以定义为：客体的存在、属性及其变化同主体的结构、需要和能力是否符合、相一致或接近的性质。如果这种性质是肯定的，就是说客体对主体有价值或正价值；如果是否定的，则意味着客体对主体无价值或负价值。这一定义适用于非政治经济学“商品价值”意义上的各种价值概念。如客体满足主体的功利需要，就是它对主体有功利价值或使用价值；客体同主体的审美结构相一致，它对主体来说就是美的；个人的行为如果符合社会主体的道德规范，这一行为就被社会评价为善的。与上述相反的情况则分别是“无用”、“丑”和“恶”，等等。

关于价值及其意识的一般基础、本质、特征和规律的展开研究，构成哲学价值论的内容。

摘自李德顺主编：《价值学大辞典》，261～262页，北京，中国人民大学出版社，1995。

三、熊十力

熊十力（1885—1968），原名继智，又名定中、升恒，字子贞。湖北黄冈人。1906年加入日知会，并组织黄冈军学界讲习会。1911年参加武昌起义，任都督府参谋。1920年入南京支那内学院从欧阳竟无研习佛教唯识学，1922年被聘为北京大学哲学系特约讲师，后晋升为教授。1932年出版《新唯识论》文言文本，1944年出版《新唯识论》语体文本，创立“新唯识论”思想体系，成为狭义新儒学本体论学说的奠基人。1956年参加全国政协会议，并先后当选为第二、三、四届全国政协委员。著作编为《熊十力全集》，由湖北教育出版社出版。

梁漱溟是开启者，但不是终结者。他在草创新儒学思想之后，便转向实践方面，长期致力于乡村建设运动和其他社会活动，在理论方面没有取得多少进展。梁漱溟的道友熊十力接过他在北京大学的教职，多年从事教学和理论研究，担负起发展狭义新儒家哲学理论的任务。

（一）“体用不二”论

梁漱溟的新儒学虽然涉及本体论问题，但并不以此为重点，他更为关心的是文化问题和社会改造问题。在《东西文化及其哲学》一书中，涉及本体论的篇幅并不多，即便谈到本体论，往往也仅限于提出论断，而没有做论证。真正重视本体论研究的现代新儒家是熊十力。他甚至认为哲学就是本体论，反对有些西方哲学家“哲学就是认识论”的说法。他用毕生精力创建“新唯识论”体系，反复申明“《新论》本为发明体用而作”，“本书根本问题不外体用”，“学者如悟透体用义，即于宇宙人生诸大问题，豁然解了，无复凝滞”①。他创立的本体论学说可以称为“体用不二”论。

熊十力也是从生命的进路进入本体论研究领域的。他也接受柏格森生命主义的影响，认同动态的过程本体论，承认“生命论者，其所见足以与《新论》发明者自不少”。不过，他并不认同生命论者的非理性主义倾向。第一，他不赞成柏格森把生命本体说成“盲目冲动”，并批评说：“近人柏格森创化论的说法，不曾窥到恒性，只要臆为一种盲动，却未了生化之真也。”② 他对生命的哲学含义重新做了这样的界定：“夫生命云者，恒创恒新之谓生，自本自根之谓命。二义互通，生即是命，命亦即是生，故生命非一空泛的名词。吾人识得自家生命即是宇宙本体，故不得内吾身而外宇宙。吾与宇宙，同一大生命故。此一大生命，非可剖分，故无内外。”③ 熊十力只承认生命的本体论含义，而拒斥其非理性主义的含义。在他看来，“盲目冲动”不过是“习心”的表现而已，不能用来表示本体。第二，他也不赞成柏格森把直觉说成本能，并批评柏格森把直觉与本能混为一谈。他认为生命本体的认识论根据并不是本能，而是“性智”。第三，他认为柏格森并没有把本体与功用统一起来。按照柏格森的创化论，物的形成有“如滚雪球，越滚越大。依据滚雪球的譬喻来讲，虽时时刻刻创加新的雪片，却总有故的雪片不灭”，岂不意味着物自成其为物，已经脱离了本体的控制吗？在熊十力看

① 熊十力：《新唯识论》，241页，重庆，商务印书馆，1944。

② 《熊十力论著：新唯识论》，681页，北京，中华书局，1985。

③ 同上书，535页。

来，柏格森并没有达到体用不二的高度。他提出体用不二论，力图超越柏格森，创立有儒家特色的本体论学说。

熊十力认为哲学的根本任务就是探求本体，而本体有别于现象。所以，“站在玄学或本体论的观点上来说，是要扫荡一切相，方得冥证一真法界。如不能空一切相，那就不能见真实了。譬如有一条麻织的绳子在此，我们要认识这种绳子的本相，只有把他不作绳子来看。换句话说即是绳子的相，要空了他，才好直接地见他只是一条麻。如果绳子的相未能空，那便见他是一条绳子，不会见他是一条麻了”①。浸淫于佛教多年的熊十力借用佛经上的绳麻之喻说明本体与现象的对立关系：本体是真实的，现象不是真实的；现象遮蔽本体，必须否定现象，才能冥证本体。如果仅就现象论现象，那么，就认识不到麻绳的本体是麻，而不是蛇一样的外形。熊十力的本体论思考方式，深受佛教真谛与俗谛二分模式的影响。

熊十力要扫荡的第一种相是“物相”，也就是批评那种把事物本身看成真实存在的朴素的唯物论观点。他认为，朴素唯物论者执著于“物相”或“外境”，犯了“应用不无计”的错误。何谓“应用不无计”？他解释说：“此在日常生活方面，因应用事物的惯习，而计有外在的实境。即已妄计的所由而立名，曰应用不无计。”② 人们出于日常生活的需要，总是把自己面对的世界看成是客观实在的，“或别计有瓶和盆等物，是离心而实有的，或总计有物质世界，是离心而实有的”。在熊十力看来，这种朴素的唯物论观点妨碍对真实本体的冥证，必须予以破除。他采用感觉分析的方法破斥对于“物相”的执著：“应用不无计者，或别计现前有一一粗色境，离心独存。殊不知这种境，若是离开了我的心，便没有这个东西了，因为我的识别现起，粗色境才现起。若离开识别，这种境是根本无有的。试就瓶来说，看着他，只是白的，并没有整个的瓶；触着他，只是坚的，也没有整个的瓶。我们的意识，综合坚和白等形相，名为整个的瓶。在执有粗色境的人，本谓瓶境是离心实有的，但若以实事求是的态度来审核他，将见这瓶境，离开了眼识看的白相和身识触的坚相，以及意识综合的作用，这瓶境还有什么东西在那里呢？由此可知，瓶境在实际上说全是空无的。”③ 通过扫荡“物相”，熊十力依据佛教“因缘所生法，所见即是无”的观点，否定了认定物质世界为客观实在的唯物主义的本体论思路。他指责“唯物论者，把物质看作为本原是极大的错误”。

熊十力要扫荡的第二种相是“心相”，也就是批评把事物看成感觉的复合的

① 熊十力：《新唯识论》，296～297页。

② 同上书，257页。

③ 同上书，257～258页。

经验论的唯心论观点。唯心主义经验者执著于“心相”，认定“存在就是被感知”，把感觉经验当成本体。熊十力认为这种看法是站不住脚的，主张“对彼执取境的识为实有的这种见解，加以破斥”，进而达到证成真实本体的目标。

熊十力指出，“心”有两种含义：一种是作为认知主体的心，他叫做“习心”；一种是作为宇宙本体的心，他叫做“本心”。习心局限在感觉经验的范围内，与物质现象相对升起，与“物相”相对而言，由此形成“心相”。“心相”与“物相”一样，也构成对于本心本体的遮蔽，必须予以破除。熊十力援引佛教的缘起说破斥习心，认为这种“妄执的心，或取境的识，根本是没有自体的”①。佛教缘起说认为，一切事物必须具备种种因缘、条件而后升起。宇宙人生中的种种现象，都存在于因缘关系之中；离开这种关系，并不能独立存在，所以是没有自性的。《中阿含经》卷四十七上说：“此有则彼有，此无则彼无，此生则彼生，此灭则彼灭。”据此，熊十力对习心做了这样的破斥：“妄执的心（或取境的识）就是缘生的。换句话说，这个心就是许多的缘互相藉待而现起的一种相貌，当然不是有自体的，不实在的。若把众多的缘一一拆除，这个心在何处呢？实际上可以说他是毕竟空、无所有的。”习心并不能成为本体，因为它是相对的、有条件的。由习心变现的“心相”，以“物相”为条件，倘若离开“物相”，“心相”不会孤零零地升起。“物相本空，心相亦泯”，二者都是不真实的。通过扫荡“心相”，熊十力否定了把认知主体看成实在的经验唯心主义的本体论思路。

“扫相”是熊十力为建立本体论所做的准备工作，用他的话来说，“就本体上说，是要空现象，而后见体”。通过对于“物相”和“心相”的扫荡，熊十力既否定了唯物论的本体论思路，也否定了唯心主义经验论的本体论思路，从而为思考本体论问题找到了整体主义的视角。在他看来，要想冥证本体，不能从部分入手，不能走就事论事的现象主义的理路，必须超越部分、超越现象，采取总体直观的理路。这种理路就是首先把宇宙视为具有普遍联系的有机整体，然后考察构成普遍联系的哲学依据，寻找整个宇宙赖以存在的本体。熊十力把这一理路叫做“即用显体”。

从整体的角度看，没有自性的物相和心相，都可以称为“用”。“用”不可能独立存在，必须以本体为终极原因，因而可以由“用”而及“体”。关于本体，熊十力认为应当有以下的规定性：

（1）“本体是备万理、含万理、肇万化，法尔清净本然。……清净者，没有染污，即没有世间所谓恶之谓。本然者，本谓本来，然谓如此。当知，本体不是本无而今有的，更不是由意想安立的，故说本来。他是永远不会改变的，故以

① 熊十力：《新唯识论》，278页。

‘如此’一词形容之。”本体是宇宙万有的本原，是第一性的实在。对于本体来说，再没有什么可以追溯的了。它是理想的完满的境界，与世间的“恶”、“染污”形成鲜明的对比。它既是存在的终极依据，也是价值的终极依据。

（2）“本体是绝待的，若有所待，便不名为一切行的本体了。”简言之，本体是绝对的，不是相对的。一切心物现象都是相对的、有条件的，然而相对之中蕴涵着绝对，这个绝对就是本体。一切心物现象都统一于绝对的本体，本体就是各种现象之间的普遍联系的终极依据。

（3）“本体是幽隐的，无形相的，即是没有空间性的。”从空间的角度说，本体具有超越性质。

（4）“本体是恒久的，无始无终的，即是没有时间性的。”从时间的角度说，本体也具有超越的性质。本体没有时空的规定性，因而与物质世界中的事物是有区别的。熊十力认为，时间和空间只是物质世界中的具体事物存在的形式：每个事物都有东西南北中的“分布相”，这就是空间的规定性；都有过去、现在、未来的“延续相”，这就是时间的规定性。本体不是任何具体事物，因而不受时空规定的限制。

（5）“本体是全的，圆满无缺的，不可分割的。”本体作为整体来说，并不是部分的相加，而是对任何部分的超越，因而是不可分割的大全。

（6）“若说本体是不变易的，便已涵着变易了；若说本体是变易的，便已涵着不变易了，他是很难说的。本体是显现为无量无边的用，即所谓一切的行的，所以说是变易的，然而本体显现为万殊的用和一切的行，毕竟不曾改移他的自性。他的自性，恒是清净的刚健的，无滞碍，所以说是不变易的。”① 本体自身恒是清净，可谓“不易”；但作为万化之源，只能通过变动不居的心物现象得以表现出来，这就是所谓“即变易而不易”。总之，本体是动与静的统一，是变与常的统一，具有辩证的性质。这意味着本体不可能是刚性的实体，而是柔性的演化过程。因此，不能用形而上学的观点看待本体，而必须用辩证的观点把握本体。

熊十力以上述六点关于本体的看法为衡量尺度，认为佛教所说的“恒转”、生命哲学所说的“生命”以及儒学所说的“本心”，都是表示本体的哲学观念。在这三个哲学观念中，熊十力最认同的本体论范畴还是“本心”。他说：

> 本心是绝待的全体。然依其发现，有差别义故，不得不多为之名。一名为心。心者主宰义，谓其遍为万物实体，而不即是物。虽复凝成众物，要为表现其自己之资具，却非舍自性而随物化也。不物化故，谓之恒如其性。以恒如其

① 熊十力：《新唯识论》，313～314页。

性故，对物而名主宰。二曰意。意者有定向义。夫心之一名，通万物而言其统体，非只就其主乎身而目之也。然吾身故万物中之一部分，而遍为万物之主者，即主乎吾身者也。物相分殊，而主之者一也。今反求其主乎吾身者，则渊然恒有定向。于此言之，斯谓之意矣。定向云何？谓恒顺其生生不息之本性以发展，而不肯物化者也。故此有定向者，即生命也，即独体也。依此而立自我，虽万变而贞于一，有主宰之谓也。三曰识。夫心、意二名，皆即体而目之。复言识者，则言乎体之发用也。渊寂之体，感而遂通，资乎官能以了境者，是名感识。动而愈出，不依官能，独起筹度者，是名意识。……故心、意、识三名，各有取义。心之一名，统体义胜。意之一名，各具义胜。识之一名，了境故立。①

在这段话里，熊十力对其本体论学说做了概括和总结。第一，本心是存在的主体。它“物物而不物于物，遍为万物的实体”，是绝对的主宰者。第二，本心体现在发展变化的过程之中。它以动态的方式“通万物而言其统体”。第三，本心是由主体变现客体的根据。它通过“识”变现出外物、外境等客体，并且把客体消纳于自身之中。熊十力力图把本体论、认识论、运动观统一起来，建构一个系统的本体论学说体系。

熊十力对儒学本体论的推进还在于，他从本心本体论出发施设“翕辟成变”的宇宙论，试图对物质宇宙的成因做出哲学解释，从而表现出现代哲学的理论特征。他指出，本体自身是空寂的、清净的，只有借助翕和辟两种势用，才能体现出来。由翕而形成物质宇宙；由辟使物质宇宙复归于本体。这就是他创立的“举体成用”论或“翕辟成变”论。何谓翕辟？他解释说：

前面已经说过，本体是显现为万殊的用的，因此，假说本体是能变，亦名恒转。我们要知道，恒转是至无而善动的。其动也，是连续不已的。……这种不已之动，自不是单纯的势用。每一动，恒是一种摄聚的，如果绝对没有摄聚的一方面，那就是浮游无据了。所以，动的势用起时，是有一种摄聚。这个摄聚的势用，是积极的收凝。因此，不期然而然的，成为无量的形向。……物质宇宙，由此建立。这由摄聚而形成的动势，就名之为翕。……

然而当翕的势度用起时，却别有一种势用俱起。他是依据恒转而起的。……这个势用，是能健以自胜，而不肯化于翕的（即是反乎翕的）。申言之，即此势用，是能运于翕之中而自为主宰，于以显其至健，而使翕随己转的。这个刚健而不物化的势用，就名之为辟。②

① 《熊十力论著：新唯识论》，593～594 页。

② 熊十力：《新唯识论》，317～318 页。

翕是指本体收敛、凝聚而形成物质世界的趋势和功用，故说“即依翕故，假说为物”。辟是指本体发散、刚健使物质世界复归于本心的趋势和功用，故说“即于辟故，假说为心”。熊十力提出“翕辟成变”论，旨在解决本体如何建立物质世界以及物质世界如何复归于本体这样两个问题。

怎样由翕而形成物质世界？熊十力的解释是：由翕的势用形成不可再分的“动圈”，叫做“小一”。“此小一或凝势，是刹那刹那，生灭灭生。”“小一”不同于原子、电子之类的关于物质结构的概念，它不是物理学意义上的点，而是形而上学意义上的点，有如莱布尼茨所说的单子。由“小一”构成的物质世界并没有实在性，只不过是“诈现的迹象”而已。

熊十力强调，由翕而形成的物质世界并不能脱离本体的制约，因为辟的势用使之永远复归于本体。在熊十力的宇宙论中，翕和辟不可分割地联系在一起，乃是本体功用的两个侧面。“翕和辟本非异体，只是势用之分殊而已。辟必待翕而后得所运用，翕必待辟而后见为流行，识得主宰。如果只有辟而没有翕，那便是莽莽荡荡无复有物。……如果只有翕而没有辟，那便是完全物化，宇宙只是顽固坚凝的死物。即是死物，他也就无有自在的力用，易言之，即是没有主宰的胜用，而只是机械的罢了，然而事实上宇宙却是流行无碍的整体。我们把宇宙万象分割成段段片片的东西来看，那是依托翕的势用的迹象，而误起分别，所以如此。实则弥满于翕之中而运于翕者，只是辟的势用。”宇宙之所以没有完全物化，没有成为“顽固坚凝的死物”，就是因为有辟的势用的缘故。如果说翕是本体的异化，那么，辟则是本体在物质世界中的直接显现，“辟虽不即是本体，却是不物化的，是依据本体而起的。他之所以为无形，为无所不在，为向上，等等，这正是本体底自性的显现。易言之，即是他举体成用”①。

至此，熊十力完成了以“体用不二”为核心论点的本体论建构。他从扫荡“物相”和“心相”入手，否定从部分或从现象视角考察本体的唯物主义思路和经验唯心主义的思路，确立从总体、从动态过程考察本体的整体主义思路。他从整体主义思路得出的结论是：恒转、生命、本心皆是对本体的称谓，并选择本心为核心范畴。依据本心本体，他又施设“翕辟成变”的宇宙论，对物质宇宙的成因做出哲学解释：物质宇宙是本心的异化；异化而成的宇宙仍复归于本心。这就是“体用不二”论的基本思想。“体用不二”论的特色是：

第一，有注重过程、消解实体的生命主义色彩。同梁漱溟一样，熊十力也接受了柏格森生命哲学的影响。不过，他的独立思考能力显然超过了梁漱溟。“体

① 熊十力：《新唯识论》，321页。

用不二”论纠正了梁漱溟的非理性主义倾向，把现代新儒学纳入理性主义与非理性主义相调和的发展轨道。这一本体论学说避免了过度的非理性主义倾向，但依旧保持着生命主义色彩。熊十力强调，本体是动态的过程，决不是抽象的实体；本体内在于物质宇宙的演化过程中，并非超越于物质宇宙之上。他认为，一些西方近代哲学和佛教哲学，都犯了“遗用而觅体”的错误，都把本体说成脱离现象世界、凌驾于现象世界之上的抽象的精神实体。从这样的精神实体很容易导致有神论的结论，使哲学成为变相的神学。与此形成鲜明对比的是，“体用不二”论充分肯定本体与现象的一致性，从而避开了有神论趋向。

第二，有佛教虚无主义色彩。传统儒学本体论学说关注的重点是价值问题，而不大关注存在的问题。“体用不二”论作为现代哲学理论，同传统儒学本体论学说有一个明显的区别，就是不仅关注价值问题，同时也关注存在问题。“翕辟成变”论就是熊十力对物质宇宙的成因做出的一种哲学解释。但是，他所描绘的宇宙不过是“诈现的迹象”而已，每个事物自身并没有客观实在性，也没有确定性。他举例说：“桌子哪，几子哪，人哪，鸟哪，思想等精神现象哪，乃至一切物事，都不是一一固定的相状，实际上都只是功用。譬如我写字的笔，不要当他是一件东西，实际上只是一团功用，我们把他唤做笔罢了。”① 他常常把物比作“香火轮”：在黑夜里，有一个人在远处手持燃着的香火旋转摇动，香火头形成的轨迹，看上去就像个“火轮”。在他看来，宇宙万物如同这个“火轮”一样虚幻不实。这种解释显然带有佛教虚无主义的色彩。熊十力为了维护本心本体的至上性，不得不放弃客体的确定性。他的本体论学说，与梁漱溟一样，仍旧局限在主体主义的范围内，并没有充分展开论述主体与客体的关系问题。

第三，有儒家道德理想主义色彩。在梁漱溟的本体论中，“我”只是认知主体，在价值上是中立的。熊十力把儒家已有的哲学范畴“本心”视为本体和主体，已经突破了个体主义的限制，完成了从“小我”到“大我”的转折。在熊十力那里，“本心”不再是非理性主义意义上的“小我”，而是道德理性主义意义上的“大我”，这就为彰显儒家道德理念的现代价值提供了本体论依据。“本心”作为本体，既有存在的意涵，也有价值的意涵。熊十力强调“本心”就是理想的完满的境界，就是道德价值的源泉，就是安身立命之地，这就接上了儒家固有的传统。从这个意义上说，熊十力称得上是现代新儒家本体论的奠基人。“体用不二”论把“本心”本体泛化到物质世界中，取消了本体单独存在的可能性，没有把世界二重化，只承认一个世界。尽管熊十力把物质世界说成“诈现的迹象”，但他

① 熊十力：《新唯识论》，301页。

毕竟承认物质世界的现实性。这就为他走出佛教出世主义转向儒家入世主义提供了哲学依据。

资料卡片

本　心

(1) 指固有的道德意识。孟子最早提出人有“恻隐之心”、“羞恶之心”、“恭敬之心”、“是非之心”这四种先天的道德本能，认为这种本能“非由外铄我也，我固有之也”，然因物欲之蔽，使人“失其本心”(《孟子·告子上》)。朱熹说：“本心，谓羞恶之心……人所固有。”(《孟子集注·告子上》) 陆九渊谓：“恻隐，仁之端也。羞恶，义之端也。辞让，礼之端也。此即是本心。”(《宋元学案·象山学案》) 又说：“见孺子将入井而有怵惕恻隐之心者，此理也……此吾之本心也。”(《与曾宅之书》) 还提出“发明本心”，即扩充固有善端以恢复并发展人心之本然的修养方法。

(2) 指宇宙实体或本体。熊十力说：“世学或以为宇宙实体离吾心而外在，因向外探索。《新论》故指出实体即是吾之本心，此非外在，更不容向外穷索，要在反求实证。”(《新唯识论》卷下之二)

摘自方克立主编：《中国哲学大辞典》，185页，北京，中国社会科学出版社，1994。

(二)“性体呈露”说

同梁漱溟一样，熊十力也重视儒学价值观的内在性原则，并试图对此做出本体论证明。他说：“在宇宙论中，赅万有而言其本原，则云本体。即此本体，以其为吾人所以生之理而言，则亦名真的自己。”① “仁者本心也，即吾人与天地万物所同具之本体也。”② 由于本心本体具有道德的意涵，理所当然地成为人生价值的终极依据，“就人生行履言，全性成行”。展开地说：“性即体。全者，言其无亏欠也。吾人一切纯真、纯善、纯美的行，皆是性体呈露，故云全性成行。”③ 熊十力把本心本体称为“真实源头”：“此个真实源头，如何道他不是至善、至美?”这一点正是儒学价值观的根本之所在。儒家求仁的价值取向，“皆从本体滚

① 熊十力：《新唯识论》，249页。

② 《熊十力论著：新唯识论》，567页。

③ 熊十力：《新唯识论》，389页。

发出来”。“识得孔氏意思，便悟得人生有无上底崇高的价值，无限的丰富意义，尤其是对于世界，不会有空幻的感想，而自有改造的勇气。”① 人生以至真、至善、至美的本心本体为“安身立命之地”，便可以充实、高尚、奋进有为，便可以获得价值感。

熊十力没有像梁漱溟那样凸显儒学价值观的非功利主义倾向，而是把内在性原则紧紧同经世致用联系在一起，强调内圣外王并重才是儒学的基本精神。他指出，儒学“大中至正，上之极广大高明，而不溺于空无，下之极切实有用，而不流于功利”②。比如，孔子在评论仲由、冉求、公西华等弟子的专长时，称赞他们都有经邦定国的才干，并不像后儒那样忽视事功。内圣外王并重乃是儒家入世原则的题中应有之义。儒家既然主张入世，反对出世，当然不会忽略事功，而是注重德行与事功的统一，强调寓“神化不测之妙于庸言庸行之中”。很可惜，孔子倡导的内圣外王的精神在后儒中并没有得到发扬。熊十力感叹地说：“孔子内圣外王的精神，庄子犹能识之。至宋明诸师，而外王之学遂废。自此，民族式微。此非我辈今日之殷鉴耶?”③ 从“一任直觉”到“内圣外王”，这是熊十力对现代新儒学价值观的重要调整，其后的现代新儒家都对此表示认同。

基于内圣外王并重的原则，熊十力不再把儒学的价值取向同西方人的价值取向对立起来，承认在西方的政治理论方面有值得我们学习和借鉴的地方。例如，“西洋社会与政治等等方面，许多重大改革，而中国几无之”。在中国，“数千年来君主政治，时或遇着极昏暗，天下自然生变。到变乱起时，也只任互相杀伐。俟其间有能者出来，才得安定，仍然作君主。此便是顺事自然，不加人力改造。若是肯用人力改造局面时，他受了君主政治许多昏暗之祸，自然会想到民治制度，用来大改造一番。西洋人便是这样，中国人却不如此”④。在社会改造、制度设计方面，西方人走在了我们的前面。“西洋改造之雄，与夫著书立说、谈群理究治术之士，皆以其活泼泼的全部精神，上下古今，与历史万事万物，而推其得失之由，究夫万变之则。其发明真理，持以喻人，初若奇说怪论，久而知其无以易也。如君臣问题、贫富问题、男女问题，乃至种种皆是也。”相比之下，“宋儒反身工夫甚密，其于察世变，皆极肤也”⑤。熊十力认为中国文化与西方文化

---

① 熊十力：《新唯识论》，348 页。

② 熊十力：《十力语要》，第 4 卷，39 页，刊印本，1948。

③ 熊十力：《十力语要》，第 2 卷，68 页。

④ 同上书，59 页。

⑤ 同上书，68 页。

可以相互补充，相得益彰。“今谓中西人生态度，须及时予以调和，始得免于缺憾。中土圣哲反己之学，足以尽性至命。斯道如日经天，何容轻议！至于物理世界，则格物之学，西人所发皇者，正吾人今日所当挹取，又何可忽乎？今日文化上最大问题即在中西之辨。能观异以会其通，庶几内外交养，而人道亨、治道具矣。吾人于西学，当虚怀容纳，以详其得失；于先哲之典，尤须布之遐陬使得息其臆测，睹其本然。融会之业，此为首基。”① 他的中西文化观仍旧把儒家的内圣学摆在“首基”的位置，未能跳出“中学为体，西学为用”的老路，但毕竟比梁漱溟表现出更大的开放性。

基于内圣外王并重的原则，熊十力试图把独立、自由、平等等现代的价值理念充实到儒学的价值体系之中。关于独立，他的界定是：“乃无所依赖之谓也。”展开地说：“此云独立，即是尽己之谓忠，以实之谓信。唯尽己，唯以实，故无所依赖，而昂然独立耳。”② 他仍旧认同儒家“忠”、“信”观念，但强调人格独立才是落实这些观念的前提，已经摒弃了人身依附的旧观念。关于自由，熊十力认为也是可以同儒家思想沟通的。“古代儒家政治理想，本为极高尚之自由主义，以个人之尊严为基础，而互相协和，以成群体。期于天下之人，各得自主而亦互相比辅也。春秋太平之旨在此。”③ 又说：“自由者，非猖狂纵欲，以非理、非法破坏一切纲纪，可谓自由也。最精之义则莫若吾夫子所谓‘我欲仁，斯仁至矣’。”④ 从自由的积极意义说，同儒家的自我完善的意思是一致的；从自由的消极意义说，同儒家合群体的意思并无冲突。关于平等，他说：“平等者，非谓无尊卑上下也。”“然则平等之义安在耶？曰：以法治言之，在法律上一切平等。国家不得以非法侵犯其人民之思想、言论等自由，而况其他乎？以性分言之，人类天性本无差别。故佛说‘一切众生皆得成佛’，孔子曰‘当仁不让于师’，孟子曰‘人皆可以为尧舜’，此皆平等义也。”⑤ 他一方面接受了“在法律面前人人平等”的新观念，另一方面却把平等同尊卑观念扯在一起，并把实现平等的希望寄托在“人类天性本无差别”上，在表述上有些混乱。即便如此，他对民主政治的真诚期盼，还是不容置疑的。从熊十力对独立、自由、平等之类的现代价值理念的认同上看，他比梁漱溟表现出更强的现代性。

---

① 熊十力：《十力语要》，第 3 卷，73 页。

② 同上书，27 页。

③ 熊十力：《十力语要》，第 1 卷，75 页。

④ 熊十力：《十力语要》，第 3 卷，27 页。

⑤ 同上书，27～28 页。

在熊十力的哲学思考中，“本心”本体既是价值的终极依据，也是价值的理想目标。这个目标的实现，像梁漱溟说的那样只靠“因任自然”是不能达到的，还要靠人持之以恒的努力修行，这就是要做儒家常说的“工夫”。关于工夫，熊十力做了三点阐述：

一是证量，体认本心本体。他把这叫做“主人公自明白了”。按传统的说法，就是“发明本心”或“先立乎其大”。他指出，这一过程不会自然实现，“此须有修养工夫，真积力久，感染尽净，真体呈现”①。

二是保任，坚定信念。他说：“凡夫不知保任此端倪，每有初念顷，是非不惑；及稍一转念，便为私欲所使，而障蔽其本明。故学者自远于凡夫，必于一念是非之明处，引其端而扩之，至于穷万理、达至道、得大智慧。”② 按传统的说法，就是“涵养性情”。在熊十力看来，每个人都有本心，凡夫之所以是凡夫，问题出在不能保任本心，使之为私欲障蔽。因此，只有证量功夫还不够，更重要的是经常保任本心的明觉状态。

三是推扩，落实到行为层面。他说：“吾人只念念顺从吾知体之明，而推扩去，则私欲或习心，自不得起。推扩工夫稍歇，则习心便乘间而横溢。”保任工夫与推扩工夫是一致的。“保任自是推扩中事，非可离推扩工夫，而别言保任。推扩者，即依本体之明，而推扩之耳。”推扩就是“向事物上去格量”，以本心本体指导生活实践，经世致用，因此“正是工夫吃紧处”。所以，他的结论是：“推扩工夫，方是立大本之道。譬如通渊泉之流，源源不竭，沛然莫御，所谓有本者如是也。”“推扩工夫正是良知实现，私欲、习心无由潜伏。正如太阳常出，魍魉全消。”③

熊十力立足于体用不二的本体论，强调儒学价值观的基本精神是内圣外王，突破了对立性思维，比梁漱溟显示出更强的开放性和现代性。他实现了由生命本体到人文精神的转折，从自然主义到理想主义的转折，从直觉本能到涵养工夫的转折，从排斥功利到经世致用的转折。他建构的本心本体，同梁漱溟的生命本体一样，都是对儒家心性之学的现代诠释，都是接着陆王心学一脉讲的，都以内在性为价值取向。至于如何在现代中国社会中重建儒家伦理规范，如何设定超越的境界追求，他们都没有来得及深入思考。

---

① 熊十力：《十力语要》，第3卷，72页。

② 同上书，49页。

③ 同上书，50～51页。

资料卡片

内圣外王

道家的理想人格。指内具圣人之德，外施王者之政。《庄子·天下》：“判天地之美，析万物之理，察古人之全，寡能备于天地之美，称神明之容。是故内圣外王之道，暗而不明，郁而不发，天下之人各为其所欲焉以自为方。”后世儒者亦以此标榜。《宋史·邵雍传》：“河南程颢初侍其父，识雍，议论终日，退而叹曰：‘尧夫（邵雍）内圣外王之学也。’”明清之际的王夫之认为内圣外王根源于“一”，能完备于“一”，即可以为群言统宗。他在《庄子解》中说：“一者，所谓天均也。……一故备，能备者为群言之统宗，故下归之于内圣外王之道。”一即圣道，即仁与公。内圣外王是中国古代伦理政治化的重要特征。

摘自方克立主编：《中国哲学大辞典》，127页，北京，中国社会科学出版社，1994。

四、唐君毅

唐君毅（1909—1978），四川宜宾人。毕业于南京中央大学哲学系，曾师从熊十力。1949年到香港以后，与钱穆、张丕介、程兆熊共同创办新亚书院，并担任该院教务长。新亚书院并入香港中文大学以后，他被聘为哲学讲座教授，担任该大学第一任文学院院长。1974年退休。他和徐复观、牟宗三在新亚书院旧址重建新亚研究所，担任所长。1975年应台湾大学之聘任哲学系客座教授。他是港台新儒家的领军人物。1958年，他执笔起草《为中国文化敬告世界人士宣言——我们对中国学术研究及中国文化与世界文化前途之共同认识》，徐复观、牟宗三、张君劢都在这份宣言上署上了名字，并同时发表在《民主评论》和《再生》杂志上。这份宣言实际是港台新儒家的思想纲领。主要著作有《道德自我之建立》、《人生三书》、《文化意识与道德理性》、《哲学概论》、《中国哲学原论》、《生命存在与心灵境界》等，编为《唐君毅著作选》，2005年由中国社会科学出版社出版。另有霍韬晦主编的《唐君毅全集》，1989年由台湾学生书局出版。

唐君毅沿着熊十力的生命进路，深入开发西方哲学资源，用“道德自我”这个现代的哲学术语取代熊十力的本心本体，更加凸显人文色彩。他提出“心灵九境”说，试图把超越性与内在性统一起来。

（一）“道德自我”本体论

在本体论方面，唐君毅同梁漱溟、熊十力一样，也是沿着生命进路，从探寻现存世界的终极根据入手的。由于他已具有较好的外语能力并且经过系统的西方哲学思维训练，因而同他的老师们相比，能够更加得心应手地使用西方哲学的思想资料。他不再以同佛教对话为主要手段，而更为重视中国哲学与西方哲学的比较与会通。他借鉴德国古典哲学（尤其是黑格尔哲学）的理论思维成果，诠释儒家的心性之学，力图证成“道德自我”的本体论意义。他的理论思维水平比梁漱溟和熊十力有较大提高。他并不掩饰自己的唯心主义哲学立场，承认自己是超越的唯心论者。

在他看来，宇宙间万物在时空中固然都相互外在，然而在这种外在性中也隐含着万物之间相互联系着的内在性。内在性是超越于物质世界之上的，其实是生命的表现形式。于是，唐君毅从物质世界跃升到生命的世界。他指出，生命的特质在于，它必须求得自身的不断延续，求过去的生命于现在的生命，求现在的生命于将来的生命。唐君毅由此得出结论：“任一生物，皆有一使全宇宙的物质皆表现其身体之形式之潜在的要求。此是一生命之盲目的大私，亦即其晦暗之原始之无明，或欲征服一切之权力意志。”[①] 在这里，他把宇宙的内在性归结为生命，把生命理解为动态的本体，理解为宇宙的意志，显然是接受了从叔本华到柏格森的西方现代非理性主义的影响。但唐君毅并不是非理性主义者。在他看来，生命的世界还不是究极的世界，因为在生命的世界中尚无自觉的价值意识，尚处在“无明”状态。因此，必须超越生命的世界，继续向前探究。

唐君毅对生命世界做了这样的分析：生物的生命活动不可避免地受到生存环境的限制，不过这种限制随着生命的发展可以被突破、被超越。到了生命的高级形态，“克就此时超越自身之形式之限制，而有所增益上言，则生物之本性即不得说为不自觉之大私或无明，而是不断自其私之形式解放，以开明其自体，而通达于外者”。他的这段分析表明，唐君毅已摆脱非理性主义，而跨入理性主义的轨道。他由非理性的生命世界跃升到理性的人文世界，并且把人文世界描述为体

① 唐君毅：《文化意识与道德理性》，62页，台北，学生书局，1986。

现道德价值的世界。在这里，他运用现代的哲学语言表达了“仁者与万物同体”的儒家情怀。在人文的世界中，“大私”、“无明”、“权力意志”等非道德的因素均被化除，形而上的精神实体朗然出现。至此，唐君毅终于由形而下达到形而上，由物质世界、生命世界的“杂多”求得人文世界的“统一”，证成他心目中的本体——他称之为“生生不息之几之形上实体或形上之宇宙生命精神”。这种宇宙生命精神是通过人自觉地体现出来的，从这个意义上说，它就是“本心”、“仁体”、“道德自我”、“精神自我”、“超越的自我”、“道德理性”。

我们从唐君毅哲学思考步步展开的过程中不难看出，他的本体论思想始终关注着人文的价值、道德的价值。他的本体论无疑是一种唯心主义，但不是西方哲学中那种认知意义上的唯心主义，而是道德意义上的唯心主义。唐君毅的本体论思想既有熊十力的痕迹，又透出黑格尔式的思辨，就其理论深度来说，显然已超出了他的老师。

资料卡片

《道德自我之建立》

唐君毅著。1944 年重庆商务印书馆初版。1963 年香港人生出版社再版。共三部分。第一部分道德之实践，说明道德生活的本质，并说明道德之自由、人生之目的、道德心理与道德行为之共性，论生活道德化之所以可能等；第二部分世界之肯定，追溯道德自我在宇宙中的地位，说明道德自我之根源为心之本体及其形上性，进而说明心之本体即现实世界之本体；第三部分精神之表现，说明此心之本体是超越现实生活而又表现于现实生活者。最后论精神实在的最高表现，为使社会成为真善美的社会。本书比较全面地论述了道德的本质、根源及其地位等问题，是一部论述道德哲学的重要著作。但作者把道德的本原归结为形而上的“心”，这就不可能科学揭示道德的社会性与阶级性之本质问题。

摘自方克立主编：《中国哲学大辞典》，684 页，北京，中国社会科学出版社，1994。

（二）心灵九境说

梁漱溟和熊十力在五四以后儒学价值体系被解构的情况下，勇敢地站出来为儒家说话，从强调儒学价值观的内在性入手，肯定儒学价值观的普适性，肯定儒学在现时代重建价值世界或意义世界仍旧是重要的思想资源，但他们没有讲出儒学价值观的超越性。冯友兰注意到儒学价值观的另一个特色，强调儒学价值观的超越性，以超越原则论证儒家伦理在现时代的有效性，但由于受到新理学体系的限制，无法把超越性与内在性统一起来。贺麟强调儒学价值观的现实性，绕过超越性和内在性的关系问题。为了把内在性和超越性有机地统一起来，港台新儒家唐君毅在20世纪50年代以后提出“人生九境”说，进一步完善了现代新儒家的价值理论。现代新儒家们之所以对中国文化和孔孟程朱陆王等思想家恋恋不舍，一个重要的原因就是他们普遍认为在世界各民族有关生命的学问中，唯有中国儒家的境界最高，最切合现代人的精神需求。不管是梁漱溟的“文化三路向”，还是冯友兰的“人生四境界”，都没有脱离这个主题。唐君毅则在晚年撰成了洋洋80万言的《生命存在与心灵境界》一书，把现代新儒家的这一诉求推向了一个新的阶段。

依据“道德理性”本体论，唐君毅在价值观方面以“道德自我”为终极的价值目标，以“现实自我”为考察的起点。唐君毅指出，人的生命心灵活动基本上有三条道路三个方向的涵义，依照生命心灵自身的活动韵律节奏，可以区分为“顺观”、“横观”、“纵观”三境。对此三境，他做了如下的说明：

> 生命心灵活动之由后向前，如易传言尺蠖之信；由前而后，如易传言龙蛇之蛰；由内而外而开，如天开图画；由外而内而阖，如卷画于怀。其由下而上，如垒土成台；其由上而下，如筑室地下。于生命心灵活动之前而后，说主观心态之次序相续；于主观心态中之思想与发出之言说，求前后一致贯通之处，说思与言说中之理性，即逻辑中之理性。于生命心灵活动之由内向外，知有客观事实。于人求思想与客观事实相一致贯通处，说知识中之理性。于生命心灵活动位于主观客观之现实事物之上，以由下而上处，说思想中之目的理想。①

对于“前后向”、“内外向”、“上下向”这三种境界，唐君毅又分别称之为“客观境”、“主观境”、“超主观客观境”。这三种境界分别代表着人们对世界、对人生的三种看法与体验，即：人的生命心灵活动由前而后进时，则觉主体即“体”最重要；由内而外时，则觉客体即“相”最重要；由下而上时，则觉“用”最重要。体、相、用三者，分而各具意义，合则相互融洽，浑然一体。在此基础上，唐君毅创立了“心灵九境”说。

第一境叫做“万物散殊境”。在此境中，人的生命心灵活动，看不到其自身的体、相、用，没有自觉，就像打开门户，走出房间，所看到的只是事物的个体。相应的，所追求的也就是个人自我保存和个体欲望的满足，从而产生出个人

---

① 唐君毅：《生命存在与心灵境界》，上册，39页，台北，学生书局，1986。

主义哲学。此境的核心概念是“殊相”。

第二境叫做“依类成化境”。在此境中，意识到由万物散殊境发展而来，不再观照个体，而是将个体归类，观其物相，并观实体出入于类，以成变化。此境的核心概念是“类相”。

第三境叫做“功能序运境”。在此境中，由观一物之依类成化，进而观其同他物之因果关系。人以物为手段，以达目的，必究事物之原因。这样，便可见功效及其运行次序之规律。故称功能序运境。所有依因果观念而建立的哲学，都可归于此境。

第四境叫做“感觉互摄境”。此境的要义为：先知其客体物相，而此物相所在的时空，即内在于感觉而起的自觉反观的心灵，进而用理性推知一切存在的物体，各有一个能感觉的主体。这众多物体之主体与感觉主体，相摄而又各自独立，以成其散殊而互摄，故称“感觉互摄境”。此境已经涉及身心的关系问题。

第五境叫做“观照凌虚境”。在此境中，人摆脱了具体物相的约束而发现纯相世界和纯意义世界，并可用语言文字符号来表示。这种纯相纯意义的世界，由于因抽象的心灵观照而显现，故称为“观照凌虚境”。

第六境叫做“道德实践境”。在此境中，已将纯意义的世界落实到现实生活，从而树立道德理想，促成道德人格的完成。一切重道德之人生哲学，皆可归于此类。

第七境叫做“归向一神境”。此境的要义为：“言一神教所言之超主客而统主客之神境。”在此境中，精神已超越主客关系，指向超验的境界、神秘的境界，故唐君毅又称此境为“神教境”。在此境中，精神追求已经超出哲学层面而进入宗教层面。通过确认此境，唐君毅对宗教信仰尤其是基督教信仰表示同情。

第八境叫做“我法二空境”。此境“言一切有情众生之实证得其执之空，即皆可彰显其佛心佛界，以得普度”。所谓“我法二空”，就是佛教说的“去我执、去法执”而达到的成佛的境界，故唐君毅又称此境为“佛教境”。通过确认此境，唐君毅对佛教表示同情，并且流露出佛教高于基督教的意思。

第九境叫做“天德流行境”，又名“尽性立命境”。此境“论儒教之尽主观之性，以立客观之天命，而通主客，以成此性命之用之流行之大序，而使此性德之流行为天德之流行，而通主客、天人、物我，以超主客之分者”。此境显然是指儒教的理想境界，唐君毅又称其为“儒教境”。①

在上述人生九境中，前三境为“客观境”，中三境为“主观境”或“知识境”，后三境是“智慧境”。唐君毅认为，以类而言，各为一境，自成一类；以序

---

① 参见唐君毅：《生命存在与心灵境界》，上册，47～52页。

而言，则居前者为先；以层次而言，则居后者为高。也就是说，唐君毅花费如此多的心血的目的，无非是要论证孔孟儒学的至上性。在他看来，中国文化的最大特点就是它的人文主义精神，这是中国未来文化复兴的基础。西方虽然也有人文主义传统，但层次甚低，缺陷甚多，不能凸显和实现人的生命价值。

唐君毅是一位道德决定论者，以道德理性为核心内容的人文精神在他的哲学里，既占据着学问的最高层次，又负有统摄其他各种学问的重大使命。他在关注"内圣"的时候，也不能不关注像政治等"外王"的时代问题。但他是把政治置于道德价值之下来讨论的。在他看来，所谓民主政治、贵族政治和君主政治，都不过是形式而已，如果没有道德理性作为基础，都不会结出好的果实。因此，他认为，最根本的政治就是道德理性，法律以及民权等观念只是手段；一旦每个人都成了圣贤，法律和民权都是可以不要的。实际上，唐君毅的意思无非是说，只要将中国传统文化中的道德理性发扬光大，就不必再在政治形式上做什么文章了。中国当下的任务不是急急忙忙地去抄袭西方的议会和选举制度，而是"承继中国固有之和融贯通而充实圆满的人文精神，再开出分途发展之社会文化领域，使社会有各种不同之社会文化力量，各种社会团体组织之存在，而并存不悖，然后中国政治之民主，乃具备其实效条件"[①]。对于西方文化的步步进逼和儒家文化"花果飘零"的悲凉景象，唐君毅又简单地归结为国人的"浅薄"与"中风狂走"，归结为国人对功利主义的追求。唐君毅把儒家内圣学的重建当做第一位的事情，他认为把这件事情做好了，民主政治等外王方面的事情自然就不难办了。

资料卡片

天　德

（1）天的刚健特性。《易·乾·象》："用九，天德。"因乾卦六爻皆九，纯阳皆动，象征"天行健"的特性。

（2）天道自然无为的德性。《庄子·天地》："玄古之君天下，无为也，天德而已矣。"《庄子·刻意》："虚无恬淡，乃合天德。"

（3）符合仁义的政治与道德境界。墨子称"兼爱"为顺天意，合仁义，"上利乎天，中利乎鬼，下利乎人，三利无所不利，是为天德"（《墨子·天志》）。《荀子·不苟》："诚心守仁则形，形则神，神则能化矣；诚心行义则理，理则明，

① 唐君毅：《人文精神之重建》，418 页，台北，学生书局，1974。

明则能变矣。变化代兴，谓之天德。”《荀子·王制》：“夫是之谓天德，王者之政也。”《礼记·中庸》：“苟不固聪明圣知达天德者，其孰能知之?”

(4) 理学家所谓不被人欲所蔽的天赋道德。北宋程颢认为“圣贤论天德，盖谓自家元是天然完全自足之物，若无所污坏”(《遗书》卷一)；“人心莫不有知，惟蔽于人欲，则亡天德也”(《遗书》卷十一)。

摘自冯契主编：《哲学大辞典·中国哲学史卷》，83～84 页，上海，上海辞书出版社，1985。

五、牟宗三

牟宗三（1909—1995），字离中，山东栖霞人。1933 年毕业于北京大学哲学系，也是熊十力的从学弟子。曾任《再生》、《历史与文化》等杂志主编，《理想历史文化》杂志编辑。1949 年离开大陆后，在香港、台湾两地多所大学任哲学教授，讲授过逻辑学、知识论、西方哲学、中国哲学与文化等课程。他是辞世最晚的狭义新儒家，也是这一学派的集大成者。主要著作有《才性与玄理》、《心体与性体》、《佛性与般若》、《智的直觉与中国哲学》、《现象与物自身》、《圆善论》等，收入《牟宗三先生全集》。

在牟宗三之前，狭义新儒家在建构本体论的时候有一个共同之处，那就是首先从解释世界的角度入手形成存在本体论学说，然后再把存在本体论翻转成价值本体论，为儒家伦理提供哲学依据。可是，他们遇到的难题是：存在本体论何以可能翻转为价值本体论？他们并没有找到有说服力的理由。也许有见于这种理论上的困难，牟宗三不再采用先讲存在本体论然后再讲价值本体论的思路，而是首先从价值本体论讲起，然后再引申到存在本体论。他从关注价值本体论的视角契入，沿着生命—人文—道德的进路，建构了被他称为“道德的形上学”的本体论学说。他认为，“道德的形上学”仍具有现代价值，可以由内圣开出新外王来，可以与科学与民主接榫。

（一）道德的形上学

牟宗三把儒家哲学理解为一种“道德的形上学”，即由道德的进路讲出来的本体论学说，有别于西方哲学讲本体论的种种进路。他采用中西哲学比较的方法，申诉“道德的形上学”何以成立的理由，提出“二层存有论”学说。

1. 道德的进路

牟宗三首先提出的问题是：什么是道德的终极依据？他注意到中国文化和西方文化回答这个问题的思路是不同的。以基督教为文化背景的西方人，一直到人性之外去寻找，把上帝视为道德的终极依据，即便是近代德国大哲学家康德也不例外。康德在回答什么是道德的终极依据的问题时，仍然预设了上帝存在、灵魂不灭、意志自由三个假设。由于这个原因，尽管康德提出“实践理性”的范畴，接触到道德的进路，然而最终只成就了“道德神学”，并没有成就“道德的形上学”。康德是牟宗三最重视的西方哲学家，但还是把他当成批评的对象。他分析说，康德把自由意志看成道德自律的根据并没有问题，问题在于，在康德那里，自由意志只是一种假设，乃是无法证实的“理性体”，“而忘记意志自由就是一种心能，就是本心明觉之活动。它当然是理性体，但同时亦即是心体、明觉体、活动体……纯智的直觉在此‘明觉之活动’上有其可能之根据”[①]。中国儒家哲学在寻求道德的终极依据时，选择了与西方人不同的思路。儒家哲学首先从考察人性入手，进而追溯到超越的本体，即“道德的形上学”。黑格尔认为，中国儒家哲学讲的只是一些有关道德的实际范例，只是一些道德的经验事实，只是一些形而下的生活感受，“一点思辨的哲学都没有”。牟宗三不赞同这种看法，他说：“我们不能说孔子的那个代表真实生命、代表全德、一切德所从出的‘仁’是个经验的概念，是个后天的心理学的观念。”[②] 如果把孔子的“有杀身以成仁，无求生以害仁”的说法，把孟子“君子所性，虽大行不加，虽穷居不损”的说法，都只看成寻常的道德教训，实则流于皮相之见，并未得到儒家思想的精义。牟宗三强调说：儒家的“这些话俱表示在现实自然生命以上，种种外在的利害关系以外，有一超越的道德理性之标准，此即仁义、礼义、本心等字之所表示。人的道德行为、道德人格只有毫无杂念无歧出地直立于这超越的标准上始能是纯粹的，始能是真正地站立起。这超越的标准，如展为道德法则，其命于人而为人所必须依之以行，不是先验的、普遍的，是什么？”[③]在牟宗三看来，儒家伦理建立在终极依据之上，这个终极依据就是超验的、普适性的“道德的形上学”，就是价值意义上的本体。儒学中仁义、礼义、本心、良知等词汇，都是对价值本体的称

① 牟宗三：《智的直觉与中国哲学》，194 页，台北，商务印书馆，1971。

② 牟宗三：《心体与性体》，第 1 册，117 页，台北，中正书局，1968。

③ 同上书，119～120 页。

谓。牟宗三关于儒家伦理体现普遍的道德准则的说法是可以成立的，至于把这种普遍的道德准则上升到精神实体的高度，称之为“道德的形上学”，那就是他的一家之言了。

牟宗三指出，儒家讲“道德的形上学”所采取的进路与西方哲学不同。西方哲学中的形上学是“自然的形上学”，哲学家们讲本体，有的采取认知的进路，如柏拉图、罗素；有的采取宇宙论的进路，如亚里士多德、怀特海；有的采取存在的进路，如胡塞尔、海德格尔；有的采取生物学的进路，如柏格森、摩根；有的采取实用论的进路，如杜威、席勒；有的采取分析或抽象的进路，如斯宾诺莎、莱布尼茨、笛卡儿。“皆非自道德的进路入，故其所讲之实体、存有或本体，皆只是一说明现象之哲学（形上学）概念，而不能与道德实践使人成一道德的存在生关系者。”① 唯一的例外也许是康德。康德提出“实践理性”的观念，接触到道德的进路，然而他最终也只不过成就了“道德的神学”，而没能成就“道德的形上学”。

2. 道德形上学的证成

牟宗三采取与康德对话的方式，对“道德的形上学”做出理论论证。康德承认自由意志作为道德自律的根据；不过他认为这只是一种假设，因为人们既不能感觉到它，也不能直觉到它。牟宗三认为，儒家的“道德的形上学”足以推翻康德的论断。他分析说，康德的失误之处在于：仅仅把自由意志理解为“理性体”，而没有理解为“具体的呈现”，“而忘记意志自由就是一种心能，就是本心明觉之活动。它当然是理性体，但同时亦即是心体、明觉体、活动体……纯智的直觉即在此‘明觉之活动’上有其可能之根据”②。基于这种分析，牟宗三断言：人具有“智的直觉”，此即是孟子所说的“恻隐之心”、“羞恶之心”或“理义悦我之心”。正是此心证成本心仁体，证成“道德的形上学”。本心仁体一方面自给自立道德法则，发布无条件的定然命令，一方面又能感之、悦之、觉之。如此说来，“此本心仁体连同其所发布的无条件的定然命令如何不是具体的呈现？智的直觉即在此本心仁体之悦与明觉中有它的根源，因而有其可能”③。牟宗三认为，儒家的“道德形上学”立足于“智的直觉”，已经超越了康德，达到了西方哲学没有达到的理论高度。

牟宗三指出，“道德的形上学”的理念在孔子那里就已经基本形成了，后儒进一步继承和发展这种理念，逐渐形成了儒家的道统。“以曾子、子思、孟子及《中庸》、《易传》与《大学》为足以代表儒家传承之正宗，为儒家教义发展之本

① 牟宗三：《心体与性体》，第1册，38页。

② 牟宗三：《智的直觉与中国哲学》，194页。

③ 同上书，195页。

质。”后儒中理论贡献最大的当数宋明理学。理学家明确提出“天道性命而为一”、“心性天为一”的观点，完成了儒家“道德的形上学”的建构。“依宋明儒大宗之看法，《论》、《孟》、《中庸》、《易传》是通而为一而无隔者，故成德之教是道德的同时即宗教的，就学问言，道德哲学即涵一道德的形上学。”在宋明理学当中，他认为陆王一脉为正宗，程朱一脉为“歧出”。

牟宗三自许是儒家正宗的继承者，是“道德的形上学”在现时代的阐释者。其实，“道德的形上学”是他的理论创造，是他对儒家心性之学（或称内圣学）的一种理解和诠释。正是他自己把儒家的道德准则上升到本体论的高度，看成是超验的、至上的、唯一的精神实体。在牟宗三的哲学视野中，这个至高无上的精神实体具有主体和客体两方面的规定性：从主体的角度说，可以叫做“心体”，叫做“道德自我”；从客体的角度说，可以叫做“性体”，叫做“道德理性”。心体和性体是分开来说，统而言之则是心性本体。这个心性本体，就是他所说的“道德的形上学”。他说：

> 儒者所说之“性”即是能起道德创造之“性能”；如视为体，即是一能起道德创造之“创造实体”（Creative reality）。此不是一“类概念”，它有绝对的普遍性（性体无外，心体无外），惟在人而特显耳，故即以此体为人之“性”。自其有绝对普遍性而言，则与天命实体通而为一。故就统天地万物而为其体言，曰形而上的实体（道体；Metaphysical reality），此则能起宇宙生化的“创造实体”；就其具于个体之中而为其体言，则曰“性体”，此则是能起道德创造之“创造实体”，而由人能自觉地作道德实践以证实之，此所以孟子言本心即性也。……
>
> 心即是体，故曰心体。自其为“形而上的心”（Metaphysical mind）言，与“於穆不已”之体合一而为一，则心也而性矣。自其为“道德的心”而言，则性因此始有真实的道德创造（道德行为之纯亦不已）之可言，是则性也而心矣。是故客观地言之曰性，主观地言之曰心。自“在其自己”而言，曰性；自其通过“对其自己”之自觉而有真实而具体的彰显呈现而言曰心。……心性为一而不二。①

在对儒家心性之学的阐释中，牟宗三首先把儒家的道德准则提升到价值本体的高度，然后再把价值本体拓展为宇宙万有的本体，最终形成自称为“道德形上学”的心性本体论。心性本体论的基本论点是：心性不仅是道德何以可能的终极

① 牟宗三：《心体与性体》，第1册，40～42页。

依据，也是宇宙万有何以可能的终极依据。他运用现代哲学思维方式，对“道德的形上学”做了论证和展开。

“道德的形上学”何以能够成立？牟宗三找到理由就是人有“智的直觉”，人通过“智的直觉”就可以证实“道德形上学”的存在。康德出于现象与物自体对立的二元论观点，认为本体不可知，认识的对象仅限于现象界。本体虽不可知，但可思，即通过超验的理性直观思考它。不过，这种超验的理性直观能力也许上帝才会有，人并不具有这种能力。牟宗三把康德所说的“超验的理性直观”译为“智的直觉”，并且表示不赞同康德的说法。他批评说：“吾人在上帝身上构成‘智的直觉’这一概念，这种构成全是想象、游戏，或只是神学而知，总之可说全是戏论。智的直觉之构成既是戏论，则它们不免只是一逻辑概念。如是，则物自身之积极意义仍是形式的，仍是一种对于彼岸之猜想，其具体而真实的意义仍不能呈现。不但不能呈现，甚至其形式的积极意义亦不见得真能稳定得住。”① 针对康德“人没有智的直觉”的观点，牟宗三指出：在中国儒家心性之学的系统中，可以断定人具有“智的直觉”能力。

牟宗三分析说，按照康德哲学的说法，人是有限的，被限制在时空所限定的现象界之中，只有上帝才是无限的；而按照儒家的心性之学，则没有必要预设所谓的上帝，因为人自身就是无限的。“若从此看人，则人即具有无限性。当然具有这种无限性的人不会就是上帝那样无限的存在，而且根本上亦与上帝不同。例如圣人、真人、佛，都是具有无限性，至少亦在转出‘智的直觉’下，始可成圣、真人和佛；而且亦可视圣、真人、佛为一无限的存在，而这无限的存在亦不同于上帝。”② 既然人是“无限性”的，当然也就应当具有“智的直觉”能力。所谓“智的直觉”，就是“良知的自我呈现”，心性本体自己证实自己。“智的直觉”有别于感性的直觉。感性直觉关涉认知主体对于现象界中的客体的认识，乃是被动地应付外物，属于认识论的范畴；“智的直觉”是心性的“自我活动”，并不涉及外物，不属于认识论的范畴，而属于本体论的范畴。换言之，“智的直觉”并不是通常的认识，而是“郎现”。牟宗三说：“‘智的直觉’的主观活动，与其所照的自己为郎现的客观性是一。这里无真正的能所的对偶，只是一超然的大主之郎现。”③ “智的直觉”不受主体与客体相互关系的限制，就此而言，又被牟宗三称为“逆觉体征”。

---

① 牟宗三：《现象与物自身》，10页，台北，学生书局，1984。

② 同上书，27页。

③ 同上书，61页。

牟宗三所说的“智的直觉”实际是熊十力所说的“性智”的另一种表述。熊十力在《新唯识论》中说：“性智者，即是真的自己底觉悟。此中真的自己一词，即谓本体。……申言之，这个觉悟就是真的自己。离开了这个觉悟，更无所谓真的自己。此具足圆满的明净的觉悟的真的自己，本来是独立无匹的。以故，这种觉悟虽不离感观经验，要是不滞于感观经验而恒自离系的。”① 他们都试图通过非理性主义的途径为心性本体论寻找理论依据。熟悉康德哲学的牟宗三，采取批评康德的方式表述观点，多了一些思辨哲学的味道，但并没有为人具有“智的直觉”找到充分的根据。他断言人具有无限性，所指人乃是抽象的人，并不是具体的人，在现实世界中找不到这样的人。我们知道，具体的人都是有限的，因为具体的人都是要死的。具体的、有限的人怎么可能有“智的直觉”？这个问题在牟宗三那里并没有得到回答。康德站在理性主义的立场上，认为具体的人不具有“智的直觉”，牟宗三站在非理性主义立场上批评康德的说法。倘若康德在世的话，他绝不会接受这种批评，反过来会批评牟宗三陷于独断。

3. *二层存有论*

在本体论方面，牟宗三的心性本体论与熊十力的本心本体论大同小异；而在对世界的解释方面，牟宗三不再沿用乃师的翕辟成变论。他采用佛教《大乘起信论》中“一心开二门”的框架，提出“二层存有论”的新说。

在牟宗三的哲学中，“一心”是指心性本体，“二门”是指由心性本体开显出两界：道德界和现象界。前者为“无执的存有”，后者为“执的存有”。牟宗三认为，心性本体不是新理学所描述的那种只存有不活动的静态的“理世界”，而是动态的存有，他叫做“即本体即流行”。本体的流行过程通过人得以实现。人之所以能够成为心性本体的体现者，取决于人的两种知识能力。一种是直接从心性本体发出的关于价值的知识能力，叫做“智知”、“智心”或“无限心”，由此开显出直接呈现心性本体的道德界，即通常所说的价值的世界或意义的世界。另一种是间接从心性本体发出的关于现象的知识能力，叫做“识知”、“识心”或“有限心”，由此开显出间接表现心性本体的现象界，即通常所说的现实世界或生活世界。牟宗三依据心性本体解释世界，所描绘的世界虽然是以心性本体为终极依据的整体，但有两个层次。一层是价值的世界、意义的世界、道德的世界、理想的世界、超时空的世界、无限的世界、本然的世界；一层是实然的世界、生活的世界、在时空的世界、有限的世界、经验中的世界、现象的世界。“对无限心（智心）而言，为物自身；对认知心（识心、有限心）而言，为现象。由前者，

① 熊十力：《新唯识论》，249 页。

成无执的（本体界的）存有论；由后者，成执的（现象界的）存有论。”① 前者相当于佛教所说的“真谛”，后者相当于“假谛”。牟宗三解释世界的时候，把重点放在后者。

从本然的角度看，牟宗三认为现象世界不过是“遍计所执”的产物，对其抱着一种贬斥的态度。他告诫人们：“我们依德性底优先性与宗纲性来提挈宇宙以见人之本来面目与宇宙之本来面目。我们的感性与知性所搅扰而扭曲的人生与宇宙不是人生与宇宙之本来面目，则是人生与宇宙的僵滞。人陷于此僵滞而认定是真实，忘却本来面目久矣：故需要本体界的存有论以松动而朗现之。”② 然而，从实然的角度看，他也承认现象世界是不可忽视的。牟宗三所描述的现象世界，尽管没有自身的真实性，但也不再是熊十力所说的“诈现的迹象”。他承认现象世界中的事物具有确定性，并且以“知性主体”作为这种确定性的担保。“知性主体”既有别于心性本体，又同心性本体有关系。

牟宗三指出，知性主体是对心性本体的辩证否定，他称之为“坎陷”。他说：“由动态的成德之道德理性转为静态的成知识之观解理性……我们可以说是道德理性之自我坎陷（自我否定）：经此坎陷，从动态转为静态，从无对转为有对，从践履上的直贯转为理解上的横列。在此一转中，观解理性之自性与道德不相干的，它的架构表现以及其成果（即知识）亦是与道德不相干的。”知性主体（或称观解理性）从心性本体（或称道德理性）转出后，成为现象世界的直接依据。在现象世界中，知性主体是独立的，它只担保科学知识的可能性，同道德判断无关。牟宗三强调，心性本体“坎陷”为知性主体，乃是非常必要的步骤。至于心性主体何以能“坎陷”出知性主体，则是他遇到的无法解决的难题。

牟宗三是以研讨本体论为基本向度的最后一位狭义新儒家，迄今为止尚未有人超过他，尚未出现新的儒学本体论学说。从梁漱溟的生命本体论开始，到熊十力的体用不二论，最后到牟宗三的“道德的形上学”，狭义新儒家关于本体论的研讨告一段落。

资料卡片

《智的直觉与中国哲学》

牟宗三著。1971 年台北商务印书馆初版。全书二十二章。作者自述：“此书

① 牟宗三：《现象与物自身》，15 页。

② 同上书，30 页。

一方是接着我的前作《认识心之批判》而进一步疏解康德的原义，一方补充我的近作《心体与性体》综论部关于讨论康德的道德哲学处之不足。”认为所谓“智的直觉”即“直觉形态的智”，“其直觉是理智的，不是‘感觉的’；其理智是直觉的，不是辩解的，即不是逻辑的”(《中国文化的特质》)。指出康德否认吾人可有“智的直觉”，以为唯上帝才具有“智的直觉”，以为人心之直觉必是感觉的，其理智必是辩解的观点乃是由于西方哲学的局限所致。强调“‘智的直觉’之所以可能，须依中国哲学的传统来建立”，“所以本书极力就中国哲学抉发其所含的智的直觉之意义，而即在其含有中以明此种直觉之可能”。指出“智的直觉”不但在理论上必须肯定，而且是“实际地必能呈现”，由此才能开出一“基本存有论”的通路，真实地建立起一“道德的形上学”。

摘自方克立主编：《中国哲学大辞典》，665～666页，北京，中国社会科学出版社，1994。

（二）内圣开出新外王

在评判传统儒学的时候，牟宗三创造了一系列术语。第一个术语是道统。道统属于“内圣学”范畴，指的就是以“挺立道德主体”为宗旨的“道德的形上学”。在他看来，“道德形上学”乃是儒学的最突出的理论成就，具有恒常的、普适的价值。它指导着人们的价值理念，既适用于古代社会，也适用于现代社会。在现时代，“道德形上学”的基本架构不必改变，但可以重新诠释，并且可以以此为“首基”开出新的外王学，从而获得更广泛的解释力，与现代的物质文明和制度文明相衔接。第二个术语是学统。学统属于“外王学”范畴，指的是体现工具理性的科学技术。第三个术语是政统，即民主政治。牟宗三同意熊十力的看法，认为传统儒学确实存在着对工具理性、对科学知识重视不够的问题。由于对科学技术重视不够，所以科学技术没有西方发达；由于科学技术不够发达，物质文明程度也落后于西方。现代新儒学必须解决这个问题，顺应中国社会现代转型的大趋势。在传统儒学当中，有道统而无学统，事实上并未开出新外王。

那么，在理论上从儒家的内圣之学能否开出新外王呢？牟宗三的回答是肯定的。牟宗三从“道德的形上学”出发，提出“坎陷”说，试图从学理上把工具理性与价值理性统一起来。他指出，由内圣开出新外王的具体途径就是“良知的自我坎陷”，即从德性主体转出知性主体，以便为接纳现代的科学技术、民主政治提供哲学依据。

牟宗三强调，心性本体“坎陷”为知性主体是非常必要的步骤。他说：

此步开显是辩证的（黑格尔意义的辩证，非康德意义的辩证）。此步辩证的开显可如此说明：(1) 外部地说，人既是人而圣，圣而人……则科学知识原则上是必要的而亦是可能的，否则人义有缺。内部地说，要成就那外部地说的必然，知体明觉就不能永停在明觉之感应中。它必须自觉地自我否定（亦曰自我坎陷），转而为“知性”；此知性与物为对，始能使物成为“对象”，从而究竟知曲折之。他相必须经由这一步自我坎陷，它始能充分实现其自己，此即所谓辩证的开显。它经由这一步自我坎陷转为知性，它始能解决那属于人的一切特殊问题，而其道德的心愿亦始能畅达无阻。

知性明觉之自觉地自我坎陷即是其自觉地从无执转为执。自我坎陷就是执，坎陷者下落而陷于执也。这一执就是那知体明觉之停住而自持其自己。所谓“停住”就是神感神应二显滞相。其神感神应原是无任何相的，故知无知相，意无意相，物无物相。但一停住则显停滞相，故是执也。执是停住而自持其自己即是执持其自己。①

在这里，牟宗三对心性本体“坎陷”为知性主体的必要性做了充分的论述，但是，心性主体何以能“坎陷”出知性主体？他并没有回答。实际上，他只是借用黑格尔式的思辨方式，从心性主体跳跃到了知性主体。“坎陷”说是他的“道德的形上学”的最后一个环节。通过这个环节，他完成了对现象世界的哲学解释。“坎陷”说是牟宗三对熊十力“翕辟成变”的宇宙论的发展。他在一定程度上纠正了乃师的虚无主义倾向，承认现象世界的确定性，为其回答如何从内圣开出新外王、如何认同科学与民主等现代价值观念，找到了一个支点。至于如何从道德主体“坎陷”出知性主体，如何从价值理性“开出”工具理性，他并未做出令人信服的说明。实际上，价值理性和工具理性是两种并行的理性，前者适用于价值安顿，后者适用于认识世界，不存在着谁从谁“开出”的问题。科学主义者把价值理性归并到工具理性行不通，牟宗三把工具理性归并到价值理性同样也行不通。

资料卡片

《道德的理想主义》

牟宗三著。系作者1950年出版的《理性的理想主义》之扩充。1959年东海

① 牟宗三：《现象与物自身》，122～123页。

大学出版，1978年台北学生书局再版，后曾多次再版。由作者1949年至1959年间发表的部分文章辑成。作者自称该书的中心观念“即孔孟之文化生命与德慧生命所印证之‘怵惕恻隐之仁’是也。由吾人当下反归于己之主体以亲证此怵惕恻隐之仁，此即为价值之根源，亦即理想之根源。直就此义而曰‘道德的理想主义’”。书中阐发了有关儒学发展三个时期的思想，认为孔孟荀至董仲舒乃儒学发展第一期，宋明儒代表了儒学“第二期之发扬”，现在所面临的是如何实现“儒学之第三期之发扬”。认为实现儒学第三期发展的使命即在于以儒家“道统”为根据开出“学统”和“政统”，即发展科学与民主，实现所谓“新外王”。

摘自方克立主编：《中国哲学大辞典》，684页，北京，中国社会科学出版社，1994。

六、冯友兰

广义新儒家没有像狭义新儒家那么明晰的学脉，他们的道统观念也比较宽泛，有的奉程朱为正统，有的力图化解陆王与程朱的对立。他们当中有的采取理性的进路建立儒家哲学本体，有的从历史学或政治学的角度彰显儒家精神。马一浮、钱穆、张君劢、方东美等人都可以称为广义新儒家。限于篇幅，本书仅评述新理学家冯友兰和新心学家贺麟的新儒学思想。

冯友兰（1895—1990），字芝生，河南唐河人。早年毕业于北京大学，曾就读于美国哥伦比亚大学，获博士学位。回国后曾在中州大学、广东大学、燕京大学执教，从1928年起任清华大学哲学系教授兼系主任，1929年任该校文学院院长。抗日战争期间任西南联合大学文学院院长。1946年任美国本薛文尼（宾西法尼亚）大学客座教授，1947年任清华大学校务会议主席。从1952年起任北京大学哲学系教授、中国科学院哲学社会科学部委员。曾当选为第二、三、四届全国政协委员，第四届全国人民代表大会代表。著作编为《三松堂全集》，由河南人民出版社出版。他沿着理性主义思路，把新实在论同程朱理学结合起来，创立了新理学思想体系，成为抗日战争期间影响最广、名声最大的新儒家学者。

（一）“理世界”本体论

冯友兰从客体性的视角出发解释现存世界，提出“理世界”本体论学说。他认为，“理”在逻辑上先于现存的事物，为其所依照的本体，构成形式因；“气”为现存事物所依据的条件，构成质料因；“道体”为理气相结合形成现存事物的过程，构成动力因；唯有“理世界”方可称为“大全”，并且构成现存世界的目的因。

1. 客体性视角

梁漱溟和熊十力在本体论思考中，努力把握主体性原则，试图对客体世界的成因做出哲学解释，已经跨入现代哲学的门槛。但是，他们所建构的主体意义上的本体，只是动态的过程，而没有确定性；用没有确定性的主体解释的客体世界，当然也没有确定性。按照梁漱溟的说法，宇宙不是“一的宛在”，而是“多的相续”；在熊十力的眼里，宇宙不过是“刹那刹那生，刹那刹那灭”的“一团功用”而已。他们所描述的宇宙，都没有确定性。没有确定性的客体世界不可能成为主体的认识对象和改造对象，并不能算是真正的、名副其实的客体。换句话说，在梁漱溟和熊十力的本体论思考中，实际上只有飘忽不定的、抽象的主体，并没有确定的客体。他们的本体论学说对世界的解释力是有限的，他们只是接触到主体性原则，并没有具体地贯彻这一原则，没有展开论述主客体的相互关系。他们对客体世界所做出的哲学解释，没有充分体现出哲学思考的现代性向度。在本体论思考方面，冯友兰比他们前进了一步。他建构了“理世界”本体论，用理的确定性解释客体世界的确定性。理作为“某种事物之所以为某种事物者”是具有确定性的，依照某种理而成为存在着的某种事物，当然也就具有确定性了。具有确定性的事物才能成为认识的对象，才能成为科学研究的对象。

梁漱溟和熊十力的本体论是对普通人的世界观的否定。梁漱溟反对把世界仅看成既定的事实，强调世界不过是“相续”的过程而已；熊十力反对执著于“物相”，认为世界仅仅是“诈现的迹象”。冯友兰的“理世界”本体论则是对普通人的世界观的肯定，并不否认客观世界作为经验事实来说的确是存在的。不过，在冯友兰看来，普通人的世界观只知其“然”，而不知其“所以然”，仍需要提升到哲学的高度。他的“理世界”本体论学说，就是对普通人的世界观所做的一种哲学解释，是他提出的一种关于世界观和人生观的学问。

诚如冯友兰自己所言，新理学是接着宋明理学中程朱一派讲的，而“理世界”观念则是程朱理学与新理学之间的接口。朱熹提出“理世界”的观念，但没有经过充分的逻辑论证，因而在理论上显得没有力量。程朱理学在古代社会可以借助圣人的话语，依傍圣人的权威得以推广，但圣人的权威在现代中国已经被消解了，已不能范围人心了。在这种情况下，必须找到一种方法，弥补程朱理学的缺陷，帮助理学寻回生存空间。冯友兰找到的办法就是逻辑分析的方法。他运用这种方法，证成“理世界”的本体论意义，把程朱理学进一步发展成为新理学。

冯友兰把新理学的“理世界”本体论学说称为“新形上学”，意即从新的视角，从“形上”的高度或者说从本体论的高度，对世界的客观实在性、究竟真实性提出一种新的哲学解释。他从考察形下的、实际存在的事物开始讲起，最后讲出“理世界”本体论学说。从表面上看来，冯友兰似乎也承认客观事物是存在的，但却以隐晦的手法抽掉了事物的客观实在性，强调事物的客观实在性并不取决于事物本身，而取决于形上的本体界。他说：“在我们的经验或可能底经验中，有如是如是的事物……山如山的是，水如水的是。这座山如这座山的是，这条水如这条水的是。一切事物，各如其是，是谓如是。一切底如是就是实际，形上学就是从如是底实际出发，对之作形式底释义。”[①] 意思是说，实际事物不过是“我们经验或可能底经验中”的现象（“如是”）。那么，隐藏在现象后面的本体（“是”）是什么呢？本体如何派生出事物？为了回答这些问题，冯友兰提出了“理”、“气”、“道体”等一系列“逻辑底观念”，建构了“理世界”本体论学说。其基本观点是：一切实际的事物最终都归结为“理”、“气”、“道体”、“大全”等一系列“逻辑底观念”；从这些“逻辑底观念”中就能演绎出一切实际的事物。

2. 理：逻辑地在先

为了探求事物的本体，冯友兰从经验事实（事物存在）出发，通过对事物及存在（如是）做形式的分析，即“就某种事物著思”，得到了“理”的观念。他说：“新理学的形上学的第一组主要命题是：凡事物必都是甚么事物。是甚么事物，必都是某种事物。某种事物是某种事物，必有某种事物之所以为某种事物者。借用中国旧日哲学的话说：‘有物必有则。’”“某种事物之所以为某种事物者，新理学谓之理。”[②] 在这里，冯友兰首先把具体事物（“甚么事物”）抽象为“某种事物”，然后离开具体事物的特殊本质，孤立地分析某种事物之所以为某种

① 冯友兰：《新知言》，58页，重庆，商务印书馆，1946。

② 冯友兰：《新知言》，59～60页。

事物的原因或根据，从而得出了“理”的观念，并认为“理”就是决定某种事物之所以为某种事物的究极本体。关于“理”，冯友兰做了如下的规定：第一，“理”是潜存于真际的共相。冯友兰说：“此所谓理，在西洋哲学中，名为共相，形式或概念。”① 第二，“理”是超时空、超动静的绝对。由于理是脱离了物质世界的抽象共相，自然也就同物质存在的时空形式和运动属性毫不相干。第三，“理”是第一性的永恒实在。冯友兰说：“理世界在逻辑上先于实际的世界。”这意味着，真际的理是第一性的，实际的事物是第二性的。由于理是第一性的，所以“万理不生不灭，不增不减”②，不受实际事物生灭变化的干扰。这样，理同客观事物的固有联系就被割断了。理就成了第一性的、抽象的实体，带上了“形上学”的意味。至此，冯友兰从对形下的、经验中的实际事物做了一番逻辑分析之后，最终导出形上的、超验的、真际的“理”，确立了“理世界”本体论学说的基本观点。

“理”与事物的关系如何？冯友兰指出，真际的理是实际世界中的事物的最高的典型或法则。简言之，“理”为事物之“极”。他解释说：“所谓极有两义，一是标准之义……一是极限之义。每理对于依照之事物，无论就极之任何一义说，皆是其极。”③ 其一，就“极”的标准之义而言，理是事物的原型，事物是理的摹本，二者是体用关系，理为体、事为用。他举例说：“必有圆之理，始可有圆之性，可有圆之性，始可有圆底物，所以圆之理是体，实现圆之理之实际底圆底物是用。”④ 这说明理是事物的本体，事物是理的作用或表现。其二，就“极”的极限之义而言，理是事物追求的目标，事物是理的分项，二者之间是“理一分殊”的关系。事物必须依照（即分有）“理”，才能成其为事物，理是事物的主宰者。冯友兰说：“说理是主宰者，即是说，理为事物所必依照之而不可逃；某理为某事物所必依照而不可逃。不依照某理者，不能成为某事物。不依照任何理者，简直是不成东西。”⑤ 这无疑是说，事物是由理所派生出来的，事物之所以存在是由于它摄取了理的实在性；理规定了事物的性质，如果不依照理，事物“简直是不成东西”。就这样，新理学完全颠倒了理与事物的关系，把观念性的“理”说成了客观事物的究极本体。

---

① 冯友兰：《三松堂学术文集》，422 页，北京，北京大学出版社，1988。

② 冯友兰：《新理学》，55 页，重庆，商务印书馆，1937。

③ 同上书，54 页。

④ 同上书，49 页。

⑤ 同上书，125 页。

3. 道体：理气结合的过程

那么，真际的理何以能表现为实际的事物？针对这个问题，冯友兰又对事物及其存在做了逻辑的分析，并"就一个一个底事物著思"，预设了"气"的观念。他说："在新理学的形上学的系统中，第二组主要命题是：事物必都存在。存在底事物必都能存在。能存在底事物必都有其所以能存在者。借用中国旧日哲学家的话说：'有理必有气。'""事物所以能存在者，新理学谓之气。"① 冯友兰在肯定理潜存的前提下，承认事物是存在的。他认为事物存在除了以理为本体外，还须以气为条件。如果说理是事物存在的充分条件的话，那么，气则是事物存在的必要条件。从逻辑的角度上，冯友兰把气界定为"绝对的料"："所谓绝对的料，我们名之曰真元之气。有时亦简称曰气。"② 在新理学中，"气"是没有任何内容的、空洞的逻辑观念，用冯友兰的话说，"气"相当于"无"。它不是任何具体物，也没有物质性。因此，气不是物质一类的东西，而是属于精神的范畴；但又不含理性、概念的成分。那么，气就只能是纯粹的经验材料，即新实在论者所说的"感觉材料"。

然而，"理"通过什么方式同"气"结合起来派生出事物呢？为了回答这一问题，冯友兰通过对事物及其存在加以总括，提出了"道体"观念。他说："在新理学的形上学的系统中，第三组主要命题是：存在是一流行。凡存在都是事物的存在。事物的存在，都是其气实现某理或某某理的流行。总所有底流行，谓之道体。一切流行涵蕴动。一切流行所涵蕴底动，谓之乾元。借用中国旧日哲学家的话说：'无极而太极。'又曰：'乾道变化，各正性命。'"③在这里，他把理与气相结合的运动（"流行"）过程称为"道体"或"无极而太极"。他认为理和气在运动的过程中结合起来而派生出事物；对于事物的形成来说，道体为动力因。

冯友兰从动态分析的角度对事物及其存在加以总括，提出"道体"的观念；又从静态分析的角度对事物及其存在加以总括，提出"大全"的观念。他说："在新理学形上学的系统中，第四组主要命题是：总一切底有，谓之大全，大全就是一切底有。借用中国旧日哲学家的话说：'一即一切，一切即一。'"④ 冯友兰强调，"大全"并不是实际存在的一切事物的总和，因为实际中的一切事物仅

① 冯友兰：《新知言》，61页；《新原道》，118页，重庆，商务印书馆，1945。

② 冯友兰：《新理学》，66页。

③ 冯友兰：《新知言》，64页。

④ 同上书，65页。

仅是“部分的全”。在实际之上还有由“理”组成的真际，真际包括实际。只有真际才称得上“大全”。在新理学中，“理世界”、“真际”、“大全”的哲学意义相同，都是对本体界的称谓。大全是实际存在的一切事物发展的总目标，从这个意义上说，它构成一切事物发展的动力因。

综上所述，新理学的形上学把客观世界说成经验中的“实际”之后，从所谓“实际”出发，进一步抽象、分析出本体“理”作为解释事物的形式因，总括、综合出本体“大全”作为解释事物的目的因，抽象出经验材料“气”作为解释事物的质料因，总括出纯粹的流变过程“道体”作为解释事物的动力因，以这四个“逻辑底观念”构成新理学本体论学说的基本架构。这四个“逻辑底观念”，都是围绕着“理世界”这一核心观念展开的。理的总和就是“理世界”。“理世界”被设置为上位概念，在外延上包容作为下位概念的“实际世界”，所以“理世界”就是大全，就是真际。气是“理世界”中的理由真际转化为实际中的事物的质料因，道体则是促成这种转化的动力因。“大全”并不是实际存在的一切事物的总和，因为实际中的一切事物仅仅是“部分的全”。在实际之上还有由“理”组成的真际，真际包括实际。换句话说，只有真际才称得上“大全”。在新理学中，“理世界”、“真际”、“大全”的哲学意义相同，都是对本体界的称谓。大全是实际存在的一切事物发展的总目标，从这个意义上说，它构成一切事物发展的目的因。冯友兰的“理世界”本体论有如下特色：

第一，紧紧抓住思维与存在的关系，勾勒出二重化的世界图式。新理学对事物存在的哲学依据做了比较充分的解释，形成系统的存在本体论学说。这种学说并不否认客观世界（在新理学中称为“实际世界”）的实在性，可是，却把客观世界的实在性归结为“理世界”的实在性，从而把程朱理学的“理在事先”说同西方哲学中一般先于个别的实在主义学说融合在一起了。在存在本体论方面，新理学推进了儒家学理，理论深度也超过了梁漱溟和熊十力。新理学对于事物确定性的解释，显然比梁漱溟和熊十力的说法更有说服力。同梁漱溟、熊十力主体设定客体的思路不同，冯友兰采取了客体主义的思路。在新理学中，思维和存在之间的矛盾得到充分的展开：“理世界”或“真际”作为共相或一般概念的总和，相当于思维；而“实际”则是存在的同义语。惟其如此，在新理学中，“理世界”与现实世界，或者“真际”与“实际”，构成了对立的关系。程朱理学所讲的“一个世界”，在新理学中变成了“两个世界”，贯彻了冯友兰“接着程朱理学讲，而不照着程朱理学讲”的意图。

第二，凸显本体的超越性，为儒家伦理的普适性提供哲学依据。新理学的本体论思考，其理论兴趣并不仅仅在于解释“事实的世界”，最终目标还在于建立

“意义的世界”或者“价值的世界”。证成“理世界”的存在本体论意义，只是冯友兰演绎儒家现代意义所做的第一步工作，他要做的第二步工作则是把“理世界”作为“讲人道之根据”，进而演绎儒家的价值本体论。新理学的本体论思考，出发点是存在本体论，同西方哲学的思路比较接近；归宿点却是价值本体论，又回到了中国哲学的传统。冯友兰坦言，“理世界”有神秘主义色彩。他承认“道体”不可思议、“大全”不可思议等说法，已经超出了理性主义的范围；但他强调，这种超出正是本体论思考的“最高底得获”。他说：“有许多哲学底著作，皆是对于不可思议底思议，不可言说底言说。学者必须经过思议，然后可至不可思议底；经过了解，然后可至不可了解底。不可思议底，不可了解底，是思议了解的最高底得获。哲学底神秘主义是思议了解的最后底成就，不是与思议了解对立底。”① 在价值本体论的意义上，冯友兰把“理世界”称为“圣域”，即成就儒家所说的圣人的哲学依据。由于“理世界”具有超越性、至上性、恒常性，使儒家伦理的普适性得到论证。儒家伦理作为“人之所以为人”的道理，不仅适用于古代社会，同样也适用于现代社会。儒家伦理历来注重道德规范，“理世界”也为这种规范诉求做了哲学论证。相比较而言，梁漱溟和熊十力重视道德的自觉性，以现代的方式接续了陆王心学的学脉；冯友兰重视道德伦理的规范性，以现代的方式接续了程朱理学的传统。

第三，受到方法的限制，有多元主义的色彩。程朱理学采用整体直观的方法，所形成的本体论以“天理”为核心范畴，有一元论的色彩。用朱熹的话说，“统体一太极，物物一太极”，“一个就是万个”。所谓“理一分殊”，强调的是“天理”为“一”，具体事物为“多”。“多”受到“一”的制约，各个事物之间是有内在关系的。新理学采用逻辑分析的方法，“就一个一个底事物著思”，所形成的本体论以“理世界”为核心范畴，有多元论的色彩。“理世界”是无数个理的集合，各个理都是独立自存的，不存在着一个把众理贯穿为一体的“天理”。在新理学中，众理之间的关系已变成外在关系，不再是程朱理学所讲的内在关系。新理学中的理，实际上是知性概念的本体化。这种知性思维的局限，乃是造成其本体论学说多元主义色彩的根本原因。冯友兰还放弃了朱熹“心包万理”的说法，强调理具有“纯客观”的性质，强调理是自在之物。那么，如何把自在之物转化为为我之物呢？这成为新理学难于解决的问题。

---

① 冯友兰：《新原人》，194页，重庆，商务印书馆，1942。

资料卡片

新实在论的“中性实体”说和共相独存说

“中性实体”说

新实在论者主张，被认知的对象不依赖于我们的意识而存在，这是他们的建设性哲学的基本信条之一。但是，新实在论者又认为，独立存在的认识对象的本性既不是物质的也不是精神的，而是“中立的”。因为，世界的最根本的存在既不是物质也不是精神（心），而是“中性实体”、“中性物”。心、物并非两种根本不同的实体，它们之间的区别并非质料的或实在的，而只是关系的，它们都是同一“中性实体”在不同关系中的表现。

共相独存说

新实在论者的另一基本信条是断言存在着某些既独立于个别事物，又独立于意识的共相或本质，这些独立存在的共相或本质是不能从经验中观察到的，但却可以在逻辑上确定它们的存在，并且可以通过逻辑分析发现它们。这类共相或本质首先是数学、逻辑的概念、范畴，他们承认，这是一种柏拉图式的实在论学说。

摘自《中国大百科全书·哲学》，1022页，北京，中国大百科全书出版社，1987。

（二）人生境界说

儒家伦理既有德性伦理的诉求，也有规范伦理的诉求。陆王心学一脉比较重视前一方面，侧重于阐发儒学的内在性原则，以“本心”为核心范畴；程朱理学一脉比较重视后一方面，侧重于阐发儒学的超越性原则，以“天理”为核心范畴。在五四时期，随着君主专制的解体，传统的儒家伦理规范体系被解构。在这种情况下，现代新儒家重构儒学价值观，只能首先从阐发儒学的内在性原则入手，接着陆王心学一脉讲。但是，如果只讲内在性原则，而不讲超越性原则，儒家伦理会变得十分抽象，无法发挥规范社会风气的作用，难以落实到生活实践层面。因此，仅仅接着陆王心学讲是不够的，还必须接着程朱理学讲。冯友兰建构新理学，就是一种程朱理学的现代讲法。同梁漱溟、熊十力不同，他没有把侧重点放在儒家内在性原则上，而是放在了超越性原则上。

同程朱理学一样，新理学也把儒家伦理规范的终极依据归结为“理”。他不赞成那种把儒家伦理规范一概指斥为“旧道德”的偏激之论，主张用分析的眼光来看待儒家伦理。他认为，在传统的儒家伦理规范中，的确有同“以家为本位”

的社会相应的旧道德，如忠孝等。不过，即便是旧道德，也可以转化为新道德。“我们可以说，对于君尽忠，对于父尽孝，是旧道德；对于国家尽忠，对于民族尽孝，是新道德。”① 在传统的伦理规范中，除了忠孝之类的旧道德外，还包含着适用于任何社会的道德，这些道德无所谓新旧。他说：“照我们的看法，有社会，有各种底社会。有些道德，是因某种社会之有而有底，如一民族或国家，自一种社会转入另一种社会，则因原一种社会之有而有底道德，对于此民族或国家，即是旧道德；因另一种社会之有而有底道德，对于此民族或国家，即是新道德。但大部分底道德是因社会之有而有底。只要有社会，就需有这些道德，无论其社会，是哪一种社会。这种道德中国人名之为‘常’。常者，不变也。照传统底说法，有五常，即仁、义、礼、智、信。”② 按照冯友兰的看法，儒家一向倡导的五常之教，虽属“旧情”，但亦是获得“新性”不可或缺的根据，明确肯定五常具有普适价值。无论中国将来发展成为什么种类的社会，这种伦理规范都是需要的。事实证明，这种判断是正确的。至于“三纲”，由于社会的变迁，可能已经过时，因为它只适用于“以家庭为本位”的社会。冯友兰强调，“五常”永远不会过时，因为它符合“人之所以为人”或“社会之所以为社会”之理。这样的“理”具有超越性和普适性，无论在何种社会都可以成为道德评价的尺度。

冯友兰特别看重行为主体对于理世界的觉解在道德价值判断中的决定作用。对于行为主体来说，理世界是超越的、理想的；凡是道德行为，必须建立在行为主体对理世界的觉解之上。于是，行为主体对于理世界的觉解程度，便成为他评价人生境界的准则。冯友兰在《新原人》中写道：“人对于宇宙人生底觉解程度，可有不同。因此宇宙人生，对于人底意义，亦有不同。人对于宇宙人生在某种程度上所有底觉解，因此宇宙人生对于人所有底某种不同底意义，即构成人所有底某种境界。”③ “境界”一语源于佛学。《无量寿经》上说：“比丘白佛，斯义弘深，非我境界。”《入楞伽经》上也说：“我弃内证智，妄觉非境界。”在佛教中，境界是指修行者对佛的觉悟所达到的程度。冯友兰借用此语，是指人对于理世界的体认程度以及由此形成的主观精神状态。用哲学术语来说；理世界是“自在之物”，而境界则是“为我之物”；理世界是客观的，而境界则是主观的；理世界是一般的，而境界则是特殊的；理世界是超越的，而境界则是现实的。每个人借助自己的觉解能力，在觉解理世界的基础上形成了主观精神世界，这就是新理学所

① 冯友兰：《新理学》，360页。

② 同上书，359页。

③ 冯友兰：《新原人》，57页。

说的境界。对于觉解者来说，境界就是他自己建立的意义世界或价值世界。严格说来，每个人都有他自己的境界，甚至可以说每个人都有他自己此时此刻的境界或彼时彼刻的境界，没有完全相同的境界。但是，可以把人生中的境界大体上归纳为由低到高的四种类型，即自然境界、功利境界、道德境界和天地境界。通过对这四种境界的评述，冯友兰阐发了儒学价值观的超越取向。

他指出，在自然境界中的人，顺习、顺才而行，对理世界不知不识，没有明确的人生目的，境界最低。在功利境界中的人，虽有明确的人生目的，但只知道为自己打算，自私自利，境界也不高。在这两种境界的人，其行为都没有道德价值，因而都不是人生的理想境界。在道德境界中的人，已觉解“社会的全”，其行为是行义的而不是为利的，具有道德价值，境界比较高。这种人就是儒家所说的贤人。贤人已达到自觉的人生境界，不过尚处于“天理与人欲交战”的阶段，因而有继续提升的必要。

天地境界才是冯友兰心目中的理想境界，在天地境界中的圣人才是他心目中的理想人格。他在《新原人》中写道：

> 天地境界的特征是：在此种境界中底人，其行为是“事天”底。在此种境界中底人，了解于社会的全之外，还有宇宙的全，人必于知有宇宙的全时，始能使其所得于人之所以为人者尽量发展，始能尽性。在此种境界中底人，有完全底高一层底觉解，此即是说，他已完全知性，因其已知天。他已知天，所以他知人不但是社会的全的一部分，而并且是宇宙的全的一部分。不但对于社会，人应有贡献，即对于宇宙，人亦应有贡献。①

贤人与圣人是有区别的。贤人仅觉解了“社会的全”，即关于社会的全部的理；圣人则觉解了“宇宙大全”，即完成了对整个理世界的体认。圣人的境界到了至极顶峰，故谓之“极高明”。贤人站在“社会”的高度“行义”——尽人之伦、尽人之职，“对社会有所贡献”；圣人站在“宇宙”的高度“事天”——尽天之伦、尽天之职，“对宇宙有所贡献”。“事天”以“知天”为前提，“知天”意味着对宇宙人生的完全的了解和最后的觉悟，这种觉悟使人的生活获得最大的意义，使人生具有最高的价值。在道德行为方面，圣人做到了“不勉而中”，故谓之“道中庸”。总之，“极高明而道中庸”的圣人，是新理学最推崇的理想人格。圣人的境界既是自觉的，又是自由的；既是明觉的，又是混沌的。按照冯友兰的看法，圣人应具有以下四种特征：

第一，“极高明而道中庸”。这是圣人最主要的特征。“极高明”是新理学倡

① 冯友兰：《新原人》，64页。

导的处理天人关系的最高原则。所谓“极高明”就是接受新理学的宇宙观，从而使人的主观的精神世界同“纯客观”的宇宙大全合而为一，达到“自同于大全”的程度。所谓“道中庸”是指圣人基于对真际的信仰而发出的行为。“圣人有最高底觉解，而其所行之事，则即是日常底事。此所谓‘极高明而道中庸’。”① 就行为方面看，圣人“并不作与众不同的事”，这是其“庸”的一面；圣人虽做一些平常的事，却能自觉地、完全地依照各种理的规定，这是其“中”的一面。圣人之所以为“圣”，就在于他做平常的事时，使平常的事具有不平常的意义。做了圣人，依然“担水砍柴”，“事君事父”；但对于圣人来说，“担水砍柴，无非妙道”，“事君事父，无非妙道”。圣人“即其所居之位，乐其日用之常”，完全化解了“入世间”与“出世间”、“内圣”与“外王”之间的矛盾。

第二，“有我而无我”。冯友兰所说的“我”有两层含义，其一是“自私”，其二是“有主宰”。前者就个人与社会的关系而言，后者就主体自身而言。说圣人“无我”是从“无自私”而言；说圣人“有我”是从“有主宰”而言。圣人“自同于大全，‘体与物冥’，‘我’与‘非我’的分别，对于他已不存在。就‘我’的‘有私’之义说，他是无‘我’底。但自同于大全者，可以说是‘体与物冥’，也可以说‘万物皆备于我’。由此方面说，自同于大全，并不是‘我’的完全消灭，而是‘我’的无限扩大”②。就“有我”与“无我”的关系而言，冯友兰认为“无我”是“有我”的前提，人必先“无我”，而后才可“有我”；必先无“假我”而后才可有“真我”。代表理想人格的圣人正是体现了“有真我”与“无假我”的统一。圣人有“我之主宰”，已将道德原则、道德规范内化为自身的一部分，“行之亦不待努力”，而能“不勉而中，不思而得”，“从心所欲不逾矩”，无一丝人欲而达“无我”之境。

第三，“无为而有为”。冯友兰在继承儒家思想的同时，也吸收并改造了道家“无为”的思想，用来建构其理想人格学说。冯友兰对“无为”的理解和界定与老子不同：老子以顺应物性为无为，以知识、思虑以及情欲为人为，因而主张“绝圣去智”，有出世倾向；而冯友兰则认为人之有思想、有知识、有情欲、有作为都是自然而然的，是一种必然的“势”，因而顺应物性、顺应人性，出乎“真我”之自然选择的行为都是“无为”，只有出于“假我”之选择的行为才是不可取的“有为”之举。这样，他就把“无为”思想纳入到积极入世的范围之内。积极入世，也就是朝着“势”的方向努力从事，“顺道而行”，这既可以说是“有为”，也可以说是“无为”。“无为”规定着“有为”的方向，“有为”是为了更彻

① 冯友兰：《新原人》，78 页。

② 同上书，195 页。

底的“无为”。圣人就是实现了“无为而有为”之人格的典型。

第四，“无知而有知”。冯友兰说：“在同天境界底人，是有知而又是无知底。同天的境界，是最深底觉解所得。但同天的境界，却是不可了解底。”① 同天的“天”是指大全。大全是不可思议的，同于大全的境界，亦是不可思议的。圣人明白此道理，正是因为他具有最深的觉解。也就是说，大全的“无知”是由圣人的“有知”而得。冯友兰提出的“有知”与“无知”统一、由“有知”而达“无知”的观点，显然从老庄之处借取了思想的资源。不过，老庄所说的“见道”，强调的是一种纯粹的直观，不甚重视理性认识和理性作用，而冯友兰则以儒家的理性主义解释“觉解”，认为觉解是由概念、推理的理性认识而达到的精神状态，从而有别于道家的“见道”。

冯友兰通过对天地境界中圣人品格的具体描绘，构建其理想人格学说，为其人生哲学圆了最后一笔，并于此最终以儒家学说为主体，吸取道家思想的资源，融儒道为一炉。冯友兰所说天地境界中圣人之最高明处，乃在于其能由知天、事天、乐天而自同于大全。所谓自同于大全，即如庄子所说：“天地者，万物之所一也。得其所一而同焉，则死生终始，将如昼夜，而莫之能滑，而况得丧祸福之所介乎?”（《庄子·天地》）道家称此为“体与物冥”，儒家则称此为“万物皆备于我”。儒道两家都强调我与天地万物为一，我与天地万物参化。这并不是指肉体的消灭，不是指物质上的一种变化，而是指精神上的一种境界。冯友兰指出：“所以自同于大全者，其肉体虽只是大全的一部分，其心虽亦只是大全的一部分，但在精神上他可自同于大全。”② 精神上同于大全，即可不受任何限制。不受限制，即谓之自由。可见，人自同于大全，也就是说获得了精神上的自由，这有似于道家所说的“逍遥游”境界。“逍遥游”是一种完全的精神自由，“无待于物”而能“乘天地之正，御六气之辨”，以游于无穷。冯友兰吸收了这种思想，并以此作为其人生境界说的价值目标之一——自由。他为其人生境界说设定的另一个目标是自觉，此自觉即儒家所提倡的道德理性主义原则。自觉，指自身有意识地抉择。正因为是自己选择的，因而其“自觉”在一定程度上又可说是自愿的。圣人自觉自愿依道德而行，以达逍遥的“同天”境界。可见，理性自觉是达到精神自由的桥梁和手段。只有在自觉的基础上，才能有真正的精神自由。

冯友兰通过分析四种人生境界设定了自由、自觉两个价值目标。他倡导尽心知性——尽伦尽职的道德原则，检讨自然主义和功利主义人生观的局限性，突出

---

① 冯友兰：《三松堂全集》，第 4 卷，634 页，郑州，河南人民出版社，1986。

② 同上书，633 页。

“极高明而道中庸”、“即世间而出世间”的价值主导意识，以求对现代社会经济生活做出回应，重新确立人生的意义及归宿。四种境界说是冯友兰新理学思想体系的重要组成部分，也是很有理论特色的学术思想。冯友兰一方面从深层挖掘道家注重自由的合理内核，另一方面挖掘儒家价值观中注重自觉的合理内核，力图实现自由与自觉的统一，熔儒道价值观于一炉。用他的话来说，就是“儒家墨家教人能负责，道家能使人外物，能负责则人严肃，能外物则使人超脱。超脱而严肃，使人虽有‘满不在乎’的态度，而却并不是对于任何事物都‘满不在乎’。严肃而超脱，使人于尽道德的责任时，对于有些事，可以‘满不在乎’。有儒家墨家的严肃，又有道家的超脱，才真正是从中国的国风中养出来的人，才真正是‘中国人’”①。此“中国人”就是冯友兰心目中的理想人格——在天地境界中的圣人。他认为这种理想人格应付现代社会生活仍可以发挥“无用之大用”的效应，从而为促使传统文化中的优秀成果实现现代转换，做出了有价值的、发人深省的理论探索。冯友兰到晚年转变哲学立场后，不再提及“理世界”，却多次谈到人生境界问题。

资料卡片

杜国庠对冯友兰“境界说”的批评

社会中具体的人，阶级不同，行动因之不同，境界也因之不同。即使承认冯氏那样的境界层次的说法，在同一境界层次中，也可能有相反的见解，而在历史发展过程中，某种见解（例如道德见解）也必然有它的发展变化。但是“玄而又玄”的观点限制了冯氏，使他把人看成抽象的人，即是“人之所以为人”的人，把人的社会历史性抽“空”了。

摘自《杜国庠文集》，431～432页，北京，人民出版社，1962。

七、贺　麟

贺麟（1902—1992），字自昭，四川金堂人。毕业于清华大学之后，到美国

① 冯友兰：《三松堂全集》，第4卷，363页。

奥柏林大学、哈佛大学留学，获硕士学位，后留学德国柏林大学。从1931年起，在北京大学哲学系先后任讲师、副教授、教授。从1955年起任中国科学院哲学所、中国社会科学院哲学所研究员。曾当选为第三届与第五届全国政协委员。晚年加入中国共产党。主要著作有《近代唯心论简释》、《文化与人生》、《五十年来的中国哲学》、《现代西方哲学讲演集》、《哲学与哲学史论文集》等。他沿着理性主义思路，把新黑格尔主义同陆王心学结合起来，创立了新心学思想体系。

(一)“心理合一”本体论

梁漱溟和熊十力从主体出发，沿着生命的进路，形成了没有确定性的世界图式；冯友兰从客体出发，采取逻辑分析的方法，为世界的确定性找到了哲学依据，但又把思维与存在对立起来，形成了多元主义的、二重化的世界图式。贺麟总结他们的理论思维成果和教训，找到了新的研究视角。这个视角就是主体与客体的统一。贺麟接受了梁漱溟和熊十力的主体性原则，以“心”为解释世界的逻辑起点，但不认同他们的生命进路以及没有确定性的世界图式。贺麟接受了冯友兰关于理为世界的“范型”的观点，但不认同冯友兰的逻辑分析方法、思维与存在对立的思路以及多元主义的、二重化的世界图式。贺麟主张把主体与客体统一起来，把思维与存在统一起来，消解多元主义的、二重化的世界图式，重申“一个世界”的原则，运用逻辑综合的方法，建构“心理合一”本体论。

贺麟也重视“理”。他采取理性主义的进路建构本体论，而没有像梁漱溟和熊十力那样采取生命的进路。不过，他与冯友兰不同，没有把“理”看成外在超越的、独立自足的“自在之物”，而是看成与主体即“心”密切相关的、内在的“为我之物”。他指出，如果把“理”看成“自在之物”，将遇到无法把它转化为“为我之物”的困难。他引述郑昕的话说：“‘一事有一事之理，一物有一物之理’，假定满坑满谷，死无对证之理，于事何补？于人何补?”他认为郑昕对“理世界”本体论的批评非常深刻。在贺麟看来，既然无法把“理”从自在之物转化为“为我之物”，那么，就不如直接承认“理”就是“为我之物”。基于这种认识，贺麟确立了“心理合一”的本体论原则。他说：“心即是理，理既是在内，而非在外，则无论认识物理也好，性理也好，天理也好，皆须从认识本心之理着手。不从反省本心着手，一切都是支离骛外。”① 照他看来，心有两种含义，一为“心理上的心”，二为“逻辑上的心”。“心理的心”是物，“逻辑的心”是理。心理的心是“被物支配之心”，相当于宋明理学中的“已发”，故“心亦物也”；逻辑的心是“超经验的精神原则，是经验的统摄者、行为的主宰者、知识的组织者、价值的评判者，是心理意义的心由以成立的根据”，相当于宋明理学中的“未发”。“未发”为“已发”之体，故“心为物之体，物为心之用”。心与物是不能两相分离的，所有的现实存在物，都是心物合一的。在这里，贺麟运用主客体统一的现代哲学思维方式，论证王阳明的“心外无物，心外无理”的观点，建构了现代唯心主义的本体论学说。贺麟并不讳言自己是唯心主义者，坦言自己的哲学体系就是“新心学”。在展开唯心主义本体论时，他提出了“合心而言实在”、“合理而言实在”、“合意义价值而言实在”三个命题。

1. 合心而言实在

所谓“合心而言实在”，意思是说，事物的客观实在性来自“心”的实在性。贺麟在处理心与物的关系时，直接把心提升到了主体和实体的位置。贺麟认为，哲学所要解释的世界，并不是与人无关的纯粹的自然世界，而是纳入人的主观的认识范围的客观世界。纯粹的自然世界即令存在，由于其并没有纳入人的认识范围，并不具有哲学上的可解释性，对于人来说，不过是“黑漆一团”。具有哲学上可解释性的世界，只能是纳入人的主观认识范围的客观世界。要解释这个客观的世界，必须预设解释主体的先在性。解释主体既然是先在的，就只能自己规定自己，因而也就具有实体的性质。这就意味着，心是唯一实在的主体。贺麟从主体性的心出发，解释客观世界，取消了事物自身的客观实在性，把事物的实在性归结为心的实在性。他说：“普通人所谓‘物’，在唯心论者看来，其色相皆是意识所渲染而成；其意义、条理与价值皆出于认识的或评价的主体。此主体即心。”② 物本身没有实在性，其颜色、形状等外在的属性都来自于主体的感觉，其本质与规律等则来自于思维的规定，因此，物的实在性都是从“心”那里获得的。

从“合心而言实在”的命题反映出，贺麟在本体论方面首先选择了主体主义为出发点，同梁漱溟、熊十力有些相似。但是，为了说明事物的确定性，贺麟又不能像梁漱溟和熊十力那样把自己完全限制在主体主义的立场上，必须吸收新理学客体主义的思维成果，必须引入“理”的范畴。他指出，新心学所说的“心”，并不是仅指“生命本体”，也不仅指个人的意识，而是指普遍的共同的意识。这

---

① 贺麟：《近代唯心论简释》，28 页，重庆，独立出版社，1944。

② 同上书，1 页。

种泛化或客体化了的“心”，也就是“理”。这样，贺麟又提出了“合理而言实在”的命题，从客体的角度对新心学本体论做了进一步的展开论证。

2. 合理而言实在

贺麟在区分“心理的心”和“逻辑的心”的基础上，又规定：“逻辑意义的心即理，即所谓‘心即理也’。”“逻辑意义的心，乃一理想的超经验的精神原则。”这样，逻辑意义的心也就是理，即超出了个体意识经验的范围，具有了普遍性、共同性和理想性。个体的心是个别，共同的心（理）是一般。在贺麟看来，心与理一方面是统一的，心即理，理亦即是心，“理是心的一部分，理代表心之灵明部分。理是心的本质”①。另一方面，心与理又有区别。心是主体性的范畴，与感觉经验、主观意志、情感欲望有关，而理是客体性的范畴，表示精神实体的普遍性、恒常性。通过这种解释，贺麟认为已经消除了程朱与陆王的对立。他强调，事物的客观性除了用“心”来说明之外，还得由“理”来担保：“一物之色相意义价值之所以有其客观性，即由于认识的评价的主体有其客观的必然的普遍的认识范畴或评价准则。若用中国的旧话来说，即由于‘人同此心，心同此理’。”② 由于心具有实在性，所以物才具有客观性。“所谓物质，一定是经过思考的物质。所以不可离心而言物。”贺麟举例说：“黑板之所以为客观的黑板，因其建筑在吾人共同的主观基础上，离开主观，没有客观。凡是‘客’的东西，一定要经过‘观’。宇宙自然是客观的，因为我们大家对它有共同的了解，共同的认识。若大家不能认识，无有‘观’，则世界即不成其为‘客观’世界了。”③ 贺麟用群体主观认识的共同性证明事物的客观性，当然没有充分的说服力。把他的说法反过来讲，也可以用事物的客观性来证明群体主观认识的客观性：如果说黑板是客观的仅仅由于大家对它有“共同的观”的话，那么，大家对它为什么会有“共同的观”呢？还不是因为黑板自身是客观存在的吗？倘若没有实际存在的黑板，大家怎么能有“共同的观”呢？这是新心学没有解释也无法解释的问题。

贺麟不仅用“理”来担保事物的客观性，还用“理”来担保事物的本质规定性。从主体出发说明客体，在这一点上贺麟与梁漱溟、熊十力是一致的；贺麟同他们的区别在于要给事物的确定性找到哲学依据。贺麟承认，每个事物都有其本质的规定性。他说：“性（essence）即事物之真实无妄的本质，亦即物之精华。凡物有性则存，无性则亡。……性为代表一物之所以然及其所当然的本质，性为

---

① 贺麟：《近代唯心论简释》，22 页。

② 同上书，1 页。

③ 贺麟：《当代中国哲学》，73～74 页，南京，胜利出版公司，1947。

支配一物之一切变化与发展的本则或范型。凡物无论怎样活动发展，终逃不出其性之范围。但性一方面是一物所已具的本质，一方面又是一物须得实现的理想或范型。”[①] 由于每个事物都有其本质的规定性，此物非彼物，相互区别开来，也就有了自身的确定性。不过，贺麟并不承认本质是事物自身固有的，而是将其归结为“心中之理”。他强调说：“本性是普遍的具体的，此种具体的共相即是‘理’。如‘人’、‘物’之性各为支配其活动之原理。故唯心论即唯性论，而性即理，心学即理学，亦即性理之学。”[②]

每个事物之所以有确定性，除了取决于本质的规定性之外，还取决于它在空间中的特定位置和时间中的特定序列。贺麟承认事物有本质的规定性，也承认事物有时空的规定性，并且用理来担保事物的时空规定性。他接受康德的时空观，认为时空并不是事物自身的规定，而是主观认识对于客观事物的规定。第一，“时空是理”。时空作为先验的范畴，使经验中变易无常的事物有了确定性。第二，“时空是心中之理”。时空不仅是先验的，而且是主观的。“离心而言时空，而言时空中之物，乃毫无意义。”第三，“时空是自然知识所以可能的心中之理或先天标准”。人们运用时空范畴整理感性材料，使之形成清晰明白的自然知识。第四，“时空是自然行为所以可能的心中之理或先天标准”。人们依照约定俗成的时空观念组织安排社会生活，“若无权断而一面又是客观的公共的时空标准，则社会事业群体生活就不可能”。贺麟把这四个命题概括为一句话就是：“时空是自然知识和自然行为所以可能的心中之理或标准。”[③] 他把事物的客观规定性、本质规定性、时空规定性都纳入“心中之理”，从而更加彻底地贯彻唯心主义原则。

3. 合意义价值而言实在

提出“合心而言实在”和“合理而言实在”两个命题，贺麟已完成了对世界的唯心主义解说。可是，他作为现代新儒家，不能停留在存在本体论上，必须从存在本体论翻转到价值本体论，才能为儒家伦理找到哲学依据。于是，他在论述了“合心而言实在”、“合理而言实在”以后，又提出了“合意义价值而言实在”的命题。他指出，只有对主体有价值的东西，主体才会认同它的实在性。从这个意义上说，“唯心论又名理想论或理性主义”。按照唯心论的看法，“吾人理想愈真切，则对事实之认识亦更精细。理想可以制定了解事实之法则和方法，使吾人

① 贺麟：《近代唯心论简释》，3页。

② 同上书，5页。

③ 同上书，24页。

所搜集之事实皆符合理想的方式，而构成系统的知识。理想不唯不违背事实，而且可以补助并指导吾人把握事实，驾驭事实。”① 按照这种理想主义的视角，儒家伦理当然具有实在性。他说：“从哲学看来，仁乃仁体，仁为天地之心，仁为天地生生不已之生机，仁为自然万物的本性。仁为万物一体、生意一般之有机关系和神契境界。简言之，哲学上可以说是有仁的宇宙观，仁的本体论。离仁而言本体，离仁而言宇宙，非陷于死气沉沉的机械论，即流于黑漆一团的虚无论。”② 通过对“仁”这一伦理规范的强调，贺麟新心学也就从存在本体论过渡到了价值本体论，实现了向儒家传统的复归。

总的来看，贺麟提出的本体论学说有以下三个特点：

第一，把思维与存在统一起来，重申“一个世界”的原则。贺麟从主体出发解释世界，其唯心主义哲学立场是十分明确的。但他没有完全把自己限制在主体的范围之内，而是着眼于主体与客体的统一性，着眼于思维与存在的统一性。他强调事物的确定性，在理论上避开了熊十力把世界说成是“诈现的迹象”的虚无主义倾向。他引入“理”的范畴，用来担保事物的确定性；强调心与理的同一性，也避开了新理学把“理世界”同实际世界对立起来的多元主义倾向。贺麟强调世界只有一个而不是两个，用理性综合的方法取代逻辑分析的方法，更加贴近中国哲学的传统。

第二，把规范性与自觉性统一起来，突出“心即理”的原则。贺麟把自己的本体论称为新心学，表示是接着陆王一脉讲的。可是，他并不排斥程朱理学，而把二者都视为儒家哲学的正统，不存有门户之见，这在现代新儒家中是少见的。梁漱溟和熊十力认同陆王心学，但对程朱理学缺少同情。梁漱溟曾批评程朱理学“取途穷理于外”，“不甚得孔家之旨”；熊十力也批评理学家“失却孔子广大与活泼的意思”。冯友兰的新理学接着程朱理学讲，可是对陆王一派同情不够，视陆王心学为形而下学。贺麟与他们不同，明确表示要化解程朱理学与陆王心学之间的对立。他说：“我尝说，讲程、朱而不能发展到陆、王，必失之支离。讲陆、王而不能回复到程、朱，必失之狂禅。”③ 新心学本体论的核心论点是“心即理”，力求把程朱理学与陆王心学统一起来。熊十力的本体论以“本心”为核心范畴，凸显儒家伦理的自觉性原则，但未涉及规范性原则；冯友兰的本体论以“理世界”为核心范畴，凸显儒家伦理的规范性原则，但忽略了自觉性原则。如

① 贺麟：《近代唯心论简释》，6 页。

② 贺麟：《文化与人生》，10 页。

③ 贺麟：《五十年来的中国哲学》，33 页，沈阳，辽宁教育出版社，1989。

果说熊十力的本体论是“正题”、冯友兰的本体论是“反题”的话，贺麟的本体论则是“合题”。基于“心即理”的核心论点，贺麟一方面注重儒家伦理的自觉性原则，主张树立“仁的宇宙观，仁的本体论”；一方面注重儒家伦理的规范性原则，主张“对理念尽忠”，论证恪守伦理规范的必要性：他试图把这两条原则统一起来。

第三，把理想与现实统一起来，突出入世主义原则。熊十力认为，“本体是备万理、含万理、肇万化，法尔清净本然”，是超时空的理想境界；冯友兰所说的“理世界”也超然于实际世界之上，以“天地境界”为终极的价值目标。他们的本体论对儒家理想主义原则论证的比较充分，可是对儒家的现实主义原则却关注不够。贺麟认为理想就在现实之中，没有把理想抽象化。在新心学中，理想不再是超时空的本然境界。他这样处理理想与现实的关系，更加贴近儒家的入世主义传统。

资料卡片

新黑格尔主义

现代西方唯心主义的哲学流派之一，是19世纪下半叶以来从右的方面复活黑格尔哲学的各种思潮的总称。

新黑格尔主义的各个派系之间也存在着一些共同点：(1) 他们是公开的唯心主义者，既反对唯物主义，又反对企图超出唯物主义和唯心主义之外的各种派别。他们一般都接受了黑格尔把精神性的“绝对”当做唯一真实存在的客观唯心主义观点，但又往往把“绝对”同具有创造作用的“自我”、主体融合起来，表现出向主观唯心主义转化的倾向。(2) 不少新黑格尔主义者企图限制甚至抛弃黑格尔的理性主义，认为理性不能认识实在，用理性思维所获得的知识没有实在性，不是客观真理，为了达到实在，获得真理，只能依靠非理性的本能和直觉。有的人由此公开倒向怀疑论和信仰主义。(3) 新黑格尔主义者大都重视辩证法的研究。有的人还论证了黑格尔辩证法的某些方面，如黑格尔关于具体的普遍的思想；对形而上学和机械论的一些缺陷也有所揭露。但总的说来，他们主要是突出了黑格尔辩证法中的唯心主义性质，并使之反理性主义化，把辩证思维当做反理性思维。他们还歪曲黑格尔辩证法的基本内容，特别是否定关于对立统一规律的学说。(4) 许多新黑格尔主义者往往利用并发挥了黑格尔关于国家和社会理论的消极方面，对社会历史做了主观主义和非理性主义的解释，根本否定社会历史的规律性。

摘自《中国大百科全书·哲学》，1017～1018页，北京，中国大百科全书出版社，1987。

（二）新式儒者人格论

在本体论方面，贺麟消解了二重化的宇宙图式，强调“心与物是不可分的整体”，强调世界只有一个。他否定了超验的理世界，强调“心即理”。与此相应，在价值观方面，他不认同超越的价值取向，主张在现代社会的条件下成就新式的儒者人格。他清醒地认识到，当时中国社会处于转型时期，即由农业社会转变为工商业社会。社会环境变了，儒者人格的内涵也应随之发生变化。新时代的儒者不可能再是“耕读传家之士”，而应当是“品学兼优之士”。在工商业社会，不但需要儒农，更需要儒工、儒商出来“做社会的柱石”。换句话说，新式儒者并不是觉解天地境界的抽象的圣人，而应当是适应现实社会需要的理想人格。这样的人格，既有高尚的道德品格，又有出众的才学技能，应当是德才兼备的楷模。他已走出唯动机论的误区，试图在道德评价中贯彻动机与效果相统一的原则。他指出，新式儒者的价值取向应当是合理性、合人情、合时代。

1. 合理性

贺麟虽然没有像冯友兰那样把“理”看成超验的、潜在的“自在之物”，而是看成与心合而为一的“为我之物”，但是他并没有否定“理”的本体地位。同冯友兰一样，他也把“理”视为儒家伦理规范的终极依据。他认为，新式儒者应当从对于“理”的本体论信念出发，自觉地恪守儒家的伦理规范。他说：“合理性即所谓‘揆诸天理而顺’。”① 对于新式儒者来说，合理性是最根本的要求，其他要求都应以此为准绳。如果只求合时代而不求合理性，便会失掉儒者的操守，流为俗不可耐的赶时髦；如果只求合人情而不求合理性，便会流为“妇人之仁”，感情用事，听凭自觉，任性偏执。这都会偏离儒者应有的价值取向。

依据唯心主义就是理想主义的观点，贺麟强调，合理性就是合理想。“因为理想基于人类的本性。理想出于理性，人类是理性的动物，理想是构成人格的要素，人类所以异于禽兽，伟人所以异于常人，全看理想的有无和高下。”② 一个人立足于理性，追求理想，改造现实生活中不符合理想的地方，才能提升人格的品位。对于现实生活中的人来说，理想是他争取自由必不可少的条件。倘若没有理想作为争取自由的标准，也就谈不上自由。自由不是放任，不能为所欲为或随遇而安，要以理想追求为动力，不懈地向既定的价值目标前进。理想又是认识现实的主观条件，一个人从理想出发反观现实，发现现实中不合乎理想的缺陷，才会形成改造现实的动机。理想是征服现实的指南针，人类任何有意义、有价值的建

---

① 贺麟：《文化与人生》，13 页。

② 同上书，103 页。

树，都是理想与现实有机结合的结果。贺麟由此得出结论："理想为主，现实为从，理想为体，现实为用。"① 他把理想放在首位，认为理想是衡量现实的价值尺度。所以，在他看来，对于新式儒者来说，合理性、合理想乃是首要的价值定位。只有选择了明确的价值目标，才会自觉地追求真、善、美，成就理想人格。在价值观方面，贺麟不像熊十力那样主观，过分强调在心性上下工夫；也不像冯友兰那样客观，过分强调在"觉解理世界"上下工夫，他力图把主客观两个方面统一起来。

依据合理性或合理想的原则，贺麟对儒家的伦理规范表示认同，对三纲五伦做了新检讨。冯友兰已对五常表示认同，但没有对三纲表示认同。贺麟比冯友兰走得更远，对三纲也表示认同，认为三纲五伦作为儒家完整的规范体系在现代仍旧具有普适性。他甚至强调三纲比五伦更为重要，因为"三纲说实为五伦观念的核心，离开三纲而言五伦，则五伦说只是将人与人的关系，方便分为五种，此说注重人生、社会和等差之爱的伦理学说，并无传统或正统礼教的权威性与束缚性"。照他看来，五伦仅表示相对的道德关系，对于构成这种关系的双方都有道德约束，一方对另一方尽道德义务似乎是有条件的。例如，臣是否应尽臣道，要视君是否尽君道而定；如果君不尽君道，臣似乎就有理由拒绝尽臣道。"这样一来，只要社会上常有不君之君，不父之父，不夫之夫，则臣弑君，子不孝父，妇不尽妇道之事，事实上、理论上皆应可以发生。"②如果不在理论上走出这种相对主义的误区，势必导致人际关系的紧张和社会秩序的失调。为了避免这种情况的出现，汉代儒家用三纲说发展了先秦儒家的五伦说，使儒家的伦理规范体系臻于完善。"三纲说要补救相对关系的不安定，进而要求关系者一方面绝对遵守其位分，实行单方面的爱，履行单方面的义务。所以三纲说的本质在于要求君不君，臣不可以不臣；父不父，子不可以不子；夫不夫，妇不可以不妇。换言之，三纲说要求臣、子、妇尽单方面的忠、孝、贞的绝对义务，以免陷入相对的循环报复，给价还价的不稳定的关系之中。"③ 在贺麟看来，三纲说比五伦说更深刻、更有力量，更能反映儒家伦理的特质。五伦说从现实的层面、从人际的角度看待和处理道德关系，三纲说从理想的层面、从人与理念的角度看待和处理道德关系，更能体现合理性原则。

毋庸讳言，贺麟关于三纲说的新检讨表现出明显的理性专制主义和权威主义的倾向，但他并非有意地维护封建主义道德。对于建立在人身依附关系之上的封

---

① 贺麟：《文化与人生》，104 页。

② 同上书，58～59 页。

③ 同上书，59 页。

建主义道德，贺麟明确地表示反对，称之为旧道德，并不承认这种道德在现代社会中的合理性。他对三纲说所做的新检讨，无非是站在唯心主义的哲学立场上，对恪守伦理规范的必要性所做的一种理论论证，以期提高道德责任感和自觉性。他作为一个唯心主义者，当然不可能到社会存在中去寻找道德的根据，也只能到理性本体中去寻找道德的根据。他以“理”的至上性说明三纲的普适性，强调道德行为必须自觉地接受道德规范的约束，同康德把道德规范的根据归结为“绝对律令”的观点十分相近，主张建立稳定的社会秩序，表达了一种社群主义的诉求。

2. 合人情

在如何构想新式儒者人格的问题上，贺麟的出发点是唯心主义的理想主义。但他心目中的理想，并不是抽象的精神境界，而是体现在具体的生活世界之中的高尚人格。他主张在现实生活中成就新式儒者人格。基于理想与现实相统一的观点，贺麟在提出合理性原则的同时，也提出合人情的原则。他解释说：“合人情即求其‘反诸吾心而安’。”① 新式儒者的行为固然要合乎理性，但绝不是冷冰冰地、被动地接受伦理规范的约束，也要发乎自愿、合乎人情，并且使他人也觉得可以接受、可以效仿。

依据合人情的原则，贺麟重新审视道德价值与功利价值的关系，强调“功利与非功利（道德的）不是根本对立的，是主与从的关系。非功利是体，功利是用，理财与行仁政，并不冲突，经济的充裕为博施济众之不可少的条件”②。照他看来，功利和道德非但不是对立的，反倒是相辅相成的：功利乃是实现道德理想的必不可少的条件。例如，“我们不能说求金钱是人生的目的，但可利用金钱作为发展个性、贡献国家、服务社会的手段”③。人们在谋求功利、维护功利、分配功利的时候，只要不违背恕道和公平公正原则，就不应该受到指责。贺麟把与市场经济相匹配的功利观念充实到人格理论中，大胆地纠正了以往某些儒家对功利主义的偏见。不过，他并没有放弃儒家道德至上的理念，在他的眼里，道德仍旧是“体”，功利也只是“用”而已，功利还需围绕着道德的轴心转。他的致思方向显然不是推翻儒家的伦理思想体系，而是谋求传统与现代的沟通与衔接。

贺麟不赞成对功利主义过分地加以指责。有些儒家嘲笑追求功利的人说，这种人即便到死的时候，还是伸着两只手，张着嘴，不肯闭上双眼，流露出一副向外追求而得不到满足的可怜相。贺麟的回应是：这些批评者缺少对于功利主义的

---

① 贺麟：《文化与人生》，13 页。

②③ 同上书，209 页。

同情的了解，不懂得“追求的经过，追求的精神，本身就有价值”。如果人生没有功利追求，容易走上逃避人生的道路。倘如人人都沿着这条路走下去，整个社会将变得死气沉沉，没有了人生的乐趣。贺麟对这些批评者做了反批评，指责他们不能“因为自己敝履福利，乃忽视他人的福利；自愿牺牲福利，便不尊重他人的福利，强迫别人也去牺牲福利。自己逃避人生，便斥肯定人生的人为向外追逐。这是不对的”①。他充分肯定人生，肯定功利追求的价值，倡导竞争意识，试图把儒学价值观转化为市场经济时代社会发展的精神动力。

贺麟明确地把新式儒学价值观诠释为“新式的功利主义”，以区别于狭隘的功利主义。他指出，新式儒学价值观就是一种新式的功利主义。新式儒者不谋求个人的利益，而是谋求博施济众，谋求群体的利益乃至全社会的利益，故而新式功利主义也可以称为社会的理想主义或社会福利主义。“简言之，这就是为全体为社会设法谋福利，为平民求利益的道德理想。”② 他认为这种新功利主义同儒家注重内心道德和纯义务的道德思想并不矛盾。“因为内心的道德思想注重人格修养，不受物质的限制，保持自己的纯洁，这固然很好，但新功利主义则要进一步，从人格的保持到人格的发展；从不受物质的支配，到支配物质；从消极的个人人格修养，到积极的大众福利的增进。”③ 他在儒家人格理论中增添了人格发展、创造物质财富、增进大众福祉等新内容，表现出很强的现代性。这不是背离儒家传统，而是对传统的发扬光大，因而在贺麟看来，理所当然应成为新式儒者所认同的人生态度。

依据合人情的原则，贺麟用现代的眼光看待公与私的关系，改造了宋明理学的“存天理灭人欲”之说，对利己主义表示宽容。他指出，“要想人绝对不自私，不仅失之‘责人重以周’，甚至有一些违反本心，不近人情”④。事实上，现实生活中的人无法做到“纯公无私”，也不必不分青红皂白地指责自私。按照贺麟的看法，“自私”不一定就是一个贬义词，其中也包含着自保、自为、自爱的正面的意思。“自私”得坦白、开明、合理，便叫做“利己主义”。利己主义作为一种理想可以改进人的道德生活状况。“第一，在于有自我意识，承认自我有利己的权利，得免于混沌漂浮，漫无自我意识，沦为奴隶而不自知觉的危险。第二，利己主义否定了中古时代空洞的绝对无私的高压，确认个人应有的权利与幸福。”⑤

---

① 贺麟：《文化与人生》，209页。

② 同上书，210页。

③ 同上书，211页。

④ 同上书，67页。

⑤ 同上书，69页。

他认为，新式儒者不必再像宋明理学家那样苛责自私或利己，而应当抱着同情、理解、宽容的心态。冯友兰在对功利境界中的人的评说中对利己主义已经表示出相当程度的宽容，贺麟则进一步加大了这种宽容的力度，并且对宽容的必要性做了更为充分的论证。

贺麟不再把公与私截然对立起来，强调二者可以相互协调、并行不悖。他指出，在处理公私关系时，不必再拘泥于根本没有可行性的"纯公无私"，而应当代之以"假私济公"，即把对个人利益的追求引导到"济天下之大公"的目标上。他依据儒家的人性善理论，认为这种引导是可以实现的。理由是"人是不愿意自私的，人之作利己的事，是势之不得已的。他最后的归宿，他内心深处的要求，是想打破人我的隔阂，泯除人我的界限的"①。他分析说，如果一个人总是做利己的事情，总是把自己摆在与他人对立的位置，总是置身于竞争、冲突之中，在精神上会产生受压抑的痛苦。由于感受到相互隔阂带来的悲哀，便会产生相互沟通的渴求。这时，他便会发现，利己主义实际上对自己并无利可言，于是，自然而然地形成忘怀物我、超越一己之私的要求，愿意从事于合内外、超人我的工作，力求真正的自我实现，投身于服务社会、忠爱国家的公共事业。这时，他不期而然地便会由利己主义者转化为道德理想主义者。所以，以"假私济公"为起点，其归宿则是"超私归公"。贺麟的结论是："我们由假私济公说起，一直说到超私归公，假私济公是天道，但亦未始不可加以人为的努力。超私归公是修养达到的境界，但亦未始不可以说是理性的法则，宇宙的大道。"②至此，贺麟借助于儒家性善论，一方面充分肯定利己主义在现实生活中的正当性；一方面又将其纳入道德理想主义的轨道，实现了合理性原则与合人情原则的统一。

3. 合时代

重视现实是贺麟新儒学价值观的鲜明特色。基于理想与现实相统一的观点，他特别注意把握现代社会的时代性。在他看来，凡是现实的，必定是合理性的、合人情的，同时也必须是合时代的。贺麟认为儒学不是一套一成不变的、僵死的教条，而是一种生生不息的文化精神，它将随着时代的发展而发展。儒家的开山孔子本人就是一位"圣之时者也"，历来主张"礼以时为大"。由此看来，合时代乃是儒学题中应有之义。按照贺麟的解释，合时代就是"审时度势，因应得宜"，使儒学的文化精神与时代精神相适应。作为现代新儒家，贺麟对传统儒学怀有深

---

① 贺麟：《文化与人生》，69页。

② 同上书，69～70页。

切的同情和敬意，但他并没有被传统束缚起来。他主张："我们要国家社会的现代化，还须从使每个人的人生观它现代化做起。"①

至于如何实现"人生观的现代化"，贺麟主张从以下三句话着手。第一句话是"欲知人不可以不知物"。他说的"物"是指自然界。"知物"就是掌握自然科学知识，在"知物"的基础上树立健全合理的人生观。具体地说，就是通过观察自然、认识自然，借助自然这面镜子，深入了解人生的意义与价值。"自然本可以为人生的工具。利用自然，征服自然就是充实我们的工具，因此可使我们的生活更扩展，更丰富，更有意义。"② 第二句话是"欲知人不可以不知天"。他说的"天"是指超然的"心理合一"的本体。"知天"就是认同这个超然的本体，以此为安身立命之所。这种认同既是哲学意义上的，也是宗教意义上的。从"知天"的角度看人生，可以明白人是有限的、相对的存在，而"天"是无限的、绝对的存在。"天"是人的根本，是人的终极关怀之所在。"我们要真正了解人，了解人的地位、人的意义，只知道人与人的横的关系是不够的，要了解人对天、人对神、或永恒之理的纵的关系，才能完全。"③ 第三句话是"欲知生不可以不知死"。"死亡"是"人生"的反面。要透彻地了解人生，必须学会正确地看待死亡。正确地看待死亡，也就是从人生以后的角度了解人生。如果不能正确地看待死亡，也就无法树立健全合理的人生观。传统儒学不重视死亡问题的研究，贺麟认为现代新儒学应当有所改进。这三句话总括起来，就是主张从多个层面、多个角度看待人生，以求透彻地了解人生的意义和价值。在贺麟看来，传统儒学在这三个方面都存在着不足。"中国人历来对于物的研究不大注意，已经缺了一面，而中国又向来缺乏真正的宗教，对于神亦不大理会，因此又缺了一面。"④ 中国人恪守"未知生，焉知死"的古训，对死亡问题也不够重视。贺麟主张应当改变这种情况，在现代新儒学中充分体现合时代的原则。

贺麟强调，必须认清当今时代已经是工商业经济时代，而不是农业经济时代。在当今时代，不但需要儒农，更需要儒商、儒工出来做社会的柱石。在这种语境中开发儒学的思想资源，其目的在于造就现代社会所需要的人才。因此新式儒者不能仅仅是天地境界中的"极高明而道中庸"的圣人，更应当是品学兼优、德才兼备的楷模。

贺麟强调，必须认清当今时代已经是民主政治的时代，而不是君主专制的时

---

① 贺麟：《文化与人生》，321 页。

② 同上书，313 页。

③④ 同上书，314 页。

代。因此，新式儒者应当积极接纳民主精神，养成现代的诗礼风度。贺麟反对把儒家思想仅仅看成是维护封建专制主义的工具，认为其中也包含着民主主义的因素。例如，“天视自我民视，天听自我民听”、“民贵君轻”等思想，都是民主思想的闪光。新式儒者应当挖掘儒家民主思想的资源，进而接受来自西方的民主观念和民主制度，养成新型的诗礼风度。他们不仅举止儒雅，而且作风民主，能够引领社会新风气。“凡具有诗礼风度者，皆可谓有儒者气象。凡粗暴鲁莽，扰乱秩序，内无和悦的心情，外无整齐的品节，即是缺乏礼意。”贺麟认为新式儒者的诗礼风度同现代的民主政治是可以兼容的，不能把二者对立起来。辜鸿铭曾站在旧儒学的立场上拒斥民主政治，批评西方文明“无诗之美，无礼之和”。贺麟不认同辜氏的说法。他说：“辜鸿铭指斥西洋近代工商业文明的民主政治，却陷于偏见与成见。彼只知道中古贵族式的诗礼，而不知道近代民主化的诗礼。”① 在现代生活中，竞争选举，国会辩论，政治家的出入进退，都颇有“礼”的意味；人们劳动之余，唱歌跳舞，自得其乐，相当美化而富有诗意。照贺麟看来，辜氏的说法与事实不符，未免把儒家诗礼风度看得太呆板、太狭隘了。在民主政治时代，儒学依然有存在的空间，完全可以为政治文明建设提供思想资源。

资料卡片

胡绳对新心学的批评

儒家思想并不是人本主义。以为儒家思想是人本主义的唯一理由就是儒家不谈天，不讲自然，其思想学说以人伦为中心。但是在我们看来，儒家的人伦观念不仅不足以证明其为人本主义，恰恰足以证明它不是人本主义。因为，凡人的思想行为由独断的教义所严格地规定着，无论这教义是宗教的还是伦理的，那都是反乎人本主义的。

当把人与人之间的关系，固定化成为不变的伦理，发挥着控制的功能时，于是人并不是独立自主的人，而只是那绝对的伦理关系的担当者了，于是个人与集体都隐没到抽象的伦理教条之中，巍然存在的只是那三纲五常的金字塔了。这是什么人本主义呢？

摘自胡绳：《思想漫步》，载《群众》，1943，8（10）。

---

① 贺麟：《文化与人生》，12页。

思考题

1. 现代新儒学思潮兴起的原因是什么？
2. 柏格森哲学对梁漱溟有何启发？
3. 体用不二论的理论特色是什么？
4. 心灵九境说的主要内容有哪些？
5. 怎样评判牟宗三的内圣外王思想？
6. 新理学的理事关系学说同程朱理学的区别和联系是什么？
7. 贺麟如何构想新式儒者人格？

参考文献

1. 宋志明，刘成有. 批孔与释孔——儒学的现代走向. 上海：华东师范大学出版社，2004
2. [美] 艾恺著，郑大华等译. 梁漱溟传. 2版. 长沙：湖南出版社，1992
3. 宋志明. 熊十力评传. 南昌：百花洲文艺出版社，1993
4. 张祥浩. 唐君毅思想研究. 天津：天津人民出版社，1994
5. 颜炳罡. 牟宗三学术思想评传. 北京：北京图书馆出版社，1999
6. 宋志明，梅良勇. 冯友兰学术思想评传. 北京：北京图书馆出版社，1999
7. 宋志明. 贺麟新儒学思想研究. 天津：天津人民出版社，1998

第二章 中国实证哲学思潮

本章要点

1. 中国实证哲学思潮大体上可以划分为引入期、发展期、反思期三个阶段，以外生性、社会功利性、不同步性、兼容性、不充分性为学术特色。

2. 胡适是现代中国实证哲学思潮的开山，他从实在论、真理论、方法论三个方面阐释了实用主义的基本思想。

3. 丁文江宣称“科学方法万能”，倡导唯觉主义和存疑主义，在科玄论战中把中国实证哲学思潮推向高峰。

4. 张东荪一方面用先验论补充经验论，另一方面又用经验论限制先验论，提出多元主义认识论，贯彻主观主义的思想路线。

5. 金岳霖突破实证主义的局限，确认外物的客观存在，强调意念的双重作用，以思议原则和归纳原则为理论担保，阐述了真理的定义与标准，贯彻了客观主义的思想路线。

中国实证哲学思潮把理论重心放在人对于世界的认知关系上，以“科学知识如何获得”为核心话题。前现代的中国传统哲学以社会稳定为关注点，重视“修身、齐家、治国、平天下”，可以暂时搁置工具理性，着重凸显道德理性或价值理性。中国社会迈入现代以后，现代化事业开始起步，社会发展成为最主要的关注点。在这种情况下，工具理性当然不能再被搁置起来了。属于中国实证哲学思潮的哲学家致力于纠正轻视“闻见之知”的偏向，高扬工具理性，适应了中国社会现代转型的理论需要。他们深入研究主观与客观、知识与行为、经验与理性的关系，创立各种有中国特色的知识论学说。

一、概　述

在中国现代哲学史上，除了中国马克思主义哲学思潮和现代新儒家思潮外，第三种主要思潮则是中国实证哲学思潮。这一思潮发端于近代，而长足发展则在现代完成。现代新儒家比较关注人生价值的取向问题，而中国实证论者则比较关注科学知识如何获得的问题。胡适传播实用主义，成为中国实证哲学的开山；丁文江高扬唯觉主义，把实证论在中国推向高潮；张东荪提出多元主义的认识论，折衷实证论和先验论；金岳霖沿着客观主义路线，突破了实证论的藩篱，形成有中国特色的知识论学说。

（一）发展历程

中国实证哲学思潮，大体上可以划分为引入期、发展期、反思期三个阶段。

在引入期，严复和王国维功不可没。严复是中国最早的留学生之一，他在英国接受西方近代的实证科学，也接受了西方实证主义思潮的影响。他阅读了赫胥黎、斯宾塞、穆勒等实证论者的著作，翻译《天演论》，向中国人介绍进化论思想，被毛泽东称为“向西方寻找真理的先进的中国人”。严复在对中西文化加以比较之后，承认中国传统学术有缺陷，极力推崇西方文化的“实测内籀”之学。他认为，中学和西学的明显区别在于：“中国夸多识，而西人尊新知。”[①] 中国的传统学术以“夸多识”为基本特征，遂以读书穷理为基本方法；西方近代学术以“尊新知”为基本特征，遂以经验实证为基本方法。由于各自采取的方法不同，

---

① 《严复集》，第1册，3页，北京，中华书局，1986。

学术风格也不同：西学务实致用，中学务虚玄思。由于各自采取的方法不同，实际效果也不同：西方越来越强盛，中国越来越衰弱。严复认为，中国要想改变积贫积弱的状况，必须改变思想方法，从“夸多识”转向“尊新知”。他在中国学术界大力倡导西方的实证科学，倡导实证方法，初步阐述经验原则和逻辑原则，呼吁改革传统的思维方式，起到了振聋发聩的作用。

继严复之后，王国维通过研读康德的哲学著作，接受西方哲学思维方式的训练，从认识论的角度入手，研究实证方法的哲学基础，把实证方法提升到实证原则的高度。他发明了在现代史学界有重大影响的“两重证据法”，主张运用地下出土的史料参订现有文献，一方面根据现有文献解释地下史料，另一方面根据地下史料对现有文献加以考订，在史学研究领域贯彻实证原则。他是中国最早使用“实证”这一术语的学者。王国维虽偏爱哲学思考，但没有成为专业的哲学家。他在讲到自己的思想形成过程时说：“余疲于哲学有日矣。哲学上之说，大都可爱者不可信，可信者不可爱，余知真理而余又爱其谬误。伟大之形而上学，高严之伦理学，与纯粹之美学，此吾人所酷嗜也。然求其可信者，则宁在知识论上之实证论，伦理学上之快乐论，与美学上之经验论。知其可信而不可爱，觉其可爱而不能信，此近二三年中最大之烦闷。”① 在可爱与可信之间挣扎的王国维，虽然倾向于实证哲学的可信，可是难以忘怀形而上学的可爱。同严复一样，王国维也不能算是严格意义上的实证论者，但他们不失为开中国实证哲学思潮先河的思想家。

在发展期，胡适、王星拱、丁文江等人最具代表性。胡适留学美国，师从杜威，接受了实证哲学在美国的分支——实用主义的思想。实用主义具有实证哲学的基本特性：拒斥形而上学的思考方式，主张在现象的领域内思考哲学问题，标榜实验的方法和科学方法。1917 年，胡适回国，撰写了题为《实验主义》的长文，对实用主义哲学的基本观念及历史发展做了详细介绍。他明确表示：“我是一个实验主义的信徒。”他崇奉实证哲学，用“拿证据来”这一口号，概括实证哲学的怀疑精神，并且把实用主义的思想方法归结为“大胆的假设，小心的求证”的公式。在真理论方面，他也贯彻了实证哲学的一般原则，强调真理的有用性、相对性和可证实性。在五四时期，“科学”和“民主”是两个最有号召力的口号，胡适抓住这一契机，大力弘扬实用主义作为“科学方法”的一面，迅速扩大实证哲学的市场，使之成为中国现代最有影响力的哲学思潮之一。我们把胡适称为中国第一个实证论者，既符合他本人的思想实际，也符合中国现代哲学史的史实。

不过，由于胡适本人不是自然科学家，因此尽管他致力于弘扬“科学方法”，

① 《王国维文选》，108 页，上海，上海远东出版社，1997。

却总难免给人以隔靴搔痒之感。自然科学家兼哲学家王星拱、丁文江等人，弥补了胡适的不足。他们以自然科学家的名义出面推广实证哲学，扩大了该思潮的影响力；他们结合自然科学宣传实证主义，更容易为读者接受。在五四时期，王星拱出版《科学方法论》一书，介绍了实证主义的嫡传——马赫主义哲学。马赫主义把哲学归结为认识论，把世界看成是“感觉要素的复合”。马赫主义主张以经验作为科学的出发点，否定现象以外还有本质存在，认为科学和人类认识所及的对象只是感性经验。在1923年的科学与玄学论战中，号称“科学神”的丁文江与“玄学鬼”张君劢就“科学能否解决人生观问题”展开论战，打出“唯觉主义”和“存疑主义”的理论旗帜，进一步扩大了马赫主义的影响，从而把中国实证哲学思潮推向巅峰。他们不像胡适那样空泛地议论科学方法，而是结合科学研究的过程阐发实证论的原则，比较详尽地论述科学的哲学基础、科学知识的来源、科学的功能及其与逻辑的关系等问题，有一定的理论深度。丁文江以“存疑的唯心论”自许，既反对物质实体，又反对精神实体，主张取消一切“玄学”即形上学。在他看来，感觉经验乃是科学的唯一基础，“科学的材料原都是心理的现象”，根本无需形上学涉足其间。王星拱也主张“知识最初的起源都由于器官的感触”①。两人都认为，科学方法是万能的，可以解决人生问题，而科学方法就是“辨别事实的真伪，把事实取出来详细的分类，然后求他们的秩序关系，想一种最简单明了的话来概括它”②。显然，他们所理解的科学方法，主要是指经验归纳法；至于演绎法，并未引起他们充分的重视。

由于实证哲学在中国的发展，激起了人们对认识论问题的兴趣，引导人们在这方面做进一步的探索，于是中国实证哲学思潮的发展顺理成章地进入反思期。实证主义是在19世纪末20世纪初传入中国的，在当时中国学者的眼里，还是比较新鲜的；可是在西方它的理论缺陷已经暴露出来，受到诸多批评，已不能引领主流了。中国现代学者在接受实证主义影响的同时，也接受了实证主义批评者的影响，因而找到了独立思考的空间。到20世纪30—40年代，张东荪、金岳霖先后尝试着建立起自己的认识论体系，以解决实证论无法解决的问题。这些问题是：怎样从特殊的经验中得到一般性的科学知识？客观实在与人的认识的关系究竟如何？就他们的学说自身而言，很难归结为实证主义，但他们的观点确是针对实证主义所提出的问题讲的，可以姑且称之为“后实证哲学”。在反思期，张东荪和金岳霖是最有思想原创力的哲学家。他们试图突破实证论的局限，建立独具

---

① 王星拱：《什么是科学方法》，载《新青年》，7（5）。

② 张君劢、丁文江等：《科学与人生观》，42页，济南，山东人民出版社，1997。

特色的知识论学说体系。

张东荪从康德那里受到启发，沿着主观主义的思路，主张用先验论修正实证论的“唯觉主义”观点，把各种认识论学说综合起来，成就一家之言。他认为，仅仅用感觉论并不能充分说明认识的来源问题，因为感觉并不等于作为认识对象自身的“存在者”。“感觉既不是外物的写照，又不是外物的翻译，乃竟好像有几分无中生有的样子。”① 但他也不否认感觉是认识的一个要素，只是认为感觉需要与其他要素合作才能发挥作用。他运用康德的范畴和先验逻辑来克服实证论感觉论的片面性，提出了所谓“多元认识论”。尽管这一理论观点杂陈，具有浓厚的折衷主义色彩，没有完全突破实证论的局限，但它毕竟朝走出实证论的方向迈出了一步。

在20世纪的中国专业哲学家当中，真正做到接着实证论的问题讲而又突破实证论局限的学者当属金岳霖。他借鉴英美新实在论，沿着客观主义的思路十分认真地研究认识的形成等问题，提出自己的独到见解。他认为，仅靠感觉经验并不能形成知识，认识归根结底来自独立存在的外物。在知识形成的过程中，必须看到“意念”的抽象作用。他虽然也认为知识来源于感觉，但否认感觉是主观的，而强调它也有其客观来源，人们必须承认被感知对象的客观性。这种观点，最终突破了实证论的藩篱。金岳霖受到新实在论的影响，走上了探讨知识与智慧的道路，提出了关于意念双重作用的新理论。他没有采用中国传统哲学的写作方式，而以西方逻辑的方式表述其哲学观点，同时又对传统形而上学有所同情。他比较成功地把中西哲学融会贯通，取得了一些有价值的理论思维成果。

资料卡片

实证主义

西方一个强调感觉经验、排斥“形而上学”的哲学派别。19世纪30—40年代产生于法国和英国。创始人是法国哲学家、社会学家A. 孔德，主要代表还有英国的J. S. 密尔和H. 斯宾塞。

“实证主义”一词是19世纪初法国空想社会主义者H. 圣西门最初使用的，孔德用它称呼自己的思想体系。按照孔德的观点，实证主义从广义上说是由哲学和政治体系构成的，前者是基础，后者是一个广泛的体系的目的；狭义地说，实

① 张东荪：《认识论》，48页，上海，上海书局，1934。

证主义即是孔德所创立的实证哲学。后来在它的演变中出现了马赫主义、逻辑实证主义。于是，早期的实证主义被称为老实证主义，逻辑实证主义又称新实证主义。实证主义主要有以下几个特征：

(1) 以现象论的观点为出发点。

(2) 对经验做现象主义的解释，主张从经验或直接所予出发，拒绝通过理性把握材料。

(3) 把处理哲学与科学的关系作为其理论的中心问题，同时也带有一定程度的科学至上和科学万能的倾向。

实证主义把先前的各种哲学包括唯物主义和唯心主义哲学都当做“形而上学”来反对，其实质在于否定哲学本身。实证哲学之所以冠上“实证”一词，在于表明它已经不再属于原来意义上的哲学，而将哲学溶解在科学之中。

摘自《中国大百科全书·哲学》，807～808页，北京，中国大百科全书出版社，1987。

(二) 学术特色

来自西方的实证主义传入中国之后，与中国的文化背景相适应，与中国的社会需要相结合，形成有中国特色的实证哲学思潮。按照古语的说法，可谓是“橘生淮南则为橘，橘生淮北则为枳”。我们不能把中国实证哲学思潮看成西方实证主义的简单植入，而应从中看到中国人的理解和创新。同西方实证哲学相比，中国实证哲学思潮的学术特色，大体上可以概括为以下五点：

1. 外生性

在鸦片战争之后，中国原有的社会形态被西方入侵者的炮火打碎。在救亡图存的过程中，中国人以理性的态度认识到必须向西方人学习。起初中国人仅限于向西方学习枪炮的制造技术；后来先进的中国人则意识到学习西方社会理论和制度的必要性，于是，发起维新变法运动。在维新变法失败后，中国人又把向西方学习推进了一步，即向西方学习哲学，引进西方文化的根基。实证主义正是在这个过程中逐步进入中国的。

在中国的文化传统中，虽然也出现某些实证观念的萌芽，还有人采用实证的方法从事考据，但毕竟没有形成独立的实证哲学思潮。组成中国传统文化主要内容的儒家、道家、佛家三大学统，均以培养各自的理想人格为宗旨；对于实证哲学本身的探讨，鲜有涉及。实证哲学是西方实证科学发展起来以后的产物，是以西方实证科学作为基础的哲学流派。它要求从观察和实验的事实及知识出发，摒弃抽象的形而上学原则；它倡导清晰、实证、准确的思维方式，这同中国传统意象思维完全不同。由于中国实证哲学的外生性，决定了它的传人几乎都是在西方文化语境中成长起来的新式学者，因而很难在普通人或非实证主义者中间获得普遍的认同。从严复开始，到王国维、胡适、丁文江、王星拱、洪谦、张东荪、金岳霖等，他们无一不是西方文化的接受者和传播者。这些人引入源于西方的实证哲学，从文化血脉来讲，已经与中国传统文化相疏离，不能不染上西化的色彩。他们要想在中国开拓实证哲学的市场，不能不努力化解中西文化差距，因而面临着较大的困难。经过这些学者几十年的辛勤耕耘，实证哲学思潮在中国学术界虽已获得了一定的地位，但始终没有成为主导性的话语。

2. 社会功利性

实证哲学被引入中国，首先是作为改造社会的武器出现的，其次才是以哲学的面目出现的，因而带有明显的社会功利性。中国没有实证哲学的传统，它之所以能够在中国获得发展的空间，同它能够适应当时中国社会变革的需求有密切的关系。中国社会由传统转向现代，需要培育工具理性，改变道德理性一统天下的局面。中国学者从西方引入实证哲学，抱有明确的改造中国传统社会的功利目的，并非出于单纯的理论兴趣。

严复、胡适等学者都是作为社会改革的倡导者而出现在思想界的，都以实证哲学为其社会变革主张的理论依据。严复提倡“实测内籀”之学，并以此来揭露中国旧文化的空疏、陈腐。他对中学与西学加以比较，认为“中之人好古而忽今，西之人力今以胜古”，将西学的“实测内籀”的方法与传统旧学的方法对立起来。他力图劝导人们对西学进行了解和吸收，对中学进行批判和拒斥。到了胡适的时代，中西合流逐渐成为自觉的过程，同时对传统文化的批判也日趋深入。他把实证原则作为一种新学风提出来，鼓吹“大胆的假设，小心的求证”、“拿证据来”，并以此为扫除旧思想、旧观念的工具。丁文江、王星拱等人以科学作为评判一切的标准，使科学的观念在中国深入到大众生活当中。他们引入实证哲学的着眼点，并不仅仅在于它是一种哲学的理论，而更重要的在于它是一种改造社会、除旧布新的工具。

中国实证哲学思潮大体上可以分为两个层面，一是哲学层面上的知识论探讨，另一是在大众层面上的科学思维和科学风尚的宣传。在哲学层面上，以胡适、张东荪、洪谦、金岳霖等人为代表，他们就知识的形成及真理问题，做了比较深入的研讨，形成独立的见解和思考，取得了一定的理论思维成果。在大众传播层面上，实证哲学辐射而形成尊重科学、信奉科学的社会风气，使科学成为大众转变思想观念的坐标系。在这种风气的引导下，科学观念成了中国人观察现实的工具，成为处理各种问题的手段。在这个层面上，实证哲学取得了比较大的成功，起到了影响社会舆论的作用。

3．不同步性

实证哲学进入中国之后，走上了一条与西方实证主义既有区别又有联系的路。从中国实证哲学发展历史来说，先期传入中国的实证哲学尽管来自西方，但毕竟有自己独立的发展历程。这一发展历程不是一条直线，而是一条曲线：它在中国的发展，常常由于受到国内各种因素的干扰而中断。在西方，实证主义思潮有明确的两个发展阶段，一是早期的实证主义，二是逻辑实证主义；而在中国却没有形成这样的发展轨迹。在中国，尽管有亲炙于石里克的洪谦作为逻辑实证主义在中国的传人，但逻辑实证主义在中国的社会影响和学术影响都不大，构不成新的发展阶段。20 世纪 40 年代以后，西方逻辑实证主义哲学汇入分析哲学思潮，进入对前实证主义哲学原则的探讨阶段；而中国受实证哲学影响的哲学家张东荪、金岳霖等人仍然沿传统知识论的路线前进，未能与西方实证哲学的发展趋向保持同步。

中国实证哲学思潮所讨论的问题，与西方实证主义也是不同步的，甚至在主题上也缺少相似性。西方实证主义在起步阶段，孔德、穆勒、斯宾塞等人站在哲学的立场上，讨论哲学的出路，认为哲学应以自然科学的方法建立清晰明白的系统，知识应以现象和经验为基础；而严复、王国维等人却没有深入地讨论这些哲学问题，而是将实证哲学作为区别于中国传统学术的新思潮介绍到中国来的。当实用主义在美国流行的时候，师从杜威的胡适接受了它，然而胡适在中国宣讲实用主义时并不是照本宣科，而是做了选择：他特别凸显“拿证据来”的理性原则和“有用即真理”的观念，而对实用主义的宗教观几乎避而不谈。西方实证论者把拒斥形而上学当做一项重要任务。西方实证论哲学自孔德以来，一直反对“形而上学”。孔德认为：“真正的实证精神是用对现象的不变的规律的研究来代替所谓原因。”穆勒说：“我们没有关于现象以外的任何东西的知识，我们关于现象的知识是相对的，不是绝对的。”此后，马赫主义、实用主义、逻辑实证主义一直都采取拒斥“形而上学”的态度。马赫声称，他的观点是排除一切形而上学的问题的，不论这些问题被认为只是片刻不能解决的或是根本永远无意义的。相比之下，中国实证派的哲学家对形而上学的态度要宽容得多，并不完全认同西方实证论的反形而上学传统。他们一方面赞成经验论，另一方面，在研究形而上学问题上又与西方实证论者的理论倾向相左。除了胡适、丁文江、洪谦等人比较坚决地表示反对形而上学之外，其他人如严复、王国维、金岳霖等对形而上学问题都保持了一定的兴趣。严复虽承认本体不可知、不可思议，但并不否认它有意义，不否认本体的存在。王国维承认实证论“可信”，但觉得这种哲学并不“可爱”。他向往“可爱”的哲学，其实就是对形而上学表示亲近。金岳霖在知识论和逻辑学上都有重大贡献，但他将知识论与形而上学区别对待，承认形而上学可以使人得到情感上的满足。他一方面接着实证主义提出的问题讲知识论，另一方面着手建立以“道”为核心的本体论学说体系。他们始终没有放弃对现象背后终极原因的探寻。

4. 兼容性

中国实证哲学思潮中的哲学家对形而上学的宽容态度，根源于中国传统文化的影响。他们试图把中国传统哲学与实证哲学融会贯通，从而使中国实证哲学思潮表现出兼容性。中国与西方在近代的冲突，在某种意义上可以归结为中西两种文化的冲突。在向西方学习的过程中，中国人认识到西方科学的先进性，进而认识到西方科学的思维方式与中国思维方式的区别。于是，讲究精确、实证的思想方法被中国人作为西方科技的根基介绍到中国，既作为发展中国科学的出发点，又作为反省传统文化的出发点。严复以西方文化为参照系，对中西之学进行对比，他说：“中之人好古而忽今，西之人力今以胜古”，并指出西方“其为学术也，一一皆本于实测”，“夫理之诚妄，不可以口舌争也，其证存乎事实”。从严复开始，实证的观点开始成为新式知识分子反省传统文化的工具。在反省过程中，他们使实证哲学得以在中国立足，迅速传播，并且逐渐发展成为一种社会思潮。接受实证哲学影响的学者，均发表过批评传统文化的言论，都要求走出传统，与世界的潮流接轨。

但是，这只是中国实证哲学思潮与中国传统文化关系的一个方面。从另一方面看，中国的实证哲学思潮的发展又受到传统文化的影响，从而表现出中国特色，使之与西方实证主义相区别。中国实证哲学思潮对中国传统哲学的继承，主要表现在对程朱派的改造和吸收上。严复虽然对传统旧学有批判，斥之为无用之学。但在方法论上，批判的矛头主要指向陆王，而对程朱则有保留。他认为，程朱以格物致知来认识理，设定了认知对象，而陆王则重主观，没有确定认知对象，相比之下，程朱比较接近科学方法。胡适的看法与严复基本上是一致的，也对朱子的格物致知说表示同情。金岳霖在构造他的知识论体系时，也受到中国传统文化的影响，力图将中国固有文化同西方文化结合起来，用他的话来说，就是“旧瓶装新酒”。出于对中国传统文化的感情，在他的哲学中保留了许多中国哲学的固有名词，如无极、太极、几、数、理、势、情、性、用等，并赋予这些名词新的含义。在《论道》中，道、式、能等语汇本身都属于中国的文化传统，充分说明他的哲学体系接受了中国文化的影响。所以，实证哲学与传统文化间的作用及影响是双向度的，而不是单向度的。

回顾中国实证哲学，它不仅作为一种哲学而存在于中国现代学术史，更重要的是，它作为一种思潮，影响了中国现代思想的形成及其命运的选择。实证原则、实证哲学被中国学者作为异质文化而接受，进而形成广泛的影响，使人们思考的对象从自身修养转向救世治世，从格物致知的修身养性转到讲求实效的科学探索。实证主义在中国有启蒙的作用：它一方面推动中国哲学走向世界，另一方面把西方哲学引入中国，成为中西哲学交流与融会的一个中介。

5. 不充分性

由于中国没有严格意义上的实证哲学传统，实证哲学思潮很难同固有的思想材料相结合；由于20世纪初中国实证科学比较落后，水平不高，也无法为它提供坚实的科学基础。中国实证哲学思潮所处的语境，真可以说是先天不足、后天不利。中国社会在20世纪处于急促的变革时期，哲学流派的更迭频繁而迅速，除了马克思主义哲学之外，其他哲学流派很难保持长久的影响力，中国实证哲学思潮也不例外。从这一点来说，中国实证哲学思潮很难有发展空间。由于这些原因，中国实证哲学思潮没有得到长足的发展。在五四时期，胡适倡导的实用主义相当走俏；到1923年科学与人生观论战，中国实证哲学思潮达到了巅峰状态，此后便转向衰微。严格地说，中国实证哲学只有十几年的历史，到20世纪30年代就已进入后实证哲学时期，张东荪和金岳霖均要求突破实证哲学的藩篱，着手创立自己的哲学体系，他们不能算是严格的实证论者，只能算是中国实证哲学思潮中的哲学家。他们的学说只能算是实证哲学的余波。即便在中国实证哲学的鼎盛时期，胡适、丁文江等人也是宣传、介绍的多，研究、探讨的少。对于实证主义的基本理论，他们没有做出值得称道的建树。

资料卡片

实　测

中国近代思想家严复的认识论原则。即从观察和实验的实际经验中引出公理和法则来。这些公理和法则同时受到实际经验的验证，以证明其自身的正确性。

严复强调“即物实测”，认为西方的学术，是通过对客观事物的实际考察，积累大量材料，“乃会通之以求其所以然之理”，从而逐步归纳出公理和法则。这种学问，便是“实测内籀之学”。所谓“内籀”，即归纳法。“实测内籀”属于一种唯物主义经验归纳法。这一逻辑方法原是F. 培根依据近代自然科学的经验创立的。严复通过翻译《穆勒名学》（J. S. 密尔著）把这种经验逻辑方法介绍到中国来，并用以对抗中国的“心成之说”。他认为，不从实际经验出发，而以己见为正确，强物就我，这种主观主义的方法是最可恶的。

严复的实测思想是以感觉论为基础的。由于他过于强调“可知者止于感觉”，受到H.赫胥黎及R.笛卡儿思想的影响，认为人们对一个石子的认识，只能感知它的颜色、形状和硬度，“石子本体，必不可知”，最终陷入了不可知论。

摘自《中国大百科全书·哲学》，799页，北京，中国大百科全书出版社，1987。

（三）相关的社会思潮

实证主义在西方大概算是一种哲学思潮，而实证哲学在中国则引发出几种比较广泛的社会思潮。在推动中国社会的发展方面，实证哲学起到了振聋发聩的作用。在文化反思过程中，接受实证哲学的学者，始终以异质文化为参照系，运用实证哲学的思想观念作为重新考量传统文化的理论依据和分析工具。在中国现代史上，与中国实证哲学有关系的社会思潮有以下几种：

1. 西化思潮

实证哲学与中国近现代的西化思潮是紧紧联系在一起的，它引导中国相当大的一部分新式知识分子在文化取向上选择西方文化。

从严复开始，在“中学”与“西学”之间进行比较与选择就已开始了。在严复看来，中国文化的缺点是“无实”、“无用”，极而言之，可以说是“始于作伪，终于无耻”。要想改造中国文化落后的现状，就必须学习优于中国文化的西方文化。他指出：“至于近世三百年，舟车日通，且通之弥宏，其民弥富，通之弥早，其国弥强。非彼之能为通也，实彼之不能为不通也。通则向者之礼俗宗教，凡起于一方，而非天下之公理，非人性所大同者，皆岌岌乎有不终日之势矣。”“灾福不同，而非天下之公理，非人性所大同，其终去而不留者，则一而已矣。”① 严复提出的公理，是指中国文化必须服从的规范和出路，也就是指西方文化。在他看来，“二百年来之天运人事皆为其通而不为其塞。汽机电气既用，地球固弹丸耳。……而谓五洲上腴如中国者，可深闭固拒以守其四千年之旧俗，虽至愚者，知其不然矣”②。他大声呼吁：中国人再也不能拘守旧思想、旧习俗、旧观念了，必须将目光转向西方，从那里找到出路。

到了五四时期，由于受实证哲学的影响，陈独秀举起科学和民主的旗帜，把

① 《严复集》，第4册，989～990页。

② 《严复集》，第1册，79页。

新文化运动推向高潮，大张旗鼓地反对孔教，反对旧道德，反对旧文学旧艺术。他认定的发展逻辑是：既然民主和科学能把西方引到高度文明发达的社会，那么，也一定能帮助中国达到这一目标。基于这种判断，他曾把西化视为挽救中国民族危亡的必由之路。民主和科学成为向西方学习的突破口，也成为改变中国社会的突破口。

在中西文化的对比选择中，中国第一个实用主义的信奉者胡适提出“全盘西化”的文化主张。他从对东方文化的不满意，进而主张一切向西方学习。胡适在《我们对于西洋近代文明的态度》一文中说：“东方的文明的最大特色是知足，西洋的近代文明的最大特色是不知足。知足的东方人自安于简陋的生活，故不求物质享受的提高；自安于愚昧，自安于‘不知不识’，故不注意真理的发见与技艺器械的发明；自安于现成的环境与命运，故不想征服自然，只求乐天安命，不想改革制度，只图安分守己，不想革命，只做顺民。……西方人大不然。他们说‘不知足是神圣的’。物质上的不知足产生了今日钢铁世界，汽机世界，电力世界。理智上的不知足产生了今日的科学世界。社会政治制度上的不知足产生了今日的民权世界，自由政体，男女平权的社会，劳工神圣的喊声，社会主义的运动。神圣的不知足是一切进化的动力。这样充分运用人的聪明智慧来寻求真理以解放人的心灵，来制服天行以供人用，来改造物质的环境，来改革社会的制度，来谋人类最大多数的最大幸福，——这样的文明应该能满足人类精神上的要求；这样的文明是精神的文明，是真正理想主义的文明，决不是唯物的文明。”① 1930年，胡适在《介绍我自己的思想》中更透彻地说：我们必须“死心塌地的学人家。不要怕模仿，因为模仿是制造的必要预备工夫。不要怕丧失我们自己的民族文化，因为绝大多数人的惰性已尽够保守那旧文化了，用不着你们少年人去担心”②。

显而易见，胡适的西化思想有些极端，表现出民族文化虚无主义的倾向，但在当时对于国人克服守旧心态、形成开放观念是有帮助的。在胡适之后，中国马克思主义者采取理性的态度，批评地吸取实证哲学和西化思潮的合理成分，积极促进中外文化的交流，在中国现代化建设的历史进程中使改革开放的观念逐渐深入人心，使中国人民形成放眼世界的眼光和胸怀。

2. *科学主义思潮*

实证哲学与科学主义不是一个概念，但二者有比较紧密的联系。索雷

---

① 《胡适文存》，三集，10页，合肥，黄山书社，1996。

② 《胡适文存》，四集，459页。

（Tom Sorell）在谈到科学主义的时候说："科学主义是一种信仰，它认为科学，特别是自然科学，是人类知识中最有价值的部分——之所以最有价值，是因为科学最具权威性、最严密、最有益。"[①] 按照这一说法，把科学视为人类文明发展最高阶段的实证论无疑属于科学主义的范畴，但科学主义的外延显然要比实证论大，科学主义的信奉者不都是实证论者。在中国近现代思想发展史上，实证科学、实证哲学、科学主义构成一条明晰的线索。在"科学"上升为"主义"的进程中，实证哲学起到了催生作用。

从明清之际开始，近代实证科学开始传入中国，可惜未形成广泛的社会影响，到雍正年间，中西文化交流中断，实证科学也随之淡出中国人的学术视野。直到19世纪中叶，随着清朝的国运衰落和西方列强的入侵，西方实证科学再次传入中国。中国人对实证科学和西方文明的理解是从"器"与"技"开始的。人们先是感受到"船坚炮利"的厉害，然后产生"师夷之长技以制夷"的愿望。在洋务运动中，人们对科学的认识由"器"和"技"提高到"格致之学"，科学以理论形态出现，如数学、光学等，人们对科学的理解也不断地深化。在19世纪后期，维新思想家出现，他们又将对科学的理解推进一步，目光由"器"与"技"，转向其背后的思想观念，对科学的追寻开始上升到"道"的形态，同时又将科学与世界观、价值观相联系：它不仅就自然对象及其原理发挥其功能，且被赋予世界观与价值观的功能。在维新思想家那里，已经出现科学主义的萌芽，不过这时"科学"尚未上升为"主义"。

实证科学的传入和发展为实证哲学的传入做了铺垫。为了真正把实证科学引入中国，严复和王国维大力倡导实证方法和实证原则，以期改造传统的思维模式。在此基础上，胡适把实用主义引入中国，成为中国第一个实证论者。此后，王星拱、丁文江等人也加入中国实证哲学的营垒。在他们的努力推动之下，实证哲学终于成为现代中国一种具有广泛影响的社会思潮。

在实证哲学的引导下，1923年发生了有名的科学与人生观的论战。这次论战是中国科学主义形成的标志。科学在那时的中国已经上升为"主义"，变成一种信念，成为构建理论体系的支点，并且渗透到学术和政治及社会生活的各个领域，开始影响和支配人生观。此时，科学已经超出了实证研究的范围，成为价值和信仰的基础，这表明科学主义在中国已成为一种主导性的思潮。有相当大一批知识分子把科学当成摧毁传统价值观念的工具，当成更新知识、除旧布新的理论依据，当成勾勒未来理想社会蓝图的主色调。总之，他们把科学当做一种最好的

---

① 转引自杨国荣：《科学的形上之维》，119～120页，上海，上海人民出版社，1999。

东西，当做万能的灵丹妙药，把科学方法作为寻求真理和知识的唯一方法来接受、来宣扬。

用今天的眼光来看，科学主义的确存在着严重的缺陷。尽管科学主义者极端崇拜科学精神与科学方法，但科学发展所需要的社会机制却往往被他们忽视。在科学主义者那里，科学仅仅作为一种口号而被宣扬，几乎成为支配所有观念的依据。科学主义虽然影响了社会生活的各个方面，但并不直接有益于科学的发展。人们把科学作为基本教条应用于生活的各种情境，通过对方法的崇拜导致了方法论上的形而上学。科学的形而上学化之后带来的后果是工具理性压倒价值理性，从而造成科学与人文、理性与价值、生活世界与科学图景之间的严重对立。这种对立对于科学的发展并无好处。从中国现代史来看，尽管科学主义风行几十年，并未促使科学本身获得相应的发展。不过，我们不能用今天的眼光苛责20世纪20—30年代的思想家。他们在当时大力倡导科学主义，对于人们转变观念、对于科学威信的提高还是有积极意义的。对此，我们应当予以充分的肯定。

3. 自由主义思潮

辛亥革命之后，大批留学生从欧美、日本回国，并且多在文化教育界任职。这些人中许多都直接接受了欧美自由主义，时常在报刊发表一些宣传自由主义的言论，也有一定的影响。但由于缺乏共同的思想基础，这时的自由主义者尚处于无组织状态，未能在政坛上形成一股政治力量。中国自由主义在中国有组织、有阵地、有影响，形成一种政治派别，乃是在实证哲学思潮兴盛以后。有实证哲学倾向的思想家不一是自由主义者（如王国维），但实证哲学事实上的确为中国的自由主义者们提供了共同的思想基础。从这个意义上说，中国自由主义思潮可以说是实证哲学在社会政治层面的展开。

殷海光认为，一个人只要具备下列属性中的四种，在中国即可被称为自由主义者：一是批判以孔学为主的传统；二是提倡科学；三是追求民主；四是崇尚自由；五是倾向进步；六是用白话文。如果按照这种观点，接受实证哲学影响的学人大都可以称为自由主义者。20世纪20—30年代，中国实证哲学思潮在中国进入鼎盛时期，自由主义派也随之作为一种政治力量活跃在政坛。胡适既是中国实证哲学思潮的代表，又是自由主义派的领袖。胡适一改“不谈政治”的初衷，积极参与政治活动，呼吁建立“好人政府”，组织“人权派”，联络其他自由主义者创办言论阵地《努力周刊》。丁文江也不甘寂寞，发表了《少数人的责任》等文章，阐述他的自由主义政治主张。

以胡适为首的自由主义派在中国的命运实在不佳。当清朝政权没落瓦解、传统意识形态失去其作用时，中国社会应树立什么样的价值体系还未确定，自由主义思想得到乘虚而入的机会。但是，自由主义在中国没有丰厚的生存土壤，随着强力政权在中国的建立，自由主义就被压制下去。在国民党南京政府建立之后，实施“政治训导”，在意识形态方面加强控制，“三民主义”被教义化，传统的伦理道德也被重新提出来，树为当时的社会规范，其保守的一面自不待言。在这种情况下，国民党政府的专制政治被广泛地宣传和接纳，政府以强权夺取了民众思想的空间。此时，自由主义者不得不改变原来的政治立场。吴稚晖，这位曾经宣扬自由、平等、博爱的无政府主义者，这位“发誓不读线装书”的反孔斗士，竟成为国民党政府的政客。丁文江在1934年后不再鼓吹民主政治，而要求实行理想的“专制”和开明的“独裁”；就连胡适也落到了“说罢人权道王权”的地步。

对于20世纪30年代的胡适，人们欣赏他的批判精神，却听不进他的治国方略；他对保守主义和专制独裁的抨击，引起国民党当局的不满；他对民族主义的冷漠及其温和的改良主义主张，受到共产党人的批判；他的全盘西化主张，受到文化保守主义者的猛烈攻击。这些因素决定了自由主义在中国必然失败。格里德在《胡适与中国的文艺复兴》中这样分析中国的自由主义派失败的原因：“自由主义在中国失败并不是因为自由主义者本身没有抓住为他们提供的机会，而是因为他们不能创造他们所需要的机会。自由主义之所以失败，是因为中国那时正处在混乱之中，而自由主义所需要的是秩序。自由主义的失败是因为，自由主义所假定应当存在的共同价值标准在中国却不存在，而自由主义又不能提供任何可以产生这类价值准则的手段。它的失败是因为中国人的生活是由武力来塑造的，而自由主义的要求是，人应靠理性来生活。”①

在中国当时的情况下，自由主义只能是一种政治理想，无法同现实社会相容。自由主义派身处十字街头，心存象牙之塔，曲高和寡，失败当然在所难免。我们回顾自由主义思想的历程，可以看到，自由主义派与实证哲学思潮几乎保持着同步：一个反映在政治诉求上，一个反映在思想观念上。自由主义作为一种政治诉求在中国无疑没有可行性，然而作为一种社会批判思潮却并非没有价值。它在多个层面上揭露封建文化的落后性，拒斥专制主义政治，宣扬人权、自由、民主、平等、博爱的理念，对于中国社会的进步也起到了一些积极的作用。

---

① ［美］格里德著，鲁奇译：《胡适与中国的文艺复兴》，377～378页，南京，江苏人民出版社，1989。

资料卡片

自由主义

一种以个人主义、个人自由为核心，以维护资本主义制度为目的的西方政治思潮，主要论述个人与社会的关系问题。也用来表示在保守主义和社会主义之间的中间政治立场，一种赞成改革但反对激进主义的立场。英国思想家洛克第一次系统地论述了自由主义。17—18 世纪的自由主义被称为古典的自由主义，强调的是政治自由，即公民的思想自由、言论自由和集会结社自由，保障私有财产和建立代议制政府。它是资产阶级反对封建专制统治和宗教禁锢的武器，是具有进步性的理论。19 世纪的自由主义被称为传统的自由主义，以边沁和密尔为代表，强调的是经济自由，即自由经营、自由贸易和自由竞争，反对政府干预私人经济活动，主张不干涉主义、放任主义。在自由资本主义向帝国主义过渡时期，自由主义理论发生了分化。一派以斯宾塞为代表，用“生存竞争”的社会达尔文主义论证垄断的合理性，一派以托马斯·格林为代表，主张国家干预经济生活，维护中小资产阶级的利益，对垄断应加以限制。这一时期被称为修正自由主义。20 世纪 30 年代前后，新自由主义兴起，以美国的布兰代斯·杜威和罗斯福为代表。它抛弃了政府不干预私人经济活动的放任主义，提出国家干预经济，限制垄断资本发展的主张，强调个人在追求自己利益的同时，要考虑公共利益。自由主义是属于资产阶级的意识形态，是代表资产阶级利益的一种政治理论。它随着资产阶级的经济和政治地位的变化而变化，但其维护资本主义统治的目的始终未变。

摘自李德顺主编：《价值学大辞典》，1010～1011 页，北京，中国人民大学出版社，1995。

二、胡　适

胡适（1891—1962），字适之，安徽绩溪人。13 岁到上海中国公学读书，开始接受新思想。1910 年考取留美官费生，入康奈尔大学农学院，后转入文学院。1914 年毕业后考入美国哥伦比亚大学研究院哲学系，投身于杜威门下。在该校获博士学位。1917 年毕业回国后任北京大学教授，参加《新青年》编辑部，积极从事新文化运动。五四时期，他在《新青年》上发表《文学改良刍议》，提倡白话文，引起很大反响。在北大任教期间，他讲授中国哲学史，以博士论文《先秦名学史》为基础，写出《中国哲学史大纲》上卷，最早采用现代思想方法研究中国哲学史。曾任中国驻美大使、北京大学校长、台湾“中央研究院”院长。著作编为《胡适全集》，由安徽教育出版社出版。他自称是“实验主义的信徒”，五四时期在中国传播实用主义，推崇“科学方法”，开启了现代中国实证哲学思潮的发展方向。

（一）关注工具理性

中国传统哲学比较重视价值理性的培育，而不大重视工具理性的培育，这在任何一个前现代社会都是不能避免的。在知识论态度方面，中国传统哲学家看重关于道德价值的知识，而轻视工具意义上的科学技术，通常把前者称为“天德良知”或“大体之知”，把后者称为“见闻之知”或“小体之知”，轻视科学技术的心态显而易见。中国搞现代化，必须扭转这种学术导向，提升对工具理性重要性的认识，培育符合中国国情的现代性。胡适引进实用主义，切合了中国社会现代发展的这种理论需要。

在胡适引入实用主义之前，中国近代的思想家就开始扭转轻视工具理性的倾向。在中国传统文化中，以非功利主义为特征的儒家哲学占主导地位。尽管也存在着有功利主义倾向的思想流派，如先秦的墨家和法家、宋代的陈亮和叶适、明清之际的颜李学派等，但都不能改变非功利主义占主流地位的情形。直到近代，情况才发生了较大的变化。由于受到西学的冲击，许多进步的思想家批评儒学的非功利主义倾向，对功利主义思想表示同情。严复弘扬西学，贬抑中学，视西学为新学，中学为旧学，指斥旧学“一言以蔽之曰，无实，无用”；章太炎在《訄书》中大力表彰具有功利主义倾向的思想家颜元和戴震，而对儒家的正统观念不无微词。由于近代出现了这种变化，以功利主义为特征的实用主义接踵而来，并且迅速地传播开来，这应当说是顺理成章的事情。近代以来功利主义倾向在中国抬头，对工具理性越来越重视，这为实用主义在中国的传播准备了条件。

出于对工具理性的重视，中国近代思想家大力倡导进化论哲学。在近代中国，没有哪一种思潮比进化论的影响更大。无论是维新派，还是革命派，都把进化论奉为圭臬。达尔文创立的进化论本来是一种自然科学理论，但对现代哲学的发展却产生极大影响，促使哲学的理论形态发生重大变化。机械唯物主义受到致命的打击，德国的古典哲学也被挤到了后排，注重证据、反对玄思成为新学风的标志。“自从这个‘拿证据来’的喊声传出来以后，世界的哲学思想就不能不起一个根本的革命，哲学方法上的大革命。于是十九世纪前半的哲学的实证主义就一变而为十九世纪末年的试验主义了。”[①] 进化论不承认一成不变的究极本体，把世界看成永不休止的发展过程。如果把这个过程仅仅理解成经验事实的话，很容易倒向实用主义。在实用主义的思维方式上，明显地打着进化论的烙印，例如讲究人与环境的关系、探求人应付环境的方法、拒斥形而上学等，都立足于进化论的观点处理哲学问题。正是因为实用主义与进化论有如此密切的联系，所以中国思想界在接受进化论的基础上再接受实用主义便不会遇到多大的困难。尤其值得注意的是，近代先进的中国人并没有仅仅把进化论当做一种自然科学理论，而是当做救亡图存的思想武器。与其说人们关注它的科学意义，毋宁说关注它的哲学意义。在进化论的导引下，科学的威信大增，标榜科学的哲学理论也随着大行其道。正是在这样的思想背景下，依傍进化论的实用主义很方便地在中国找到了市场。随着进化论的盛行和逐步深入人心，使实用主义的传播获得了适宜的土壤。

实用主义之所以能够在现代中国迅速传播开来，同其在知识论态度上同中国传统哲学相近有关。中国古代的哲学家不大重视理论体系的建立，而特别重视理论的实践效果，形成了重行的传统。“行”包含着目的性，对于目的性的清楚了解和准确定位，也就是“知”。中国哲学家心目中的知，不是西方哲学中所说的“为学术而学术”的纯知识，而是与“行”紧密联系在一起的实用知识。中国哲学家强调，知识来自实际，指导实际，“学至于行而止”。中国哲学家往往把知与行相提并论，主张知行合一，即把知落实到行动上。美国实用主义者声称实现了“哲学革命”，意思是说他们改变了西方人“为知识而知识”的传统，把关注的重点从“知”转到了“行”。实用主义强调人的认识活动的创造性，强调一切科学和认识的对象均出于人本身的创造。这种行为主义的知识论态度背离了西方哲学的重知传统，却同中国哲学的重行传统拉近了距离，因而比较容易为中国学者所接受。

胡适在美国留学期间师从杜威，接受了实用主义。他未回国之前，就已参加新文化运动，在《新青年》杂志上发表文章。在这些文章中就已渗透着实用主义思想。回国以后，他更加积极地宣传实用主义。1919 年 4 月，他在《新青年》第 6 卷第 3 号上发表长文《实验主义》，对皮耳士、詹姆士、杜威等几位美国主要的实用主义者的思想做了比较全面、比较系统的介绍。他以实用主义为指导思

① 《胡适文选》，241 页，上海，上海亚东图书馆，1922。

想，撰写《中国哲学史大纲》，在北大讲授中国哲学史，试图用重新诠释中国传统哲学的方式为实用主义在中国找到落脚点。

为了扩大实用主义的影响，胡适等留美归来的学者以江苏省教育会、北京大学、知行学会的名义邀请杜威来华讲学。1919 年 4 月底，杜威携妻子、女儿来到上海，胡适、蒋梦麟、陶行知等人特地到上海迎接。杜威原计划在中国讲学几个月，因讲演颇受欢迎，竟拖了两年零两个月之久。他到过辽宁、河北、山西、山东、江苏、江西、湖南、湖北、浙江、福建、广东等 11 个省，几乎走遍了大半个中国，做了数十场讲演。他的讲演稿被迅速地译成中文，刊登在《新青年》、《每周评论》、《晨报副刊》、《新潮》、《觉悟》、《学灯》等著名的刊物上，影响之大，波及全国。后来北京出版社出版了"杜威五大讲演录"，其中有《社会哲学与政治哲学》、《教育哲学》、《思想之派别》、《现代三大哲学家》、《伦理讲演纪略》等，再版十几次，成为当时最畅销的书籍之一。

胡适在北京大学开设"杜威著作选读"课，大受学生欢迎。他在 1919 年 10 月 27 日的日记中写道："我初限此班不得过三十人，乃今日第一次上课竟有六十余人之多。"北大学生傅斯年、罗家伦、顾颉刚等人接受了杜威、胡适的实用主义思想，俨然形成一个学派。

五四时期，进步的知识分子对实用主义大都抱着欢迎和同情的态度。正如艾思奇所说："在哲学上，胡适所标榜的实验主义占了一时代的上风，其他的哲学思潮自然未尝没有介绍，但对于传统的推翻，迷信的打破，科学的提倡，是当时的急务，以'拿证据来'为中心口号的实验主义被当时认作典型的科学精神。""实验主义的治学方法在某种意义上可以说是与传统迷信针锋相对，因此就成为五四文化中的天之骄子。"① 不少初步具有共产主义思想的知识分子也都受到实用主义的影响，发表了一些带有实用主义色彩的言论。毛泽东曾表示支持湖南健学会某会员做的题为《采用杜威教育主义》的讲演，称赞这篇讲演"能得其道"。他还沿着胡适"多研究问题"的思路，参与组织湖南"问题研究会"，在该会的会章中，列出了 140 多个具体社会问题，号召大家研究。陈独秀说："杜威博士关于社会经济（即生计）的民治主义解释，可算是各派社会主义的共同主张。"② 甚至到 1923 年科学与人生观论战发生之后，陈独秀还想组建唯物史观与实用主义的联合战线，共同对付玄学派。

尽管胡适屡称自己是实用主义的信徒，其实他并没有简单地把实用主义稗贩到中国来。许多胡适的批评者指斥胡适为"美国实用主义的应声虫"，并不符合

① 《艾思奇文集》，第 1 卷，57、59 页，北京，人民出版社，1981。

② 陈独秀：《独秀文存》，251 页。

事实。对于胡适来说，美国实用主义只是他的思想来源之一，并非是他思想的全部。他并没有机械地照搬照抄美国的实用主义，而是按照自己的理解进行了改铸加工。他依据一个中国现代哲学家所能达到的理解程度，从实在论、真理论、方法论三个方面阐释了实用主义的基本思想。

资料卡片

工具理性

指一种技术至上的工具主义思想。德国哲学家霍克海默尔提出的概念。霍克海默尔为了阐明科学技术在今天已由解放的工具变为奴役的工具，对韦伯的合理化理论进行了发挥。韦伯把社会行动分为合理性的和非合理性的，其中合理性行动又分为工具合理性行动和价值合理性行动。所谓工具合理性行动是指排除了价值判断而只注重手段的行动，即为功利目的所驱使的行动。霍克海默尔认为，人类运用理性思维不断地克服自然，以技术进步和提高效率作为合理性行动的准则，最终使得知识理性和工业技术成为统治自然和人的有效工具。自文艺复兴和启蒙运动以来，生产工具愈发精密化和复杂化，科学技术与政治统治的联系也愈发紧密，人日益沦落为机器操纵的对象。科学技术在今天的巨大发展，充分体现了人对自然和人类自身的统治欲。工艺的合理性变成了统治的合理性。在技术知识扩大了人的思想活动范围的同时，人的自主性和想象力似乎被削弱了，旨在解放人类的技术进步伴随着生产的非人化过程。工具理性日益发挥着意识形态的作用，并且渗透到社会生活的各个方面。相反，批判的和否定的理性“黯然失色”，而不再具有解放的作用。

摘自李德顺主编：《价值学大辞典》，176～177页，北京，中国人民大学出版社，1995。

（二）经验主义的实在论

胡适基本上接受了实用主义的实在观，称赞杜威是哲学史上的一个“大革命家”。他在《胡适文存》中写道：“因为他把欧洲近世哲学从休谟和康德以来的哲学根本问题一齐抹煞，一齐认为没有讨论的价值。一切理性派与经验派的争论，一切唯心论和唯物论的争论，一切从康德以来的知识论，在杜威的眼里，都是不成问题的争论，都可以‘不了了之’。”① 杜威自称超越哲学根本问题，找到了彻

① 《胡适文存》，一集，230页。

底的经验主义立场。胡适表示接受杜威的哲学立场，也用经验主体在先的眼光看待实在，从解释“实在”入手开始哲学思考。在哲学思维模式方面，胡适已不再局限于中国传统哲学天人合一的模式，要求从主体与客体相互关系的视角考察“实在”，把“实在”当成第一个哲学话题。在他看来，“实在”并不是指物质的客观实在性，而是指纳入人们主观范围之内的经验事实。他在介绍实用主义的实在观时说：“我们所谓‘实在’含有三大部分：(A) 感觉；(B) 感觉与感觉之间及意念与意念之间的种种关系；(C) 旧有的真理。”① 他把实在的论域严格地限定在感觉经验的范围之内，把实在与感觉经验等同起来，唯心主义倾向是显而易见的。

胡适注意到实用主义经验论与西方哲学史上以往的经验论之间的区别。他认为，西方传统哲学中关于经验的理解不得要领，只有杜威才真正了解经验的底蕴。关于“经验”，杜威强调以下几点：

第一，经验是人应付环境的事业，应付环境的活动。实用主义认为，以往的哲学把经验理解为由感觉得来的知识，这就把经验凝固化了。实用主义把凝固化、知识化的经验重新还原为人应付环境的过程、行为。胡适说：“经验确是一个活人对于自然的环境和社会的环境所起的一切交涉。”他受到进化论的启发，把经验放到“环境”中加以考察，做了动态的解释，使“经验”一词带上了进化论的意义。他引用杜威的话说：“经验就是生活；生活不是在虚空里面的，乃是在一个环境里面的，乃是由于这个环境的。”② 实用主义强调经验不是“死”的，而是“活”的，确有与前人不同之处，胡适比较准确地抓住了这一点。当然，胡适所说的“环境”并非指客观世界，而是指经验构成的世界。

第二，经验的特性在于投向未来。既然经验是活生生的人与环境的交互作用，那么它的指向就不能是过去，而是未来。胡适认为，经验不仅仅是指已经发生了的经验事实，其中也应包括对付未来、预料未来、联络未来的事情，并且后者比前者更重要。以前的经验论建立在历史主义的基础上，而实用主义的经验论建立在未来主义的基础上。他说：“旧说于现状之外只承认一个过去，以为经验的元素只是记着经过了的事。其实活的经验是试验的，是要变换现有的物事；他的特性在于一种‘投影’的作用，伸向那不知道的前途；他的主要性质在于连络未来。”③ 以往的经验论是向后的，而实用主义的经验论是向前的，这是二者之间的一大区别。胡适指出，经验之所以能发挥“投影”作用，是因为“经验里面

① 《胡适文存》，一集，228 页。

② 同上书，232 页。

③ 同上书，231 页。

便含有无数连络，无数贯串的关系”，并不是凝固不变的、既定的经验事实。经验者根据这种关系，便可以预测未来、联络未来。他不再像以往的经验论者那样，把经验看成客体，看成经验事实，而是看成主体有意识的活动过程、建构过程，强调主体与客体的一致性。

第三，经验和思想是一回事。实用主义认为，由于以往的经验论把经验局限在感觉的范围之内，把经验同思想对立起来，因而二者之间的关系问题成为无法解决的难题。实用主义将经验与思想之间关系的问题取消了，把思想也纳入经验的内涵之中，对经验做了最广义的诠释。胡适说：“旧派的人把经验和思想看作绝对相反的东西。他们以为一切推理的作用的都是跳出经验以外的事。但是我们所谓经验里面含有无数推论。没有一种有意识的经验没有推论的作用。”他认为实用主义关于经验的看法具有革新的意义，那就是纠正了前人在思想和经验之间畸轻畸重的偏向。既然经验和思想是一回事，“那么，一切经验派和理性派的纷争，连带休谟的怀疑哲学和康德那些支离繁碎的心法范畴，都可以丢在脑背后了”①。胡适把“思想”合并到“经验”中，不再把它视为知识，而视为行为。

应当说胡适比较准确地把握了杜威实用主义的基本的精神，不过也应当看到，胡适经验主义实在论的侧重点与杜威并不完全一样。杜威的实用主义思想是在詹姆士受到批评之后提出来的，所以他极力标榜“经验主义的自然主义”，强调经验的自然、经验者和经验的对象都包括在经验之中，认为主体和客体并不是存在的两个分离的项目或形态，而至多是为了经验内的一定目的而确立的一定区别而已，二者没有根本的区别。胡适在现代中国阐述经验主义的实在论，语境与杜威不同，没有必要像杜威那样努力去消解主体与客体之间的疏离，反倒努力凸显人本主义原则或主体性原则，强调从主体出发把握客体的必要性。他说：“实在是我们自己改造过的实在。在这个实在里面含有无数人造的分子。实在是一个很服从的女孩子，她百依百顺地由我们替她涂抹起来，装扮起来。”他还把实在比作 100 个大钱，既可以人为地分成两堆各 50 个，又可以分为四堆各 25 个，还可以分为十堆各 10 个。总之，每个人的心目中都可以形成他自己的“实在”。比如，“一个诗人和一个植物学者同走出门游玩，那诗人眼里只见得日朗风清，花明鸟媚；那植物学者只见得道旁长的是什么草，篱上开的是什么花，河边栽的是什么树。这两个人的宇宙是大不相同的”②。

胡适强调实在是人们经验到的实在，是经过加工、人化了的实在，许多研究者都批评胡适实在观的唯心主义性质，但忽略了胡适实在观在促进中国哲学思维

① 《胡适文存》，一集，231 页。

② 同上书，228 页。

方式变革方面的积极意义。由于中国传统哲学处于前近代阶段，哲学家们并没有自觉地研究主体与客体的关系问题。在中国传统哲学中，天人合一的哲学思维模式占统治地位，于是主客体关系问题被掩盖起来。传统的哲学家不特别关注主体问题，不可能形成从主体出发把握客体的自觉意识。针对这种倾向，胡适突破了原有的哲学思维模式，高扬主体性原则，对于中国哲学思维方式跨入近现代有推动作用。在天人合一的哲学思维模式下，主体性原则不被充分关注，客体性原则同样也不被关注。由于人与实在的关系被涂上一层伦理的色彩，传统哲学家并不专门研究实在问题，只是有意无意地触及这个问题。胡适则从实在观入手展开哲学思考，表明现代中国哲学家的思维模式与传统哲学家有很大的区别。在胡适那里，哲学不再是包罗万象的学问，已成为一门独立的学科，所以他才会把“实在”作为一个单独的哲学问题提出来加以探究。在实在观方面，胡适立足于人本主义，大胆地追求个性，也反映出当时中国先进知识分子的精神风貌，凝结着五四时期要求个性解放、个性自由，要求冲决封建网罗的时代精神。从这个意义上说，他的经验主义实在观尽管有唯心主义倾向，但在当时还是起到思想启蒙的作用。

资料卡片

实用主义

19 世纪末产生于美国的一个属于经验论哲学路线的派别。主要代表人物的观点虽各有特点，诸如关注观念和命题的意义、推崇真理的效用性、强调思维的工具作用等，但他们都把哲学局限于经验范围，并注重“行动”、“生活”、“效果”，把知识当做适应环境的工具，把真理等同于“有用”。实用主义较为突出地反映了美国资产阶级急功近利的思维方式和生活方式，从而成为美国 20 世纪以来影响最大的哲学派别之一。

实用主义方法论的根本原则，是一切以效果、功用为标准。其目的在于调和唯物主义和唯心主义、科学与宗教等对立的理论。实用主义不同于传统哲学的特点之一，是从方法入手讲哲学。

实用主义批评传统哲学把认知的主体、经验者同被认知的对象、经验分开，把精神和物质当做两个不同领域的东西的观点。

实用主义关于认识和真理的理论与其经验论密切相关。它认为人的认识、思维是经验的一种方式，是人的适应行为和反应的机能，它并不提供客观世界的主观映象，认识也不是探寻什么客观真理，而是为了求得适应环境的满意的效果，使生活愉快、安宁和满足。

关于社会历史问题的理论是实用主义理论的一个重要组成部分。实用主义形成时期，“形而上学俱乐部”的一些成员就是通过论述社会历史问题表述其实用主义观点的。例如，费斯克认为，历史无非是人们根据自己的需要、方便构造出来的事件的堆积，并无客观规律性。

摘自《中国大百科全书·哲学》，804～806页，北京，中国大百科全书出版社，1987。

（三）工具主义的真理论

胡适不仅把实在理解为在经验中不断形成、发展着的过程，同时也把认识理解为在经验中不断形成、发展着的过程，从而形成“有用即真理”的真理观。在实在观方面，他是一个过程论者；在知识论方面，他也是一个过程论者。

在实用主义看来，思想、观念、知识、真理都从属于经验，都是人们借以联络经验的工具。凡是能够成功地把各种经验联络起来的思想、观念、知识，都可称为真理。在实用主义中，经验、思想、观念、知识、真理都是同义词。胡适说：“真理原来是人造的，是为了人造的，是人造出来供人用的，是因为他们大有用处所以才给他们‘真理’的美名的。我们所谓真理，原不过是人的一种工具，真理和我手里的这张纸，这条粉笔，这块黑板，这把茶壶，是一样的东西；都是我们的工具。”① 他认为，真理是人们为了很好地应付环境提出来的假设，并不一定反映客观事物及其规律。胡适不同意从反映论的角度解释真理，并不从主客关系的意义上说明认识的真理性。他夸大了真理在形式方面的主观性，而取消了真理的客观内容，他同所有的实用主义者一样，抹去了真理的神圣光环，将其等同于知识，等同于经验。在他的眼里，并没有作为信仰的真理，只有作为理性工具的真理。他讲的真理论，其实就是知识论。他是中国现代哲学史上第一个研究知识论的哲学家，从工具理性的角度解释真理或知识。不过，他并没有把知识看成既定的形态，而是看成经验的形成过程。他不对既定的知识做哲学解释，不追问知识是从哪里来的问题，没有深入研究认识过程中的主观与客观的关系问题，着重说明知识对于行为主体的指导意义，甚至不承认真理或知识具有客观性。他只承认知识或真理的相对性，拒绝讨论知识或真理的绝对性、客观性等问题。

---

① 《胡适文存》，一集，225页。

胡适既不承认知识或真理具有绝对性、客观性，也不承认知识或真理具有普遍适用性。他强调，知识或真理处在变动的过程中，“一切主义，一切学理，都该研究。但只可认作一些假设的［待证的］见解，不可认作天经地义的信条；只可认作参考印证的材料，不可奉为金科玉律的宗教；只可用作启发心思的工具，切不可用作蒙蔽聪明，停止思想的绝对真理”①。在他看来，没有什么永恒不变的真理，甚至自然科学方面的定理、学理等也不例外。因此，真理并不是必须遵循的准则，只是供人们提出假设时参考的材料。胡适把真理理解为不断发展的过程，声称实用主义的真理论实则为“历史的真理论”。“因为这种真理论注重的点在于真理如何发生，如何得来，如何成为公认的真理。”胡适关于“真理是一个过程”的思想，有其合理的一面；但他夸大了认识的相对性，取消了衡量真理的客观尺度。他把真理仅仅理解为“假设”，而未能将其看成人类认识发展的里程碑，这是对科学抽象的贬抑。在这里，实用主义经验论的狭隘性已经暴露出来了。

在胡适看来，既然真理是人造的工具，也就不存在什么客观依据，当然也就不存在检验真理的客观标准。真理之称为真理，不在于其“真”，而在于其是否“有用”，是否会产生效果。他引用詹姆士的话说：“凡真理都是我们能消化受用的；能考验的，能用旁证证明的，能稽核查实的。凡假的观念都是不能如此的。”胡适把真理比作银行的支票：“一个观念（意思）就像一张支票，上面写明可支若干效果；如果这个自然银行见了这张支票即刻如数兑现，支票便是真的，——那个观念便是真的。”②胡适不否认真理应该同实在相符合，不过他所理解的实在，本身就具有随意性，如同“任人打扮的女孩子”。他所说的“符合”，不是临摹实在，乃是应付实在、适应实在。

具体地说，真理的用处就在于它能够成为联络经验的中介，把人的一部分经验同另一部分经验满意地联络起来，协调起来。胡适把这种作用叫做“摆渡”或“作媒”。“真理之所以成为公认的真理，正因为它替我们摆过渡，作过媒。”③ 所谓“摆渡”是指真理起到联络作用，帮助人们从一部分经验过渡到另一部分经验，从而更有效地应付环境。他举例说，一个人在山林里迷了路，他根据以往的经验，知道顺着流水可以走出山林。他按照这个法子做，果然脱险了。这样，“顺流水可以走出山林”便是一条得以证实的真理。所谓“作媒”是指真理起到协调作用，帮助人们把原来的旧思想同新发现的事实协调起来，好像媒婆把一双男女拉拢起来做夫妻一样。比如，人们发现地球是圆的，那么，圆球上的物体向

---

① 《胡适文存》，四集，454 页。

② 《胡适文存》，一集，223～224 页。

③ 同上书，226 页。

下的时候为什么不掉到太空中去？为解决此问题，牛顿提出“万有引力”的定律，使之得到满意的解释，于是大家便公认万有引力说是一条真理。

由于实用主义把研究重点从真理与对象的符合移到真理的效用上，因而特别强调真理的相对性。胡适认为，真理“乃是这个时间、这个境地、这个我的这个真理。那绝对的真理是悬空的，是抽象的，是笼统的，是没有凭据的，是不能证实的”①。在他看来，真理不过是人们在具体场合提出的假设，这种假设是用来解释现象的，解释得满意可称为真理，解释得不满意，不妨剥夺这真理的资格，寻找别的假设代替它。就好像摆渡的船破了，可以再造一个；这个媒婆不中用，赶走她，再另请高明。在这里，胡适已接触到“真理总是具体的”的思想，但他仅把真理看成个体的特殊认识，抹煞了真理的共性、一般性，不可避免地导致“公说公有理、婆说婆有理”的相对主义、怀疑主义观点。

胡适倡导实用主义的真理观，在中国现代哲学史上具有积极的理论意义。首先，它包含着崇尚理性的怀疑主义精神，具有反对封建主义、教条主义、信仰主义、独断论的积极意义，对于人们更新观念、解放思想有一定帮助。胡适说：“譬如‘三纲五伦’的话，古人认为真理，因为这种话在古时宗法的社会很有点用处，但是现在时势变了，国体变了，‘三纲’便少了君臣一纲，‘五伦’便少了君臣一伦。还有‘父为子纲’、‘夫为妻纲’两条，也不能成立。古时的‘天经地义’，现在变成废语了。”② 胡适突出实用主义的怀疑精神、实证精神，也是对传统哲学独断论倾向的批判，表现出他试图用现代思维方式改造传统思维方式的理论意向。他指出：“古来的哲学家可以随便乱说：这个人说的‘道’，那个人说是‘理’，第三个人说是‘气’，第四个人说是‘无’，第五个人说是‘上帝’，第六个人说是‘太极’，第七个人说是‘无极’。你和我都不能断定哪个说的是，哪个说的不是，只好由他们乱说罢了。”③ 胡适站在实用主义的立场上，大胆地推翻旧思想的权威，主张“重新估定一切价值”，表现出很强的批判意识和启蒙精神。胡适主张取消一切外在权威，以自身作为价值尺度，从哲学角度表达了新式知识分子要求个性解放的愿望。从这一点来看，他提出的“有用即真理”的观念与笛卡儿“我思故我在”的命题有异曲同工之妙。

其次，它改变了传统中国哲学过分张扬价值理性而忽视工具理性的状况，引起了当时国人对工具理性的关注。中国传统哲学讲究“无用之大用”，重视“天

---

① 《胡适文存》，一集，215 页。

② 同上书，225～226 页。

③ 同上书，215 页。

德良知”，而漠视“闻见之知”；看重哲学在身心修养方面的作用，而不看重实用知识对实践的指导作用。胡适的真理观与传统哲学相反，提出“有用即真理”的偏激口号，明确表示认同工具理性，对于现代中国人的价值观的转变有推动作用。他要求人们多几分务实的精神，摒弃那种坐而论道、游谈无根的坏风气。他呼吁人们把目光从理想引向现实，不要再沉湎于理想主义的空谈，以免落入空谈误国的困境。胡适所说的“有用”，很大程度上是指科学知识的有用性，因而他的“有用就是真理”的观念，同五四时期高扬科学的呼声也是一致的。

当然，胡适的实用主义真理观也不是没有消极的意义，那就是拒斥马克思主义在中国的传播。不过，应当肯定，在五四时期胡适的实用主义真理观的积极方面占主导地位，而五四以后其消极因素方渐渐上升到主导方面。胡适的真理观作为一种知识论，开启了知识论这一哲学成为独立学科之后的专门话题，表明中国哲学的发展已迈入现代阶段。从胡适开始，知识论逐渐成为中国实证哲学思潮的核心话题之一。尽管胡适对知识论的研究并不深入，但不能不承认他是现代中国涉足知识论研究领域的第一人。

资料卡片

杜威（1859—1952）

美国哲学家、伦理学家、价值理论家、社会活动家、教育家。生于美国佛蒙特州伯林顿，先后就学于佛蒙特大学和霍普金斯大学，执教于密执安、明尼苏达、芝加哥和哥伦比亚大学。杜威毕生写了30多本著作，900多篇文章，其中主要的哲学、伦理学和价值论著作有：《伦理学》（1908）、《哲学的改造》（1920）、《人性与行为》（1922）、《经验与自然》（1925）、《确定性的寻求》（1929）、《自由与文化》（1939）、《评价理论》（1939）、《人的问题》（1946）等。杜威是实用主义的主要代表人物之一。他所提出的经验自然主义，强调经验和自然合一，认为经验是一个兼收并蓄的整体，既包括人的情感、意志等一切心理的主观的东西，也包括事物、事件等一切客观的东西，是主体和客体、有机体和环境的相互作用，具有能动性。他还提出和系统阐述了实用主义的工具主义的认识论和真理观，认为思想、概念、理论不过是人们为了达到预期目的而设计的工具，如果能成功起到工具的作用，消除了疑难状态，便是真的。他还提出思想五步说，即所谓实验逻辑，认为思想要经历五个步骤：感到困难，寻找疑难，提出假设，推理演绎，证实假设。

摘自李德顺主编：《价值学大辞典》，109页，北京，中国人民大学出版社，1995。

（四）实证主义的方法论

实用主义者胡适强调“有用即真理”，其实，他并没有完全把真理当做知识形态来看待，而是当做一种探索的方法来看待。他只是涉及知识论问题，并没有深入研究知识过程中主观与客观、感性与理性的关系等理论问题。他格外看重的是如何获取知识的思想方法问题。胡适在介绍阐述实用主义时，很注意把握其注重思想方法的特点。他反复申述，实验主义自然也是一种主义，但实验主义主要是一种研究问题的方法。

胡适介绍说，杜威的实用主义思想方法可分为五个步骤：

第一，疑难的境地；

第二，找出疑难之点究竟在什么地方；

第三，假定种种解决疑难的方法；

第四，把每种假定所涵的结果一一想出来，看哪一个假定能够解决这个困难；

第五，证实这种解决使人信用，或者证明这种解决的谬误，使人不信用。

胡适的体会是，杜威的思想方法有以下几点值得注意。其一，杜威的方法是一种历史的方法，故又可称为“祖孙的方法”。胡适说：“他（指杜威）从来不把一个制度或学说看作一个孤立的东西，总把它看作一个中段：一头是它所以发生的原因，一头是它自己发生的效果；上头有它的祖父，下面有他的子孙。”[1] 他认为这种思想方法最富有“评判精神”，不是一种僵化的观点，主张把一切事物都放在发展过程中加以考察。其二，杜威的方法归纳与演绎并重，从第一步到第三步偏向归纳法，从第三步到第五步偏向演绎法。它注意内容与形式两个方面的配合，不是形式逻辑意义上的思想方法。其三，杜威的方法最注重假设，在这五步之中，假设是中心环节。胡适说：“思想的真正训练，是使人有真切的经验来做假设的来源；使人有批评判断种种的假设的能力；使人能造出方法来证明假设的是非真假。”[2] 其四，杜威的方法是“实验的方法”，从具体的事实与境地入手，将一切学说理论都当做待证的假设，以实验为真理的唯一试金石，非常讲究实证性与可行性。

根据自己的体会，胡适把实用主义的方法由五步简化为三步：

第一，从这个那个具体问题下手，先研究问题的种种方面的种种事实，看看究竟病在何处；

第二，根据一生的经验学问，提出种种解决的办法，提出一副医病的丹方；

---

① 《胡适文存》，一集，277 页。

② 同上书，239 页。

第三，用一生的经验学问，加上想象的能力，推想每一种假定的解决法该有什么样的效果，推测这种效果是否真能解决眼前的这个困难问题，最后寻出个解决的方法。

后来，他又把这三步概括为一个公式，叫做“大胆的假设，小心的求证”，用于表述实用主义方法的要义。胡适的方法与杜威的方法是一致的，都把问题看做思维的起点，把假设看成解决问题的方案，而将效果作为证明的凭据。相比较而言，胡适的表述更为简洁，因而也更容易被中国人所了解。

应当承认，胡适阐述的思想方法大体上描述了科学家的思考过程，具有一定的科学因素。自然科学家在从事研究时，往往经过这样几个步骤：一是选题，二是设计方案，三是提出假设，四是通过实验验证假设的正确程度，最后得出符合科学规律的认识。胡适力图把这种科学研究的程序上升到哲学高度，推而广之。他十分重视“实验室的态度”，曾对科学方法表示出敬意和认同。正是因为这样，当时的许多知识分子都欣赏胡适的方法，将其当做“科学方法”来接受。

其次，胡适注重假设，表现出一种勇于探索的学术精神，这与旧式学者的思想方法相比，是一个明显的进步。旧式学者往往以“代圣贤立言”为己任，满足于在故纸堆里讨生活，思想保守，不敢越雷池一步，缺少大胆假设的思想能力。胡适突破了旧式学者的狭隘眼界，提倡大胆假设，透露出对圣贤的轻慢，吹来一股新风气。他要求改变旧式学者“以孔子之是非为是非”的信仰主义、教条主义态度，鼓励大胆探索，鼓励独立思考，无疑具有呼吁思想解放的意义，这有助于中国人突破传统思维方式的束缚。

再次，胡适的方法贯穿着“尊重事实，尊重证据”的实证精神，反对武断立论，主张宁可“疑而失之，而不信而失之”。胡适认为，某一种理论在未经证实之前，只能看做待证的假设，而不能自封为真理；即便经过证实，也并非一成不变。这种态度亦有可取之处。他要求打破旧的学术规范，建立新的学术规范，鼓励开拓进取，对于新兴学科的建设是有一定帮助的。

胡适的方法也有致命的缺陷，并不是严格意义上的科学的方法。胡适所说的事实，并非客观事实，乃是指个人感觉到的经验事实，这就从根本上背离了实事求是的科学原则。他所说的问题、疑难也不是指事物发展过程中存在着的矛盾，而是指主观范围之内经验之间的不协调现象。他所说的假设，没有建立在充分占有第一手材料、经过科学分析的基础之上，而是根据以往的经验和学问得到的突如其来的灵感、直觉。胡适说，假设有两个来源：一个是天才，一个是学问。他强调，假设“这一步在临时思想的时候不可强求的，是自然上来，如潮水一样，压制不住的。他若不来时，随你怎么搔头抓耳挖尽心血，都不中用”。他甚至把假设建立在“大胆”的基础之上，说什么“假设不大胆，不能有新发明”，“假设愈大胆愈好”，这显然是错误的。他所说的假设，由于割裂了假设与客观事实之间的联系，虽然也可能是对的，但很难保证科学性。至于胡适讲的证明，既不是指建立在事实基础上的科学论证，也不是指形式上的逻辑证明，而是指根据一生的经验、学问加上想象力推论出来的效果，这种效果令人满意，就算得到了证明。他提出的证明原则完全是主观的，不一定有多少说服力。此外，胡适的方法是随着过程不断推移的，往往只注意局部的、小的具体问题，而不能对全过程做宏观的概括分析，不能摆脱经验主义的狭隘性。

总起来说，胡适的实用主义方法，就是从主观经验出发去寻找疑难问题、通过假设找到满意的结论的方法。他的方法同其经验论、真理论是一致的，都贯彻了主观主义的思想路线。不能否认在胡适的方法中含有某些合理成分；但从本质上看，毕竟是一种错误的思想方法。采用这种思想方法可能在某些问题上取得成功，但毕竟不能为科学研究提供普遍的指导原则。胡适的方法没有为科学知识提供坚实的哲学基础，含有明显的怀疑主义倾向，运用这种方法容易导致偏颇的结论。例如，五四时期史学研究领域的疑古之风，同胡适的方法就有直接的关系。

资料卡片

疑古派

亦称“古史辨派”。五四运动以后出现的以疑古辨伪为主旨的历史学派。主要代表有钱玄同、顾颉刚、胡适等人。因其论文均收集在1926—1940年出版的《古史辨》中，故名。他们提出要“打破治古史‘考信于《六经》’”的传统见解，主张“离经畔道非圣无法的《六经》论”。认为对于东周以后的史料“宁可疑古而失之，不可信古而失之”（胡适语）。这种疑古精神具有反封建传统的意义。但他们只注重研究关于古代历史传说的变化，而对历史文献持一味怀疑的态度，因而造成了一定的混乱。特别因为他们排斥并反对唯物史观，因此对历史的研究难以得出正确的结论。

摘自方克立主编：《中国哲学大辞典》，722页，北京，中国社会科学出版社，1994。

三、丁文江

丁文江（1887—1936），字在君，江苏泰兴人。毕业于英国格拉斯格大学，获动物学和地质学双学士学位。曾创办中国第一个地质调查所并担任所长，兼任北京大学地质系教授。他既是一位优秀的地质学家，又是思想界的活跃人物。1923 年，他作为科学派的领军人物同张君劢展开科学与人生观论战，发表《玄学与科学》、《玄学与科学——答张君劢》、《玄学与科学的讨论的余兴》等文章，阐述他的哲学见解。

尽管胡适是中国第一个表示认同实证论的哲学家，但他作为一个实用主义者，比较强调经验的行为意义，不太关注经验的认识意义，因而没有在认识论方面充分展开实证主义的基本原则。与胡适同时代的科学哲学家丁文江等人，弥补了这一缺陷。他们比较关注经验的认识论意义，通过引入马赫主义，比较充分地展开了实证主义的基本原则。在著名的科学与玄学的论战（或称科学与人生观论战）中，丁文江作为科学派的代表，在中国把实证哲学思潮推向巅峰。

（一）发动科玄论战

丁文江的实证主义思想是在“科学与玄学”的论战中展开的，因而要想了解他的观点，必须先搞清楚这场论战的来龙去脉。

科学与玄学的论战发生在 1923 年。这场论战大体分为两个阶段。在第一阶段，以丁文江为代表、得到胡适和吴稚晖支持的科学派为一方，以张君劢为代表、得到梁启超支持的玄学派为另一方，双方围绕着科学能否解决人生观问题展开争论。到 1923 年 12 月 20 日，中国共产党理论刊物《新青年》第 2 期发表了陈独秀著《科学与人生观》序和瞿秋白著《自由世界与必然世界》，对上述双方的唯心主义观点加以批判，认为只有唯物史观才是科学的人生观，遂形成科学派、玄学派和唯物史观派三方的鼎立，使这场论战进入第二阶段。

科学与人生观的论战是由张君劢的一次讲演引起的。1923 年 2 月，张君劢在清华大学做《人生观》讲演，陈述了科学不能解决人生观问题的看法。他列出五点理由作为立论的根据。他说："人生观之特点所在，曰主观的，曰直觉的，曰综合的，曰自由意志的，曰单一性的。惟其有此五点，故科学无论如何发达，而人生观之解决，决非科学所能为力，惟赖诸人类之自身而已。"① 他所说的"人生观"是广义的，并不仅指对于人生价值的认识，而是指关于人类社会、宇宙万物总的看法，相当于通常所说的世界观。在他看来，凡是对于"我以外之物与人"的观察、主张、要求，都属于人生观的范围。显然，他是从主体与客体相互关系的角度看待人生观问题的。他认为人生观是主观的，与客体无涉，与科学无关。他讲的"科学与人生观"的关系问题，其实是科学与哲学之间的关系问题。他认为哲学独立于科学之外，不可能为科学所取代。

同年4月，丁文江接替回乡奔丧的胡适主编《努力周报》，他在《努力周报》上发表《玄学与科学——评张君劢的"人生观"》，反驳张君劢的看法，拉开了科学与玄学论战的序幕。针对丁文江的批评，张君劢迅速做出回应，写了《再论人生观与科学并答丁在君》，进行反驳。丁文江继续发炮，发表《玄学与科学——答张君劢》和《玄学与科学的讨论的余兴》等文章，驳斥张君劢的申辩，遂使这场论战进入高潮。论战在学术界引起广泛的兴趣，许多学者都纷纷发表文章表达自己的看法，其中有胡适、吴稚晖、梁启超、林宰平、唐擘黄、王抚五、范寿康等人，有的表示支持丁文江，有的表示支持张君劢。论战持续了近一年，发表的文章有数十篇之多。到1923年底，玄学派将有关文章收集在一起，编了一套论文集《人生观之论战》，上中下三册，由泰东图书局出版，张君劢为之作序。科学派也将有关文章收集在一起，编辑成《科学与人生观》一书，由亚东图书馆出版，胡适、陈独秀为之作序。1997年，山东人民出版社把上述两本书合编为《科学与人生观》，纳入"现代中国思想论著选粹"丛书。

到1923年底，陈独秀、瞿秋白、邓中夏等共产党人发表文章，对科学派和玄学派的错误观点分别做出批评，试图运用唯物史观解决科学与人生观的问题，将论战引向第二个阶段。陈独秀指出，人生观是在一定的客观物质条件下形成的，绝非主观意志的产物。他认为科学派对玄学派的批评有一定的道理，但没有击中要害，没能说明什么样的人生观才是科学的人生观，不懂得"只有客观的物质的原因可以变动社会，可以解释历史，可以支配人生观，这便是'唯物的历史观'"②。瞿秋白认为，科学派与玄学派争论的问题其实是自由与必然的关系问

① 张君劢、丁文江等：《科学与人生观》，38页，济南，山东人民出版社，1997。

② 同上书，7页。

题，他在文章中用辩证唯物主义的观点说明自由与必然的辩证关系。在中国马克思主义者那里，已经把科学与人生观的论战转变成马克思主义哲学的宣传运动。

资料卡片

玄学派

1923年“科学与玄学论战”中的派别之一。因其代表人物张君劢主张人生问题是自由意志的表现，只能由玄学来解决，故名。主要人物有张君劢、梁启超等。主要代表作有张君劢的《人生观》、《再论人生观与科学并答丁在君》，梁启超的《人生观与科学》。

科学派

“科学与玄学论战”中的派别之一。因其代表人物丁文江主张科学可以解决一切问题，科学是万能的，故名。它是“五四”以后资产阶级思想界比较活跃的一个学派。主要人物有丁文江、唐钺、吴稚晖、胡适等。主要代表作有丁文江的《玄学与科学》、《玄学与科学——答张君劢》，吴稚晖的《一个新信仰的宇宙观及人生观》。这一学派的大部分著作收入上海亚东图书馆1923年编辑的《科学与人生观》一书。

摘自方克立主编：《中国哲学大辞典》，218、532页，北京，中国社会科学出版社，1994。

（二）科学万能论

针对张君劢“科学不能解决人生观问题”的中心论点，丁文江做出“科学可以解决人生观问题”的论断，立论的主要理由就是“科学万能”。他指出：“科学的万能，不是在他的结果，是在他的方法。”“在知识界内，科学方法是万能，不怕玄学终久不投降。”① 他认为，科学作为认识方法，具有普遍的意义，所适用的范围，既涵盖自然万物，也涵盖社会人生，没有任何限制。人生观作为一种社会心理现象，并不能排除在科学研究的范围之外，所以，科学理所当然地能够解决人生观问题。

那么，什么是科学方法呢？据胡适在《丁文江的传记》中介绍说，丁文江有

① 张君劢、丁文江等：《科学与人生观》，51页。

个非正式的说法和正式的说法。按照他的非正式的说法，科学方法就是科学精神，或者说是受约束的常识的推理方法。他举例说，科学方法和近三百年经学大师治学的方法是一样的。“梁任公讲历史研究法是科学方法，胡适之讲《红楼梦》也是科学方法。”他的正式的说法是：“我们所谓科学方法，不外将世界上的事实分起类来，求他们的秩序，等到分类秩序弄明白了，我们再想出一句最简单明白的话来，概括这许多事实，这叫做科学的公例。事实复杂的当然不容易分类，不容易求他的秩序，不容易找一个概括的公例，然而科学方法并不因此而不适用。”① 这两种说法的精神实质是一样的：都把科学方法理解为经验归纳的方法或分类的方法。他对科学方法的这种理解，大概同他的职业习惯有关。他是搞地质学出身的，地质学很重视实地勘测、野外考察、归纳分类，因此，丁文江把归纳方法摆在科学方法的首位。他主张从经验事实出发，从特殊上升到一般，概括出“公例”，得出合乎客观事实的科学结论。

丁文江强调归纳、分类，但也不排斥概念、推理的作用。他不否认，在科学研究中，离不开概念推理的逻辑方法。他认为推论的方法之所以是科学的，有效的，其原因在于“凡常人心理的内容，性质都是相同的”。依据这种相同的性质，便可以从他人直接的所知推论到自己间接的所知。因此，判断推论的知识正确与否，应当遵循三条准则：

第一，“凡概念推论者是自相矛盾，科学不承认他是真的”。也就是说，在思维过程中必须遵守同一律、矛盾律、排中律。一个合乎科学的命题首先必须在思维形式上是正确无误的，然后才能谈得上内容正确与否。这是他从思维形式方面对真命题所做的规定。

第二，“凡概念不能从不反常的人的知觉推断出来，科学不承认他是真的”。也就是说，合乎科学的命题还应当能够还原到正常人的感觉经验之中。只有在感觉经验方面能够得到实证的命题，才是合乎科学的命题。这是他从思维内容方面对真命题所做的规定。

第三，“凡推论不能使寻常有论理训练的人依了所根据的概念，也能得同样的推论，科学不承认他是真的”②。也就是说，合乎科学的命题必须得到大家的公认，具有可接受性、可传递性。这一条是对上述两条的综合。

丁文江提出的这三条标准，并没有从正面回答“命题何以为真”的问题，只是用否定的语式判定“哪些命题科学不承认他是真的”，表明了他在真理观方面的相对

① 张君劢、丁文江等：《科学与人生观》，42～43页。

② 同上书，47页。

主义倾向。在他拟定的三条标准中，第二条最重要。他强调演绎必须建立在归纳的基础上，推论应立足于经验、观察。这反映出他的归纳主义学术立场。他所阐述的科学方法，无疑具有明显的缺陷，即过分夸大归纳的作用，而对演绎的作用没有予以足够的重视，有忽视科学抽象和理论分析的倾向。当时就有人对他提出的关于科学方法的定义表示不满，认为他没有说清楚科学的内涵，这种批评不是没有道理的。但是，也应看到，他主张研究问题应当从事实出发，而不是从抽象概念出发，确实在一定程度上体现出科学精神，并且对于维护科学的威信起到了积极的作用。

丁文江倡导科学方法，反对张君劢等人所标榜的“玄学方法”。他认为科学方法是建立在理性的基础之上的。以理性的尺度来衡量，玄学家所说的“生命冲动”、“良心自觉”一类的观念，都是毫无根据的独断、臆说。基于实证论的立场，他坚决主张“严格的不信任一切没有充分证据的东西”。“无论遇见甚么论断，甚么主义，第一句话是：拿证据来。”从实证论的观点看，柏格森、张君劢的生命哲学是完全站不住脚的。因为他们拿比喻和猜想假充证据，无法令人信服。丁文江分析说，对于“生命冲动”一类的假定，既不能证明其有，也不能证明其无，因而就无法承认它是真的；因为提出这种假定的人，并没有履行证明它的义务。既然提出这种假定的人，并没有履行证明的义务，那么，他的官司就输定了。丁文江打比方说：某人声称他白日能见到鬼，我们不能证明他是否真的见到了鬼，因为这个证明的责任在他，而不在我们。正常人都是见不到鬼的，据此我们完全有理由判定：此人不是说谎，就是神经有毛病。在丁文江看来，柏格森、张君劢硬把“生命冲动”、“自由意志”说成宇宙本体，如同声称白日能见到鬼一样，荒诞无稽。他提倡独立思考，主张说话要有证据，反对信仰主义、蒙昧主义、独断论，这是对五四以来崇尚科学、崇尚理性的启蒙主义精神的继承和发扬。但是，他用实证主义的眼光看待哲学，要求哲学家一定把哲学结论都建立在实证的基础之上，也是不可能做到的。哲学以世界总体为研究对象，提出关于世界总体的学问，这种学问是无法得到实证的。

丁文江认为，科学的目的不在于求得一成不变的“公例”，而在于更准确地观察事实。从这个意义上说，任何学科都有“公例”可求，都可以获得合乎科学的认识。基于此，他反驳了张君劢提出的社会、生理及生物学领域没有“公例”可言，不能推知未来的观点。丁文江以遗传学上的“曼德尔公例”为例说：“若是我们拿一种黄皮的玉蜀黍来和白皮的杂种，新生出来的玉蜀黍上面有几粒是黄皮的，几粒是白皮的，都可以预先算得出来。近年来这种遗传性的大发明，在我个人眼光看起来其重要不亚于爱因斯坦的相对论。”① 他指出，张君劢的错误在

---

① 张君劢、丁文江等：《科学与人生观》，190 页。

于："把科学的分类当做科学的鸿沟。"照他看来，人们把物理、化学、生物学、社会学等学科划分开来，只是为了研究的方便。其实，各种学科都是科学的分支，相互之间有着内在的联系。他说："我并不是说生物学是同物理学一样的确实，我也并不是说各种科学的材料不可分出来研究，我是说分类是为方便起见，确实是程度问题，不能拿它来证明知识界真有鸿沟。"丁文江由此得出结论：一切事实都有公例可求，都可以成为科学的对象。"凡是事实都可以用科学方法来研究，都可以变成科学。一种学问成不成一种科学，全是程度问题。"① 他不否认，对于宇宙人生一类问题的认识比较复杂，比较艰难，至今尚不成熟，但这一类问题不是永远不能解决的。照他看来，尽管现在尚未有一种大家公认的科学的人生观，但不能断言科学不能解决人生观问题。他坚信，总有一天会出现一种大家都接受的科学的人生观。囿于马赫主义哲学立场，丁文江始终拿不出一个大家公认的科学的人生观，也没有对社会科学、科学人生观的内涵做出具体阐述，这使得他的反驳显得软弱无力，无法使他的论敌服气。

丁文江提出科学万能论，强调科学方法的普遍适用性，维护科学的威信，要求解除封建主义、教条主义陈腐观念的束缚，对于中国人思维方式的变革具有促进意义。不过，"科学万能论"的偏激性是显而易见的。他主张用科学吞并一切人文学科，特别是取代哲学，这是一种典型的实证主义的理论诉求。他确立了科学的霸权话语，把科学变成了崇拜的对象和信仰的对象。这样看待科学，本身就"不够科学"。在丁文江的理论视野中，工具理性主导一切，并没有给价值理性留下空间。

资料卡片

张君劢论科学方法

科学之方法有二：一曰演绎的，二曰归纳的。归纳的者，先聚若干种事例而求其公例也。如物理化学生物学所采者，皆此方法也。至于几何学，则以自明之公理为基础，而后一切原则推演而出，所谓演绎的也。科学家之著书，先持一定义，继之以若干基本概念，而后其书乃成为有系统之著作。譬诸以政治学言之，先立国家之定义，继之以主权，权利，义务之基本概念，又继之以政府内阁之执掌。若夫既采君主大权说于先，则不能再采国民主权说于后；既主张社会主义于

① 张君劢、丁文江等：《科学与人生观》，188 页。

先，不能主张个人主义于后。何也？为方法所限也，为系统所限也。若夫人生观，或为叔本华、哈德门的悲观主义，或为兰勃尼孳、黑智尔之乐观主义，或为孔子之修身齐家主义，或为释迦之出世主义，或为孔孟之亲疏远近等级分明，或为墨子、耶稣之泛爱。若此者，初无论理学之公例以限制之，无所谓定义，无所谓方法，皆其自身良心之所命而主张之，以为天下后世表率，故曰直觉的也。

摘自《科学与人生观》，35～36页，济南，山东人民出版社，1997。

（三）论科学与人生观的关系

丁文江在提出“科学可以解决人生观问题”论断之后，并没有建构一个“科学的人生观”，只是对科学与人生观的关系做了几点说明：

（1）科学能帮助人培养追求真理的精神，提高人的审美情趣。他指出，科学的目的是排除个人主观的成见，求得人们达成对于真理的共识。主观的成见是妨碍人们树立正确人生观的最大障碍，唯有科学才能帮助人们搬开这个障碍，指导人们树立正确的人生观。他驳斥了张君劢“科学务外，玄学务内”的说法，认为科学不仅能帮助人们认识自然世界，而且也能帮助人们认识人类自身。科学是人们进行自我教育和自我修养的最好工具，它可以使人养成爱真理的诚心，体味宇宙的伟大，了解生活的乐趣。他说，只有拿望远镜仰察过天空的虚漠、用显微镜俯视过物的幽微的人，才能体会到“活泼泼”的心境；而这种心境是枯坐谈禅、妄言玄理者绝对想象不到的。

（2）科学能帮助人们破除各种有神论观念，冲决迷信的网罗，从蒙昧中摆脱出来。他说：“在知识界内科学方法万能。科学是没有界限的，凡是现象都是科学的材料，凡是用科学方法研究的结果，不论材料性质如何，都是科学。从这种知识论所得的结论是，举凡直觉的哲学、神秘的宗教，都不是知识，都不可以作我们的向导。我不相信有主宰世界的上帝，有离身体而独立的灵魂。”① 他指出，玄学与神学是孪生姐妹；科学与玄学势不两立，它既是玄学的对头，也是神学的对头。科学能帮助人们从玄冥的天国返回现实的尘世，树立正确的生活信念。

（3）科学能够帮助人们培养“宗教心”，树立道德观念和群体意识。丁文江反对有神论，但不反对“宗教心”。他认为“宗教心”是组织社会的必要条件；没有“宗教心”无法组织社会，无法确定人生的价值。他给“宗教心”下的定义

① 丁文江：《我的信仰》，载《大公报》，1934-05-06。

是："宗教心是为全种万世而牺牲个体一时的天性，是人类合群以后长期演化的结果，因为不如此，则不能生存。不但人类，就是合群的动物如蚁如蜂，都有这种根性。"他从进化论的角度出发，提出"宗教心"概念，并把"宗教心"解释为人类的群体意识。照他看来，"宗教心"是从物的群体性演化而来的；人人都有"宗教心"，人类靠着"宗教心"组织社会，维系社会的存在与发展。他还指出，既然人类是从动物进化而来的，那么在动物群中种种不利于群体的劣根性在人类身上也会有反映。这种劣根性突出地表现为"嫉妒心"。于是，在人性中形成"宗教心"与"嫉妒心"之间的矛盾：前者使人向善，后者使人为恶。当社会上"宗教心"占上风时，社会就进化；当社会上"嫉妒心"占上风时，社会就退化。

丁文江认为，使人为善或为恶虽然有先天的因素，但主要还是后天教育的结果。科学担负着对人们进行后天教育的使命。通过学习科学，人们的"宗教心"得以发扬，而"嫉妒心"得以抑制。他说："我们所以极力提倡科学教育的缘故，是因为科学教育能使宗教性的冲动，从盲目的变成自觉的，从黑暗的变成光明的，从笼统的变成分析的。我们不单是要使宗教性发展，而且要他发展的方向适宜于人生。"他主张把科学方法由自然领域进一步推广到社会领域，认识人类自身，改造人类自身，让科学"作人类宗教性的明灯：使人类不但有求真的诚心而且有求真的工具，不但有为善的意向而且有为善的技能！"①

他认为，社会能否发展进步，取决于富有宗教心的"少数人"能否担负起领导的责任。他在《少数人的责任》中指出："我们中国政治的混乱，不是因为国民程度幼稚，不是因为政客官僚腐败，不是因为武人军阀专横，是因为'少数人'没有责任心，而且没有负责任的能力。"他所说的"少数人"指受过高等教育，特别是留学回国的现代知识分子，当然也包括他自己在内。他当仁不让地宣称："我们不是少数优秀分子，谁是少数优秀分子？我们没有责任心，谁有责任心？我们没有负责任的能力，谁有负责任的能力？"②他的这番话充分反映出现代知识分子要求改变中国落后面貌的参与意识，反映出他们忧国忧民、以天下为己任的爱国主义精神。

丁文江的上述看法当然谈不上科学的人生观。他对人的理解是抽象的，过分夸大"少数人"的作用，夸大"宗教心"的作用，未能跳出唯心史观的窠臼。他的"宗教心"理论其实是把动物的合群性简单地搬到人类社会，这是一种社会达

---

① 张君劢、丁文江等：《科学与人生观》，205页。

② 丁文江：《少数人的责任》，载《努力周报》，1923（67）。

尔文主义的人学观念。就连丁文江的好朋友胡适也看出来了：丁文江虽倡言科学可以解决人生观问题，但究竟何为“科学的人生观”，丁文江始终未能说清楚，因而他无法彻底驳倒自己的论敌。

资料卡片

科学

以范畴、定理、定律形式反映现实世界各种现象的本质和运动规律的知识体系；又指一种社会历史现象，即生产知识的人类活动和过程，或一项社会建制和社会事业；它还指一种专门的把握世界的方法和标准。广义的科学按其研究对象大致可分为自然科学、社会科学和思维科学，以及贯穿这些对象领域的哲学和数学；狭义的科学则主要指自然科学。按照与实践的不同联系，科学又可分为理论科学、技术科学和应用科学。现代科学各门类、学科和分支之间相互联系、渗透、交叉，组成愈来愈精细和完整的人类科学认识之网。作为社会意识形态形式之一，科学以其独有的对象、把握方式和标准、活动方法和内容等区别于道德、艺术、宗教等。

摘自李德顺主编：《价值学大辞典》，354 页，北京，中国人民大学出版社，1995。

(四) 唯觉主义与存疑主义

丁文江的“科学万能”论建立在感觉主义的哲学基础之上。他是一位典型的感觉主义者，认为感觉到的事实是唯一可靠的实在；至于感觉之外有无实体，在他看来则不得而知。他认为，凡是感觉到的事实都可以成为科学的对象。在科学与玄学论战中，张君劢称丁文江的哲学是“唯觉主义”。丁文江欣然接受这一称谓，他自述：“用君劢的名词，我的知识论是唯觉主义。”据丁文江自己解释，从本体论的角度看，唯觉主义也可以叫做“存疑的唯心论”。他强调，这种哲学与赫胥黎、达尔文、斯宾塞、詹姆士、毕尔生、杜威、马赫一脉相承，是科学家在研究哲学问题时形成的“科学知识论”。他说：“凡研究过哲学问题的科学家如赫胥黎、达尔文、斯宾塞、詹姆士、皮尔生、杜威，以及德国马哈派的哲学，细节虽有不同，大体无不如此。因为他们以觉官感触为我们知道物体唯一的方法，物体的概念为心理上的现象，所以说是唯心。觉官感触的外界，自觉的后面，有没有物，物体本质是甚么东西：他们都认为不知，应该存而不论，所以说是存疑。”[①] 站在感觉主义的哲学立场上，丁文江坚决主张取消形而上学即本体论问题，要求用“奥康的剃刀”将此问题剃除，理由是人们无法超出自己的感觉经验的范围，无法直接与本体打交道。他借用毕尔生常用的一个比喻来说明这个观点：“我们的神经系就譬如一组的电话。脑经是一种很有权力的接线生，觉神经是叫电话的线，动神经是答电话的线。假如接线生是永远封锁在电话总局里面，不许出来同叫电话答电话的人见面，接线生对于他这班主顾，除去听他们在电话上说话以外，有甚么法子可以研究他们？存疑唯心论者说，人之不能直接知道物的本体，就同这种接线生一样：弄来弄去，人不能跳出神经系的圈子，觉官感触的范围，正如这种接线生不能出电话室的圈子，叫电话的范围。”[②] 感觉本来是主观联系客观世界的桥梁，可是在丁文江眼里，却成了阻碍人类认识客观世界的屏障。他把人的认识能力严格地限制在感觉的范围之内，从感觉主义走向不可知论，即他所说的存疑主义。

丁文江指出，人们无法知道在感觉范围之外是否存在着物质实体或精神实体，关于实体所做的任何论断都会导致独断论。比如，唯心论者所推崇的“自我”或“精神实体”，很难说确有其事。因为“自我”或“精神实体”其实不过是“记忆情感所联合的复杂体”。虽然我们明明白白地觉得有个“我”，事实上并非如此。至于认为精神实体超越于物质之上，更是毫无根据。他表示：“我们决不能相信超物质而上的精神与外相隔绝的内，或是离非我而独立的我。”他以事实为例分析说，喝几杯烧酒，“我”就会胡说；嗅一些淡氧，“我”就会狂笑；饮食消化太慢，“我”就会烦躁不安；内腺分泌失常，“我”就会恐惧；而打上麻醉药，“我的精神”、“我的肉”都不知哪里去了。总之，他认为“自我”不过是诸多因素的总和：“所有记不得的经验、多年前的感触、不自知的欲望，都与我有密切的关系。管束我的精神的，有‘身体上的营养，动物性的行动，野蛮人的传说，孩童时的印象，惯例式的回效，承继来的知识’。”[③] 概括起来说，“自我”离不开“非我”，“自我”不是独立存在的实质。这就是他对传统唯心论的批判。

丁文江既拒斥唯心主义者提出的精神实体观念，也不承认唯物主义者提出的物质观念。他依据感觉主义，对物质观念的由来做了这样的分析：“我们所谓物，所谓质，是从何而知道的？我坐在这里，看着我面前的书柜子。我晓得他是长方的，中间空的，黄漆漆的，木头做的，很坚很重的。我视官所触的是书柜子的颜色、形式，但是我联想到木头同漆的性质，推论到他的重量硬度，成功我书柜子

① 张君劢、丁文江等：《科学与人生观》，48页。

② 同上书，49页。

③ 同上书，202页。

的概念。然则这种概念，是觉官所感触，加了联想推论，而所谓联想推论，又是以前觉官所感触的经验得来的，所以，觉官感觉是我们晓得物质的根本。我们所以能推论其他可以感触觉官的物质，是因为我们记得以前的经验。我们之所谓物质，大多数量是许多记存的觉官感触，加了一点直接觉官感触。假如我们的觉官的组织是另外一个样子的，我们所谓物质一定也随之而变——譬如在色盲的人眼里头蔷薇花是绿的，所以冒根在他的《动物生活与聪明》那部书里边叫外界的物体为'思构'。"① 他从动物学家摩尔根那里借用来"思构"一词，表示他只能从认识的角度接受物质概念，而不能从本体论的角度接受物质概念。总之，丁文江把各种本体论学说都视为"玄学"，一概加以反对。他说："玄学家吃饭的家伙，就是存疑唯心论者认为不可知的、存而不论的、离心理而独立的本体。这种不可思议的东西，伯克莱叫他做上帝；康德、叔本华叫他为意向；布虚那叫他为物质，克列福叫他为心理质，张君劢叫他为我。他们始终没有大家公认的定义方法，各有各的神秘，而同是强不知以为知，旁人说他模糊，他自己却以为玄妙。"② 在这里，他提到庸俗唯物主义者毕希纳，也提到贝克莱、康德、叔本华、克列福、张君劢等唯心主义者，似乎对双方各打五十大板，其实他批判的重点显然在于后者。他把批判的矛头指向各种神秘观念，主张对之加以怀疑或存而不论，其用意是为科学的发展扫除障碍。

丁文江之所以赞成"唯觉主义"以及"存疑的唯心论"，是因为在他看来这种学说最能充分体现实证精神。他非常欣赏赫胥黎的一句名言："严格地不信任一切没有充分证据的东西。"他在引述了赫胥黎的几段关于存疑主义的论断之后，加以发挥说："存疑主义是积极的，不是消极的；是奋斗的，不是旁观的。要'严格地不信任一切没有充分证据的东西'，'用比喻同用猜想来同我说，是没有用的'，所以无论遇见甚么论断，甚么主义，第一句话是'拿证据来！'他的证据不充分，我们不信他；他拿比喻猜想来作证据，我们一定要戳穿了他的西洋镜，免得他蒙混人。"③ 中国传统哲学不大注重理论论证，往往以"圣贤之言"为立论的根据。丁文江极力倡导怀疑主义、实证主义精神，应当说是对传统思维方式的一大冲击，这对于中国哲学的现代转化未尝没有积极意义。西方早期启蒙主义思想家笛卡儿等人曾把怀疑作为否定传统思维方式的锐利武器。丁文江推崇怀疑精神，同笛卡儿一样，也具有反对独断主义、信仰主义和教条主义的进步作用。

---

① 张君劢、丁文江等：《科学与人生观》，44～45页。

② 同上书，48～49页。

③ 同上书，194页。

他树起感觉的权威，反对因循守旧、盲从心理，主张以感觉的尺度重新探索世界，这也是一种人文精神、理性精神的表现。

从认识论的角度看，丁文江是一个感觉主义者；从本体论的角度看，他是一个不可知论者。恩格斯在《社会主义从空想到科学的发展》中把英国的赫胥黎等休谟主义者叫做“羞羞答答的唯物主义者”；列宁在《唯物主义与经验批判主义》中认为这种提法“**完全是**从彻底坚持唯物主义的观点出发的”[①]。恩格斯和列宁的意思是说，在赫胥黎的不可知论中隐含着唯物主义因素。这种评价对于丁文江来说，同样适用。丁文江虽然反对各种各样的本体论学说，但从未否认过客观物质世界的存在。这就为他在实践中转向唯物主义留下了余地。他在理论上高扬唯觉主义和存疑主义，而在实际工作中却贯彻注重调查的唯物主义作风。翁文灏公允地指出，中国人“努力野地查勘之风气，实赖先生以身作则，认真倡导而成”。在地质界，丁文江一向被同行视为唯物主义者。潘云唐在《卓越的爱国主义地质科学家——丁文江先生诞辰一百周年》中，把丁文江与张君劢的论战称为“一场唯物主义世界观与唯心主义世界观的大论战”。甚至丁文江的论敌也把他看成唯物主义者，张君劢说：“在君如能弃其唯物主义或唯觉主义（如皮耳生是也），从我而学为唯心主义者，则人生观虽出于自由意志而不至于不可以一朝居者，其义自可豁然贯通。若抱其唯物主义唯觉主义而不变，虽我百端辩说，恐亦无法以回在君之观听也。”[②] 尽管丁文江从未明确地表述过唯物主义哲学观点，并一再引用毕尔生、马赫、赫胥黎的言论为立论的根据，但还是有人把他看成唯物主义者。这恰恰说明丁文江的实际哲学倾向与他的立论表述之间的确存在着矛盾。他是一位出色的地质学家，却不是一位高明的哲学家。

丁文江高扬唯觉主义和存疑主义，比较充分地展开了实证哲学的基本思想。尽管他使用的语言大都是借来的，很少提出原创性的思想，但对于中国现代哲学的发展来说，还是有重大理论意义的。中国传统哲学不太重视认知意义的研究，而特别重视价值意义的研究；不太重视“小体之知”或“见闻之知”，而特别重视“大体之知”或“天德良知”。这种情况决定中国传统哲学不可能同科学建立起直接的联系，它也无意为科学研究提供理论指导。如果这种情况不改变，中国哲学就无法与科学知识接轨，无法与现代性接轨。于是，如何在知识论方面加大研究力度，如何推动传统哲学思维方式的变革，便成为摆在现代中国哲学家面前的一项重大课题。丁文江可以说是自觉面对这项课题的哲学家之一。

---

① 《列宁选集》，3版，第2卷，231页，北京，人民出版社，1995。

② 张君劢、丁文江等：《科学与人生观》，84页。

丁文江把实证哲学推向巅峰，同时也暴露出它的局限性。尽管丁文江特别关注科学知识如何形成的问题，可是按照唯觉主义的思路却无法解决这个难题。他不得不面临这样的困惑：知识固然来自感觉，可感觉到的东西都是特殊的，而科学知识却是一般的；那么，如何从特殊上升到一般？由于这个原因，中国现代哲学家不能不接受丁文江的理论思维教训，认真反思实证哲学的局限，在知识论研究方面另辟蹊径。张东荪、金岳霖就是这样的一些哲学家。他们力求突破实证哲学的局限，把知识论研究引向深入。张东荪和金岳霖当然不能算是实证论者，可是他们的哲学话语和哲学问题毕竟都是接着实证哲学讲的。从这个意义上说，他们的哲学思考可以看做实证哲学的余波。如果没有丁文江等实证论者开风气之先，也不会有张东荪、金岳霖等人的认识论专著行世于后。从这个意义上说，丁文江是中国现代哲学发展史上不可或缺的一环。

资料卡片

马赫主义

19 世纪 70 年代至 20 世纪初产生和流行于德国、奥地利以及欧洲其他国家的唯心主义哲学流派。它继承了英国经验论哲学家 G. 巴克莱、D. 休谟的主观唯心主义和法国哲学家、社会学家 A. 孔德的实证主义路线。以其创始人 E. 马赫而得名。它的另一位创始人是德国哲学家 R. 阿芬那留斯，后者的代表作是《纯粹经验批判》，因此马赫主义又被称为“经验批判主义”。

马赫主义强调经验的重要性，把感觉经验看做认识的界限和世界的基础，认为唯物主义和唯心主义都有片面性，提出要超出二者之上，建立一种中立的、无党派性的哲学。他们认为，作为第一性的东西既不是物质也不是精神，而是感觉经验的复合。从这一立场出发，马赫主义认为，科学理论不是对客观世界及其规律的正确反映，而是对感觉经验的描述。这种描述应当遵循用最少量的思维做出最完善的陈述的原则。马赫称之为“经济思维原则”，阿芬那留斯称之为“费力最小原则”。他们得出结论说：一切科学理论都只不过是做一假说，它们只有方便与否之分，没有正确与错误之别。因此，客观真理是不存在的。

马赫主义的思想直接影响了以后的实用主义、新实在论、逻辑实证主义等西方哲学流派。

摘自《中国大百科全书·哲学》，557 页，北京，中国大百科全书出版社，1987。

四、张东荪

张东荪（1886—1973），浙江杭县（今余杭）人，自幼受过正统的儒学教育。19岁（1905年）东渡日本接受新式教育，开始接触西方科学与哲学，毕业于东京帝国大学。回国后曾主要从事报刊编辑工作。辛亥革命后，他担任过南京临时政府内务部秘书，后追随梁启超，并成为研究系的骨干。他的文笔很快，是当时舆论界有名的记者。从1912年起，他担任过上海《大共和日报》、梁启超主持的《庸言》和《大中华》的编辑，并为上海反袁杂志《正义》写有关宪法问题的文章，给章士钊创办于东京的《甲寅》杂志提供政治理论文章。他积极参与政治，是当时著名的政论家。1917年，他接替张君劢在上海主编《时事新报》，还参与编辑《改造与解放》杂志，倡导民主政治和渐进的社会主义。此间他的主要精力转向新文化运动，介绍西方思潮，发起了影响深远的社会主义论战。自1925年起，张东荪开始在大学任教的生涯，先后在国立政治大学、私立光华大学、燕京大学任教授，还担任过吴淞中国公学大学部学长、广东学海书院院长。他在燕京大学任教的时间比较长。1927年以后，张东荪觉得“报纸完全变为他人的喉舌不能说自己的话了”，遂脱离报界，转入哲学教学与研究领域。

无论在学界，还是在政坛，他都是活跃人物。抗日战争时期，他留在北平，因拒绝为日军效力而被捕入狱。1934年他和张君劢等人创建国家社会党。1946年因与张君劢政见不合，离开该党，并拒绝出席1948年蒋介石召开的伪“国大”。在解放战争期间，他帮助傅作义将军同中国人民解放军联络，为北平和平解放做了不少工作。新中国成立后担任过中央人民政府委员、政务院文化教育委员会委员、民盟中央常委等职务。1952年因造成重大泄密事故而被解职。主要著作有《新哲学论丛》、《现代哲学》、《道德哲学》、《科学与哲学》、《知识与文化》、《思想与社会》、《理性与民主》、《多元认识论重述》等，译著有柏格森的《创化论》和《时间与记忆》。

（一）质疑唯觉主义

张东荪是最早讲授新康德主义者文德尔班著《西方哲学史教程》的中国现代

哲学家之一，他受新康德主义的影响比较大。贺麟在《五十年来的中国哲学》一书中，这样评论张东荪：

> 他自称是折衷派、杂家，举凡实用主义、新实在论、批评的实在论、层创论、新唯心论等他都有所介绍，当时有人讥讽他的著作是“并非创新，任何片断都取自外国，举凡古代近代欧美的大哲学家，他都本其涉猎之广，抄起来了，所以他的哲学恰恰是外国哲学家的纂集”（见郭湛波：《近五十年中国思想史》，北平人文书店，一九三六年版，第184页）。但他主要的观点仍是康德的认识论，在其《多元的认识论》（一九三四年出版）一书中，他自述道：“我的认识多元论大体上可说是循康德的这条轨道”（《多元的认识论》，第45页）。他认为知识之所以可能，是由于感相及其背后的条理、格式、设准、概念等所构成。他介绍康德主要是介绍康德的认识论和伦理学，他认为康德“本体界之有发现于现象者在知识方面为先验的格式；在行为方面为自律的意志（即实践理性）。然而先验的格式必有所对，换言之，即必有待于后天的材料，故其发现为有限制；而自律的意志则无所待而自足，故其发现乃较能发挥自如也……是前者止为‘必然’而无不然；后者虽应然而尚能不然”（《道德哲学》，中华书局，一九三三年，第318页）。他认为这样就能把握康德哲学的两大批判，即《纯粹理性批判》和《实践理性批判》的精华，这在当时是起了一定的影响的。①

贺麟的看法符合张东荪的思想实际。张东荪研究认识论的基本思路是：立足于康德的先验论，反思实证论的局限性，从而寻找到一条折衷的路线。

张东荪的有些看法与实证论者相似。例如，他也极力回避哲学基本问题，反对各种本体论学说，声称“把形而上学中的本体论根本上完全取消”。他认为唯心论与唯物论的争论毫无意义，“我们现在最好恭恭敬敬地把这两个名辞送到垃圾堆中，上贴一条封条写着‘永不叙用’四字”②。他也很重视经验，认为研究认识论应当从经验出发。他说：“我以为哲学的起点亦是经验的。”③ 他关于概念的看法同实用主义是一致的，认为概念建立在经验的基础之上，其“根据不是在外界的自然性质而乃是我们对付其的经验态度”④。在他看来，概念不是代表外物的符号，而乃代表我们对付外物时许多行为的符号。他认为认识离不了经验、

---

① 贺麟：《五十年来的中国哲学》，99页。

② 张东荪：《条理、范畴与设准》，载《哲学评论》，1933（4），3～4页。

③ 张东荪：《科学与哲学》，12页，北京，商务印书馆，1978。

④ 张东荪等：《认识论》，115页，上海，世界书局，1934。

行为，并表示“我的思想于此是完全赞成唯用论”。从这些言论中可以看出，他的哲学思想同实证哲学确实有十分密切的关系。

不过，张东荪对实证论者倡导的唯觉主义并不满意。在他看来，唯觉主义过于简单化，有必要建立一个比较复杂的认识论学说体系。他所做的第一步工作，就是从理论上批判丁文江的“思构”说，以便突破唯觉主义的藩篱。他分析说，丁文江虽然标榜“存疑的唯心论”，但其唯心论并不彻底，甚至不能同唯物论划清界限。他说：“丁在君先生主张外界的物件只是我们官感的‘所构’，与素朴的实在论以为确有照样的外物自然不同，所以他自称为存疑的唯心论，就是说外物只是感觉，感觉以外则存而不论。这样一来确是把前门关了，就是由感觉向外而到物体的路切断了。关了前门以后如再开后门则必仍可由后门出去绕到前门的门口。”① 他指出，丁文江好像是用感觉说明外物，取消了外物自身的实在性，其实不然。他用神经说明感觉，又用生理说明神经，再用化学元素说明生理。按照这个逻辑推下去，他必定用外物说明化学元素。绕了一个圈子，又回到外物的实在性上来。所以，丁文江的思构说“表面上是实证论，而暗中早退到唯物论里去了”②。通过对“思构”说的分析批判，张东荪确立了主观主义的哲学立场。

其次，张东荪批判了丁文江“思想无论如何复杂，总不外乎觉官的感触”的观点。他分析说，丁文江的这个命题包含着三层意思。第一，“思想的发动是感觉”。思想好比是子弹，感觉好比是枪身，把思想归结为感觉，有如把子弹等同于枪身，这是说不通的。第二，“思想的材料是感觉”。思想好比是食品，而感觉好比是面粉。可是，面粉不等于就是食品，这一条也站不住脚。第三，“思想的主要成分是感觉”。这一条也有问题。既然说思想的主要成分是感觉，那么就等于承认其中有不属于感觉的因素，尽管这种因素是次要的。总而言之，丁文江“思想即是感觉”的论点，在学理上是经不住推敲的。

通过对唯觉主义的分析批判，张东荪得出的结论是：认识的来源以及形成过程决不像丁文江说的那么简单。如果说丁文江是现代中国第一个从认知意义上重视认识论问题的哲学家，那么，张东荪可以说是第一个重视认识论问题的复杂性的哲学家。张东荪主张用康德的先验论来克服唯觉主义的简单化倾向。按照先验论，感觉虽是思想的材料之一，但不是主要的材料，更不是唯一的材料。思想的形成同概念推论有关。“感觉只是生硬的材料，而概念推论就好像厨子的手段一

---

① 张东荪：《科学与哲学》，67 页。

② 同上书，68 页。

样，把他烧熟了成了一碗美菜。……若说厨子的手段是天生的，便是说概念推论是人们从先天所具有的，这便是康德的先验哲学。”① 在张东荪看来，先验论比实证论更有解释力。先验论不否认感觉是一切知识的材料，这一点与实证论一致；但它强调材料必须经过“装置能力”的加工方可成为成品。他说：“可见从唯感觉论的立脚点既决不能主张类（即概念）是自存于外界的，又不能说就是感觉，这种唯感觉主义便不能不自然而然投降于先验派哲学承认于感觉的材料以外另有理性的法式了。”②

不过，张东荪并没有完全接受康德的先验论立场。他不同意康德的范畴论以及关于自在之物的说法，试图用新实在论、实用主义对之加以改造。这样就形成了他的“多元论的认识论”。他自述：“我的思想来源总括言之是怀特海一流的实在论，与康德的先验哲学，以及路易士与席勒一流的唯用主义。”③ 1931 年，张东荪在《哲学评论》上发表《条理、范畴与设准》一文，提出多元认识论的基本观点。1934 年他与别人合作写出《认识论》一书，该书中由张东荪执笔的第五章《认识的多元论》详尽地阐述了他的观点。1936 年他又写出《多元认识论重述》一文，对他的观点做了补充论证，标志着他的多元论认识论体系最后形成。

张东荪声称，他所说的“多元论”，乃是相对于“一元论”或“二元论”而言的。他认为，以往的认识论学说都犯了一元论或二元论的错误；其实认识是由外界的条理、交界的感觉、内界的格式以及经验的概念等多元组成的，单纯地归结为其中某一元都不妥当。他分析说：“经验论以感觉为起点，由感觉而推到内界，由内界再推到外界。实在论以外界为起点，由外界而推到感觉，由感觉再推到内界。唯心论以格式与设准为起点，由此而推过去依然可以转一周为止。总之，他们都想把这个圈子改为直线，于是乃有两端。而在我看来，根本上就不是一个圈子；就不能有所还元。我以为在根本上是五种互相独立的：由感觉不能知外物；由格式不能知感觉；由设准不能知格式；由概念不能知设准。这便是我的主张所以与历来认识论上各种学说不同之故。他们的学说可以名为认识论上的一元论或认识论上的两元论，而我此说则当名之曰认识论上的多元论。”④ 这段话概述了他的多元论认识论的基本思想。一方面用先验论补充经验论，另一方面又用经验论限制先验论，这是张东荪多元主义认识论的主旨。下

① 张东荪：《科学与哲学》，72 页。

② 同上书，76 页。

③ 张东荪：《条理、范畴与设准》。

④ 张东荪等：《认识论》，112 页，上海，世界书局，1934。

面，我们将具体评述他关于感觉、外在根由、先验格式、设准、概念的看法。

资料卡片

新康德主义

19世纪末至20世纪初在西欧各国，特别是在德国广泛流行的一个提倡复兴康德哲学的流派。

新康德主义最初形成于19世纪60年代的德国。1855年，德国自然科学家H. L. F. von. 赫尔姆霍茨（1821—1894）在其《论人的视力》一文中，首先强调康德认识论的重要意义，并试图利用感官生理学的成果证明康德的先验主义。1860年K. 费舍的《康德生平及其理论基础》和1862年E. 策勒的《认识论的意义和任务》这两部著作的出版进一步引起了人们对康德哲学的注意和兴趣。对新康德主义的形成起重大作用的是德国哲学家O. 李普曼（1840—1912）和F. A. 朗格。李普曼在其1865年出版的《康德及其后继者》一书中，明确提出了必须“回到康德那里去”的口号。朗格在其《唯物主义史及对其在目前的意义的批判》中，强调康德对于现代比对于他那个时代具有更深的影响，并号召人们要像研究亚里士多德那样探明康德体系的奥秘。这两部著作的出现促进了当时在德国兴起的复兴康德哲学的运动，标志着新康德主义的正式形成。

马堡学派和弗赖堡学派。这两派的共同点，是在李普曼和朗格所开创的道路上接受康德哲学，即否定康德关于“物自体”概念的唯物主义因素，发展康德哲学中的主观唯心主义和不可知论，同时还利用和发挥了康德的自律伦理学，提出了所谓伦理社会主义的理论。

20世纪20年代以后，新康德主义逐渐失势。第二次世界大战以后又有复活的倾向。

摘自《中国大百科全书·哲学》，1018页，北京，中国大百科全书出版社，1987。

（二）非存在的感相与潜在的条理

张东荪首先探讨了认识的来源问题。在这个问题上，他的看法与丁文江有不同之处。丁文江认为认识的来源只有一个，那就是感觉；而在张东荪看来，认识的来源不仅只感觉一个，而应当有两个：一个是感觉，它是认识的直接来源，张东荪称之为“显现的所与”；另一个是条理，又叫做“外在根由”，是认识的间接来源，他称之为“潜伏的所与”。对于这两个来源的不同性质，他分别做了论述。

1. 非存在的感相

他不同意实证论者把感觉与存在等同起来的观点，认为感觉具有主观性，称之为“不存在者”：“我则以为一切感觉内容都是‘不存在者’。”[①]“若照旧式的讲法，所谓不存在者即是‘幻相’。”[②] 所谓“幻相”，意思是说感觉是主观自生的，并不是对于外物的反映或摹写。“感觉既不是外物的写照，又不是外物的翻译，乃竟好像有几分无中生有的样子。”[③] 他拒斥唯觉主义，也拒斥唯物论的反映论。在对待唯物论的反映论方面，他同实证论者倒是一致的。

为了说明感觉是“不存在者”，同外物有区别，他找到两点理由。第一点理由是生理学唯心主义者提出的“同质刺激异质感觉”说。德国生理学家约翰·弥勒在实验中发现，用同一束电流刺激人的不同感官，可以形成不同的感觉。例如，刺激眼睛，会引起闪光的感觉；刺激耳朵，会引起音响的感觉。他由此得出结论说：外界刺激与主观形成的感觉是不同的两回事。张东荪以为这种说法可以印证他的观点。他说：“感相之‘非存在’于心理学上可以证明，最近阿德邻发见所有的神经传流都是一样，而到了里头乃竟分色声香暖等不同。”[④] 第二点理由是批判实在论者德雷克提出的“视觉差异”说。德雷克认为，对于同一个认识对象，不同的人会形成不同的感觉；即使同一个人处的位置不同也会形成不同的感觉。例如，面对一块悬挂着的红绿相间的格布，站在近处看，形成红绿相间的印象；若站在远处看，看到的却是一片紫色。这两种不同的感觉，究竟哪一种同对象相符合呢？不得而知。可见，不同的感觉并不是完全由对象引起的，而是由观察者自己造成的。张东荪接受了德雷克的观点，并加以发挥说：“我们常人看花是红的，而色盲的人看去是紫的。其实这样的感觉对于本人都是真的。”[⑤] 他认为感觉因人而异，因时而异，因地而异，并不是由外界事物作用于人的感官形成的，而是“由我们产生出来的”，足见感觉是“不存在者”。

其实，张东荪举出的两点理由并不能证明他的观点。因为这两点理由只能说明人的感觉中确实存在着主观因素，并不能说明主观因素同客观对象毫无关系。感觉是在主、客相互作用的过程中形成的，如果没有客观事物作为对象，感觉就无从产生。

---

① 张东荪等：《认识论》，48页。

② 张东荪：《多元认识论重述》，见《张菊生先生七十生日纪念论文集》，118页，上海，商务印书馆，1936。

③ 张东荪等：《认识论》，48页。

④ 同上书，49页。

⑤ 同上书，47页。

这就说明：尽管感觉的形式是主观的，而其内容却是客观的；感觉中无疑包含着主、客观的矛盾，但这种矛盾会在认识的过程中得到逐步的解决。张东荪把感觉看成“不存在者”，抹煞了感觉的客观内容，夸大了感觉的主观形式，导致一种主观主义的感觉论。

基于主观主义的感觉论，张东荪否认感觉是联系主、客观的桥梁，而将它看成在认识过程中单独起作用的一元。他说：“感觉是个上不在天，下不在田的中间东西。这个中间东西其本身是没有‘存在的’。因此名之曰‘不存在者’，就无异乎说在外界的架构上寻不着这个东西，而在内界的心理上亦追不出其来源，他只是悬空在夹层中的东西。由外界来说，他不在外，反不如说他在内；换言之，即不是外物的代表，却反是个‘遮障’。”① 他把感觉看成“遮障”，切断主、客观之间的联系，为其贯彻主观主义思想路线埋下了伏笔。他关于感觉的看法固然有问题，但他的确推翻了“感觉是认识的唯一来源”的观点，并由此引出“外在根由”论。

2. 潜在的条理

张东荪认为，尽管感觉是“不存在者”，但并不意味着感觉不受外在因素的限制。他说：“感觉即是一种非存在者。不过这种非存在者又好像有权强迫我们不能自由，而其实并没有外界性。”感觉本身虽没有外界性，但其背后却存在着某种制约感觉的外在因素。他把这种因素叫做“相关变化”或“外在根由”。他说：“我们现在一方面认定感相是不存在者，而于他方面则不能不认这个非存在的感相与其背后的东西有相当的相关变化。认识的多元论于是主张外界的存在不是感相，乃是这个相关变化。”②“外在根由”或“相关变化”作为认识的来源来说，与感觉是平列的关系，也是独立的一元。但它是潜存的，不能直接体现在认识之中。它必须以感觉为中介。张东荪指出，感觉对于外物来说虽是个“遮障”，但它又不是不透明的，而能透过一些微光，由此可知在感觉的背后存在着“疏落松散的外在根由”；而“外在根由”亦可借助感觉体现到认识之中。张东荪的外在根由论吸收了新实在论的某些观点，从而使他同唯感觉主义的实证论者有所区别，表现出一定的客观主义倾向。

张东荪同新实在主义者不一样，他强调“外在根由”并不是某种潜存的“独立共相”，而是纯粹的“条理”。他说：“只在这个相关变化上外界的存在乃能显示于我们的心上，而这个相关变化不是质料，乃是方式。换言之，所与于我们的不是内容而是条理（即秩序）。”③ 他指出，外界的条理有三种：原子性、连续性

---

① 张东荪：《多元认识论重述》，见《张菊生先生七十生日纪念论文集》，118页。

② 张东荪等：《认识论》，67页。

③ 同上书，49页。

和创变性。他说："外界所有的条理是否尚有若干，我们简直无从知道，好像一重很厚的帘幕，阳光射上，不能全透。这三种（即原子性、连续性、创变性）便好像在这个帘幕上所透入的一些微光。除此以外，实在无法再透了。"①关于三种外界的条理，张东荪分别做了论述：

（1）原子性。张东荪认为，事物作为认识对象来说，可以分解为无数的个体或部分，这种可分性或个体性来自外界存在的第一种条理——原子性。他强调，原子性决不是原子、电子一类的物质粒子，而是指抽象意义上的结构，如时间上的"瞬"，空间上的"点"。他接受物理学唯心主义者的说法，相信"物质已经消失了"，表示反对唯物论的物质概念。他说："须知所谓原子性只是在构造上有'原子的'性质而已，并非说外界确有原子其物。不但没有原子，并且亦没有电子，没有波子，所有的只是外界的构造上有分为若干单位的可能性罢了。"② 他提出"原子性"概念，以示同作为物质结构的"原子"有区别。"原子性"是个关于认识的哲学概念，并不等于承认物质的实体性或客观实在性。"原子性"概念来自新实在论的个体性原则，表示他把个体性原则纳入了外在根由论之中。他指出，从认识论的意义上说，正是因为有"原子性"条理做担保，外界事物才能构成认识对象，认识过程才能发生；倘若认识对象没有可分性、原子性，认识过程根本就不可能发生。

（2）连续性。张东荪认为事物作为认识对象，既具有可分性、个体性，又具有整体性。这种整体性来自外界存在的第二种条理——连续性。连续性与原子性密切相关，他说："我以为外界的条理固然有可断可能的原子性，然同时必亦有不断可能的连续性。前者是说一个东西可分为若干小块；后者是说虽可分为若干小块而依然只是个整个的东西。"③ 他指出，原子性与连续性相辅相成：原子性寓于连续性；连续性同时表现为原子性。他举例说，数学上两个数字好比是两个"原子"，在这两个数字中间总可以插入第三个数字，可见两个数字中间有一种连续性在起作用。这种连续性使宇宙成为一个无限伸展着的整体。他提出的"连续性"概念来自怀特海，表示他把怀特海的过程哲学纳入他的外在根由论之中。他指出，从认识论的意义上说，正是因为有"连续性"条理做担保，认识才不是孤立的，才能形成知识体系；倘若没有"连续性"条理作为前提，认识便无法展开，无法由局部的认识发展到总体的认识。

---

① 张东荪等：《认识论》，63页。

② 同上书，52～53页。

③ 同上书，55页。

（3）创变性。张东荪认为事物是不断发展变化的，究其原因在于外界存在着第三种条理——创变性。所谓创变性就是“指有新奇发生而言。设若这个世界绝对没有新奇的东西出来，则这个世界必定亦没有变化，所以不论如何，这个世界是常在那里变化，这是毫无问题的”。“凡是变化都是有所创新，否则我们势必根本上就不承认有变化，所以我们必须另立一种条理，名之曰创变性。”① 他所说的创变性，也就是亚历山大所说的“突创”或柏格森所说的“绵延”，是指无载体的纯粹流变。张东荪认为，正是这种流变促使事物不断发生、发展，为认识提供新的内容。“创变性”条理为认识发展的可能性提供了理论上的担保。

在张东荪看来，上述三种条理作为外在根由来说，只是空的架构，并无实质内容。他自称为“泛架构主义者”，并告诫读者“千万不能把这三个条理合称之为物质，以为这种主张亦有唯物论的色彩”②。他反复强调，“一切都是架构，而不是实质；而架构却不能离开我们的认识”③。这三种条理虽属“外在根由”，但仍隐含在感觉之中。它对感觉虽有限制，但不妨碍感觉的主观性。他说，外在的条理如同四个点，感觉依据这四个点，可以构筑出圆形、正方形、平行线、交叉线等不同的几何图形。由此可见，张东荪的外在根由论虽有客观主义倾向，但并不因此而放弃主观主义立场。总的来看，在认识来源问题上，他贯彻了一条由心到物的主观主义思想路线。尽管如此，他毕竟超出了丁文江唯觉主义的狭隘立场，肯定了在认识来源方面存在着先于感觉经验的客观要素。

资料卡片

批判实在论

20 世纪 20 年代前后在美国继新实在论而出现的哲学流派。倡导者是 D. 德雷克（1898—1933）、A. O. 洛夫乔伊（1873—1962）、J. B. 普拉特（1875—1944）、A. K. 罗杰斯（1868—1936）、G. 桑塔雅那、R. W. 塞拉斯、C. A. 斯特朗（1862—1940）。他们于 1921 年联合出版了题为《批判实在论论文集》一书，发表了他们对认识问题的共同观点。桑塔雅那一般被认为是该学派的主要代表人物。塞拉斯在 1916 年曾单独出版过《批判实在论》一书。

---

① 张东荪等：《认识论》，60 页。

② 同上书，62 页。

③ 同上书，131 页。

批判实在论的出现，与新实在论者在说明人们认识上的谬误和错觉时碰到的困难有关。多数批判实在论者放弃了新实在论那种接近于朴素实在论的一元论的认识路线，转而采取二元论观点，认为认识的主体和被认识的客体二元地存在着，从而把意识和客观世界形而上学地对立起来。

批判实在论者并没有全盘否定新实在论。他们也承认客观世界不管人们是否知觉都是实际存在的。普拉特还赞扬新实在论者关于提供给我们思想的材料是种种意义或性质的观点。但他同时又认为，新实在论者并没有看到这些意义“同我们的心理状态中感觉性部分之间的区别”，没有看到这些意义“同人们认为是引起这些意义的现存物质对象之间的区别”。他进而指出，新实在论因此“为自己造成了一些很严重的困难，特别是在知觉和谬误这些问题上”。批判实在论者在试图克服这些“困难”的过程中形成了自己的学派。

摘自《中国大百科全书·哲学》，665～666 页，北京，中国大百科全书出版社，1987。

（三）直观的格式与判断的格式

张东荪在探讨了认识的来源问题之后，接着研究了认识形成的主观条件，试图从这一角度纠正丁文江唯觉主义的简单化倾向。他指出，唯觉论者把认识完全归结为感觉是错误的，因为仅靠感觉并不能形成认识。在认识过程中，感觉属于“交界”，它的一端连着“外界”——条理或架构，另一端连着“内界”——直观的格式和判断的格式。感觉和条理仅提供认识的材料，要把材料加工成成品，必须经过内界的两种格式。

1. 直观的格式

张东荪赞同康德的观点，也认为直观的格式是先验的。他说：“康德把这种先验的格式分为二，以为一种是感性的，另一种是因判断的格式而成的。我的意思亦大体上与此正同。”① 不过，他用经验论对康德的先验论做了改造。

他认为直观的先验格式有两种：一种是时空，另一种是主客。同康德一样，他认为时空不是物质存在的形式，而是人们形成经验的先决条件，认识上的自立法度。倘若没有时空格式，“则感相虽印在我们上，但并不能织成经验”②。所以，人们以感觉而感知外物必须经由时空两个格式。他强调时空只是一种主观的格式，同外界事物无关。他认为康德关于时空主观性的论证“颠扑不破”，并把

① 张东荪等：《认识论》，68 页。

② 同上书，82 页。

相对论看成对于时空主观性的佐证。他指出："既认空时是相对的便是承认空时是属于个人经验上的。""空时既是相对的便可以说必是主观的。"张东荪关于时空的总的看法是："空间与时间只是认识上属于主观的。换言之，即只是纯知者于施行认识时所必须的条件，而与外界仅有相关而决非一致。"①时空格式的作用在于：当感官提供了感觉材料之后，把它们排列成先后相继（时）、左右并列（空）的秩序，使认识对象得以确定化，从而纳入认识者主观的范围内，变为认识者的经验。

张东荪关于时空的上述看法基本上未超出康德，他对康德的补充是把"主客"也看成直观的先验形式。他认为直观的格式不是两个，而是三个："第一是空间，第二是时间，第三是能所关系（或称主客关系）。"② 他分析说，人们只要进行认识，就必须有主客双方的划分，否则便不能形成经验；在经验上从未存在着一个只有客观而没有主观的阶段。由此可见，"主客之分是'自然的'，即先验的，无理由的，不是后来由于经验造成的。若问知识中有若干先验成分，则不可不把主客列出来"③。他说："我相信没有一个认识而不是把能知与所知含括成为一个存在。所以凡是一个认识就自然而然具有主客在其中。"④ 本来，主观与客观是认识过程中的基本矛盾之一，在这一点上，张东荪并没有看错，但他把主客之分仅仅归结为先验的格式是不妥当的，因为这势必取消认识对象的客观性。张东荪自以为把主客说成先验的直观格式是对康德统觉思想的发展，其实他的先验格式论不过是先验论与经验论的折衷而已，总的来看没有超过康德。

2. 判断的格式

张东荪认为，凡认识都以判断的形式出现，因此，认识形成的主观条件除了直观的格式之外，还须有判断的格式。直观的先验格式相当于康德的先验感性，而判断的格式相当于康德的先验悟性。他把前者叫做"认识上的先验格式"，把后者叫做"名理上的先验格式"。"名理上的先验格式"包括两个方面：一为静的"设准"，另一为动的"相涵的关系"。张东荪所说的"设准"相当于康德所说的范畴，但他故意不用"范畴"二字，另创"设准"一词，以表示他对康德的范畴论做了改造。他之所以舍弃"范畴"二字，改用"设准"，其理由是："我则为以

① 张东荪等：《认识论》，74～75 页。

② 同上书，71 页。

③ 张东荪：《多元认识论重述》，见《张菊生先生七十生日纪念论文集》，114 页。

④ 张东荪等：《认识论》，79 页。

范畴一语不及设准来得轻松，且容易把‘假定’之意含蓄在内。”① 他认为“范畴”一词的规范性太强，不如“设准”灵活。从这里反映出，张东荪并不愿意做康德式的先验论者，只愿意做一个半先验论者。他对康德的范畴论做了以下几点改造：

第一，他取消了康德范畴论所包含的规律联系方面的意义，突出设准的独立地位。他指出，设准既不是事物之间规律联系的摹本，也不是心理界的“投出”，“乃等于下棋时所用的一种规则”。康德的范畴论虽然拒绝从客观现实中引申出因果性和必然性，但毕竟承认因果性和必然性的存在；张东荪则认为设准只属于“名理界”，即只有逻辑的意义，同因果概念和必然性概念无关。这样他就排除了康德范畴论中的唯物论因素。

第二，他强调设准只是方法上的假设，是人们根据自己的需要任意选定的假设，只具有工具的作用。因为设准是“人造的”，所以不必局限于康德列出的 12 对范畴，可以随意地增加或减少。据他看，至少可以列出七组 36 对设准。他强调设准的工具性质与假设性质，显然已由康德转向实用主义了。他自己也承认这一点，他说：“在这一点上唯用论讲得很对，比康德进步得多，我就是采取他们的主张，其中席勒尤为明显，他把这些设准名之为‘方法上的假设’。”②

第三，他强调设准不完全是先验的，而是半经验半先验的。他说：“人类的心理中在对事物的认识上却有一种半经验半先验的设准。”③ 所谓“半先验”，是说设准是一种普遍适用的判断格式，舍此人们无法交流思想；所谓“半经验”，是说设准的选择与使用同人们的经验有关。设准与康德的范畴不同，它不是人类普遍的悟性格式，而是某个民族特定的认知模式。由于社会制度不同、民族不同、文化背景不同，所形成的设准也不同。在如何看待设准的性质问题上，他表示完全同意实用主义的观点。他说，刘易斯以为设准“都是社会的，文化的，与民族精神的，却不是人类普遍的。关于这一点，我是非常同意的”④。

至于“名理上的先验格式”的动的方面，张东荪指的是概念之间的逻辑关系。他把这种关系叫做“相涵关系”或“涵义”。他说：“我以为这是一切判断之基础，亦是一切推论之基础。没有涵义则任何命题不能成立。因为凡命题都是涵义的形式表示。凡判断，凡推论都基于涵义。”“我们可以说涵义是逻辑之先在的基础。……因为一切分析，一切推论，一切证明必须先设有涵义的存在，然后方

---

① 张东荪：《多元认识论重述》，见《张菊生先生七十生日纪念论文集》，106 页。

② 同上书，106 页。

③ 同上书，108 页。

④ 同上书，107 页。

能推出来。”[①] 他指出，形式逻辑的三条基本规则之所以有效，是因为它们都建立在概念之间的逻辑关系基础上。同一律表示概念之间的同一关系，矛盾律表示概念之间的蕴涵关系，排中律表示概念之间的并列关系。他认为概念之间的逻辑关系是先验的。“单就涵义而言，我们实在无法发现他是从哪里来的。不得已我们只好把他看为最根本的，换言之，即是认识时，下判断，有分别，成思想，就非先有他不可。他不是后起的，不是假定的，不是制成的，而乃是先验的，基础的。”[②] 他认为，概念之间的逻辑关系虽是先验的，但并不是固定不变的结构，如同新实在论者所述。他强调，概念之间的逻辑关系是变化的，人们可以根据需要自由划定。比如，我们可以说枳就是橘、鲸就是鱼；也可以说枳不是橘、鲸不是鱼。张东荪的“先验格式”论基本上是康德的先验论与实用主义的经验论相结合的产物。他一方面用先验论改造经验论，另一方面又用经验论改造先验论，在主观主义的基础上谋求二者的折衷与调和。

资料卡片

先天综合判断

德国哲学家 I. 康德哲学的基本概念。指谓项不是从主项分析出来的，但又必然地和主项联结着的判断。也就是指既增加新内容，又具有普遍必然性的判断。康德断言，一切科学知识都是由这类判断构成的。……如自然科学命题：每个发生的事物都有其原因。“原因”指与发生的事物不同的某种东西，不包括在主项里；但是每个发生的事物又必然有原因，这种必然性完全从经验得来，是以先天知性概念为依据的。只有先天综合判断才能构成科学知识。

康德把先天综合判断作为批判哲学的中心问题，从纯粹理性、实践理性、判断力三方面来解答这个问题。他在《纯粹理性批判》里，提出科学知识的可能性；在《实践理性批判》里提出道德意志先天法则的客观有效性；在《判断力批判》里提出快与不快情感判断的普遍必然性，都是以先天综合判断为依据。

先天综合判断的提出，表现出康德哲学力图克服唯理论和经验论的片面性的调和倾向。但康德所强调的是理性的先天性，认为没有理性的先天因素，经验知识、实践道德和审美活动都不可能。

摘自《中国大百科全书·哲学》，987～988页，北京，中国大百科全书出版社，1987。

---

① 张东荪等：《认识论》，90页。

② 同上书，93页。

（四）经验的概念

张东荪认为，内界的先验格式、外界的条理和交界的感觉三方面交互作用，便形成经验性的认识。这是他关于认识形成过程的基本构想。但经验性的认识必须借助概念的形式得以保存和传达，因此，他在阐述了认识的来源、认识形成的主观条件之后，便提出多元论认识论关于概念的看法。

在概念论方面，张东荪完全返回经验论的立场上。他认为概念不是感性认识的深化，而是对付经验的手段、工具，并表示赞成操作主义者布里奇曼的观点。他说："概念不是对于外物之写真，而却是自己对付外物的行为之总括。每一概念即代表许多的行为。这些行为连络起来成一组。每一组有一个总名，便是概念。"① 他举例说，"橘子"这一概念就是代表"可拿的"、"可吃的"、"可嗅的"、"甜的"、"可以送人的"、"可以供在桌子上的"、"可以代表立体圆形的"、"可以绞成汁的"……许多行为的对付。如果离开这些行为、对付，"橘子"这一概念便失去了意义。

他认为，概念只表示人们对付外物的经验态度。概念的"根据不是在外界的自然性质而乃是我们对付其物的经验态度"。"两个东西在一类中不是因为他的固有的自然性质相同，乃是因为我们对于他的经验态度相同。"② 在他看来，概念是由认识主体的经验、习惯、行为造成的；概念无非是一套习惯动作的定型。总之，概念只是"经验的概念"，概念在行为中形成，反过来又指导行为，始终都与经验联系在一起。他说："我以为概念（即观念）之构成是由于行为：我们把许多行为结为一组遂成一个概念。所以每一概念代表一组的反应行为。这种行为的一组，因为由习惯而变为比较固定，遂可以名为一套动作之定型。每一套的定型只须有一点刺激就可以诱起其全部。所谓观念之指导作用不过如此而已。其作用完全在重复上。……若经验无重复，则一切概念皆失其效力。"③ 他认为，实用主义过分夸大概念对于未来行为的指导作用，有使概念与经验相脱离的倾向。他觉得有必要纠正实用主义的这种倾向，因而把自己的看法称为"过去的唯用论"，以此区别于一般的实用主义。

按照张东荪的看法，概念既然是经验的产物，当然免不了主观随意性。他认为，概念是主观随意虚构的符号，并不受事物性质的制约。他说："我以为概念

① 张东荪等：《认识论》，111～112页。

② 同上书，116页。

③ 同上书，117页。

不仅是经验的，由总括而成的，并且只是一种符号……所谓符号不啻说是一种类称。其中包括许多特殊的东西，但这些特殊者并不必具有一个共同的属性。只须我们对于这些东西作同样的应付，则我们便可以把这些东西总括成一个名辞。……所以这种类称并不限于代表外物的真正分类，而乃是我们的‘自由归类’。”① 他夸大概念在形式方面的主观性，否认其内容的客观性，从而得出同唯名论相近的结论。不过，他也不完全同意唯名论的说法，也采纳了唯实论的某些说法。张东荪一方面认为概念是主观制定的符号，另一方面认为这种符号的制定也不是毫无根据的，这种根据就是新实在主义所说的“关系质”。如果没有“关系质”，概念对付外物的有效性便没有理论担保。他指出，实用主义把概念的真实性建立在对付外物的有效性上是对的，但实用主义没有回答这样一个问题：当我们用概念对付外物时，为什么有的外物可以接受，有的外物不能接受呢？比如，为什么“橘子”可以应付某种水果，却不是应付外形与橘子相似的石头呢？他认为新实在主义的“关系质”理论可以解决这个难题：橘子可吃，是因为橘子与人发生关系时，存在着一种“可吃”的关系质；石头不可吃，是因为人与石头发生关系时，不存在着“可吃”的关系质。张东荪强调，这种“关系质”并不是外物自身的属性，而是主、客观互相发生关系时形成的特质。他告诫读者说：“我们千万别把这种关系质认为就是外物（如橘子与石头）的本性。这关系质只是在关系中存在的。”② 造成关系质的客观原因不是物自身，而是外界的条理。“我们至多只能说橘子具有一种可能性或使我们发生‘可吃’的关系质。因此我承认外界决不是绝对无条理的。不过外界的条理却是十二分不显明，乃系在重重的遮盖中罢了。”③ 他承认概念中包含着客观因素，但又对这种因素做了虚化的处理，以便使之不影响他的概念论的主观主义基调。从这里我们可以看出，他的概念论也表现出折衷主义的特点：试图把实用主义和新实在主义熔为一炉，把唯名论与唯实论熔为一炉。

资料卡片

布里奇曼（1882—1961）

美国实验物理学家、科学哲学家、操作主义的创始人。1946 年由于高压装

① 张东荪等：《认识论》，99～100 页。

②③ 同上书，117 页。

置和高压物理学方面的研究成果获诺贝尔物理学奖。他的主要著作有：《现代物理学的逻辑》(1927)、《物理理论的本质》(1936)、《一个物理学家的沉思》(1950)、《几个物理概念的本质》(1952) 等。

布里奇曼的基本观点是要把所有科学概念与经验过程、操作过程联系起来。他认为，"概念与相应的操作是同义的"，凡是操作上不可确定的概念应该清除出科学概念的范围。他所说的操作主要指实验操作，也包括非仪器的操作，即精神操作。他把精神操作分为两类，一类是"纸和笔的操作"，指数学运算和逻辑运算；另一类为"言语操作"。言语操作不仅包括科学家的全部言语活动，而且还包括他们的思维活动。

布里奇曼认为，既然物理对象、物理概念仅是一组操作活动，那么真理就不是主观认识与客观实在相一致，而仅仅是方便和实用。如"场的学说"之所以代替"超距说"，并不是前者比后者正确地反映了客观实在，而只是由于人们采用前者比采用后者较为方便。

摘自《中国大百科全书·哲学》，79 页，北京，中国大百科全书出版社，1987。

(五) 以心为本位的中间阶段论

张东荪在《多元认识论重述》一文中对他的认识论思想做了这样的总结："我们的知识，实是一个最复杂的东西。其中有幻影似的感相；有疏落松散的外在根由；有直观上的先验格式；有方法上先假设的设准；有自然而然分成的主客；有推论上的先验名理基本律；更有由习惯与行为而造成的所谓'经验的概念'。凡此都是就一个人心为本位而言。"① 基于这个结论，他声称说"多元认识论"也可称为"中间阶段论"。这种学说的特点是：对于"能知"的一端和"所知"的一端，皆存而不论；只在能知与所知中间一段做文章。

能知一端的为"真内我"，所知一端的为"真外物"，这二者都是绝对不可知的；而中间一端则是相对可知的。人的认识过程，就是通过条理、概念、设准、格式等环节，获得有相对性的知识。对于张东荪的"多元认识论"或"中间阶段论"，我们可以做如下几点评判：

(1) 以主观主义为主线。张东荪明确表示，多元论认识论以人心为本位。照他看来，真外物既然绝对不可知，亦可认为其没有，于是，一笔勾销了外物的客观实在性。这样一来，他的认识论只能在主观范围内做文章。条理被说成主

① 张东荪：《多元认识论重述》，见《张菊生先生七十生日纪念论文集》，124 页。

观范围内的客观因素，设准、格式被说成主观的认识形式，至于概念则被解释为主观形成的符号和对付行为的经验态度。他以主观主义为线索把各个认识环节联系起来。他似乎也否认“真内我”的存在，其实只是把它泛化到全认识过程中去了。他声称，知识是人造的，是由主体投射出去的。他说：“关于外界的事物的知识，是把感觉背后的刺激加以编制与解释的，即并非那些刺激的本来面目。直言之，即只是在内界造成了以后而投到外界去，以为是如实存在于外界的，而究其实乃只是一个‘造成者’。”① 又说：“人类真是个怪物。自己造成了许多东西，自己又用理论去解释他，又有时去破坏他。闹来闹去，依然在自己所造者中翻筋斗。”② 在这里，他把人心说成知识的源头，变相地肯定了“真内我”的存在。

（2）带有怀疑论的色彩。张东荪把认识局限在主观范围之内，切断它与外物的联系，从而也就失掉了判断认识真假的客观标准。他认为一切知识都是相对的，无可靠性可言。“感觉未必可靠，而理论亦然。”③ 广而言之，“一切常识与文化乃至科学哲学莫不如此，都是其作用在于自己骗自己。须知这个骗乃是真骗”④。由主观主义走向怀疑论，这是张东荪的必然归宿。在认识来源问题上，他引入先验的、客观的因素；在认识形成问题上，他正确地指出认识主体的主观能动作用，这都在一定程度上克服了唯觉主义的褊狭性。但是，在真理观方面他没有取得任何进展。在现代中国，哲学家热衷于认识论问题的研究，本意在于为科学知识寻求坚实可靠的哲学基础；当张东荪得出一切知识不过都是“真骗”的时候，他显然违背了哲学家的初衷。

（3）尽管张东荪努力用先验论、新实在论补充实证论，但并未突破实证论的樊篱。张东荪不赞成实证论者的唯觉主义观点，将条理、设准、格式等引入认识论。他的“中间阶段论”对“真外物”与“真内我”存而不论，把认识局限在主、客观的紧密联系上。其实，他所说的“中间阶段”也就是实证论所说的经验事实。关于认识对象的主观主义和现象主义观点、关于概念的工具主义和唯名主义观点、关于真理的相对主义和怀疑主义观点，他同实证论者都没有什么原则区别。

总的来看，张东荪尽管对唯觉主义表示不满，实际上却没有超出经验论的范围。他在中国现代哲学史上第一个发现了唯觉主义的简单性和褊狭性，并试

①② 张东荪：《多元认识论重述》，见《张菊生先生七十生日纪念论文集》，119～120、128页。

③ 张东荪等：《认识论》，108页。

④ 张东荪：《多元认识论重述》，见《张菊生先生七十生日纪念论文集》，129页。

图用多元论理论予以纠正，这是他做出的理论贡献。但是，他好像一位不高明的医生，只是诊断出病情，却开不出医病的良方。他的多元认识论并没有提出多少独创性的见解。正如他自己所承认的那样，他是一个折衷论者。但是，他确实意识到认识论问题的复杂性，并做了认真的哲学思考。他是中国现代哲学史上自觉地研究认识复杂性的第一人。他的《多元的认识论》发表之后，哲学界对他毁誉不一。除了唯物主义者对他加以批判外，一些唯心主义者也指责他理论混乱。当然，也有人对他的学说表示欣赏。孙道升在《读张先生认识论所感》中写道："张东荪先生这本认识论，量虽不多，就质来说，我以为他的价值实可以与白克莱的《视觉新论》先后媲美。"无论是毁还是誉，都说明他的多元认识论在当时有一定影响，并构成中国现代哲学发展史的一个重要环节。

资料卡片

贺麟论张东荪

对于实用主义、新实在论，批评的实在论、层创论、新唯心论等等，他都以清楚流利的文字各有所介绍。他搜集起来，成为一巨册，叫做《新哲学论丛》。中间有一篇讲述柏拉图的"理型"的文字，表示他对于柏拉图以及新实在论的共相说，研究的结晶，而且也能见出他的批评与融会能力。那或许要算一九二九年前后，谈西方哲学最有价值的一篇文字。此后几年，他似乎读了康德，对认识论用了一番工夫，糅合各家学说，撰成一册《多元的认识论》（一九三四年出版），认为知识之所以可能，是由于感相及其背后的条理、格式、设准、概念等所构成。这书同时有英译本刊行。这大概要算中国治西方哲学者企图建立体系的最初尝试。然而他的系统虽说是最早，却算不得胆大。因为他谦虚的自承他只是折衷论者或杂家。……他因出身新闻记者，完全由于自学，方法或稍欠谨严，思想前后亦不一贯。但他多年来都在不断地努力，于翻译、介绍、自创学说、批评时代思潮、指导青年思想，均有其相当的贡献与劳绩。抗战以后，他留在北平燕京大学任教，曾受过敌人的引诱与苦刑，而不变其节操，接受伪职。

摘自贺麟：《五十年来的中国哲学》，28页，沈阳，辽宁教育出版社，1989。

五、金岳霖

金岳霖（1895—1984），字龙荪，湖南长沙人。1914年毕业于清华学校后，到美国宾夕法尼亚大学留学，获博士学位。曾到英、德、法、意等国游学。1925年回国任教，讲授逻辑学。1926年，金岳霖受校方委托，组建清华大学哲学系。历任清华大学、西南联合大学哲学系教授、主任、文学院院长。1937年，他编纂出版了《逻辑》一书。这是中国人写的第一本系统介绍形式逻辑的教科书。1944年，金岳霖的《论道》一书出版，该书沿用中国传统哲学的许多重要范畴、概念并赋予其新的含义。在中国现代哲学史上，最肯下功夫研究知识论的专业哲学家非金岳霖莫属。在抗日战争时期，他写完《知识论》一书，可惜在一次躲避空袭时不慎丢失，几年的心血付诸东流。他又花了十几年的时间，到1948年再次写出。可是因为当时正值全国解放前夕，商务印书馆虽然接受了金岳霖的书稿，已不可能及时出版了。直到1983年，这部70万字的哲学巨著，才由商务印书馆正式出版，并以此纪念金岳霖从事哲学和逻辑学教学与研究56周年。

1949年以后，金岳霖改变自己多年形成的哲学信仰，真诚地接受马克思主义哲学。1956年加入中国共产党。1952年全国大专院校调整，只保留北京大学一个哲学系，他出任该系的系主任。1956年任中国科学院哲学社会科学部学部委员、哲学所副所长，还曾担任全国政协委员、民盟中央常务委员、中国逻辑学会理事长、中国逻辑与语言函授大学名誉校长等职务。

金岳霖的主要著作有：《逻辑》、《论道》、《知识论》、《罗素哲学》，主编《形式逻辑》。著作收入四卷本《金岳霖文集》（甘肃人民出版社，1995）。

（一）批评主观主义

金岳霖没有像张东荪那样采取主观主义路线，而是采取客观主义路线研究认识论问题。他借鉴新实在论的理论思维成果，确认外物的客观存在、意念的双重作用、思议原则和归纳原则的理论担保、真理的定义与标准，纠正了实证论的唯觉主义、归纳主义、怀疑主义和相对主义的偏向。

金岳霖主张把知识的来源追溯到外物，反对停在感觉上。从这种观点出发，他批评了主观主义知识论。主观主义知识论者把知识的来源归结为主观感觉，把感觉当成知识论的出发点，金岳霖把他们的思路叫做“唯主的出发方式”。他分析说，主观主义知识论在理论上至少遇到两个不可克服的困难：其一，从主观感觉出发无法推论或“建立外物之有，无法获得实在感或真实感”。许多主观主义者曾幻想从感觉中推导出外物，例如贝克莱由感知推导存在，罗素把外物说成由感觉形成的“逻辑构造”，等等，结果都失败了。金岳霖指出，这条路是走不通的。因为感觉是变化不定的，此时的感觉不同于彼时的感觉，从变化不定的感觉中不可能推导出相对稳定的外物。其二，由感觉出发“得不到真正的共同的客观和真假”。感觉者的感觉都是特殊的，此人的感觉不同于彼人的感觉，因此人们无法形成关于对象的完全相同的认识。倘若每个感觉者都以各自的感觉为尺度判别真假，各自有各自的标准，那就意味着失掉判断真假的客观标准，无真实感可言。总之，按照主观主义知识论，既无法建立外物，也无法形成知识。感觉是特殊的，而知识是一般的，从特殊的感觉中永远得不到一般性的知识。这是一个无法解决的矛盾。

金岳霖指出，主观主义的知识论其实是一种“自我中心论”，至少是一种“人类中心论”。实际上，研究知识论不能局限在任何知识者的立场上，应当超越这种局限性去研究“客观的知识”。“客观”一词在金岳霖的知识论中有特定的含义。金岳霖把知识者感觉到的世界叫做“有观的自然世界”。“有观的自然世界”是“无观的本然世界”的一部分。他认为，知识者并不限于人类；任何有感觉的生物类如猴子、牛等，都可以成为知识者即认识主体。倘若有比人类还高级的感觉类，他也可以成为知识者。每一感觉类的感知都不相同：人所见非牛所见，牛所见非猴所见。例如，面对一块红布，人见了可能没有任何表示，猴子见了则表示欢喜，牛见了则表示愤怒。每一感觉类中每一分子得到的感觉也不相同：你所见非我所见，我所见非你所见。但是，感觉类中的分子既然是同类，在他们不同的感觉中肯定蕴含着大体相似的认识结构，因而可以形成共同的“类观”。他把这种“类观”叫做“客观”。他说：“如果甲觉中的甲^{m}对于X所得的呈现是类型的呈现，则此呈现为客观的。”[①] 各感觉类之间虽然没有共同的“客观”，但所面临的本然世界毕竟是一个，因此认识是可以沟通的。人虽不能见牛之所见，但可以知牛之所知。

金岳霖在《论道》中表明了他的“元学态度”，在《知识论》一书中表明了他的“知识论态度”。在本体论方面，他借鉴了新实在论的理论思维成果，提出以“道，式—能”为框架的本体论学说；在知识论方面，他也借鉴了新实在论的

① 金岳霖：《知识论》，147页，北京，商务印书馆，1983。

理论思维成果，提出客观主义的知识论理论。在金岳霖看来，新实在论较好地解决了经验论与唯理论的对立，又兼有经验论与唯理论的长处；而实证论者无论在经验论上还是概念论上，都存在着严重的缺陷。实证论者坚持唯觉主义，把感觉经验视为认识的唯一源泉，但他们无法解决如何从感觉经验上升到具有普遍性、必然性的知识的难题。在概念论上，实证论者的错误在于否认概念的抽象性。金岳霖认为，康德关于范畴的先验性的说法为解决这一问题提供了思路。他采纳了康德关于范畴具有先验性的说法，却没有把范畴归结于先验的来源。在金岳霖看来，概念与范畴既有先验性，又有后验性：前者是指概念具有规范"客观的所与"的作用，后者是说概念与范畴归根结底还是来源于经验。这样，他就把经验论与唯理论两大思潮的理论思维成果综合起来了。至此，金岳霖已经显示出自己的理论个性，并且在知识论方面突破了实证主义的局限。

金岳霖强调，在研究知识论时，应当抱着"片面地忘记我是人适所以冷静我底态度"，意思是说，应当站在客观主义的立场上而不是站在主观主义的立场上，考察知识的来源及其形成过程的问题。实证论者认为知识来自感觉经验，金岳霖并不反对。他也承认感觉经验是"知识底大本营"，不过在他看来，仅仅靠感觉经验还不能形成知识，应当充分估计到"意念"在认识形成过程中所起的作用。他把感觉经验提供的材料叫做"所与"，认为所与必须纳入意念结构之后，才能形成知识。他这样概括《知识论》一书的基本思想："本书底主旨是以经验之所得还治经验，或以得自官觉者还治官觉。知识者实在是以所与摹状所与，在多数所与中抽出意念以为标准，然后引用此标准于将来的所与，以为接受将来的所与底方式。"① 围绕这条主旨，金岳霖系统地论述了知识的来源、意念在知识形成过程中的作用、知识可靠性的依据、衡量真假的标准等问题，从认识论角度全面检讨实证哲学的缺陷，构筑客观主义的知识论体系。

资料卡片

《论道》

金岳霖著。1940年商务印书馆出版。由《绪论》及《道，式—能》、《可能底现实》、《现实底个体化》、《共相底关联》、《时—空与特殊》、《个体底变动》、《几与数》、《无极而太极》等章构成。作者运用逻辑分析方法，建立了"形而上

① 金岳霖：《知识论》，688页。

学”的本体论体系。他说：“道是哲学中最上的概念或最高的境界”，“万事万物之所不得不由，不得不依，不得不归的道才是中国思想中最崇高的概念，最基本的动力”。认为“能”是构成万物的质料因和动力因，“式”是构成万物的形式因。“式”与“能”相结合的过程叫做“道”。万事万物“居式由能，莫不为道”。任何现存的事物都是“式”的体现，处于“无极而太极”的历程中。“无极非能而近乎能，太极非式而近乎式。”“太极”是世界演进的目标，是“至真至善至美至如”的完满境界。作者试图采用逻辑分析的方法改造中国传统的哲学范畴，以建构新的本体论学说。这为推动中国哲学的现代化做出了有益的探索。但受唯实论影响较深，认为一般先于个别、实在先于存在，未免理论上的失误。为纪念作者从事哲学和逻辑学教学、研究五十六周年，1987 年商务印书馆重印了该书。

摘自方克立主编：《中国哲学大辞典》，299 页，北京，中国社会科学出版社，1994。

（二）所与是客观的呈现

丁文江基于唯觉主义，强调感觉经验是认识的唯一来源。张东荪修正了他的看法，指出感觉为“不存在者”，仅仅是“显现的所与”，不是认识的全部来源；在感觉经验之外，还有“潜在的所与”，可称为“外在根由”或“条理”。张东荪固然比丁文江进了一步，但他强调外在根由只是空的架构，仍然无法说明知识的确定性和客观性，不能从根本上扭转实证论者的主观主义倾向。金岳霖比张东荪又前进了一步，径直承认知识的终极来源是客观的外物，而不是空的架构。他认可外物的客观性、真实性、确定性，从根本上推翻了实证论者在认识来源问题上的主观主义原则。在金岳霖看来，外物独立存在，不以认识者的认识与否为转移。他强调：承认外物的客观实在性是建构知识论唯一可靠的立脚点。他说：“在实在主义的立场上，‘有独立存在的外物’是一不可怀疑的命题。”① “本书直接承认这一命题。”② 为什么这一命题不可怀疑？他提出三点理由：

第一，“被知的不随知识底存在而存在”③。认识对象是客观存在的实体，不是认识者感官的产物。他的这个论点是针对一切主观主义知识论而发的。主观主义知识论者认为，认识的立脚点不是外在事物，而是认识者的主观感觉；外物没有独立的实在性，它是由感觉经验派生出来的，例如贝克莱曾提出“存在就是被

① 金岳霖：《知识论》，119 页。
② 同上书，121 页。
③ 同上书，99 页。

感知”的观点。金岳霖不赞成这种说法，他指出，“存在”与“被感知”之间没有必然的联系：某物存在与否，不以感觉者的感知为转移。感觉者没有感知到某物，只能说明感觉者没有同该物发生关系，但这并不影响该物的实在性。基于这种分析，他得出的结论是：“‘有外物’这一命题和‘有官觉’这一命题至少同样可给我们以真实感，这两个命题都是知识论所需要的。”① 二者缺一不可，去掉其中任何一个都无法说明知识的来源。

第二，“对象底性质不是官觉者所创造的”。既然外物是独立存在的，外物具有的性质当然也是独立存在的。感觉者感知外物并不是把感觉的性质强加到外物身上。外物的性质非“知识者的意志所能左右、修改、产生”②。

第三，外物“各有其自身的绵延的同一性”。外物作为一个体来说，不是感觉的堆积，也不是一大堆属性的总和。它自身具有实体性和相对的稳定性。某物与他物的关系不断地改变，某物与感觉的关系也不断地改变，但该物的实体性质不会因此而发生变化。金岳霖把这叫做“自身的绵延的同一性”。他举例说，某人在书画店买一幅画，他把此画带回家，再打开一看，此画绝不会变为另外一副模样。这就说明画具有“绵延的同一性”。

那么，知识者的感觉能否认识外界对象？金岳霖的看法是肯定的。他认为“所与是客观的呈现”，知识者感觉到的内容可以同外界对象相一致。他把感觉划分为三种类型：一类叫做“野觉”，即知识者处在不正常状态下形成的感觉，如发高烧、喝醉酒时形成的幻觉，色盲的视觉，都属于这一类；另一类叫做“梦觉”，即知识者在睡梦中形成的感觉；再一类叫做“正觉”，即知识者在正常状态下形成的感觉。野觉和梦觉当然不能正确地感知外物，但“正觉”的感知同外物应当是一致的。他说：“我们称正觉底呈现为‘所与’以别于其他官能活动底呈现。所与就是外物或外物底一部分。所与有两方面的位置，它是内容，同时也是对象；就内容说，它是呈现，就对象说，它是具有对象性的外物或外物底一部分。内容和对象在正觉底所与上合一；在别的活动上这二者不必能够合一，例如我想象在伦敦底朋友时，内容是一事，对象是另一件事。就所与是内容说，它是随官能活动而来，随官能活动而去的，就所与是外物说，它是独立于官能活动而存在的。”③ 这说明“所与”是把知识者同外物联系起来的可靠桥梁，它的一头联着认识对象，另一头联着认知主体。通过“所与”，外界对象转化为认识的内容，

---

① 金岳霖：《知识论》，76 页。

② 同上书，103 页。

③ 同上书，130～131 页。

所以说“所与是客观的呈现”。基于上述分析，金岳霖得出“所与是知识底材料”的结论。他说：“所与是正觉底呈现，所以正觉是供给知识底材料底官能活动。任何知识，就材料说，直接地或间接地根据于正觉。日常的知识如此，科学的知识也是如此。”① 从外物到“所与”，再到知识，这就是金岳霖关于知识来源问题的基本观点。他承认外物自身的客观性，强调外物是认识的最终来源，强调“所与”是联系认知对象与认知主体的中介，贯彻了客观主义的思路，同主观主义划清了界限。

金岳霖承认外物的实在性，把感觉看成主、客体之间的桥梁，同唯物主义反映论有相近之处，但不能归结为唯物论的反映论。金岳霖把他的观点叫做“呈现说”，以示与反映论有区别。当时他觉得，唯物论的反映论在理论上有困难。按照反映论的说法，感觉是主观对客观的反映，是对外物的摹写。尽管摹本和原本在本质上是同一的，但二者毕竟是有区别的；那么，怎么能够证明二者的同一性呢？当时的金岳霖不赞成反映论，把这种学说叫做“因果说”或“代表说”。所谓因果说是指反映论关于客观对象是引起主观认识的原因的论点；所谓代表说是指反映论关于主观认识是对客观对象的摹写的观点。他对反映论提出这样的质疑：摹本在主观方面，原本在客观方面，如此说来摹本与原本似乎是两个个体；那么，怎么能证明摹本与原本在原则上是同一的？看来金岳霖当时很不理解摹本与原本之间的辩证关系，因而对反映论产生一些误解。按照金岳霖的呈现说，正觉感觉到的内容与外界对象没有任何区别，完全是一个东西的两个方面。由于他取消了摹本与原本之间的差别，带来的后果是混淆了主观与客观的界限，使外物的客观实在性变得模糊起来。

金岳霖的呈现说取消了主观与客观之间的矛盾，带来的另一个后果就是无法区别真实的感觉与错误的感觉。照他看来，正觉永远是外物的正确呈现，绝不会有错误。比如，一根筷子在空气中是直的，一半插在水中看起来是弯的，这两种正觉都是对的。这样，就带来了一个问题：筷子自身到底是直的，还是弯的？金岳霖对这个问题无法做出令人满意的解释。

资料卡片

所与

金岳霖用语。指纳入主客体关系之中的感觉材料。它与独立存在的外物有区别，“它底有要靠该官觉类的有”，即相对于认识主体而言才有，不是独立存在的

① 金岳霖：《知识论》，185页。

客体。然而它并不是感觉的派生物，而是客观的呈现："所与有两方面的位置，它是内容，同时也是对象。就内容说，它是呈现；就对象说，它是对象性的外物或外物底一部分。内容和对象在正觉底所与上合一。"（《知识论》，130页）所以，"所与"是把认识主体同外物联系起来的桥梁，一头联着主体，另一头联着客体，从而使外界对象转化为认识的内容。金岳霖认为，"所与"是认识的来源，所谓认识就是"得之所与又还治所与"。他承认所与是外物的一部分并且承认外物独立存在，具有唯物论倾向。但他不同意反映论，否认认识内容与外在对象的差别，混淆了主体与客体的界限。

摘自方克立主编：《中国哲学大辞典》，444页，北京，中国社会科学出版社，1994。

（三）纳所与于意念图案

丁文江在认识论方面坚持唯觉主义，对认识形成过程没有做出任何说明。张东荪比丁文江深刻一些，看到了直观的格式和判断的格式对感觉材料的加工作用，但仍旧把概念看成应付实在的经验性的符号，对其在认识形成过程中所起的作用认识不足。金岳霖没有直接批评丁文江和张东荪，但批评了实证哲学的奠基人休谟。在他看来，休谟研究认识论的工具"过于简约"，因为在休谟那里只有"意像"，而没有"意念"。金岳霖所说的"意念"，就是通常所说的"概念"。但金岳霖认为"意念"和"概念"两个术语是有区别的："概念"一词只能在逻辑学的意义上使用，不能在知识论的意义上使用；在知识论的意义上只能使用"意念"这个词，不能用"概念"这个词。照他看来，"意念"是不甚清楚的、不甚精确的、不甚严格的概括，与逻辑学中所说的概念不完全一样。因此，他采用"意念"一词，而不用"概念"这一术语。他认为，知识者在认识过程中收容与应付所与的工具是"意念"，而不是逻辑学意义上的"概念"。他对休谟的批评，对丁文江和张东荪来说，也是适用的。为了克服实证论者"只有意像而无意念"的局限，金岳霖从意像论推进到意念论，追问认识形成的前提条件，创立了意念双重作用的理论。

金岳霖认为，所与只是知识的来源，所与本身还不是知识。要从感性的所与上升到理性的知识，必须对它进行加工，这叫做"所与底收容与应付"。所谓"收容"，是指知识者把所与转化为知识的内容；所谓"应付"，是指知识者根据得到的知识而采取的行动。例如，某人在战场上听到炮声就跑，他听到炮声，是对所与的收容；而跑则是对所与的应付。收容与应付交相为用，"一官觉者不能收容，他也不能应付；他不能应付，他也不能表示他底所与已经为他所收容”①。

知识者收容与应付的工具很多，如习惯、记忆、想象、相信、语言、意志等皆是，但最主要的工具还是“抽象的意念”。意念对所与的收容与应付，表现在两个方面：一是“摹状”，一是“规律”。

他解释说：“所谓摹状，是把所与之所呈现，符号化地安排于意念图案中，使此所呈现的得以保存或传达。”“意念”与“意像”不同。意像是图画式的，意念是符号化的。换言之，意念是抽象的，而不是具体的。每个意念都不是孤立的，都与其他意念相联系而结成“意念图案”。把意念引用于所与，也就是把所与纳入意念图案之中，使之得以保存或传达，这就叫做“符号化地安排”。他举例说，假如某人看见一个东西后，做出“这是橘红色之物”的判断，其实就是用“橘红色”这一意念摹状他所接受的“所与”。“橘红色”不是一个孤立的意念，它的一端是红色，另一端是黄色。这三种颜色形成一意念图案，即“红——橘红——黄”，橘红是红、黄的居间色。用“橘红”摹状所与，就是把所与纳入“红——橘红——黄”的意念图案。所与被知识者纳入意念图案中之后，便转化为他经验中的事实，他可以用摹状的方式把此事转告别人。例如，甲向乙传达“这是橘红色之物”这一经验事实，若乙不明白何谓橘红色，甲可以对乙说：橘红色就是比红色浅、比黄色深的颜色。这样，乙就会由不懂变懂了。金岳霖指出，摹状在传达知识时很重要。听者不懂时必须举例子，举例子就是摹状。

金岳霖又说：“所谓规律，是以意念上的安排，去等候或接受新的所与。”②他所说的“规律”与通常含义不同。“规”是“规定”的意思，“律”是“范围”或“约束”的意思，“规律”其实就是“规范”的意思。意念的规范作用就是以固定的意念图案为工具去接受或安排新的所与，这同法官引用法律条文量刑相似。法律条文上有“杀人者死”的规定，这条规定没有告诉法官罪犯是否杀了人，只是说如果罪犯杀了人，就可以判处他死刑。金岳霖又说，意念的规范作用好像收发员分发信件。每个单位有一个信箱，这些信箱相当于“意念”；待分的信件相当于“新的所与”，收发员把属于每个单位的信件放进该单位的信箱里，就是对信件加以规范。金岳霖指出，意念具有超前性，但它并不积极地去规范所与，只是消极地等候所与。它“不是规定所与如何呈现，它所规定的，是我们如何接受”③。

---

① 金岳霖：《知识论》，186 页。
② 同上书，364 页。
③ 同上书，366 页。

金岳霖强调，意念的摹状作用和规范作用是不能分开的。二者之间的关系如同左右、上下、因果一样，紧密地联系在一起，失掉一方，另一方也不复存在。分开来说，无规范就不能摹状。因为摹状是意念上的安排，这种安排同时就是规范。可见规范是摹状的必要条件。反过来说，无摹状不能规范。如果只是规范不摹状，意念太抽象，无法起到传达知识的作用。总而言之，“意念不规律，它不能摹状，不摹状，它也不能规律。二者交相为用，意念才成其为意念”①。

金岳霖认为，意念既有先验性，又有后验性。就其摹状作用来说，它是后验的，因为摹状必须以所与为前提；如果没有所与，也就无“状”可摹。就其规范作用来说，它具有先验性。“无论所与以后如何呈现，我们底办法已经决定了。这就是意念底先验性。”② 意念是先验与后验的统一。

正因为意念具有后验性和先验性两个方面，所以它能“得自所与又还治所与”。所谓“还治”，即是对所与进行加工整理。金岳霖指出，所与是动态的感性之流，它源源不断地涌来，处于变动不居的状态。意念则是静态的认知结构，意念的数量在知识者的头脑中可以不断增多，但意念本身无所谓加减。“意念根本不能变的，它根本无所谓变与不变。它是抽象的，普遍的。”③ 因此，以意念还治所与，“实在是以不变治变”，即把动态的所与组织到静态的意念图案之中，从而形成知识。意念图案有大纲，有细则。大纲是指时间、空间、性质、关系、东西、事体、变、动等最一般的意念，知识者认识任何对象都要动用它们，所以称之为“大纲”。他所说的大纲也就是指最普遍的认识范畴。细则是指床、桌子等具体的经验性意念，在这些意念的帮助下，知识者获得具体的知识。知识者获得的知识也要靠意念的帮助才能保存下来。意念之间存在着逻辑关联，知识者依据逻辑关联形成判断，掌握认识对象的含义。金岳霖把通常认识过程中形成的判断叫做“意思”，把逻辑学中的判断叫做“命题”，“命题”是最精确的“意思”。

总之，照金岳霖的说法，认识过程就是知识者以意念为工具把握客观的所与，将所与转化为知识的过程。知识者掌握的意念越多、越精确，他摹状和规范所与的本事就越大，他的知识就越丰富。人类知识的总量是不断增加的，知识总量的增加就表现在不断地提出新的意念，不至于对新的所与毫无办法。金岳霖这样描述新意念的形成过程：当知识者遇到从未见过的所与，开始时可以用负意念安排它，做出“这不是某某”的判断；随后即进入正意念上的安排，用新发明的

① 金岳霖：《知识论》，382 页。

② 同上书，402 页。

③ 同上书，394 页。

X、Y、Z等名字称谓它。“我们会把它翻来复去，彼此互相比较，我们会得一套新的意念，而这一套的意念或新得的意念也摹状也规律。”① 显然，他对新概念如何形成的解释过于简单，但他力图在知识论中贯彻发展的观点，这是合理的。关于新概念是如何形成的问题，被罗素称为认识论或知识论研究中的难题，金岳霖对此问题的探索尽管不算成功，但还是富有启发性的。

金岳霖提出的关于概念双重作用的理论在哲学史上是有贡献的。从西方哲学的视角看，他提出这一理论，意在纠正休谟经验论的偏颇。在休谟的知识论中，由于只有“意像”而没有“意念”，因而无法对知识的形成过程做出合理的解释。金岳霖接受休谟的理论教训，充分地估计到概念在认识形成过程中的能动作用，突破了经验论的局限。从中国现代哲学的视角看，他突破了丁文江的唯觉主义和张东荪的经验主义的狭隘眼界，在知识论研究方面取得重大进展。金岳霖主张经验与理性并重。他说：“这两方面兼重，就表示我们不但注重经验，而且注重理性。说所与中本来有形形色色，这这那那，种种等等，就表示我们注重经验，官觉者得到意念底根据就是这些。说所与本来无名，在官觉者以意念去接受所与之后，所与对于官觉者有意念上的秩序，就是说我们注重理性；我们实在是纳所与于意念结构之中。使所与对于官觉者得到一种条理化。”② 由此反映出，金岳霖试图辩证地看待所与与意念的关系，看待感性与理性的关系，看待经验与概念的关系，从而把经验论和唯理论综合起来。但是，他未能完全达到这一目标。他把意念看成固定的认知模式，对概念的理解有些僵化，从而导致先验论和形而上学的倾向。他对认知结构的静态分析比较深刻，但没能从动态角度分析考察“具体概念”的形成和运动，对理性认识由抽象到具体的发展过程似乎未做出令人信服的阐释。

资料卡片

休谟的认识论学说

休谟继承并贯彻洛克和G.巴克莱的经验论观点，对人的认识能力“理智”和认识的构成要素“知觉”进行剖析，制订了怀疑论的认识论学说。主要内容是：

① 金岳霖：《知识论》，405页。

② 同上书，630页。

(1) 知觉论和怀疑论。休谟则把“知觉”作为知识的基本要素，并把知觉分为两类，即印象和观念。他认为印象是指人们在听、看、触、爱、憎的时候所产生的较活跃的知觉；观念则是在反省上述感觉时人们所意识到的一些较不活跃的知觉，这样的观念也就是思想。休谟进一步把印象也分为两类，即感觉和反省，他认为反省印象在相应的观念之前产生，但却出现在感觉印象之后，而且是从感觉印象得来的。这样，休谟把感性认识和思维都归在知觉之下，并且把反省和观念都归结为感觉印象。

(2) 知识论和因果论。休谟认为人类的理智有两种作用，即推断各种事实和比较各个观念。同样，人类的知识也分为两类，一类是关于实际事情的知识；包括自然科学、自然哲学和历史学等，这是建立在经验基础上的因果性知识；另一类是抽象科学和证明的知识，即数学知识。

休谟认为建立在经验基础上的因果性知识构成了大部分的人类知识，是一切人类行为的源泉。因此，他着重地探讨了因果性问题。……他指出，因果之间有一种前后相承的关系，可是“后此”并不就是“因此”。因果联系观念的基本条件在于必然的联系，就是说，有果必有因，有因必有果。这种因果联系的发现不是凭借于理性，而是凭借于经验。不过，单独一次经验并不足以形成因果观念，只有当类似的现象多次重复或经常集合在一起，并从而在人的心灵上产生习惯性的影响时，才能形成这种观念。

摘自《中国大百科全书·哲学》，1042～1043页，北京，中国大百科全书出版社，1987。

(四) 思议原则和归纳原则

在考察完知识的来源以及形成过程等问题之后，金岳霖进一步研究了知识的可靠性问题。以意念为接受工具收容与应付所与形成的知识是否靠得住？金岳霖提出并研究知识的可靠性问题，也是针对实证论的思想局限而发的。按照实证论的观点，人们关于事实的知识都是从感觉经验归纳而来的，由归纳而来的知识都是或然的，并不具有必然性。尽管人们相信“明天太阳还会从东方升起”，但没有理由断言“明天太阳一定从东方升起”。金岳霖推翻了实证论者的这种观点。他认为知识的可靠性是没有问题的，因为思议原则与归纳原则可以为知识提供“理论上的担保”。前者是知识可靠性的先天必要条件；后者是知识可靠性的先验充分条件。

思议原则又叫“思议底基本的规律”，是指形式逻辑中的同一律、排中律和矛盾律。他认为“同一、排中、矛盾三原则，的确比其他的逻辑命题，来得基本”①。这三条原则“是摹状底摹状和规律底规律”，任何意念离开它们都不能发挥摹状与规范所与的作用。思议原则本身不直接摹状所与，也不直接规范所与，换句话说，它不是接受所与的方式，“然而它是意念所以能成为接受方式底条件”②。为什么说思议原则是意念所以能成为接受方式的条件呢？金岳霖没有从认识论的角度予以说明，而是从本体论的角度予以说明。他认为本体界中的“能”是现存世界材料方面的本原，“式”是形式方面的本原，能与式的离合变化构成现存世界中各种事物的生灭变化。从“道，式一能”的本体论来看，“式就是逻辑底泉源”③。他说：“式可以说是逻辑本身，普通所谓逻辑常相，似乎只是表示逻辑底工具而已。”④ 追本溯源，同一、排中、矛盾三原则根基于本体界的“式”，惟其如此，它们才具有先天的有效性。正因为思议原则具有先天的有效性，所以依据思议原则而成立的意念也就获得“理论上的担保”，从而经过意念的安排，由“所与”形成的知识也就有了可靠性。

对于三条思议原则的规范作用，金岳霖逐一做了分析。首先，他指出，同一律是意念之所以成为意念的最基本的条件。他说：“三思议原则之中，同一原则的确基本。最显而易见的说法，是说它是意义可能底最基本的条件。”⑤ 任何意念必须遵循这一规则才会有确定的含义。他举例说，倘若父可以不是父，子可以不是子，那么，“X是Y的父亲”或“Y是X的儿子”都成了没有意义的废话。同一律就是保障父必是父，子必是子，一句话必是该句话。某意念或某句话遵守同一律不必有意义，可是违背同一律肯定不会有意义。同一律保证意念有确定的外延与内涵，从而使意念起到摹状和规范所与的作用。

其次，排中律是最基本的推论原则。他说：“排中律是一种思议上的剪刀，它一剪两断，它是思议上最根本的推论。”⑥ 知识者接受所与之后，要用意念做出“他是甲”或者“他不是甲”的判断，以表明自己获得某种知识。“他是甲”与“他不是甲”二者必取其一：如果说“他是甲”，就不能同时说“他不是甲”，反之亦然。说某“所与”是甲，就是以甲意念接受该“所与”；说某“所与”不是甲，就是以非甲的意念如乙、丙、丁……接受该“所与”。正因为有排中律作

---

① 金岳霖：《知识论》，414页。
② 同上书，409页。
③ 金岳霖：《论道》，21页，北京，商务印书馆，1987。
④ 金岳霖：《知识论》，408页。
⑤ 同上书，414页。
⑥ 同上书，415页。

为理论担保，知识者才可能总有办法接受新的“所与”，不断地从一意念推导出其他意念。

再次，矛盾律是最基本的排除原则。他说：“矛盾原则是排除原则，它排除思议中的矛盾。矛盾不排除，思议根本就不可能。”[①] 他认为矛盾律从反面强调意念必须遵守逻辑。矛盾是“思议底限制”，同思议不相容。凡是有矛盾的意念都是不可思议的，违反逻辑的，因此理所当然地不能成为接受“所与”的方式。矛盾律并不能保证在思议过程中不出现矛盾，它只表明：一旦出现矛盾，就不可能再形成认知结构。因为“结构根本不能有矛盾，有矛盾则非结构”。所以，在认识过程中必须排除有矛盾的意念，保留无矛盾的意念。只有无矛盾的意念才能成为接受“所与”的方式。

金岳霖认为，思议原则作为先天的逻辑规范来说，也是“所与底必要条件”。他说：“所与底可能也靠逻辑命题为必要条件。”[②] 他强调，先天的思议原则之“先”，不是时间上的在先，而是逻辑上的在先，是以之为先决的、必要的条件的意思。先天的思议原则同经验事实无关，因而“先天”又区别于“先验”。先天的思议原则不规定所与如何呈现，只规定所与倘若呈现就不能受到它的制约。这样看来，思议原则一方面是意念之成为意念的必要条件，另一方面又是“所与”之成为可能的必要条件。综合起来说，“先天的命题也是经验之所以可能底必要条件。这就是说，必先承认这样的命题，然后经验才可能。否则经验不可能。所谓承认这些命题，就是承认这些命题是真的，假如这些命题不是真的，所与既不可能，我们当然不能有经验”[③]。推而论之，只有承认思议原则是真的，知识才有可能。换言之，思议原则永真便是知识可靠性的理论保障。

金岳霖对同一律、排中律、矛盾律在知识论中的地位十分重视。他对这三条规则的作用所做的分析，相当深刻、透辟。但是，他把这三条本来属于思维形式方面的具体规则抬高到本体论的高度看待，显然是不妥当的。不过，也应当看到，金岳霖的这种学术思想在中国现代哲学史上也有积极的意义。在 20 世纪 30 年代至 40 年代，形式逻辑作为一门思维科学传入中国的时间还不长，人们对这门科学的了解还很不够，甚至产生一些误解。有些人曾把形式逻辑当成形而上学批判，全盘否定这门科学的价值。在这种情况下，金岳霖重视逻辑在知识论中的作用，对克服人们关于形式逻辑的误解是有帮助的。

---

① 金岳霖：《知识论》，416 页。

② 同上书，407 页。

③ 同上书，406 页。

金岳霖又提出，先天的思议原则虽然是知识可能的充分条件，但并不是知识可能的必要条件，因为它们不能积极地作用于“所与”。他认为，知识的可靠性除了要靠先天的思议原则来担保之外，还要靠先验的归纳原则来担保。前者是知识可靠性的充分条件，后者是知识可靠性的必要条件；前者是消极的，后者是积极的，可以保证知识的总量不断地增加。金岳霖对“先天”与“先验”做了严格的区分。先天是关于知识的分析成分，与经验无关；先验是关于知识的归纳成分，它虽然从总体上看不能脱离经验，但在任何具体经验之先。他给“先验”下的定义是：“如果我们有某某形式，无论所与以后如何呈现，我们可以用此形式为经验底接受底方式，则此某某形式为先验的形式。”① 先验形式担保经验能够继续下去，使知识者不断获得新的知识。他认为归纳原则就是这样的形式。归纳原则是永真的先验原则。“只要经验继续，归纳原则总是真的。”②

金岳霖分析说，之所以有人怀疑归纳原则的永真性，是因为他们错误地把归纳原则同归纳得出的结论混为一谈。他指出，由归纳得出的结论是“历史的总结”，当然可以被否定的例证推翻；而归纳原则是“如果——则”式的普遍命题，这是不能被否定的例证推翻的。他强调，“归纳原则不是从归纳得来的原则”③。否定的例证出现，恰好说明知识者原有的意念不足以应付和安排新的所与，从而激发他们寻找新的意念。例如，欧洲人在没有发现黑天鹅之前，以为所有的天鹅都是白的；后来发现了黑天鹅，推翻了“所有的天鹅都是白的”的结论。惟其如此，欧洲人的意念就更丰富了，增加了“黑天鹅”的意念。

金岳霖指出，归纳原则是同时间联系在一起的，只要时间不会停住，归纳原则的永真性就不会动摇。他说：“我们当然没有纯理论上的理由担保时间不会打住。……可是，这一假设也只是可以思议的而已，我们没有任何理由表示时间会打住。”④ 在事实上，时间是不会打住的，这就说明归纳原则至少在事实上是永真的。因为没有纯理论上的理由担保时间不会打住，所以归纳原则永真性是先验的而不是先天的。

关于如何从归纳中得出普遍性的知识的问题，历来是知识论研究中的难题。休谟长久为此问题所困扰，最后竟得出“归纳总是由特殊到特殊，永远无法得到普遍性知识”的结论。金岳霖提出“归纳原则永真”的理论，推翻了休谟的结

---

① 金岳霖：《知识论》，397 页。

② 同上书，424 页。

③ 同上书，451 页。

④ 同上书，449 页。

论。他对“归纳原则永真”的证明，发前人所未发，在理论上是新颖而独特的。但是按照他的理论，由归纳得出的结论虽具有普遍性，可仍是或然的，而不是必然的。金岳霖只从量的角度思考归纳问题，没能从质的角度深思，这大概是他失败的原因。要说明归纳得来的结论具有必然性，首先必须承认客观事物之间具有本质的、必然的联系，这才是解决这一难题的关键。

资料卡片

金岳霖回忆《知识论》的写作

花时间最长，灾难最多的是《知识论》那本书。这本书我在昆明就已经写成了。那时候日帝飞机经常来轰炸，我只好把稿子带着跑警报，到了北边山上，我就坐在稿子上。那一次轰炸的时间长，天也快黑了，我站起来就走，稿子就摆在山上了。等我记起回去，已经不见了。只好再写。一本六七十万字的书不是可以记得住的，所谓再写只可能是从头到尾写新的。这个工作在 1948 年 12 月的某一天（可能是 12 日或 14 日）写成了，寄给商务印书馆了。这时书局也就不忙了，因为北京已经在解放的前夕了。

摘自刘培育主编：《金岳霖的回忆与回忆金岳霖》，49 页，成都，四川教育出版社，1995。

（五）真假的定义和标准

按照金岳霖的知识论，知识者以意念为工具，遵循思议原则和归纳原则，接受和安排“所与”，最后形成知识。知识以意思或命题的形式保存下来或表达出来，由意思或命题组成复杂的理论系统，构成人类知识的大厦。那么，这个大厦是否具有真理性？这是任何知识论研究者都不能回避的问题。胡适关于这个问题的答案是否定的，他认为一切知识都是应付实在的工具，都是一些假设，不可认作天经地义的信条。在他看来，“有用就是真理”，只有此时此地的真理，没有绝对的、客观的、普遍的真理。丁文江尽管没有正面回答这个问题，但实际上也是抱着否定的态度。例如，他认为科学上的所谓“公例”，只是说明人们观察事实的方法，若不适合于新发现的事实，随时可以改变，并不具有必然性。这就是说，人类知识的大厦中只有相对的真理性，不存在什么绝对真理。张东荪也否认人类知识大厦的真理性，声称一切文化知识的作用都在于“自己骗自己”。他们在这个问题上的相对主义、怀疑主义倾向是显而易见的。金岳霖要想突破实证论的局限，必须走出相对主义和怀疑主义的误区，对知识真理性做出肯定的回答。在回答这个问题时，他采取了绝对主义与相对主义相结合的办法。从绝对的意义上说，他承认有衡量知识真假的定义；从相对的意义上来说，他承认有判断知识真假的标准。

什么是衡量知识真假的标准？金岳霖从“道，式一能”的本体论视角回答这个问题。他认为，衡量知识真假的标准来自“固然的理”（又称“共相底关联”）。他给真命题下的定义是：“普遍的命题，如果是真的，表示自然律，或者利用我们在《论道》书中所用的术语，它表示或肯定固然的理。”① 这就是说，凡是符合“固然的理”的命题都是真命题，否则就是假命题。金岳霖强调，关于知识真假的定义的问题，在知识论中很重要，因为“论知识就是论真”。所以，他的知识论体系以此问题为落脚点。金岳霖主张在研究哲学问题时，把本体论同知识论区别开来，采取不同的态度。在没有涉及真理问题之前，他一直是这样做的；而一旦涉及真理问题，他就不能不把二者联系在一起了，因为有什么样的实在观，必然有什么样的真理观。实证论者不承认实在的确定性，从而导致相对主义的真理观。金岳霖之所以能够在真理观方面走出相对主义误区，同他的本体论学说有直接关系。在他的本体论学说中，“固然的理”是永真的，这种永真性，同认识者是否认识它并没有关系。“固然的理”或“共相底关联”构成绝对真理体系，借用冯友兰的话说，就好像一部“无字天书”，至于认识者能否读懂这部天书，那是另外一回事。

金岳霖从他的本体论出发，给知识的真假下了定义，不过这个定义是纯理论性质的，在认识过程中并没有可操作性。所以，只有关于知识真假的定义还不够，还应当找到在认识过程中判断知识真假的手段。金岳霖把在认识过程中判断知识真假的手段叫做“标准”。他指出，学术界关于判断知识真假标准问题的看法，归纳起来大致有四种：（1）融洽说；（2）有效说；（3）一致说；（4）符合说。对这四种学说，金岳霖一一加以评述，并且形成了他自己的看法。

他分析说，融洽说是一种整体主义的观点，以为真知识应当同“总体经验”相融洽，既要同知识者的全部经验相融洽，又要同所有知识者的经验相融洽。只有同总体经验相融洽的命题才是“全体的真”，离开全体，任何部分都不能单独地真。金岳霖认为这种看法“玄学趣味重”，表示不能接受。有效说是一种实用主义观点，以为凡是对知识者有用的命题，都是真的。他认为此说也难以成立，因为“真的命题都有用，但是有用的不必都真”。一致说也是一种实证主义观点，

---

① 金岳霖：《知识论》，751 页。

以为科学“不知究竟，也不求知究竟，所求的只是形容感觉或自然”。按照这种说法，所谓“真”就是命题与命题相一致，而不必考虑命题是否同“实在”或“究竟”相符合。金岳霖认为这种观点也是片面的。总之，他认为这三种观点都离开知识者与“实在”的关系，只在知识者主观经验范围内寻求衡量知识真假的标准，没有抓住问题的关键。

至于金岳霖说的“符合说”，是指唯物论的反映论关于真理是主、客观相符合的观点。他认为此说与常识接近，有可取之处，但也有问题。第一，按照反映论，符合似乎是“照像式的符合”；然而“命题本身既不是照片，符合怎能是照像式的符合”？第二，反映论区分主、客观，“这就是说，命题在‘内’，‘事实’在外；那么我们怎样知道在‘内’的命题和在‘外’的‘事实’符合不符合呢？”[①] 他认为事实不是在外的，而是在内的，“事实是接受了的或安排了的所与”[②]。因此在他看来符合说也难以成立。显然，金岳霖当时对唯物论的反映论有误解。他的批评适用于旧唯物论的反映论，而未必适用于辩证唯物论的反映论。他没有看到，辩证唯物论的反映论已不是“照像式的”机械的反映论，而是能动的反映论。辩证唯物论认为主观与客观相符合不是直观的印合，而是指主观与客观的具体的、历史的统一，实践是检验主观与客观是否相符合的唯一标准。

金岳霖站在客观主义的立场上，吸收上述四种看法中对自己有用的部分，提出他对衡量知识真假问题的看法。他写道：“本书以符合与否为真假底定义，以融洽、有效与一致为符合底标准。”[③] 他强调，他的符合说与反映论不同，所谓“符合”乃是命题与实在的“固然的理”相符合。“普遍命题底相应的实在是固然的理，它底真是和固然的理符合。”[④] 这种符合是间接的，虽然不能通过经验加以实证，但可以从理论上予以承认或证明。

从理论上看，符合与否为真假的定义，可是符合本身不是经验可以得到的，因此在经验的范围里，还需利用融洽、有效、一致等作为衡量符合的辅助标准。在金岳霖的知识论中，融洽是指知识者通过直接感觉获得的判断同他判定的事实相适合。例如，某人用水洗脚，当他把脚伸入水中的一瞬间，实然大叫一声，这一声大叫就是不融洽的感觉。洗脚人在大叫之间虽然什么也没说，然而他在洗脚前以为水温是合适的，等感觉到水温太冷，或者水温太热，才发

---

① 金岳霖：《知识论》，895 页。

② 同上书，738 页。

③ 同上书，931 页。

④ 同上书，917 页。

现他事先的判断与所断定的事实不符合。金岳霖指出，融洽是相对于一时一地的，不一定准确。“融洽这一条件虽满足，而一命题不必就真”，然而“在经验中积极地不融洽的命题不是真的”[1]。因此，融洽可作为衡量真假的辅助标准之一。

所谓“有效”是指判断者的假设与所断定的事实相符合的情形。他说：“断定者也许有在假设之下所应有的行为或思想。如果这行为没有事实上的障碍，或思想没有不一致的情形，这假设就暂时地局部地有效。”[2] 他举例说，某人到火车站接朋友，根据以往的经验，火车经常晚点，于是他假设这次车也不会正点，便比列车时刻表规定的时间晚半小时到车站，火车果然未正点到达，这表明他的假设是有效的。金岳霖认为，有效不必真，然而无效必定假，因此“有效”也可作为衡量符合与否的辅助标准。

所谓“一致”是指某一命题与多数命题之间彼此无矛盾。命题之间的一致并不表明命题的真假，真的命题可以一致，假的命题也可以一致。尽管如此，“然而与一真命题一致的命题的确是真命题”。从这个意义上说，“一致”能成为衡量真假的辅助标准。

金岳霖是从理论和经验两个方面入手解决知识真假问题的。他从“道，式一能”的本体论出发，给真命题下了一个绝对的定义，用“固然的理”界说真命题；又借鉴经验论的符合、有效、一致说作为衡量符合的相对标准。他的定义包含着承认客观真理的正确性，而他的标准包含着反对独断论的合理性。令人遗憾的是，他未能把理论与经验、绝对与相对统一起来，始终未找到命题同“固然的理”相符合的途径。根据他的三条标准，只能判定哪些命题是假的，还不能判定哪些命题是真的。他把知识的真理性放在本然世界，而知识者得到的却是经验中自然世界的知识。那么，知识者如何才能由此岸到达彼岸？这是金岳霖未能解决的问题。金岳霖承认有客观真理是对的，但“人的思维是否具有客观的[gegenständliche]真理性，这不是一个理论的问题，而是一个**实践的**问题。人应该在实践中证明自己思维的真理性，即自己思维的现实性和力量，自己思维的此岸性”[3]。金岳霖脱离社会实践，试图在纯理论范围内解决真理的标准问题，是行不通的。至此，金岳霖知识论的弱点就暴露出来了。

金岳霖是中国现代哲学史上少数具有思想原创力的哲学家之一，他的思想之

---

① 金岳霖：《知识论》，923页。

② 同上书，925页。

③ 《马克思恩格斯选集》，2版，第1卷，55页，北京，人民出版社，1995。

深邃，分析技术之高超，学术视野之开阔，理论系统之严谨，哲学体系之庞大，都是令人钦佩的。他接着中国传统哲学讲，但并不“照着讲”。他强化了中国传统哲学的薄弱环节，深入研究知识论问题，取得了较大的进展；他继承中国哲学的优秀传统和民族风格，表达了现代进步知识分子的精神追求。他继承了传统，也超越了传统。他的哲学又是接着西方哲学讲的，但却不是“照着讲”。他作为一个中国哲学家，有自己独到的学术见解。他循着理性与经验并重的新思路，成功地突破了实证哲学的局限。从这个意义上看，他似乎更接近西方现代哲学家。金岳霖不但在中国现代哲学史上占有重要位置，同时在整个人类哲学的进程中也占有一席之地。

资料卡片

贺麟论金岳霖

近年来，他已写成一本完整的知识论。就他在《哲学评论》上已发表的“论思想”一章看来，也可略知他所取的途径。他分别思与想，思或思议的对象为理，想或想像的对象是意象。“知识不仅是觉象，而且是明理。”他自己申明他的立场谓：“照本书的看法，以日常生活中所认为是知识的那样的知识的论，既不谈唯心，也不能谈唯物。……本书以为无论我们对于心与物看法如何困难，我们总得承认有非心与非物。”这是一贯地代表新实在论者采自詹姆士的纯粹经验的看法。其实，从我们看来，认识的对象，恐怕不一定是非心非物，而是亦心亦物的东西。他又说“本书所需要的是思想之官的心”，所以他所讲的心，乃是心理上的官能，既不是玄学意味的心，也不是康德式的逻辑意味的心。理是心的思议的对象，当然是外在于心的。他分析了“在中”二字所包含的几种意义，他认为无论在哪种意义下，“理在心中”，或“心中有理”，都说不通。他这样就算把唯心论者的“心外无理”、“心即是理”之说排斥掉了。不过，分析名词也许只是接近问题的初步工作，似并不是解答问题的最后法宝罢了。他大概也是从休谟的联念论心理学出发，对于联想与联思也加以分析，对于联念的主动性和创造性特加说明，足以救正认经验论者以知识为被动的说法。

摘自贺麟：《五十年来的中国哲学》，30～31页，沈阳，辽宁教育出版社，1989。

思考题

1. 中国实证哲学思潮有哪些特色?
2. 如何评判胡适的真理观?
3. 丁文江怎样论述科学方法?
4. 张东荪如何看待认识的来源?
5. 金岳霖怎样论述意念在认识过程中的作用?

参考文献

1. 宋志明，孙小金．20世纪中国实证哲学研究．北京：中国人民大学出版社，2002

2. [美] 格里德著，鲁奇译．胡适与中国的文艺复兴．南京：江苏人民出版社，1996

3. [美] 郭颖颐著，雷颐译．中国现代思想中的唯科学主义．南京：江苏人民出版社，1989

4. 左玉河．张东荪学术思想评传．北京：北京图书馆出版社，1999

5. 胡伟希．金岳霖与中国实证主义认识论．上海：上海人民出版社，1988

第三章 中国马克思主义哲学思潮

本章要点

1. 中国马克思主义哲学思潮的发展历程，大体上经历了唯物史观的传播和理解、规范化以及中国化三个阶段。

2. 李大钊在唯物史观的指导下，找到了一条改造中国社会的正确道路。随着陈独秀接受唯物史观，新文化运动转变为马克思主义的宣传运动。

3. 瞿秋白对辩证唯物主义的理解和阐述，拓宽了中国马克思主义者的理论视野。

4. 李达的《社会学大纲》是第一本中国人编写的马克思主义哲学教科书，艾思奇的《大众哲学》为马克思主义哲学通俗化做出了重大贡献。

5. 郭沫若和侯外庐运用马克思主义思想方法研究中国固有学术思想，努力探索把二者结合起来的途径。

6. 毛泽东哲学思想标志着中国马克思主义哲学思潮迈入中国化阶段，标志着中国哲学实现了现代变革。

中国马克思主义哲学思潮把理论重心放在人对于世界的实践关系上，以“中国社会如何改造”为核心话题。中国马克思主义者运用马克思主义的立场、观点和方法，发扬中国传统哲学注重实践的优良传统，掌握了认识世界的有效工具和改造社会的锐利武器，找到了改造旧中国、建立新中国的正确途径。在中国马克思主义哲学的指导下，中国社会和中国哲学均实现了由传统到现代的伟大变革。

一、概　述

19 世纪末 20 世纪初，马克思主义在全世界范围内走向高潮，也影响到处于社会大变革过程中的中国。中国一些先进的思想家在向西方寻找思想武器的时候，把马克思主义学说介绍过来，给古老中国的思想界吹进了一股新风。马克思主义哲学植根于中国哲学和革命实践的土壤，逐步完成中国化的进程，这从根本上改变了中国人的精神面貌。

（一）马克思主义传入中国

中国思想界接触马克思主义的历史可以追溯到 19 世纪末 20 世纪初。1899 年，来华的美国传教士李提摩太节译了蔡尔康写的《大同学》一文，发表在广学会主办的《万国公报》上，中国学者从中知道了马克思的名字。1903 年，《浙江潮》杂志出版了日本学者秋德幸水著《社会主义神髓》的中文译本，中国学者从该书中第一次得知恩格斯的名字。1902 年，梁启超在《新民丛报》第 18 号上发表《进化论革命者颉德之学说》，对马克思做了简要的介绍：“麦喀士（即马克思），日耳曼人，社会主义之泰斗也。”后来他又在《二十世纪之巨灵托辣斯》一文中介绍说，马克思是“社会主义之鼻祖，德国人，著述甚多”。不过，梁启超并没有具体介绍马克思的学术思想。1906 年，革命派思想家朱执信在《民报》第 2 号上发表长文《德意志社会革命家小传》，论及马克思和恩格斯，介绍他们的事迹和思想观点，还节译了《共产党宣言》中的一大段文字。这是关于马克思和恩格斯论著的最早的中文版本。除此之外，中国无政府主义者在《天义报》上发表了《共产党宣言》中恩格斯 1888 年为该书英文版写的序言，还节译了该书第一章《资产者与无产者》中的部分内容。不过，无政府主义者并不了解马克思主义的理论实质，在按语中竟然把马克思主义与无政府主义混为一谈。

中国人接受马克思主义思想影响的历史固然可以追溯到19世纪70年代，但马克思主义传入中国却开始于五四时期。在五四之前，一些资产阶级学者虽然接触到马克思主义，但他们囿于资产阶级的视野，不可能真正把马克思主义介绍到中国来，当时中国社会尚没有形成接受马克思主义的社会条件和思想条件。到五四时期，这样的条件逐渐形成了。中国工人阶级作为一支独立的政治力量，登上了历史舞台。

在五四前后，中国的政治经济形势发生了很大变化。由于当时欧美帝国主义国家忙于第一次世界大战，暂时放松了对中国的经济侵略，中国民族资本主义得到了一个迅速发展的机会。由于民族工业的发展，中国工人阶级的队伍壮大起来。在辛亥革命时期，中国产业工人大约有60多万人，而到五四前夕，迅速增长到200多万人。随着工人阶级的成长，中国工人运动有了很大的发展。据不完全统计，从1912年到1919年短短的几年时间里，有记载的罢工多达130余次。在五四运动期间，工人阶级发挥了主力军作用。1919年6月3日，上海工人阶级率先发动声势浩大的政治大罢工，声援学生的爱国运动。京奉铁路唐山工人、京汉铁路长辛店工人、九江工人纷纷响应，都举行了罢工和游行示威。南京、天津、济南、长沙、汉口、杭州、芜湖、无锡、吉林等城市也举行了各种形式的爱国活动。中国工人阶级参加五四运动，对取得斗争的胜利起了决定性作用，迫使当局不得不释放被捕的学生。这时，中国工人阶级已经由自发状态转为自觉状态。

以五四运动为标志性事件，中国民主主义革命划分为新旧两个阶段。五四以前为旧民主主义革命阶段，中国资产阶级是这场革命的领导者。在孙中山先生的领导下，旧民主主义革命所做的最值得称道的事情就是推翻统治中国数千年之久的封建帝制，建立了中华民国。令人遗憾的是，民国成立后，中国的情况不是变好了，而是变得更糟了。袁世凯窃取辛亥革命成果，逼迫孙中山辞掉临时大总统的职务。他坐上了大总统的位置以后还不甘心，得寸进尺地想当皇帝，辛亥革命的成果就这样被他轻而易举地断送了。有人赋诗，扼腕慨叹："无量黄金无量血，可怜购得假共和。"旧民主主义革命的这种结局成为中国近代思想动向的拐点。在此之前，"中国人被迫从帝国主义的老家即西方资产阶级革命时代的武器库中学来了进化论、天赋人权论和资产阶级共和国等项思想武器和政治方案，组织过政党，举行过革命，以为可以外御列强，内建民国"①。事实证明，这些东西救不了中国。先进的中国人从民国初年的乱局中体味出：英国和日本式的君主立宪

① 《毛泽东选集》，2版，第4卷，1514页，北京，人民出版社，1991。

的道路在中国行不通，法国式的民主共和的道路同样也行不通，必须寻找新的思想资源。一些知识分子把目光投向中国传统思想，选择了现代新儒家的道路；另一些知识分子仍旧寄希望于西学，选择了全盘西化的道路；更多的知识分子则把目光投向马克思主义这种批判资本主义的新思想，选择了马克思主义的道路。

五四新文化运动的深入开展，促进了人们的思想解放，唤起了人们追求真理的热情，为马克思主义在中国的传播提供了思想条件。在五四运动时期，中国工人阶级作为一支独立的政治力量登上历史舞台，担负起领导中国新民主主义革命的历史使命。中国工人阶级由自发走向自觉，这使得中国具备了接受马克思主义的社会基础。于是，工人阶级的“圣经”——马克思主义，便有可能在中国得到迅速的传播。

正当中国已具备了这两个条件的时候，俄国十月革命胜利的消息传来了。十月革命的胜利揭开了人类历史的新纪元，在全世界的范围里提高了马克思主义的威信，使中国人民受到极大的鼓舞。先进的中国人从旧民主主义革命屡屡失败的教训中认识到，中国已不能再走西方资本主义的老路，必须另辟蹊径。“用无产阶级的宇宙观作为观察国家命运的工具，重新考虑自己的问题。走俄国人的路——这就是结论。”① 于是，中国现代思想史的发展，很快从五四新文化运动转变为马克思主义的宣传运动。

马克思主义传入中国的途径有三条。第一条是日本。中国早期的马克思主义者如李大钊、陈独秀、李达等人都有留学日本的经历，晚一些的艾思奇也曾留学日本。他们受日本马克思主义学者河上肇等人的影响，通过日文接受马克思主义。回国以后，他们便成为中国最早的马克思主义的传播者。第二条是苏联。1921 年，在共产国际的帮助下，中国共产党成立。为了帮助中国共产党培养干部，苏联共产党在莫斯科建立东方劳动者共产主义大学。这时，苏联成为马克思主义传入中国的主要途径。瞿秋白、张太雷、刘少奇、任弼时等人都曾在苏联工作或学习过，通过苏联的途径成为马克思主义者。第三条是欧洲。20 世纪初，一大批中国学生到欧洲勤工俭学，他们在那里接受了马克思主义。1920 年，蔡和森在参与组建“勤工俭学励进会”（后改为“工学世界社”）时，接受了马克思主义。他同国内的陈独秀、毛泽东保持书信联系，影响到国内思想界。1922 年 6 月，“旅欧中国少年共产党”（后改为“中国共产主义青年团旅欧支部”）成立，赵世炎、周恩来、邓小平、李富春、聂荣臻、李维汉都是该支部的成员。当然，通过这三个途径接受马克思主义的中国人毕竟是少数，大多数人还是在国内通过

① 《毛泽东选集》，2 版，第 4 卷，1471 页。

阅读中文译本，成为马克思主义的接受者。

在接受马克思主义的过程中，中国马克思主义者逐步摸索到的一条基本经验是：要使马克思主义在中国得到发展，必须扎根于中国文化的土壤；否则，它不可能在中国生根、发芽、开花、结果。中国早期的马克思主义者虽然不能一下子就认识到马克思主义同中国文化相结合的必要性，但由于他们具有良好的中国传统文化的素养，仍旧对他们接受马克思主义哲学发生着潜在的影响。例如，李大钊在介绍唯物史观的时候，经常引用中国哲学中的思想材料。到20世纪三四十年代，中国马克思主义者越来越清晰地认识到把马克思主义同中国文化结合起来的必要性。艾思奇运用人民大众喜闻乐见的形式和通俗易懂的语言，表达马克思主义哲学原理，取得很大的成功。郭沫若、侯外庐、吕振羽、杜国庠、赵纪彬等学者运用马克思主义的观点和方法研究中国固有的思想，也为促进马克思主义同中国文化相结合做出了贡献。

毛泽东从青少年时代起就接触大量的中国古代文化典籍，长期以来形成了良好的中国哲学素养，因而他能够得心应手地把马克思主义哲学的基本观点同中国哲学的思想材料结合起来。他一方面运用马克思主义的观点对中国哲学遗产加以清理和总结，批判地继承和发扬中国哲学的优良传统；另一方面运用中国哲学的思想材料说明马克思主义的观点，使之带有浓厚的中国气派和鲜明的中国特色。他在《致陈伯达》(1939年2月1日)、《致张闻天》(1939年2月20、22日)等书简中，运用马克思主义的立场、观点、方法评述老子、孔子、墨子的学说，赋予新的思想内涵。例如，孔子曾提出“名不正则言不顺，言不顺则事不成”(《论语·颜渊》)的命题，毛泽东运用马克思主义的哲学观点，对这一命题做了新的解释。他指出，这一命题“作为哲学的整个纲领来说是观念论……但如果作为哲学的部分，即作为实践论来说则是对的，这和‘没有正确理论就没有正确实践’的意思差不多。如果孔子在‘名不正’上面加了一句：‘实不明则名不正’，那孔子就不是观念论了，然而事实上不是如此，所以孔子的体系是观念论；但作为片面的真理则是对的，一切观念论都有其片面真理，孔子也是一样”[①]。在这里，毛泽东对中国哲学史上的资料做了辩证的分析，既有批判，又有继承，使之焕发出新的光彩，从而有力地推进了马克思主义哲学中国化的进程。毛泽东把中国传统哲学中的哲学命题如实事求是、一分为二等，提升到马克思主义的理论高度，做出新的解释，赋予其现代的内涵。中国马克思主义者在中国文化的语境中讲马克思主义，讲出了中国风格，讲出了中国气派。

---

① 《毛泽东书信选集》，144页，北京，人民出版社，1983。

在接受马克思主义的过程中，中国马克思主义者逐步摸索到的另一条更为重要的基本经验是：要使马克思主义在中国得到发展，除了扎根于中国文化的土壤之外，还必须扎根于中国社会实践的土壤，运用马克思主义解决中国革命和建设中的实际问题。马克思主义几乎在传入中国的同时，就开始了同中国社会实践相结合的过程。先进的中国人在民族危机之际接触到马克思主义，一开始就把它视为救国救民的真理来对待，并没有把它看成一般的学理。马克思主义在俄国的传播，有一个比较充分的理论准备时期，而在中国则没有这样的时期。中国人出于实践的需要接受了马克思主义，在运用马克思主义指导中国社会实践的过程中逐步加深对马克思主义的理解，在实践探索中进一步发展马克思主义。注重理论与实践的紧密结合，乃是马克思主义在中国传播史和发展史上的一个鲜明特点。中国马克思主义者既是马克思主义的接受者，也是马克思主义的发展者。

资料卡片

新青年派

（20 世纪）20 代初以宣传民主、科学等西方近现代思想，反对传统封建文化为主要任务的进步思想流派。以创刊于 1915 年的《青年杂志》（后改名《新青年》）为主要阵地，以陈独秀、李大钊、胡适、鲁迅、钱玄同、刘半农等为主要代表。该派在五四时期的新文化运动及爱国民主运动中起了积极的作用。五四运动后发生分化，其左翼以李大钊、陈独秀等为代表逐渐发展成为马克思主义者，其右翼以胡适为代表继续坚持民主主义立场，以刘半农、钱玄同为代表的中间人士则在五四后激烈、复杂的政治与思想斗争中逐渐沉沦。1920 年 9 月《新青年》成为上海共产主义小组的机关刊物，“新青年派”随之消散。

摘自方克立主编：《中国哲学大辞典》，700 页，北京，中国社会科学出版社，1994。

（二）中国选择马克思主义哲学的逻辑必然性

马克思主义哲学传入中国并且迅速发展成为中国现代哲学的主线，不是偶然的，有其历史必然性。我们只能理解或解释历史，不可以假设历史。诚然，既成的历史事实有偶然性，但不能归结为偶然性。中国选择马克思主义这一人所共知的历史事实，显然不能用偶然性来解释，应当承认，这取决于必然性，取决于历史和逻辑的统一。历史科学就是要揭示这种逻辑的必然性。

拯救民族、摆脱落后、寻求发展是中国哲学从传统转向近代或现代的动因。传统哲学比较关注社会的稳定，即所谓“治国平天下”，而不大关注社会的发展。为了解决中国哲学发展理论思想资源不足的问题，向西方寻找真理成为先进中国人的主要选择，进化论哲学一度成为中国近代哲学的主旋律。1919年以后，中国哲学发展进入现代阶段。中国现代哲学以进化论哲学为理论起点，三大思潮都是接着这一话题讲的。新的哲学理论主要是要解决如何造就新人、如何促进中国社会形态转型的问题，解决“中国向何处去”的问题。

按照“物竞天择，适者生存”的观点，生物个体为发展的主体。这种观念被搬到社会历史领域，便形成社会达尔文主义。社会达尔文主义的霸权话语导致了人文主义精神的扭曲。孙中山已发现社会达尔文主义的弊端，他提出关于人性与兽性关系的学说，强调人类社会发展并非仅仅以个体竞争为动力，群体互助同样也是社会发展的动力。他的着眼点已从个体竞争论转向群体互助论。对群体互助和道德价值的关注引发现代新儒家哲学思潮。传统儒家以维护社会群体和道德理念为宗旨，现代新儒家对这一传统抱有深深的同情与敬意。他们接续这一传统，倡导社会的和谐和每个社会成员的社会责任，主张本心、道德自我或道德形上学本体来安顿价值体系，谋求儒学的现代转折，推动中国的思想启蒙运动。中国近现代发生的启蒙运动与西方近代发生的启蒙运动相比较，有着明显的不同。中国的思想启蒙运动不像西方那样，是在市场经济有了一定程度发展的基础上进行的，而是在列强的打压之下被动展开的。在近现代的中国，启蒙运动同救亡运动交织在一起，主要体现为民族意识的觉醒。因此，启蒙的主体表现为民族群体而不是个体，有别于西方的启蒙运动。现代新儒家虽然有维护群体的意向，但他们彰显的道德主体还是着眼于个体，并非是群体，因而无力解决民族动员问题和社会重建的问题，无力解决社会发展取向的问题，简言之，无力解决“中国向何处去”的问题。由于这个原因，现代新儒学只能是一种说法，并不能成为一种做法。它只能影响小众，而不能影响大众。

由于进化论以实证科学为基础，因此助长了实证哲学思潮的发展。严复在引进进化论的同时，也引进了实证论。许多进化论者同时也是实证论者，如赫胥黎、斯宾塞；许多实证论者也都以进化论为依据从事哲学思考，胡适曾赞扬杜威是进化论时代的“哲学革命家”。古代中国哲学虽然没有实证论的传统，但进化论的传入使现代中国实证哲学思潮的发展成为可能。中国的实证哲学思潮看重社会的发展，看重知识的增长，比新儒家更贴近时代的精神需求。他们举着科学、民主的旗帜，致力于启蒙运动，社会影响力也比新儒家大得多。但是，他们心目中的主体依然是个体，是“优秀的少数人”。他们强调启蒙的目的仅在于“把自己造成有用的材料”，并不关心民族动员、社会重建等重大问题，其影响力也不可能超出所谓“知识精英”的小圈子。

马克思主义哲学也是在进化论出现以后问世的崭新的社会发展理论。它同社会达尔文主义不同，没有简单地把生物进化的规律搬到社会历史领域，而是发现了社会历史发展的规律性，创立了历史唯物主义。正如恩格斯在马克思墓前的演说中指出的那样，这是马克思做出的重大理论发现。

马克思主义哲学是重视社会发展的学说，为中国社会从传统的农业文明迈入现代的工业文明指引了方向，为中国社会发展提供了精神动力，这对于中国现代化发展是非常必要的理论指导。马克思主义在肯定资本主义社会化大生产的历史合理性的同时，也指出资本主义制度中社会化大生产与资本家所有制之间的矛盾，得出资本主义社会将被共产主义社会所取代的结论。这对处于发展中国家行列的中国来说，是一个极大的鼓舞。它帮助先进的中国人看到了未来，看到了希望，看到了自己的后发优势，从而树立起赶超西方发达国家的信心。自 1840 年鸦片战争以来，先进的中国人一直把西方发达国家视为自己的老师，希望从它们那里得到真理，实现振兴中华、求强求富的发展目标。然而，残酷的现实无情地告诉人们：这种善良的愿望没有可行性。西方列强并不希望中国成为资本主义国家，只希望中国永远成为它们的殖民地、半殖民地，因此，它们不可能成为中国人的良师益友。正当先进的中国人深感困惑的时候，俄国十月革命取得胜利，揭开了人类历史发展的新纪元，给中国人民指出了新的路向，使中国人民受到极大的鼓舞。中国人民从旧民主主义屡屡失败的教训中认识到，中国已不能走西方资本主义的老路，必须改弦更张。在“中国向何处去”的问题上，以中国共产党为领导的中国人民选择马克思主义哲学为理论指导，显然比现代新儒家和实证论者正确得多、高明得多。

按照马克思主义的社会组织理论，社会并不是单个社会成员的集合，每个成员都隶属于某个社会集团。马克思主义重视社会成员的阶级性，而不是个体性。这种理论对于中国人民处理救亡与启蒙交织在一起的难题，具有十分重要的指导意义。它帮助中国人民认识到：启蒙的主体和救亡的主体就是广大的人民群众自己，并不是所谓的“先知先觉”。依据马克思主义的社会组织理论，中国共产党人发现，人民群众才是中国革命的主力军。必须对人民群众尤其是无产阶级进行启发和教育，帮助他们认识自身的力量，提高革命觉悟，发挥革命的主动性和创造历史的主体作用。在马克思主义社会组织理论的指导下，中国共产党人发现了在救亡条件下启蒙主体的群体性，突破了现代新儒家和实证论者把启蒙主体只看成个体的狭隘眼界。总之，只是在马克思主义哲学的指导下，中国人民才找到了挽救民族危亡的正确道路，找到了思想启蒙的正确道路。中国马克思主义哲学成为中国现代哲学的主线，这是逻辑的必然，也是历史的必然。

资料卡片

李大钊论俄国十月革命

赤色旗到处翻飞，劳工会纷纷成立，可以说完全是俄罗斯式的革命，可以说是二十世纪式的革命。像这般滔滔滚滚的潮流，实非现在资本家的政府所能防遏得住的。因为二十世纪的群众运动，是合世界人类全体为一大群众。这大群众里边的每一个人、一部分人的暗示模仿，集中而成一种伟大不可抗的社会力。这种世界的社会力，在人间一有动荡，世界各处都有风靡云涌、山鸣谷应的样子。在这世界的群众运动的中间，历史上残余的东西，什么皇帝咧，贵族咧，军阀咧，官僚咧，军国主义咧，资本主义咧，——凡可以障阻这新运动的进路的，必挟雷霆万钧的力量摧拉他们。他们遇见这种不可当的潮流，都像枯黄的树叶遇见凛冽的秋风一般，一个一个的飞落在地。由今以后，到处所见的，都是 Bolshevism 战胜的旗。到处所闻的，都是 Bolshevism 的凯歌的声。人道的警钟响了！自由的曙光现了！试看将来的环球，必是赤旗的世界！

摘自《李大钊选集》，117页，北京，人民出版社，1959。

(三) 中国马克思主义哲学思潮的发展历程

在五四新文化运动时期，马克思主义哲学开始传入中国，从此开始了中国马克思主义哲学思潮的发展历程。这一思潮的发展历程，大体上可以概括为三个阶段，即对唯物史观的传播和理解阶段、对马克思主义哲学体系的规范化传播和理解阶段、马克思主义哲学中国化阶段。

五四新文化运动期间，李大钊、陈独秀相继完成了从激进民主主义到共产主义的转变，并成为中国第一批马克思主义哲学的传播者和理解者。马克思主义哲学的创立是从建立唯物史观开始的，马克思主义哲学在中国传播也是从唯物史观开始的。中国早期马克思主义者首先注意到唯物史观的鲜明特色，结合中国社会的实际加以传播和理解，启动了中国马克思主义哲学思潮的发展历程。李大钊发表《我的马克思主义观》、《马克思的历史哲学》、《唯物史观的现代价值》等论著，介绍唯物史观的基本理论，阐述他对这一新学说的理解。陈独秀也在《新青年》上发表《社会主义批评》、《马克思的学说》等文章，表示接受马克思主义的哲学立场，并且依据自己的理解概括唯物史观的要点。他们从唯物史观中找到批判旧的社会制度的思想武器，解决"中国向何处去"的问题。他们依据人民群众创造历史的观点和阶级斗争学说，同形形色色的改良主义进行斗争，唤起无产阶级和广大劳动人民群众的觉悟和热情，迎来了大革命的高涨局面。在他们的带动下，形成了马克思主义在中国的第一次传播高潮。

但是，唯物史观毕竟不是马克思主义哲学的全部内容。如果仅限于唯物史观，而不从马克思主义哲学体系的高度加以把握，很难深刻领会这一学说的精神实质。按照这个逻辑，中国马克思主义者很快拓展了理论视野，迈入对马克思主义哲学体系的规范化传播和理解阶段。1921 年中国共产党成立以后，马克思主义在中国的传播由自发走向自觉，形成了第二次传播高潮。在第二次高潮中，瞿秋白首先注意到辩证唯物主义的重要性，开启了对马克思主义哲学体系规范化传播和理解的新阶段。他翻译出版苏联学者郭列夫著《新哲学——唯物论》，介绍辩证唯物主义，并且在该书的附录中阐述他对马克思主义理论体系的理解。他指出，辩证唯物主义、唯物史观、经济学说和科学社会主义构成马克思主义完整的理论体系。他还发表《自由世界与必然世界》、《实验主义与革命哲学》等文章，在批判错误的学术观点的同时，阐述辩证唯物主义的基本思想。1927 年大革命失败以后，中国马克思主义者认真总结经验教训，进一步加强了传播马克思主义的力度，形成了马克思主义在中国的第三次传播高潮。这时，大量马克思主义经典著作翻译成中文，一些苏联学者编写的马克思主义哲学教科书也介绍到中国来，为中国马克思主义者掌握辩证唯物主义与历史唯物主义的有机联系，掌握马克思主义哲学体系提供了必要的条件。在第三次传播高潮中，李达编写的《社会学大纲》造诣最高。该书不仅全面介绍马克思主义哲学的全部内容，而且系统论述马克思主义哲学各个部分、各个原理、各个范畴之间的内在联系，从而把马克思主义哲学作为一个完整的体系展现在中国人民面前。艾思奇编写的《大众哲学》，在正确理解马克思主义哲学体系的基础上，运用人民大众喜闻乐见的形式和通俗易懂的语言表达出来，扩大了马克思主义哲学的社会影响。《大众哲学》是当时最受欢迎的马克思主义哲学普及读本，许多青年通过读这本书接受马克思主义，走上革命道路。李达编写的《社会学大纲》和艾思奇编写的《大众哲学》，标志着中国马克思主义者基本上完成了对于马克思主义哲学体系的规范化传播和理解的任务。

到 20 世纪 30 年代，马克思主义哲学已经成为中国哲学界影响最大的哲学。当时就有人指出："1928 年至 1932 年短短的时期中，除了普罗文学的口号而外，便是唯物辩证法和唯物史观之介绍。这是新书业的黄金时代。在这时，一个教员或一个学生书架上如果没有几本马克思的书总要被人瞧不起的。"① 大量事实证明，马克思主义哲学在现代中国是受到普遍欢迎的。

马克思主义哲学并不是书斋里的学问，而是无产阶级和广大劳动人民群众行动的指南。中国马克思主义者刚接触马克思主义哲学的时候，对马克思主义哲学的实践品格就有所认识，就开始把它同中国革命实践结合起来。但是，他们掌握马克思主义哲学毕竟有个过程，在起初阶段不能不花费很大精力来学习和研究马克思主义的基本理论，不能不把弄清学理作为重点。20 世纪 30 年代以后，中国马克思主义者基本上完成了对于马克思主义哲学体系的规范化传播和理解的任务，主要精力开始转向马克思主义哲学理论同中国革命实践相结合上，迈入中国化阶段。

毛泽东哲学思想是马克思主义哲学中国化的标志性成果。以毛泽东为首的中国第一代无产阶级革命家，结合中国革命的实践，创造性地应用和发展了马克思主义哲学，形成有中国风格、中国气派的马克思主义哲学理论——毛泽东哲学思想。在毛泽东哲学思想中，实事求是的思想路线集中体现出辩证唯物主义的基本精神；关于矛盾的学说紧紧抓住唯物辩证法的核心与实质；关于实践的学说揭示认识发展的辩证过程；"从群众中来，到群众中去"的群众路线和工作方法，把历史唯物主义和辩证唯物主义有机地结合在一起。毛泽东哲学思想是中国共产党人集体智慧的结晶，为马克思主义哲学思想宝库增添了新的财富。它的诞生，表明中国共产党人终于找到了一条在中国推进马克思主义哲学向前发展的正确道路。

在中国现代各种哲学思潮中，中国马克思主义哲学思潮的影响最为广泛和深远，从根本上改变了中国人的思想面貌，堪称中国现代哲学的主流。在中国马克思主义哲学的指导下，中国人民获得新民主主义革命的胜利，建立了新中国；在中国马克思主义哲学的指导下，中国人民找到了建设中国特色社会主义的正确道路。中国马克思主义哲学以其理论上的魅力和实践上的成功，赢得广大人民群众的信赖，已经成为十几亿人的共同信念。

马克思主义哲学——辩证唯物主义和历史唯物主义传入中国之后，逐步同中国哲学相会通，同中国社会实践相结合，开始了马克思主义哲学中国化的进程，也开始了中国哲学现代化的进程。在中国马克思主义的正确指导下，中国社会发生了翻天覆地的变化；沿着马克思主义指引的方向，中国哲学也发生了根本的变革。

---

① 谭辅之：《最近的中国哲学界》，载《文化建设周刊》，1936，3（6）。

资料卡片

问题与主义论战

五四时期马克思主义者同以胡适为代表的实用主义者在思想理论上的一次论战。五四前夕，李大钊著文指出，像卖淫等这类具体的社会问题，“根本的解决办法，还是非把这个社会现象背后逼着一部分妇女不去卖淫不能生活的社会组织根本改造不可”(《废娼问题》)，提出从根本上解决社会问题的主张。对此，胡适于1918年7月20日在《每周评论》上发表《多研究些问题，少谈些主义》一文，认为主义起初都只是一些具体的主张，后来“主张成了主义，便由具体的计划变成一个抽象的名词”。提出中国应从解决“人力车夫的生计问题”、“大总统的权限问题”和“卖淫问题到卖官卖国问题”做起。攻击社会问题根本解决的主张是“自欺欺人的梦话！这是中国思想界破产的铁证！这是中国社会改良的死刑宣告!”于是，问题与主义论战拉开序幕。同年8月，李大钊在《每周评论》上发表《再论问题与主义》，以社会革命和群众运动的实际需要来论证宣传革命理论的必要性。这场论战对当时整个文化思想领域产生了深刻的影响，使唯物史观在中国得到进一步传播。

摘自方克立主编:《中国哲学大辞典》，315页，北京，中国社会科学出版社，1994。

二、李大钊和陈独秀

李大钊是最早传播马克思主义的中国人。从1918年7月到11月，他先后发表《法俄革命之比较观》、《庶民的胜利》、《布尔什维主义的胜利》等文章，预示着马克思主义在中国传播的高潮就要到来了。先进的中国人接受马克思主义哲学是从接受唯物史观开始的。李大钊、陈独秀、李达、蔡和森、毛泽东、瞿秋白、恽代英、张太雷等一大批早期共产主义者都曾为传播唯物史观做出过贡献，其中为首的是李大钊和陈独秀二人。

李大钊（1889—1927），字守常，河北乐亭人，中国最早的马克思主义者，中国共产党的创始人之一。他于1907年考入天津北洋政治专科学校，1913年毕

业后留学日本，成为早稻田大学政治专业本科生。留日期间组织“神州学社”，从事反对袁世凯的斗争。1913年毕业回国后，历任北京《晨钟报》编辑、北京大学经济学教授兼图书馆主任。他参加《新青年》编辑工作，积极投入五四新文化运动。1920年在北京组织共产主义小组，并着手筹建中国共产党。中国共产党成立后，他负责北方局工作，领导北方工人运动和学生运动。1927年4月6日遭奉系军阀张作霖逮捕，28日在北京被杀害。著作编为《守常文集》、《李大钊选集》、《李大钊文集》（上、下）。

陈独秀（1880—1942），字仲甫，安徽怀宁人。早年留学日本，因参加留日学生反清爱国团体“青年会”，1903年被遣送回国。1915年在上海创办《青年杂志》（后改名《新青年》），成为五四新文化运动的发起者。1916年受聘为北京大学教授和文科学长，《新青年》编辑部亦迁到北京。1918年同李大钊等人共同创办《每周评论》，同《新青年》一起构成倡导新文化、宣传马克思主义的思想阵地。1921年发起组织上海共产主义小组，中国共产党成立后当选为总书记。1927年被撤销党内职务。1942年于四川江津病逝。著作编为《独秀文存》、《陈独秀文章选编》（上、中、下）。

（一）李大钊接受唯物史观的思想底色

在李大钊的论著中，引用了大量的中国哲学史上的资料，这表明他对中国传统哲学十分熟悉。例如，李大钊在《原人社会于文字书契上之唯物的反映》一文中，运用大量的中国文化史上的资料，说明社会存在决定社会意识的原理。在《时》一文中，他还引用庄子的“朝菌不知晦朔，蟪蛄不知春秋”、“吾生也有涯，而知也无涯”等名句，用以说明主观认识的局限性。良好的中国哲学的学养，对于李大钊接受和理解唯物史观，显然是有帮助的。中国传统哲学的精华，可以说构成他理解和接受唯物史观的第一道底色。

自强不息是中国传统哲学的一种精神特质。《周易·乾卦·象传》上说：“天行健，君子以自强不息。”这里所说的“天”，并不是今天所说的大气层，而是指世界的总体，其中包括地，也包括人在内，跟现代的哲学范畴“世界”或“宇宙”是一个意思。这句话最能体现中国哲学的积极进取意识，代表了我们先哲在世界观和人生观方面的基本态度。我们的先哲崇尚健动，以动态的眼光看待世界、看待人生。在他们看来，宇宙是生生不息、流迁不止的运动过程，不存在任何一成不变的东西。孔子曾站在河边，面对奔流的河水发出感慨：“逝者如斯夫，不舍昼夜!”(《论语·子罕》)他认为任何事物都像流水一样，永远处在发生、发展的过程中，旧的东西消灭了，新的事物又产生出来。宇宙永远保持着生生不息的活力。有的西方哲学家说：“太阳底下没有新东西。”中国古代哲学家却认为太阳底下总会出现新东西，他们叫做“变化日新”。《易传·系辞》上说：“天地之大德曰生。”一个“生”字最能体现中国哲学的特有风格。

李大钊十分重视中国传统哲学的自强不息的精神，写了《青春》、《今》、《新的！旧的！》等文章，在新时代阐发这种哲学精神。他赞成金圣叹对“周易”的解释，在《青春》一文中引用金氏的话说：“周其体也，易其用也。约法而论，周以长住为义，易以变易为义。双约人法，则周乃圣人之能事，易乃大千之变易。大千本无一有，更立不定，日新、日日新、又日新之谓也。圣人独能以忧患之心周之，尘尘刹刹，无不普遍，又复尘尘周于刹刹，刹刹周于尘尘，然后世界自见其易，圣人时得其常，故云周易。”① 依据周易的动态的有机的宇宙观，李大钊提出崇尚青春的宇宙观。他写道：“宇宙无尽，即青春无尽，即自我无尽。此之精神，即生死骨肉、回天再造之精神也。此之气魄，即慷慨悲壮、拔山盖世之气魄也。惟真知爱青春者，乃能识宇宙有无尽之青春。惟真能识宇宙有无尽之青春者，乃能具此种精神与气魄。惟真有此种精神与气魄者，乃能永享宇宙无尽之青春。”② 李大钊提出的崇尚青春的宇宙观，当然还没有达到唯物史观的高度，但其思想方向同唯物史观是一致的：都着眼于未来，都对人类历史的前景充满信心。当李大钊进一步探索历史发展的基础和动力的时候，合乎逻辑地成为唯物史观的接受者。

以人为本也是中国传统哲学的一种精神特质。由于中国哲学把世界观问题与人生观问题合在一起讲，强调天人合一，讲究实事求是，注重人生实践，从而铸就了“以人为本”的基本精神。这种以人为本的精神，使中国哲学表现出注重人生哲学的理论特色。当古希腊的哲学家把目光投向自然、印度哲学家把目光投向超越的彼岸的时候，中国哲学家则把目光投向人类自身。当子路向孔子请教鬼神问题，孔子回答说：“未能事人，焉能事鬼?”子路又向孔子请教关于死的问题，孔

---

① 《李大钊选集》，66～67 页，北京，人民出版社，1959。

② 同上书，67 页。

子的答复是："未知生，焉知死?"（《论语·先进》）对于鬼神以及死后的情形，孔子讳莫如深，"敬鬼神而远之"，不愿意谈论怪、力、乱、神之类的事情。他关心的不是彼岸，而是此岸，即应当怎样做人的问题。西方哲学从存在出发，自然哲学、科学哲学、宗教哲学比较发达；中国传统哲学从人生出发，人生哲学以及与人生哲学相关的价值哲学、道德哲学、政治哲学、社会哲学、历史哲学比较发达。

中国传统哲学以"人"为主题，唯物史观也以"人"为主题。唯物史观所说的"社会存在"，指的是"人"的具体存在，其主旨在于探索人类社会发展的一般规律。由于中国传统哲学与唯物史观在哲学主题上存在着一致性，这为有深厚中国哲学学养的李大钊接受唯物史观提供了便利。李大钊从人生哲学的角度契入，接受唯物史观。他认为历史观和人生观是紧密地联系在一起的。他说："在此无始无终，奔驰前涌的历史长流中，乃有我，乃有我的生活，前途渺渺，后顾茫茫，苟不明察历史的性象，以知所趋向，则我之人生，将毫无意义，靡所适从，有如荒海穷洋，孤舟泛泊，而失所归依。故历史观者，实为人生的准据，欲得一正确的人生观，必先得一正确的历史观。"① 李大钊在深入思考人生观问题的时候，扬弃了中国传统哲学抽象的人的观念，把视角转向具体的人，"不求其原因于心的势力，而求之物的势力"。他认识到，对于具体的人来说，其本质特征并不是圣贤所说的德性，而是生产劳动。他说："我觉得人生求乐的方法，最好莫过于尊重劳动。一切乐境，都可由劳动得来，一切苦境，都可由劳动解脱。……劳动为一切物质的富源，一切物品，都是劳动的结果。"② 至于历史发展的原因，"乃以其内部他自己进化的最高动因，就是生产力"③。他关于人生观和历史观的看法，已经超出了中国传统哲学的范围，跨入了唯物史观的门槛。

他对唯物史观基本思想的理解是："他教吾人以社会生活的动因，不在'赫赫'、'皇矣'的天神，不在'天亶'、'天纵'的圣哲，乃在社会的存在的本身。一个智识的发见，技术的发明，乃至把是等发见发明致之于实用，都是像我们一样的社会上的人人劳作的结果。这种生活技术的进步，变动了社会的全生活，改进了历史的阶段。这种历史观，引导我们在历史中发见了我们的世界，发见了我们的自己，使我们自觉我们自己的权威，知道过去的历史，就是我们这样的人人共同造出来的，现在乃至将来的历史，亦还是如此。"④ 从这里我们可以看出李

---

① 《李大钊选集》，287页。

② 同上书，160页。

③ 同上书，186页。

④ 《李大钊文集》，下册，764页，北京，人民出版社，1984。

大钊的思想变化：他不再在“民彝之智察”等理性的观念中寻找历史的动因，也不再在“吾人的生命”等非理性的意志本体中寻找历史的动因，而是从社会存在本身寻找历史的动因，确立了社会存在决定社会意识的哲学立场。

李大钊接受了唯物史观以后，实现了对于中国传统哲学历史观的突破。李大钊在《史观》一文中说：“中国自古昔圣哲，即习为托古之说，以自矜重：孔孟之徒，言必称尧舜；老庄之徒，言必称黄帝；墨翟之徒，言必称大禹；许行之徒，言必称神农。此风既倡，后世逸民高歌，诗人梦想，大抵慨念黄、农、虞、夏、无怀、葛天的黄金时代，以重寄其怀古的幽情，而退落的历史观，遂以隐中于人心。其或征诛誓诰，则称帝命；衰乱行吟，则呼昊天；生逢不辰，遭时多故，则思王者，思英雄。而王者英雄之拯世救民，又皆为应运而生、天亶天纵的聪明圣智，而中国哲学家的历史观，遂全为循环的、神权的、伟人的历史观所结晶。”① 他列举唯心史观在中国哲学史上的种种表现，目的在于为唯物史观的传入扫清思想障碍。毋庸讳言，李大钊作为中国早期的马克思主义者，不可能充分地认识到马克思主义哲学同中国哲学相结合的必要性；但也应当看到，中国哲学的确对他接受和理解唯物史观发生了潜在的影响。

如果说中国传统哲学的精华是李大钊理解和接受唯物史观的第一道底色的话，那么，中国近代哲学中的进化论和启蒙主义等新思潮，可以说构成了他理解和接受唯物史观的第二道底色。

中国近代哲学家一方面继承中国传统哲学固有的“生化不已”的说法，另一方面引进达尔文的进化论科学理论以及由此形成的西方进化论思潮，创立了有中国特色的进化论哲学。康有为、谭嗣同、严复、梁启超、孙中山、邹容、章太炎等著名思想家都为推动进化哲学思潮的发展做出理论贡献。中国近代思想家们之所以在西方思想武器库中选择了进化论，其中一个更重要的原因，就是进化论可以为当时中国社会的变革提供强大的理论支持。正是来自于西方的进化论和其他先进的思想观念，为中国近代思想家们完成发展观的转化提供了必要的思想资料。中国近代思想家以西方的科学和哲学为参照系，以一种不同于前人的视角看待这个发展的大千世界，形成了新的发展观。这种新发展观从中国传统哲学侧重于讲“化”，转向侧重于讲“进”，走出循环论的怪圈，表现出强烈的发展意识。

李大钊在接受唯物史观之前，曾经是进化哲学的信奉者。他认为“天演之迹，进化之理”乃是自然界和人类社会的普遍规律。他说：“大实在的瀑流永远由无始的实在向无终的实在奔流。吾人的‘我’，吾人的生命，也永远合所有生

① 《李大钊选集》，290～291 页。

活上的潮流，随着大实在的奔流，以为扩大，以为继续，以为进转，以为发展。故实在即动力，生命即流转。”[①] 那么，如何看待人类社会进化发展规律的特殊性呢？进化论无法正确回答这个问题。有的进化论者直接用生存竞争解释人类社会现象，宣扬社会达尔文主义，成为霸道哲学的鼓吹者。当李大钊接触到唯物史观以后，思想有了变化，开始把自己同进化论者区别开来。他不再像一般进化论者那样，仅仅用生存竞争解释人类社会发展的原因，而是从“社会存在”中寻找人类社会发展的原因。他接受了唯物史观中社会存在决定社会意识、经济基础决定上层建筑的观点，认识到人类社会发展的根本动力“乃以其内部促他自己进化的最高动因，就是生产力”[②]。不过，李大钊对唯物史观的理解仍然带有明显的进化论的痕迹。他从进化论的角度把握马克思主义理论体系，在《我的马克思主义观》中写道：“马氏社会主义的理论，可大别为三部：一为关于过去的理论，就是他的历史论，也称社会组织进化论；二为关于现在的理论，就是他的经济论，也称资本主义的经济论；三为关于将来的理论，就是他的政策论，也称社会主义运动论，就是社会民主主义。”“他的这三部理论，都有不可分的关系，而阶级竞争恰如一条金线，把这三大原理从根本上联络起来。”[③] 过去、现在、未来以及竞争等，都是进化论常用的术语，从这里可以清楚地看到李大钊由进化论转到唯物史观的思想轨迹。

启蒙主义也是中国近代哲学中的新思潮。康有为高扬博爱哲学，谭嗣同呼唤“冲决网罗”，严复主张“开民智，鼓民力，新民德”，梁启超提出“新民说”，孙中山主张造就新国民，五四新文化运动的主将们高举科学与民主的大旗，构成中国近现代史上波澜壮阔的启蒙主义思潮，极大地改变了中国人民的思想面貌。

李大钊作为新文化运动的领袖之一，当然是启蒙主义思潮的推动者。他“掊击专制政治之灵魂”，向往“青春之国家”，主张以“民彝”作为现代政治的基础。李大钊在接受唯物史观之前，同其他启蒙主义者一样，不乏激情，但思想武器陈旧。中国启蒙主义者所用的思想武器，基本上是从西方近代思想武器库中搬来的自由主义、个性解放等启蒙学说，并没有考虑到中国的国情。产生于西方启蒙时期的自由主义，以个人为本位，以自由为核心价值，反对专制主义，对于推动西方社会转型发挥了重要作用。然而，“橘生淮南则为橘，橘生淮北则为枳”，把这种理论原原本本地搬到20世纪的中国，却起不到同样的作用。中国社会的转型一

---

① 《李大钊选集》，95页。

② 同上书，186页。

③ 同上书，176～177页。

方面需要解决主体自觉的问题，另一方面还要解决业已破产的社会如何重建的问题，情况比西方社会转型复杂得多。中国启蒙主义者片面强调个体性原则，轻视群体性原则，可能有助于传统社会的解构，却无助于新型社会的建构。

李大钊接受了唯物史观以后，突破了中国启蒙主义者的思想局限，找到了思想启蒙的新武器。他不再把个体视为启蒙的主体，而把劳苦大众看成启蒙的主体。他指出，劳苦大众“真正的解放，不是央求人家‘网开三面’，把我们解放出来，是要靠自己的力量，抗拒冲决，使他们不得不任我们自己解放自己；不是仰赖那权威的恩典，给我们把头上的铁锁解开，是要靠自己的努力，把他打破，从那黑暗的牢狱中，打出一道光明来”[①]。正如冯契所说，在李大钊的这段论述中“包含有中国共产党人所十分重视的群众观点”[②]。李大钊把唯物史观同中国近现代哲学的启蒙思潮有机地结合起来，提出“物心两面的改造，肉灵一致的改造”的启蒙诉求。他说：“我们主张以人道主义改造人类精神，同时以社会主义改造经济组织。不改造经济组织，单就改造人类精神，必致没有结果。不改造人类精神，单就改造经济组织，也怕不能成功。我们主张物心两面的改造，灵肉一致的改造。”[③] 这种启蒙诉求的终极目标就是实现世界大同。“现在世界进化的轨迹，都是沿着一条线走，这条线就是达到世界大同的通衢，就是人类共同精神联贯的脉络。……这条线的渊源，就是个性解放。个性解放，断断不是单为求一个分裂就算了事，乃是为完成一切个性。脱离了旧绊锁，重新改造一个普通广大的新组织。一方面是个性解放，一方面是大同团结。这个性解放的运动，同时伴着一个大同团结的运动。这两种运动，似乎相反，实则相成。”[④] 他依据唯物史观，把“个性解放”同“大同团结”内在地统一起来，把个体性原则同群体性原则内在地统一起来，不再片面地凸显个体性原则。他的启蒙诉求具有强大的凝聚力和感召力，为成立中国共产党、为动员广大人民群众、为发展壮大革命队伍提供了坚实的学理支撑。

资料卡片

李大钊论历史观

历史观本身亦有其历史，其历史亦有一定的倾向。大体言之，由神权的历史

① 《李大钊选集》，226 页。

② 冯契：《中国近代哲学的革命进程》，286 页，上海，上海人民出版社，1989。

③ 《李大钊选集》，194 页。

④ 同上书，416 页。

观进而为人生的历史观，由精神的历史观进而为物质的历史观，由个人的历史观进而为社会的历史观，由退落的或循环的历史观进而为进步的历史观。神权的、精神的、个人的历史观，多带退落的或循环的历史观的倾向；而人生的、物质的、社会的历史观，则多带进步的历史观的倾向。神权的、精神的、个人的、退落的或循环的历史观可称为旧史观，而人生的、物质的、社会的、进步的历史观则可称为新史观。

摘自《李大钊选集》，289页，北京，人民出版社，1959。

（二）李大钊对唯物史观的理解

中国传统哲学和中国近代哲学的精华仅仅是李大钊接受和理解唯物史观的底色，促使他接受唯物史观的根本原因还是现代中国社会实践的需要。他接受唯物史观，主要目的在于以马克思主义为指导，找到一条改造中国社会的正确道路。

首先，李大钊运用经济基础与上层建筑、生产力与生产关系的原理，对中国近代以来的社会结构的变化做了初步的分析，从而明确了中国新民主主义革命的性质和任务。

李大钊没有仅仅从学理的角度接受唯物史观，而是紧密地结合中国革命的实践来加以理解和运用。他对唯物史观基本思想的理解是："喻之建筑，社会亦有基础与上层。基础是经济的构造，即经济关系，马氏称之为物质的或人类的社会的存在。上层是法制、政治、宗教、艺术、哲学等，马氏称之为观念的形态，或人类的意识。"[①] 依据这种理解，他分析说，中国的农业经济和大家庭制度构成"二千年来的社会的基础构造"，支配中国人精神的孔门伦理，则是这一基础的"表层构造"。自从帝国主义侵入中国以后，中国原来的经济基础遭到破坏，于是，"孔门伦理的基础就根本动摇了"，"不能适应中国现代的生活"。他从唯物史观中找到批判旧的思想观念、旧的社会制度的锐利武器，把五四新文化运动提到新的水平，正确地把反对帝国主义和封建主义列为新民主主义革命的两大基本任务。在唯物史观的指导下，李大钊对中国革命的性质和任务的认识得以深化，从感性认识上升到理性认识。他对唯物史观的理解，为中国共产党人确立新民主主义革命基本路线提供了理论基础。历史已雄辩地证明：没有唯物史观的传入，没有李大钊等中国共产党人结合中国革命实践对唯物史观的理解和运用，就不可能确立新民主主义的基本路线，就不可能赢得新民主主义的胜利。

---

① 《李大钊选集》，293页。

其次，李大钊运用阶级斗争学说，明确了“根本改造”中国社会制度的方向，认识到武装斗争是中国新民主主义革命的主要手段。

辛亥革命虽然以武装斗争的手段推翻了封建帝制，建立了中华民国，但中国面貌并没有因此而发生根本的变化。一个清廷小皇帝被推翻了，却冒出了许多个土皇帝。军阀连年混战，生灵涂炭，民不聊生；“中华民国”流于形式，被军阀玩弄于掌股之中；政客们为非作歹，丑闻不断：社会状况甚至不如帝制时期。在这种情况下，有相当一部分知识分子对武装斗争失掉信心，怀疑暴力革命的正当性，于是，形形色色的改良主义思潮开始在思想界流行起来。其中影响较大的有新村主义、基尔特社会主义、村治主义、实用主义。各种改良主义拿出的方案虽然不同，但其共同之处是反对武装斗争。实用主义者胡适 1918 年 7 月在《每周评论》上发表《多研究些问题，少谈些主义》一文，讥讽中国马克思主义者说：“空谈好听的‘主义’，是极容易的事，是阿猫阿狗都能做的事，是鹦鹉和留声机都能做的事。”对此他表示愤慨，宣称：“这是自欺欺人的梦话！这是中国思想界破产的铁证！这是中国社会改良的死刑宣告！”① 依据实用主义，胡适反对高谈“主义”之类的抽象名词，反对高谈“根本解决”之类的大话，主张只研究“人力车夫的生计”之类的具体问题。胡适这番言论表达了改良主义者的共同态度：反对马克思主义的阶级斗争学说和暴力革命论，选择改良主义的道路。

李大钊依据唯物史观，坚决回击改良主义者的挑战。他在《再论问题与主义》中说：“依据马克思的唯物史观，社会上的法律、政治、伦理等精神的构造，都是表层的构造。他的下面，有经济的构造作他们的基础。经济组织一有变动，他们都跟着变动。换一句话说，就是经济问题的解决，是根本的解决。经济问题一旦解决，什么政治问题、法律问题、家庭制度问题都可以解决。可是专取这唯物史观（又称历史的唯物主义）的第一说，只信这经济的变动是必然的，是不能免的，而于他的第二说，就是阶级竞争说，了不注意，丝毫不用这个学理作工具，为工人联合的实际行动，那经济的革命，永远不能实现，也不知迟了多少时期。”② 李大钊十分重视马克思主义的阶级斗争学说和暴力革命论，将此摆在“第二说”的位置。他认为只有采用阶级斗争、暴力革命的手段才能从根本上改变当时中国的社会状态。在这里，他初步表达了中国共产党人“枪杆子里面出政权”的思想。

再次，李大钊依据人民群众在历史上的伟大作用原理，把人民群众看成中国新民主主义革命的主力军。

---

① 《胡适文存》，一集，250～252 页。

② 《李大钊选集》，233～234 页。

依据唯物史观，李大钊指出，应当充分“认识民众势力的伟大”，因为一切反动派“不遇民众的势力则已，遇则必降伏拜倒于其前；不犯则已，犯则必遭其殄灭”[①]。基于这种认识，李大钊主张对人民群众尤其是无产阶级进行启发和教育，帮助他们认识自身的力量，提高革命觉悟，发挥革命的主动性和创造历史的主体作用，“赶快联合起来，应我们生活上的需要创造一种世界的平民的新历史”[②]。中国民主主义革命的先行者孙中山曾长期为找不到革命的动力而苦恼。他多次寄希望于军阀，然而军阀一个个都背叛了他，不得不多次吞下失败的苦果。中国共产党人运用唯物史观帮助他解决了这个难题。孙中山接受共产党人的帮助，提出“联俄、联共、扶助农工”三大政策，把旧三民主义发展成为新三民主义，促成第一次国共合作，掀起了轰轰烈烈的大革命运动，开创了新民主主义革命的新局面。

李大钊对唯物史观的理解，在今天看来，正如鲁迅所说，“当然是未必精当的”。由于他当时对辩证唯物主义尚缺乏了解，理论深度受到了限制。例如，李大钊的思想中还保留着克鲁泡特金互助论的残余，有时也夸大地理环境的作用。但是，他的“遗文却将永存，因为这是先驱者的遗产，革命史上的丰碑”。他对唯物史观的传播和理解，标志着中国无产阶级主体意识的自觉，为中国共产党的成立做了理论准备，为马克思主义哲学中国化发展奠立了基础。

资料卡片

郭湛波论李大钊

李先生是研究历史最有成绩的人，也是唯物史观最彻底最先倡导的人；今日中国辩证法，唯物论，唯物史观的思潮这样澎湃，可以说都是先生立其基，导其先河；先生可为先知先觉，其思想之影响及重要可以知矣。

……

李先生是近五十年中国思想史上第一流的思想家。他的思想之深切，一贯，远非他人所可比及。一方破坏旧的思想，一方建设有体系的新思想，中国今日的思潮……中国近五十年思想史第三阶段，即由李先生立其基而导其先河，先生虽早死，而先生之学说思想日发展而光大。

摘自郭湛波：《近五十年中国思想史》，117、125页，济南，山东人民出版社，1997。

① 《李大钊选集》，330页。

② 同上书，338～340页。

（三）陈独秀对唯物史观的理解

陈独秀接受马克思主义比李大钊略晚一些。大约在1920年前后，他从激进的民主主义者转变为早期的马克思主义者。他对唯物史观的理解是：“其一，说明人类文化之变动。大意是说：社会生产关系之总和为构成社会经济的基础，法律、政治都建筑在这基础上面。一切制度、文物、时代精神的构造都是跟着经济的构造变化而变化的。经济的构造是跟着生活资料之生产方式变化而变化的。不是人的意识决定人的生活，倒是人的社会生活决定人的意识。其二，说明社会制度之变动。大意是说：社会生产力和社会制度有密切的关系，生产力有变动，社会制度也要跟着变动，因为经济的基础（即生产力）有了变动，在这基础上面的建筑物自然也要或徐或速的革起命来，所以手臼造出了封建诸侯的社会，蒸汽制粉机造出了资本家的社会。一种生产力所造出的社会制度，当初虽助长生产力发展，后来生产力发展到这社会制度（即法律、经济等制度）不能够容他更发展的程度，那时助长生产力的社会制度反变为生产力之障碍物，这障碍物内部所包涵的生产力仍是发展不已，两下冲突起来，结果，旧社会制度崩坏，新的继起，这就是社会革命；新的社会制度将来到了不能与生产力适合的时候，他的崩坏亦复如是。”① 他概述了生产力与生产关系、经济基础与上层建筑的矛盾运动，说明了社会革命发生的必然性。

李大钊在传播唯物史观时，分别介绍了社会基本矛盾学说、阶级斗争学说和无产阶级专政理论；陈独秀则把这两个观点联系起来，予以整体性、综合性的说明，以便使中国人民对唯物史观能够有一个比较完整的概念。他指出，社会基本矛盾的运动必然以阶级斗争的方式表现出来：当一种旧的社会制度成为生产力发展的障碍时，占统治地位的腐朽阶级不会自动退出历史舞台，而是千方百计地维护自己手中的政权，维护既得的经济利益。在这种情况下，代表生产力发展方向的新兴阶级必须采用阶级斗争的手段夺取政权，改变旧制度占统治地位的情形，扫除生产力发展的障碍，建立新的生产关系。过去资产阶级同地主阶级斗争是这样，现今无产阶级同资产阶级斗争，依然是这样。陈独秀引证马克思在《法兰西内战》和《哥达纲领批判》中的话说：“劳动阶级要想达到自己阶级之目的，单靠掌握现存的国家是不成功的。”“由资本主义的社会移到社会主义的社会之中间，必然有一个政治的过渡时期。这政治的过渡时期，就是劳工专政。”②

陈独秀对唯物史观基本思想的理解虽不能说很深入，但大体上是正确的。但

① 《陈独秀文章选编》，中册，193～194页，北京，三联书店，1984。

② 同上书，198页。

是，他似乎仅限于从学理的角度领会唯物史观的基本观点，没有向李大钊那样紧密结合中国革命实践理解唯物史观，因而中国化程度不高。不过，应当看到，由于他是五四新文化运动的旗手，在当时的社会影响比李大钊大，因此，他接受唯物史观对于新文化运动转变为马克思主义的宣传运动，具有重要的意义。由于他没有很好地解决马克思主义同中国革命实践相结合的问题，也为他后来犯路线错误埋下了伏笔。

资料卡片

郭湛波论陈独秀

陈先生是中国近五十年思想史上第一个大思想家，他在这五十年思想史上的贡献一是旧思想之破坏，如反对孔子，及旧道德，旧文学，旧礼教。一是新思想之介绍及建设，如马克思学说之介绍，文学革命，中国社会革命理论之建设；惜实行政治革命，囚于囹圄，思想学术无由发展。

摘自郭湛波：《近五十年中国思想史》，94 页，济南，山东人民出版社，1977。

三、瞿秋白

李大钊和陈独秀都曾在日本留学过，他们都是借助日文或日文的中译本接受马克思主义的。精通俄文的瞿秋白在苏联学习和工作多年，从另外一个渠道接受马克思主义。他对马克思主义哲学的了解更为全面，不再限于介绍唯物史观，而是进一步拓展到辩证唯物主义。

瞿秋白（1899—1935），江苏常州人。1917 年考入北京俄文专修馆，主要学习俄语，同时自修文学和哲学，“做以文化救中国的工夫”，“研究哲学不辍”。1919 年 11 月，他和郑振铎等人创办《新社会》旬刊，宣传新思想、新文化。1920 年参加李大钊组织的马克思学说研究会，开始接受马克思主义。同年，应北京《晨报》之聘，以特派记者的身份到苏联采访，向国内介绍十月革命以后苏联的情况。在苏联期间，他努力学习马克思主义理论，深入实地调查，写了《俄乡纪程》和《赤都心史》两本通讯集以及一系列专题报道。1922年在莫斯科加入中国共产党。入党后他担任莫斯科共产主义劳动大学助教兼任理论课翻译。1923年回国后担任《新青年》季刊和《前锋》的主编，同时参与《向导》的编辑工作。6月，出席中国共产党第三次代表大会，参与大会宣言起草，当选为中央委员。同年秋，任上海大学教务长兼社会学系主任，讲授现代社会学、社会哲学等课程。1927年到1928年春，主持中央领导工作。1931年由于受到王明等人的排斥，离开中央领导岗位。1933年到中央根据地。1935年2月被国民党军队逮捕，同年6月18日惨遭杀害。著作编为《瞿秋白文集》、《瞿秋白选集》，一些政论文章收入《六大以前——党的历史资料》一书。

（一）马克思主义在中国的第二次传播高潮

1921年中国共产党成立，马克思主义哲学的传播在党的领导下开始由自发变为自觉。中国共产党主办的理论刊物有《向导》、《新青年》季刊、《前锋》、《中国青年》等，一些革命的群众组织在党的领导下也创办了许多刊物。此外，党还创办了好几种报纸，如《热血日报》、《血潮日报》等。其中瞿秋白主编的《热血日报》最为有名，这是中国共产党历史上的第一份党报。1921年，中国共产党建立了人民出版社和上海书店，陆续出版发行了“马克思主义丛书”。中国共产党还把上海大学改造成马克思主义理论教育的基地和培养干部的基地，在该校设立社会科学系，许多共产党人担任主讲教师。除了瞿秋白讲授《社会科学概论》、《社会哲学概论》、《现代社会学》之外，蔡和森讲授《私有财产和家庭制度起源》，肖楚女讲授《外交问题》，杨贤江讲授《青年问题》。他们的讲稿整理成书，形成比较系统的教材体系。张太雷、邓中夏、恽代英、任弼时等人都曾在该校任教。他们为传播马克思主义，为培养党的干部做出很大贡献。在中国共产党的领导下，形成了马克思主义在中国传播史上的第二次高潮。

中国共产党成立以后，很快就成为一支重要的革命力量。1924年，孙中山接受中国共产党人的帮助，在广州主持召开中国国民党第一次全国代表大会，将旧三民主义发展成为实行“联俄、联共、扶助农工”三大政策的新三民主义，改组中国国民党。中国共产党人陈独秀、李大钊、毛泽东、瞿秋白、林伯渠、谭平山等24人以代表的身份出席大会，形成第一次国共合作的大好局面。许多共产党人以个人身份加入国民党，担任重要职务，参与北伐战争，掀起了大革命高潮。中国共产党人利用统一战线的有利条件宣传马克思主义，运用马克思主义解决中国革命的实际问题，迅速扩大了马克思主义在革命队伍中的影响。中国共产党组织广大党员学习马克思主义，统一思想，加强理论建设和组织建设，动员广大人民群众，凝聚革命力量。除了少数国民党右派之外，大多数国民党人对马克思主义都抱着同情的态度。这为马克思主义第二次传播高潮的形成提供了广泛的社会基础。

资料卡片

人民出版社成立

1921年8月，党的人民出版社在上海成立，由李达主持。计划出版“马克思全书”十五种，“列宁全书”十四种，“康民尼斯特（共产主义）丛书”十一种及其他几种，总计四十九种书籍。计划翻译的书中包括马克思恩格斯合著的《共产党宣言》、《神圣家族》；马克思的《哲学的贫困》、《〈黑格尔法哲学批判〉导言》；恩格斯的《社会主义从空想到科学的发展》；列宁的《国家与革命》、《帝国主义是资本主义的最高阶段》及《列宁文集》等。至1922年6月共译出十六种，其中，“马克思全书”有《共产党宣言》（陈望道译）、《资本论入门》（李汉俊译）、《工钱劳动与资本》（袁让译）共三种；“列宁全书”有《列宁传》（张亮译）、《劳动会之建设》（李立译）、《讨论进行计划书》（成则人即沈译民译）、《共产党礼拜六》（王静译）、《劳农政府之成功与困难》（李墨耕译）共五种；“康民尼斯特丛书”有《共产党的计划》（张空明译）、《俄国共产党党纲》（张西望译）、《第三国际议案及宣言》（成则人译）等八种。这些书籍的翻译出版对马列主义在中国的传播起了作用。

摘自李振霞、雍桂良主编：《中国现代哲学史大事记》，102～103页，北京，红旗出版社，1987。

（二）瞿秋白对马克思主义理论体系的新认识

中国早期的马克思主义者大都有留学日本的经历，他们对马克思主义体系的理解受日本的理论界影响很大。日本理论界对马克思主义体系的理解并不全面，通常把马克思主义体系概括为唯物史观、经济学说和科学社会主义三个组成部分，当时中国大多数学者，无论是赞成马克思主义的，还是不赞成马克思主义的，都受到日本理论界这种观点的影响，甚至对马克思主义研究较深的李大钊也不例外。李大钊试图用进化论中过去、现在、未来的时间链条把马克思主义体系整合起来，同日本理论界三大部分平列的观点相比要深刻一些；但李大钊的说法毕竟也不够准确，并不完全符合马克思主义的思想实际。在苏联学习和研究马克思主义多年的瞿秋白，似乎没有受到日本理论界的影响。他对马克思主义理论体系有新的认识和理解。

瞿秋白在《马克思主义之概念》一文中指出，马克思主义理论体系由四部分组成：一是互辩律的唯物论，二是历史唯物论，三是经济学说，四是科学社会主义。这四部分不是平列的关系，而是有内在联系的完整理论体系。瞿秋白同其他早期马克思主义者不一样的地方在于，他十分重视互辩律唯物论在马克思主义理论体系中的基础地位。他认为“这是马克思主义的最根本的基础，就是所谓马克思主义的哲学”，是“解释宇宙一切现象的方法总论，综合各科学的方法而说明人类知识能量的认识论”。至于唯物史观和经济学说，则是马克思主义哲学在社会中的运用；科学社会主义则是马克思通过研究资本主义社会得出的结论。总起来说，互辩律唯物论是马克思主义总的宇宙观和统一的方法论，唯物史观和经济学说是在具体研究领域的展开，科学社会主义则是马克思主义形成的最初动机和最终目标。瞿秋白通过这种对于马克思主义理论体系的新认识，帮助读者得到对于“马克思主义”一词的正确概念，不至于认为马克思主义就限于唯物史观及其经济学说。

瞿秋白所说的“互辩律唯物论”（有时他也采用音译“第亚历克蒂”），是他对辩证唯物主义的称谓。他不喜欢“辩证唯物主义”这个从日文套用过来的译名，想创立一个新的译名。无奈“辩证唯物主义”早已经在中国思想界流传开来，成为约定俗成的通用哲学术语，无法再变更。瞿秋白的互辩律唯物论的提法，没有得到广泛的认同。列宁把马克思主义理论体系概括为哲学、政治经济学、科学社会主义三个组成部分，瞿秋白的四分说同列宁的三分说的基本意思是一致的。也许是针对中国理论界存在的忽视辩证唯物主义的倾向，他才把辩证唯物主义单独突出出来。他强调：“马克思主义是对于宇宙、自然界、人类社会之统一的观点，统一的方法。何以马克思主义的宇宙观及社会观是统一的呢？因为他对于现实世界里的一切现象，都是以‘现代的’或互辩的（Dialectic）——即第亚历克蒂的唯物论观点去解释。这是马克思主义的最根本的基础，就是马克思的哲学。”①瞿秋白对于马克思主义理论体系的新认识，纠正了李大钊的三分法的缺陷，标志着中国马克思主义者的理论水平达到了新的高度。鉴于中国理论界对唯物史观已有所了解，而对辩证唯物主义还不十分熟悉，瞿秋白便担负起了介绍辩证唯物主义的重担。

---

① 瞿秋白：《马克思主义之概念》，见《新哲学——唯物论》附录，上海，霞社校印本，1941。

资料卡片

列宁论马克思主义理论体系

哲学史和社会科学史都十分清楚地表明：马克思主义同“宗派主义”毫无相似之处，它绝不是**离开**世界文明发展大道而产生的一种故步自封、僵化不变的学说。恰恰相反，马克思的全部天才正是在于他回答了人类先进思想已经提出的种种问题。他的学说的产生正是哲学、政治经济学和社会主义极伟大的代表人物学说的直接**继承**。

马克思学说具有无限力量，就是因为它正确。它完备而严密，它给人们提供了决不同任何迷信、任何反动势力、任何为资产阶级压迫所作的辩护相妥协的完整的世界观。马克思学说是人类在 19 世纪所创造的优秀成果——德国的哲学、英国的政治经济学和法国的社会主义的当然继承者。

摘自《列宁选集》，3 版，第 2 卷，309～310 页，北京，人民出版社，1995。

（三）瞿秋白对辩证唯物主义的理解和阐述

瞿秋白写了许多讲义、文章，出版了许多译著，堪称在中国比较系统、比较全面地介绍辩证唯物主义的第一人。在上海大学任教期间，他讲述辩证唯物主义原理，撰写了《社会哲学概论》、《现代社会学》、《社会科学概论》等教材。《社会哲学概论》从“哲学之唯物论唯心论”讲起，论及宇宙的本原及其演化、生命的发展历程，阐述物质与意识的关系，概述唯物辩证法的三个基本规律。《现代社会学》更为具体地阐述唯物辩证法的规律和范畴，并详细论证“社会科学中的根本方法就是互辩的唯物主义”。他翻译了多篇苏联学者介绍唯物辩证法的论文，翻译郭列夫著《新哲学——唯物论》。这本书把历史唯物主义和辩证唯物主义整合为一个整体，表述通俗易懂，对于中国人初步了解马克思主义的基本内容很合适。在此书译本的附录中，有瞿秋白撰写的《马克思主义之概念》一文，表达他对马克思主义哲学体系的理解。瞿秋白还发表《自由世界和必然世界》、《实验主义与革命哲学》等文章，参与“科学与人生观论战”，运用辩证唯物主义观点批判实用主义、自由意志论等资产阶级的学术观点，扩大马克思主义哲学的理论影响。

瞿秋白对辩证唯物主义的理解和阐述，侧重于以下几方面的内容：

1. 关于哲学基本问题

按照马克思主义的哲学观，思维和存在的关系问题是哲学的基本问题。可是，在瞿秋白以前，早期的中国马克思主义者对此并不了解。瞿秋白改变了这种状况，在中国现代哲学史上首次明确地表述了哲学基本问题。他在《社会哲学概论》中写道："人若想哲学问题，——就是他想组合一更稳固的'宇宙观'(Contemplatiodc Monde)——他立刻就遭到的难题：'我'与'非我'的关系，'认识'与'实质'以及'灵魂'与'自然'的关系。……直到如今，这一问题还是哲学中的根本问题。""凡以客观为出发的，——只要他是一贯的思想家，有这勇气一直推究下去，——他必成唯物论中之一派。而以主观为出发的，——便是唯心论中之一派。"① 依据哲学基本问题，瞿秋白把各种哲学划分为唯心主义和唯物主义两大阵营。他认为唯心主义是一种错误的哲学理论，予以严厉的批判。他指出，有的唯心主义者纯粹以个人主观意识的"独在论"（唯我论）为出发点，提出主观唯心主义学说；有的唯心主义者以"绝对精神"为出发点，提出客观唯心主义学说：他们的共同本质都是认为思维或意识为第一性的，而存在或物质为第二性的，歪曲了世界的本来面貌。主观唯心主义者认为，世界上除了我的意识之外，什么都不存在；客观唯心主义者虽然"超个人意识"，还是把物质世界看成精神的派生物。"超个人的意识之学说，最巩固的就是黑智耳（黑格尔）和塞林（谢林）的学说。他们的'绝对精神'就是一种超个人的意识，——其中似乎能包含主观与客观、精神与自然界。然而塞林的见解以为宇宙只是这一精神的'自念'。黑智耳的哲学系统里所谓'绝对的'逻辑过程很重要，所以宇宙是这一'绝对精神'的'自想'——逻辑过程。实际上是一样的。"②

瞿秋白对唯心主义哲学产生的根源做了分析。其一，有历史的原因，由于人们的认识能力受到历史条件的限制，而形成唯心主义的错误认识。在人类初期，人们还不能科学地解释各种自然现象，以为有神灵在支配着世界。"既然信仰宇宙为某一神灵所创造，即此便是以主观为出发点的各种哲学系统之基础，而这种信仰本来就不期而然地引导到'客观之存在受主观的规定'等类的学说。"因此，"凡是与唯物论相对抗的哲学，都是由初民的万物有灵论里出来的"③。其二，有社会的原因，由于社会生活现象十分复杂，人们无法把握自己的命运，只得求助于神灵的保佑，于是形成唯心主义的错误认识。"社会生活日益复杂，各社会间

① 转引自黄美珍等编：《上海大学史料》，268～269 页，上海，复旦大学出版社，1984。

② 同上书，283～284 页。

③ 同上书，272 页。

交通日益繁多，往往骤然暂时归之于神归之于上帝。”“一民族之内的斗争，各民族之间的战争，以及通商事务里，常常发现以前所以为不可能的事，而大家所期望的事反不能实行。这种状况更可巩固对于‘天神力量’的信心，而增长依赖天力援助的倾向。”① 从上述瞿秋白关于哲学基本问题的理解和阐述中反映出，他对哲学基本问题的第一个方面，即思维与存在或精神与物质何者为第一性的问题，把握得比较到位；而对哲学基本问题的第二个方面，即思维与存在或精神与物质的统一性问题，把握得还不够到位。他对唯心主义关于思维与存在的同一性某些合理的内核并没有做出具体的分析；对唯心主义产生的认识论根源理解得也不够深刻。唯心主义产生的一个重要的认识论原因就是把认识上的曲线简化为直线，把认识过程中的某一阶段加以夸大，导致思想方法上的片面性。中国共产党内的教条主义者之所以犯路线错误，都同认识上的片面性有关。

2. 关于世界的物质统一性原理

基于对哲学基本问题的理解，瞿秋白特别突出辩证唯物主义坚持的唯物主义立场，着重阐述世界的物质统一性原理。依据辩证唯物主义，他指出，世界在本质上是物质的，宇宙间的一切事物和现象，归根结底都是物质的具体表现。“全宇宙只是统一的物质之种种组织或混和的方式。”整个宇宙就是物质无限多样性的统一。物质既不能被创造，也不能被消灭。世界的多样性其实不过是物质从一种形态转化为另一种形态而已。“各种物质并且经常地在变动、转动、变化之中。……物质并不消灭，也不发生，只是时常改变自身的组织形式罢了。这就是所谓物质不灭的原理。”②

从世界的物质统一性原理出发，瞿秋白对生命和意识或精神做了唯物主义的说明。他指出，生命是物质在自然界发展到一定阶段的表现形态，是蛋白体的存在方式。“凡有生命的必有蛋白质体；凡蛋白质体不再溃败的过程中必发现生命。当然还必须其他的化学成分，才有持久的活的机体；然而单为生命之发现，却并不需其他成分；其他成分的需要，只在于变成蛋白质而持续此生命。最低等的生物实在仅仅是蛋白质球，然而他们却已有生命之表现。”③ 至于意识或精神，则是物质长期地、高度地发展的产物，也是“一种特别组织的物质”的属性。“精神不能外乎物质而存在；物质却能外乎精神而存在，物质先于精神；精神是特种组织的物质之特别性质。——物质当然是宇宙间一切现象之根本。”④ “只有人的脑

① 转引自黄美珍等编：《上海大学史料》，274页。

② 瞿秋白：《唯物论的宇宙观概说》，见《新哲学——唯物论》附录。

③ 同上书，198页。

④ 同上书，341页。

经（一种特别组织的物质）能思想。没有这种物质，便没有思想，没有意识。”①“无论什么样的思想，决不是一个人的创造或想象，我们的一切知识都从外物所给的经验得来的，就是纯粹抽象的算术亦是现实世界的反映。”②

在瞿秋白之前，中国早期马克思主义者比较注意马克思主义哲学理论中与现实政治斗争联系比较紧密的内容，希望从中得到指导中国革命实践的思想武器，而对于世界的物质统一性原理之类抽象的理论问题，则关注不够。瞿秋白纠正了他们的这一不足之处。关于世界的物质统一性原理，应该说是马克思主义哲学中最抽象、最远离现实生活的内容之一，但却是马克思主义哲学大厦的一块基石，是马克思主义观察和分析一切问题的根本前提。从瞿秋白对这一原理的阐述可以看出，中国马克思主义者的理论水平已有相当大的提升。瞿秋白还力图把这一原理转换为思想方法，他强调说：“以物质基础的考察，实际情况的调查，来与我们的理论相较，是非正误立刻便可以明白。——因为精神现象发生于物质现象，而物质是可以实际按察的。”③ 在这里，他已提出理论联系实际的原则，为中国共产党确立实事求是的思想路线奠立了基础。瞿秋白的物质观吸收了自然科学的最新成果，总体上突破了旧唯物主义物质观的局限，基本上符合马克思主义关于物质概念的原意。但是，他毕竟是第一位阐述辩证唯物主义的中国哲学家，对马克思主义哲学精神的领会尚不够深刻。他比较重视辩证唯物主义的唯物主义性质，而没有突出其辩证法性质，没有把唯物主义与辩证法紧密地结合在一起。他对物质概念的理解还存在着不准确之处，例如，他说：“物质不过是‘电’的种种表现而已。电子的各种结构，形成各种元素之原子；各种元素原子互相结合而成各种不同的组合，构成各种物质之分子。人身大地星球及宇宙，无不是这些原子分子所组成——分子原子之于宇宙，正犹砖瓦之于房屋。”④ 显而易见，按照他的这种理解，还无法划清辩证唯物主义与旧唯物主义之间的界限。

3. 关于唯物辩证法的三大规律

尽管瞿秋白没有做到把唯物主义与辩证法紧密地结合在一起，但对马克思的辩证法还是予以高度的重视。他是在中国阐述唯物辩证法基本思想的第一人，对唯物辩证法的三大基本规律做了比较系统的阐发。

关于对立统一规律，瞿秋白指出，其基本意思是说事物的矛盾普遍存在，矛

①② 转引自黄美珍等编：《上海大学史料》，300 页。

③ 同上书，288 页。

④ 瞿秋白：《唯物论的宇宙观概说》，见《新哲学——唯物论》附录。

盾的对立双方相互转化，乃是唯物辩证法“最基本原理”。他说：“物的矛盾及事的互变便是最根本的原理，——没有矛盾互变便没有动；没有动便没有生命及一切现象。”① “所以‘斗争’与‘矛盾’（趋向不同的各种力量互相对抗）——足以规定变动的历程。”② 他已认识到矛盾的普遍性，强调对立统一规律贯穿在运动发展的全过程，比较准确地把握住了唯物辩证法的核心与实质。至于矛盾如何相互转化以及如何引起运动发展并且规定运动发展方向，瞿秋白还未来得及做进一步的论述，这表明他的理解还是初步的。但是，这种理解毕竟突破了朴素辩证法的局限，上升到普遍规律的高度。他把对立统一规律看成唯物辩证法的“最根本规律”，为毛泽东后来将此理解为唯物辩证法的精髓，提供了前提。

关于质量互变规律和否定之否定规律，在瞿秋白看来，都是对立统一规律的进一步展开。他指出，在矛盾双方的相互作用下，事物向前发展有两种形式或状态，一种是数量的变化，一种是质量的变化。量变是质变的必要准备，质变是量变的最终结果。“宇宙及社会里的一切发展，——就是数量变更的渐渐积累，而数量的变，到一定程度，必定突变为质量的变。”③ 瞿秋白把事物发展过程中的多次质变理解为“连环不断的否定”，由质量互变规律进一步讲到否定之否定规律，不过他没有展开来论述。瞿秋白对唯物辩证法三大规律的理解尽管比较简单，但基本上符合马克思主义哲学的原意。值得注意的是，他并没有把三大基本规律平列起来，而是视为完整的体系。他说：“宇宙的根本是物质的动，动的根本性质就是矛盾——是否定之否定，是数量和质量的互变。”④ 他的这种理解是正确的，也是深刻的。毛泽东在《矛盾论》中进一步发展了瞿秋白的这种观点。

瞿秋白对辩证唯物主义的理解和阐述，对于中国人了解和掌握辩证唯物主义的基本精神和基本内容有很大帮助。但是，当时中国共产党尚处于幼年时期，瞿秋白接触马克思主义哲学的时间不长，并且承担着大量的工作，无暇从事深入的研究，使他对辩证唯物主义的理解难以深入。毋庸讳言，他对辩证唯物主义的了解还是初步的，难免有不准确的地方。例如，在物质观上，还没有完全划清辩证唯物主义与旧唯物主义之间的界限。限于当时的历史条件，瞿秋白对辩证唯物主义的本质特征尚没有充分地掌握。但是，应当承认，瞿秋白在中国马克思主义哲学发展史上起到了承上启下的作用。早期中国马克思主义者对马克思主义哲学的

---

① 转引自黄美珍等编：《上海大学史料》，307 页。

② 同上书，352～353 页。

③ 同上书，307 页。

④ 同上书，309 页。

理解往往局限在历史观领域，而瞿秋白则全面把握马克思主义哲学体系，推进了理论深度和广度，这是“承上”；瞿秋白对马克思主义哲学的初步介绍，为李达、艾思奇系统、全面、规范地介绍辩证唯物主义和历史唯物主义打下了基础，这是“启下”。

资料卡片

杨之华忆瞿秋白执教上海大学

秋白是社会学系主任，担任的课程是社会科学概论和社会哲学。第一次听他讲课的时候，使我惊奇的是学生突然加多了。别的同学告诉我，大家都喜欢听秋白的课。除了社会学系本班的学生，还有中、英文系的学生，其他大学中的党团员或先进的积极分子，甚至我们的好教师恽代英、肖楚女、上大附属中学部主任侯绍裘等同志都愿来听听。……

当课堂里开始安静下来的时候，我看见秋白从人丛中走进课堂，走上了讲台。他穿着一件西装上衣，手上拿着一顶帽子，他的头向后梳，额角宽而平，鼻梁上架一副近视镜，与他的脸庞很相称。他和蔼亲切地微笑着，打开皮包，拿出讲义和笔记本，开始讲课了。他的神志安逸而从容，声音虽不洪亮，但即使站在课堂外的同学也能听到。在他的讲话中，没有华丽的词藻和空谈。同学们的水平参差不齐，他为了使大家明白，引证了丰富的古今中外的故事，深入浅出地分析问题，把理论与当前的实际斗争相结合。同学们都很珍重地记下笔记，万一有人因为参加社会活动而缺了课，非要借别人的笔记抄下来，才能安心睡觉。

摘自黄美珍等编：《上海大学史料》，88～89页，上海，复旦大学出版社，1984。

四、李达和艾思奇

瞿秋白对马克思主义哲学的传播和理解，将重点放在辩证唯物主义方面，比起李大钊、陈独秀仅限于传播和理解唯物史观来，向前迈了一步。但是，瞿秋白还不能划清辩证唯物主义与旧唯物主义之间的界限，理解上存在着一些偏差。这种缺陷在李达和艾思奇那里得到了弥补。他们比较全面和系统地介绍苏联马克思主义哲学教科书体系，对于辩证唯物主义和历史唯物主义的基本内容做了规范化的阐述，并且致力于通俗化推广工作。

李达（1890—1966），号鹤鸣，湖南零陵人。早年在留学日本期间接受了马克思主义，翻译《唯物史观解说》等介绍马克思主义哲学的书籍，在国内出版。1920年参加上海共产主义小组，参与筹建中国共产党。1921年出席中国共产党第一次全国代表大会。曾担任《共产党》月刊主编、《新时代》杂志主编、湖南自修大学校长。北伐战争期间任国民革命军政治部编审委员会主席。大革命失败后与党脱离联系，在国民党统治区担任大学教授，努力研究和宣传马克思主义，尤其是马克思主义哲学。新中国成立后，重新加入中国共产党，先后担任湖南大学、武汉大学校长等职务。主要著作有《现代社会学》、《中国产业革命论》、《社会之基础知识》、《经济学大纲》、《社会学大纲》等，收入《李达文集》。

艾思奇（1910—1966），原名李生萱，云南腾冲人。早年曾两度到日本留学，1931年九一八事变后回国。他在上海《读书生活》担任编辑期间，就开始致力于马克思主义哲学的普及宣传工作。1935年加入中国共产党。1937年到延安，在抗日军政大学任教，从事马克思主义哲学的研究和宣传工作。新中国成立后历任中共中央党校哲学教研室主任、副校长等职务。主要著作有《大众哲学》、《实践与理论》、《历史唯物主义·社会发展史》、《辩证唯物主义纲要》等，主编高等学校哲学教科书《辩证唯物主义历史唯物主义》。主要著作收入《艾思奇文集》。

（一）马克思主义在中国的第三次传播高潮

1927年，轰轰烈烈的大革命失败了。失败的原因和教训是什么？中国革命的出路在哪里？这些问题亟需向马克思主义哲学请教。这样，就为它在中国的传播提供了强大的实践动力，从而又形成了马克思主义哲学在中国传播史上的第三次高潮。1927年以后，一大批马克思主义的原著被译成中文。李铁生译《哲学的贫困底拔粹》，发表在上海《思想月刊》1928年2至3期，内容为马克思著《哲学的贫困》的1至2章，介绍唯物辩证法。恩格斯著《费尔巴哈论》（今译《路德维希·费尔巴哈和德国古典哲学的终结》）的中译本由上海南强书店出版，该书附录中还有五篇马克思、恩格斯关于唯物辩证法的译文，内容为《关于费尔巴哈论纲》、《〈自然辩证法〉札记和片断》的节译。1930年11月，上海江南书局出版恩格斯著、吴黎平译《反杜林论》的全译本，后来多次再版。上海亚东图书馆出版程始仁编译的《唯物辩证法经典》，收入马克思、恩格斯、列宁有关唯物辩证法的论述10篇。被列宁誉为"辩证法经典"的《资本论》也有许多章节译成中文，开始与中国读者见面。在这一阶段，马克思主义哲学在中国的传播趋向于规范化、通俗化，一些前苏联哲学界有影响的马克思主义哲学教科书被介绍过来。其中有李达、雷中坚合译西洛可夫、爱森堡合著的《辩证法唯物论教程》，艾思奇、郑易里合译米丁著的《新哲学大纲》，沈志远译米丁著的《辩证法唯物论与历史唯物论》。在这三部译著中，沈志远译本影响最大，直到新中国成立初期仍是中国人学习马克思主义哲学的主要读本。郭湛波在《近五十年中国思想史》中，这样描述当时马克思主义哲学在中国传播的情况："中国自一九二七年社会科学风起云涌，辩证唯物论的思想大有一日千里之势。"

在传播马克思主义哲学方面，当时党外的一些哲学家也做出了自己的贡献。例如，早年信仰生命哲学的李石岑在20世纪30年代转向辩证唯物主义，在哲学论战中运用马克思主义哲学观点批驳各种反对唯物辩证法的错误言论。他在《哲学概论》第四编"新唯物论"中介绍了对立统一、质量互变、否定之否定等三大规律。1933年3月，为纪念马克思逝世50周年，上海青年会举办"科学的社会主义讲座"，李石岑在白色恐怖之下讲演《科学的社会主义哲学》，介绍辩证唯物论，表现出极大的理论勇气。蔡元培、章乃器、陈望道等著名学者也公开宣传马克思主义理论，在社会上产生了很大影响。张岱年从1932年到1934年连续发表了《辩证法的一贯》、《辩证唯物论的知识论》、《辩证唯物论的人生哲学》等多篇论文，介绍辩证唯物主义。他认为，"辩证唯物论的知识论是实践的知识论"；而辩证唯物论的人生哲学则是"科学、革命的人生哲学"。大量事实证明，马克思主义哲学在现代中国是受到普遍欢迎的。正如艾思奇所说：1927年以后，"唯物辩证法风靡了全国，其力量之大，为二十二年来的哲学思潮所未有"①。就连反对唯物辩证法的张东荪也不得不承认："这几年来坊间出版了不少关于唯物辩证法的书。无论赞成与反对，而辩证法闯入哲学界总可以说是一个事实。"②

① 《艾思奇文集》，第1卷，66页，北京，人民出版社，1987。

② 张东荪：《唯物辩证法论战》，135页，北平，民友书局，1934。

资料卡片

唯物辩证法论战

亦称“哲学论战”或“辩证唯物主义和反辩证唯物主义的论战”。1930年至1936年，中国哲学理论界就哲学消灭与否、本体论与认识论的关系和唯物辩证法的实质等问题进行的一次论战。1930年前后，马克思主义哲学在中国思想理论界得到进一步的传播，引起代表资产阶级利益的唯心主义各流派哲学家的惊慌与反抗。张东荪最先发难，相继发表《我亦谈谈辩证法的唯物论》、《动的逻辑是可能的么》等文章，1934年又撰写系统反对辩证唯物论的《唯物辩证法之总检讨》，编辑了反马克思主义哲学的《唯物辩证法论战》一书。与此同时，托派叶青打起批判张东荪哲学的幌子，提出了一系列歪曲马克思主义哲学的观点，宣称哲学即将“消灭”，把辩证唯物论篡改成“物心综合论”，1934年发表《哲学到何处去》等，翌年又编辑了《哲学论战》一书。与张东荪都反对马克思主义哲学。当时艾思奇、邓云特、沈志远、张季同等马克思主义者和进步理论家，发表了近百篇文章，批判了张东荪和叶青的哲学思想，捍卫了辩证唯物主义和唯物史观的基本原理，使马克思主义哲学在中国的传播和研究得到进一步发展。

摘自冯契主编：《哲学大辞典·中国哲学史卷》，600～601页，
上海，上海辞书出版社，1985。

（二）李达对马克思主义哲学的规范化理解

中国的马克思主义哲学家除了翻译前苏联的哲学读本之外，自己也写了许多关于马克思主义哲学体系的教科书或通俗读物。其中有吴亮平编著《辩证法唯物论与唯物史观》、李达著《社会学大纲》、艾思奇著《大众哲学》、沈志远著《现代哲学的基本问题》、张如心著《哲学概论》、陈唯实著《通俗哲学讲话》和《新哲学体系讲话》、胡绳著《辩证法唯物论入门》等。在这些著作中，李达的《社会学大纲》理论水平最高，可以说是20世纪30—40年代中国马克思主义哲学规范化的典范之作。

该书40多万字，分为五篇。第一篇比较详尽地介绍唯物辩证法的各条原理，占整书一半篇幅。李达首先追溯了唯物辩证法形成和发展的历史，说明它是人类认识史所固有的，是全人类共有的精神财富。唯物辩证法是科学的世界观，正确地回答了哲学基本问题，说明了世界的统一性及其发展的过程性。唯物辩证法是

科学的方法论，以“对立统一的法则”为核心，“由质到量的转变的法则”和“否定之否定的法则”是“对立统一法则”的展开。唯物辩证法的主要范畴有：本质与现象、内容与形式、必然性与偶然性、现实性与可能性、法则与因果性，每对范畴之间的关系也都体现“对立统一的法则”。唯物辩证法也是认识论和逻辑学，科学地说明认识的发展过程中感觉与概念之间的矛盾展开；实践是主观与客观统一的基础；判断与推理、分析与综合、归纳与演绎都是辩证思维的具体方法。从第二篇到第五篇阐述历史唯物主义的基本原理。第二篇论述历史唯物主义的对象，说明历史与方法的统一关系。第三篇从分析生产力与生产关系的矛盾入手，解说“社会的经济构造”。第四篇解说“社会的政治建筑”，重点阐述列宁概括的阶级定义和历史唯物主义的国家理论。第五篇解说“社会意识形态”的性质和特点。意识形态作为“上部构造”的组成部分，受到“经济构造”的制约，但有相当的独立性。李达还对前资本主义、资本主义和社会主义的意识形态做了具体的分析。他原计划写第六篇《中国社会的研究》，因忙于《经济学大纲》的写作，未能完成。脱党后的李达，有比较充裕的研究时间，可以专心致志地研究马克思主义哲学，因而有条件达到新的理论深度。《社会学大纲》一书具有以下特色：

第一，从人类认识发展史的视角看马克思主义哲学，阐明新哲学的产生乃是一次伟大的哲学变革。李达指出：“人类认识的历史，包括着从原始时代起至现在为止的人类对于客观世界的认识过程，所以当我们追溯唯物辩证法的历史准备时，不能不追溯到原始时代的人类的认识。”“唯物辩证法，是唯一的科学的世界观。这个世界观，是摄取了人类认识的全部历史的成果而积极地创造出来的东西。所以我们在研究唯物辩证法的一般原理之时，必须站在历史主义的立场上……指出这个哲学是人类认识史的总计、总和与结论。”① 他用了一整章的篇幅回顾西方哲学史，尤其是德国古典哲学的历史，以大量的、翔实的史料证明马克思主义哲学的诞生标志着人类哲学思想的发展迈入新阶段。在这一章中，表现出李达十分开阔的理论视野和扎实的哲学史方面的学识，在广度和深度上均超过了当时传入中国的苏联哲学教科书。

第二，系统、完整地理解马克思主义哲学体系，力求把辩证唯物主义同历史唯物主义有机地统一起来。李达强调，“唯物辩证法是科学的历史观与科学的自然观的统一，而两者统一的基础，是社会的——生产的实践。我们在前段的说明中，可以看出创始者们之哲学的实践的活动，首先是从社会的——历史的领域，即政治的——实践的领域开始的。我们可以说，创始者们首先阐明了历史领域中

---

① 《李达文集》，第2卷，10页，北京，人民出版社，1981。

的辩证法，其次由历史的辩证法进到自然辩证法，而在社会的实践上统一两者以创造出科学的世界观的唯物辩证法。”① 他的这种看法是独到的，抓住马克思主义哲学的理论实质，有别于苏联哲学教科书的提法。自从斯大林在《联共（布）党史》的第四章第二节《辩证唯物主义和历史唯物主义》的提法出现后，苏联哲学界就奉为圭臬，几乎都以“辩证唯物主义”和“历史唯物主义”的形式表述马克思主义哲学体系。大多数马克思主义哲学的解释者通常把辩证唯物主义理解为“对自然现象的看法和研究”，认为这是马克思主义哲学的第一原理，而把历史唯物主义说成“辩证唯物主义原理在社会历史研究领域中的推广和应用”。这种观点有意无意地割裂了马克思主义哲学体系的完整性，将其解释成存在着逻辑先后顺序的两个部分。李达没有受到这种成见的束缚，独立思考，大胆创新，独辟蹊径。他没有采取通常那种“辩证唯物主义和历史唯物主义”的表述方法，而是把该书的书名定为《社会学大纲》，这恐怕出于他对马克思主义哲学的整体性的独到见解。

第三，正确看待认识和实践的关系，把辩证法与认识论有机地统一起来。李达认为马克思主义哲学既是辩证的唯物论，也是实践的唯物论。实践作为哲学认识论范畴，包含着劳动、物质生产和社会斗争等内涵，它规定着表象、概念等等的精神生产，规定认识的具体发展历程。他指出，旧唯物论的一个根本缺陷就是不懂得实践是认识发展的原动力，不懂认识发展的辩证法，因而无法说明认识的具体性、过程性以及真理的相对性与绝对性之间的辩证关系。马克思主义哲学把实践看成认识发展的杠杆，看成认识的出发点和源泉，看成认识发展的契机和检验真理性的标准，阐明了认识过程的辩证法，克服了旧唯物论的缺陷。基于这种观点，李达把该书第四章的标题定为《当做认识论和伦理学看的唯物辩证法》。

李达对马克思主义哲学体系的理解比较深刻，比较系统，比较规范；他对马克思主义哲学的阐述，观点正确，准确深入，条理清晰，表述规范，对于中国人民完整、准确地接受马克思主义哲学帮助很大。毛泽东同志对此书评价很高，称赞它是中国人写的第一本马克思主义哲学教科书。他读此书十几遍，写了几万字的眉批。此书对于毛泽东哲学思想的形成和发展，无疑具有相当大的影响。由于历史条件的限制，此书也有不足之处，如对中国革命的具体问题涉及较少，受苏联哲学教科书的影响较大，有“照着讲”的痕迹，原创性不够突出，但不能因此而抹煞李达卓越的理论贡献。

---

① 《李达文集》，第2卷，56页。

资料卡片

中国马克思主义者心目中的李达

李达是国内外享有盛名的伟大的马克思主义哲学家。毛泽东（于 20 世纪）30 年代称他为“真正的人”，50 年代又赞他是“理论界的鲁迅”。一些著名马克思主义学者则赞誉他是“我国伟大的马克思主义启蒙大师”（吕振羽）；“我国哲学界的泰山北斗”（杨献珍）；“一位普罗米修斯式的播火者”（侯外庐）。

摘自李振霞主编：《当代中国十哲》，1 页，北京，华夏出版社，1991。

（三）艾思奇对马克思主义哲学的通俗化推广

到 20 世纪 30—40 年代，中国马克思主义者加大了宣传马克思主义哲学的力度。艾思奇写的《大众哲学》，运用人民大众喜闻乐见的形式和通俗易懂的语言，表达马克思主义哲学原理，取得了很大的成功，可以说是马克思主义哲学通俗化的典范之作。此书很受读者欢迎，在解放前出了 32 版之多。许多青年就是在读了《大众哲学》之后，而踏上了奔向延安之路。在这本书里，他认为辩证唯物主义由本体论（世界观）、认识论、方法论三部分构成。在“本体论（世界观）”这一章，他指出，哲学的根本问题“就是主观与客观怎样发生关系的问题”。辩证唯物主义对此的回答是：“宇宙间一切千变万化的现象，都是物质自己运动的过程。”“物质运动的每一种形态，都有一定的限制、一定的规则。”① 他正确地说明了主观与客观、物质与运动、物质与规律之间的关系，阐述了辩证唯物主义世界观的基本思想。在“认识论”这一章，他阐述了辩证唯物主义的反映论。他指出，外部世界是可知的。“我们认识一切，都是在主观与客观的统一中实现的”，都是主观对客观的反映。“从感性到理性，从理论到实践，又从实践得到新的感性，走向新的理性，这种过程，是无穷地连续下去，循环下去，但循环一次，我们的认识也就愈更丰富。”② 在“方法论”这一章，他讲述了辩证法的三个基本规律，即矛盾统一律、质量互变律和否定之否定律。他指出：“矛盾的统一，是动的逻辑的第一条法则。”他以雷峰塔倒塌为例，说明量变引起质变的道理。他还指出：“世界上的一切事物，都依着肯定—否定—否定之否定（或正、反、合）

---

① 《艾思奇文集》，第 1 卷，155、162 页。

② 同上书，186 页。

的三个阶段发展的。”① 他对现象与本质、形式与内容、法则与因果、必然性与偶然性、可能性与现实性等几对范畴也都做了通俗的讲解。

在马克思主义哲学通俗化方面，艾思奇取得了很大的成绩，扩大了马克思主义哲学的社会影响。据石峻教授介绍，艾思奇著《大众哲学》在哲学专业的本科生中有众多的读者。他讲了两件事情：一件事是，他曾给哲学专业本科生留一作业题：选择你最喜欢的哲学书写一篇读书报告。作业收上来以后发现，大多数同学选的哲学书都是《大众哲学》。另一件事是，抗日战争时期北京大学南迁，把学生手中的书集中起来运送。登记书目时发现，几乎每个同学都有一本《大众哲学》。《大众哲学》出版的数量惊人，可能是那个时代最畅销的哲学书，深受广大青年人的欢迎。

艾思奇在致力于马克思主义哲学通俗化的同时，也注意到马克思主义哲学中国化的问题。在抗日战争时期，他发表了《哲学的现状和任务》、《论中国的特殊性》等文章或小册子，驳斥假马克思主义者叶青“马克思主义不能中国化”的谬论，阐明了马克思主义中国化的内在根据、方法原则和实现途径。他指出，马克思主义在内容上的一般性、国际性同形式上的特殊性、民族性是统一的，而不是对立的。“在世界上还有各种各样民族和国家的界限的。现在，马克思主义是不能不依各民族的不同的发展条件而采取着不同表现形式的，它决不会成为全世界一致的国际形式直接表现出来。”② 因此，马克思主义哲学必须中国化，也能够中国化。基于这种认识，艾思奇成功地运用人民大众喜闻乐见的形式宣传马克思主义哲学，为普及马克思主义哲学做出了很大的贡献，他所做的马克思主义哲学通俗化的工作，促进了马克思主义中国化的进程，在现代中国哲学史上功不可没。

资料卡片

艾思奇论哲学的主要任务

哲学的主要任务是要能够真正解决人类生活上事实上的问题。要能真正解决这些问题，才足以证明它是事实上的真理。我们说哲学是人对于事物的根本认识和根本态度，其意义也就在此，哲学不能单只是说得好听的东西，还要能指导我

① 《艾思奇文集》，第1卷，221～222页。

② 同上书，486页。

们做事。它的“重要的问题是在于改造世界!”

什么是正确的哲学？为什么它比别的哲学更正确，更能与事实真理一致，这问题，以后就要讨论了。但我们要分作三步来讲。第一步要先讲世界的本身究竟是什么东西？是物质吗？是精神吗？这一步的讨论，叫做本体论；第二步讲我们是怎样能认识世界上的一切？这一步的讨论叫做认识论；第三步讲世界的一切以及我们人类的思想等等是怎样变化运动，是依据什么法则变化运动的？也就是说，世界上一切事物的最普遍最根本的变化规则是什么？这一步的讨论叫做方法论。

摘自《艾思奇文集》，139～140页，北京，人民出版社，1981。

五、郭沫若和侯外庐

李大钊是中国最早接受唯物史观的思想家，也是最早运用唯物史观研究中国历史的思想家。但因他过早地为中国革命献身，未能深入下去。后继者郭沫若和侯外庐沿着李大钊开辟的这个研究方向，更为深入、更为具体地研究中国传统学术，取得了很大的成绩。

郭沫若（1892—1978），现代学者、马克思主义理论家。原名郭开贞，号鼎堂。四川乐山人。出身于书香之家，自幼熟读古籍，喜读《庄子》。1914 年到日本留学，入九州帝国大学学习医学，1923 年获医学学士学位。留学期间他参加五四新文化运动，著有新诗集《女神》。毕业后弃医从文，希望以文学为武器“鼓动起热情来改造社会”。1924 年以后接受马克思主义。1926 年任广东大学文科学长，并投身于大革命。曾应毛泽东之邀到农民运动讲习所讲课，担任国民革命军总政治部副主任。1927 年加入中国共产党。他是马克思主义哲学在中国的传播者之一，曾翻译马克思和恩格斯合著的《德意志意识形态》、马克思著《艺术的真实》等经典著作。他运用马克思主义观点和方法研究中国古代社会和传统学术思想，撰写出《中国古代社会研究》、《青铜时代》、《十批判书》等著作。1949 年新中国成立后，历任中央人民政府委员、政务院副总理兼文化教育委员会主任、中国科学院首任院长兼哲学社会科学部主任、中国科技大学首任校长、中国人民保卫世界和平委员会主席、中日友好协会名誉会长、全国人民代表大会常务委员会副委员长等职务。学识渊博，著作宏富，编入《郭沫若全集》，共17卷。

侯外庐（1903—1987），现代学者，马克思主义理论家。原名兆麟，又名玉枢，号外庐，以号行世。山西平遥人。出身于书香之家，自幼习读四书五经，接受传统文化教育。五四时期通过阅读《新青年》等进步刊物，接受新思潮的影响。1922年到北京求学，入北平大学法学院学习法律，同时在师范大学兼修历史学。1925年结识李大钊，接受马克思主义，投身于爱国学生运动。曾担任秘密刊物《下层》的主编。1927年去法国勤工俭学，入巴黎大学。1928年在巴黎加入中国共产党，担任中国旅法语言组支部书记，并且着手翻译《资本论》。1930年经由莫斯科回国，先后在哈尔滨政法大学、北平大学、师范大学任教，讲授唯物史观、经济学等课程。1941年，他在郭沫若《中国古代社会研究》一书的基础上，运用唯物史观研究中国古代社会，出版《中国古典社会史研究》（再版更名为《中国古代社会史论》），证明中国古代确实存在过奴隶社会。他运用马克思主义的观点和方法研究中国思想史，相继出版了《中国古代思想学说史》、《中国近世思想学说史》等著作。1946年他与罗克汀合著《新哲学教程》，讲述马克思主义哲学原理。1949年新中国成立以后，历任政务院文教委员会委员，北京师范大学历史系主任，西北大学校长，中国科学院哲学社会科学部委员，中国科学院历史所副所长、所长等职务，主持编写多卷本《中国思想通史》以及《中国近代哲学史》、《宋明理学史》等著作。曾当选为第一、二、三、五届全国人大代表和第六届全国政协委员、常委。

（一）郭沫若用唯物史观研究传统学术思想

郭沫若1913年留学日本，学习医学，从中懂得了近代的科学研究方法，同时也初步接受了马克思主义的哲学观点。他在《十批判书》后记中说：

> 在日本的学生时代的十年期间，取得了医学士学位，虽然我并没有行医，也没有继续研究医学，我却懂得了近代的科学研究方法。在科学方法之外，我也接受了近代的文学、哲学和社会科学。尤其辩证唯物论给了我精神上的启蒙，我从学习着使用这个钥匙，才认真把人生和学问上的无门关参破

了。我才明白了做人和做学问的意义。①

1923年，郭沫若的学生时代结束。当时中国大革命的浪潮逐渐高涨，郭沫若决定回国贡献自己的力量，1926年参加北伐战争。1928年，他因局势所迫，又不得不旅居日本。“亡命生活又是十年，在日本人的刑士与宪兵的双重监视之下，我开始了古代社会的研究。为了研究的彻底，我更把我无处发泄的精力用在了殷墟甲骨文字和殷、周青铜器铭文的探讨上面。”② 1930年，他出版的论文集《中国古代社会研究》，以唯物史观为指导，以翔实的史料和透辟的分析为根据，证明中国古代社会发展的情形完全符合马克思、恩格斯揭示的历史发展规律。此后，他又出版了《甲骨文研究》、《殷周青铜器铭文研究》、《两周金文辞大系考释》、《卜辞通纂》等著作，进一步深化和丰富了他的研究成果。抗日战争时期，郭沫若回国参加抗日救亡运动，出任重庆政府政治部第三厅厅长，后来改任文化工作委员会主任。在这段时间，他克服战争时期的重重困难，仍然坚持研究古代中国社会和先秦的学术思想。尽管受到重庆政府的种种限制，他仍取得了丰硕的成果。1945年他出版了《青铜时代》和《十批判书》两部有分量的学术著作。在前一本书中，他在充分占有第一手资料的基础上，得出中国在殷商、西周以至春秋时期处于奴隶制社会的结论；在后一本书中，他评述了儒家、墨家、道家、法家、名家、杂家等先秦时期的主要学派，并且以儒学为研究重点。

资料卡片

《中国古代社会研究》

郭沫若著。1930年联合书店初版，1947年改横排印行，1954年人民出版社再版。是应用马克思主义的唯物史观研究中国古代社会的拓荒性著作。以恩格斯《家庭、私有制和国家的起源》的研究方法为指导，参考美国学者摩尔根对美洲土著民族的分析，“回头来看我们中国社会发展的程序”（《导论》）。征引甲骨、金文和古籍文献，结合考古文物和地下发掘的材料，研究中国古代社会的历史。确定殷代为中国历史之开幕时期，首次提出“西周社会奴隶制”说，并详细论证中国古代经历了西周以前的原始公社制、西周时代的奴隶制和春秋以后的封建制，分析了这几个社会形态之间的转变推移，肯定其发展程序和马克思主义揭示的社会发展一般规律相符合，以驳斥“中国社会特殊”论，为促进当时对中国社会性质和

---

①② 郭沫若：《十批判书》，489页，北京，东方出版社，1996。

发展规律的科学探讨，做出了有益的贡献。以后在不断发现新材料和深入研究的基础上，对中国社会分期的某些论点做了必要的修正和补充。后收入《沫若文集》。

摘自冯契主编：《哲学大辞典·中国哲学史卷》，122页，上海，上海辞书出版社，1985。

（二）郭沫若对儒学的同情了解

自五四新文化运动时期掀起“打孔家店”的风潮以来，学术界中进步的思想家一般都对儒学做出否定性的评价，而对儒家以外的学派做出肯定性的评价。郭沫若试图扭转这种风气。他以唯物史观为指导，第一个站出来用同情的眼光看待儒学，大胆地对儒学做出肯定性的评价。他发表了《王阳明礼赞》、《中国文化之传统精神》、《论中德文化书》等一系列文章，表明了他对孔子和儒家文化的态度。他认为当时的某些偏激的批孔文章，“未免太厚诬古人而欺示来者了”。在他看来，孔子和他当时所崇拜的德国文学家歌德一样，都是属于世界上少有的“球形”天才。他在给宗白华的信中写道：

> 孔子要说他是政治家，他有他的“大同”主义；要说他是哲学家，他也有泛神论的思想；要说他是教育家，他有他的“有教无类”、“因材施教”的动态的（Kinetisch）教育原则；要说他是科学家，他本是个博物学者，数理的通人；要说他是艺术家，他是精通音乐的；要说他是文学家，他有他简切精透的文学。便单就他文学上的功绩而言，孔子的存在，是很难推倒的；他删诗书，笔削春秋，使我国古代的文化有个系统的存在。①

基于这种认识，郭沫若开诚布公地宣称：“我们崇拜孔子！”不过，他郑重声明，他崇拜孔子与近代盲目的尊孔派不可同日而语，因为他崇拜的“是兼有康德与歌德那样的伟大的天才，圆满的人格，永远有生命的巨人”②。而且，在他看来，儒家文化在历史上有一个发展演变的过程，不能把孔子和后期的儒家混为一谈。就以孔子为代表的儒家文化而言，与希腊文化一样，“同为人世的”，“当为动而非静”。他说：“孔子的人生哲学正是以个人为本位，它究竟是望人人成为俯仰无愧的圣贤，能够博施于民而能济众。”至于中华民族以后几千年来的“贪懒好闲的陈痼，以及目前利欲熏蒸的混沌”，则是佛教思想传入中国后以儒家为代表的“固有文化久受蒙蔽”所致。③

---

① 郭沫若：《论诗（二）》。

② 郭沫若：《中国文化之传统精神》。

③ 郭沫若：《论中德文化书》。

郭沫若进一步指出，对儒家思想要做具体的分析，孔子本人与后儒有着很大的区别。他说："自汉武之后，名虽尊儒，然以帝王之利便为本位解释儒书，以官家解释为楷模而禁人自由思索。后儒研读的儒家经典不是经典本身，只是经典的注疏。后人眼目中的儒家，眼目中的孔子，也只是不识太阳的盲人意识中的铜盘了。儒家的精神，孔子的精神，透过后代的注疏凸凹后尽是已经歪斜了的。"所以，后来的"崇信儒家、崇信孔子的人只是崇信的一个歪斜了的影像"①。在这里，郭沫若一方面接受了五四时期"打孔家店"的积极影响，肯定批判官方化了的儒学的必要性；另一方面又纠正了这一思路的偏激之处，主张在"打孔家店"的同时，还要"救出孔夫子"，按照平民化的要求诠释儒家思想。对于后期的儒家和儒学，郭沫若只崇信王阳明一个人。在他看来，只有王阳明"所解释的儒家的精神，乃至所体验的儒家的精神，实即是孔门哲学的真义"②。

不仅如此，郭沫若还把以孔子为代表的儒家思想与当时流行的社会主义思潮进行了比较。他得出的结论是：孔子和王阳明的思想"出入无碍，内外如一，对于精神方面力求全面的发展，对于物质方面也力求富庶"，"与近代欧西的社会主义寻出了一致点"③。基于这种认识，他表示："我自己是肯定孔子，肯定王阳明，而同时更是信仰社会主义的。我觉得便是马克思与列宁的人格之高洁不输于孔子与王阳明，俄国革命后的施政是孔子所说的'王道'。"④在此基础上，郭沫若认为，中国人"在个人的修养上可以体验儒家精神努力于自我扩充以求全面发展，而在社会的兴革上则当依社会主义的指导努力吸收科学文明的恩惠，使物质的生产力增加，使物质的分配平等，使各个人的精神得以遂其全面发展"⑤。他甚至主张把马克思请进"文庙"，与孔子互称"同志"，使孔子的"大同"理想与马克思的共产主义进行交流，断言孔子的思想与马克思的见解并不矛盾。⑥ 郭沫若在这里提出了一个很有创意的观点：他认为马克思主义与儒家思想的精华是可以融合在一起。不过，这种融合并不是把马克思主义降低到儒家的水平，而是把儒家思想的精华提升到马克思主义的高度，使之获得时代意义。

郭沫若在《十批判书》的后记中申明，他之所以对儒家做出肯定性的评价，并非有意袒护儒家，而是通过客观、公正、深入、科学地研究了大量的史料之后得出的公正的结论。他写道：

> "儒家"那样一个名词，便是非科学的东西。秦、汉以后的儒者与秦、

①②③④ 郭沫若：《王阳明礼赞》。

⑤ 郭沫若：《王阳明礼赞》附论二《新旧与文白之争》。

⑥ 郭沫若：《马克思进文庙》。

> 汉以前的已经是大不相同，而秦、汉以前的儒者也各有派别。不加分析而笼统地反对或赞扬，那就是所谓主观主义或公式主义。因为你的脑筋里面先存了一个既成的观念，而你加以反对或赞成，你所如何的只是那个观念而已。假如要说我有点袒护孔子，我倒可以承认。我所见到的孔子是由奴隶社会变为封建社会的那个上行阶段中的前驱者，我是在这样的意义上“袒护”他。我的看法和两千多年来的看法多少不同。假使我错了，应该举出新的证据来推翻我的前提。拘守着旧式的观念来排击我的新观念，问题是得不到解决的。但我也实在鼓起了很大的勇气。①

总之，他对孔子及其思想的肯定，并不是盲目崇信，也不是主观武断，而是在充分占有资料，进行科学研究和分析之后，所得到的合乎客观实际的结论。

郭沫若的这些看法，到了20世纪30—40年代，又有了进一步的发展。在这一时期，他先后发表了《先秦天道观之进展》、《驳〈说儒〉》以及《青铜时代》、《十批判书》等一系列著作，对孔子和儒家等先秦思想进行了更为深刻的反思。他依据唯物史观，把孔子放到特定的历史环境中加以考察。在他看来，孔子所处的春秋时代，乃是古代中国由奴隶制社会到封建制社会转折的大变革时期。在这一历史时期，“士”这样一个特定的社会阶层十分活跃。在各种各样的士当中，尤以读书的学士影响最大，于是大家竞争着来学做士，遂成为一种社会风气。“孔子和墨子那两大读书帮口，便是在这样的风气中形成的。既有多数的人要靠着读书帮口，自然有孔、墨这样的大师，靠着读书来铺张自己的场面了。孔子有弟子七十二，墨子有弟子百八十人，这些数目大概都是可靠的。孔子是宋人的私生子而生于鲁，自称‘少也贱’，后来做到鲁国的大夫；墨子是鲁国贱人，后来也做到宋国的大夫。”② 孔墨两家竞长争高，相互辩难，成为当时的“显学”。那么，应当怎样评价儒墨两家呢？郭沫若认为，凡是促进社会改革的思想家，都是应当予以肯定的；反之，则应当予以否定。用这个标准衡量，郭沫若肯定了儒家，而否定了墨家。在《孔墨的批判》中，他认为墨子是同情公室而反对私门的人，所提出的种种主张，其实是在替统治者出谋划策，所以并不值得称道。与墨子形成鲜明的对照，“我们要说孔子的立场是顺乎时代的潮流，同情人民解放的”③。他不赞成学术界比较流行的“是墨非孔”说，独出心裁地提出“是孔非墨”说。

对于新的评判标准，郭沫若说：“法官是依据法律来决定是非曲直的，我呢

① 郭沫若：《十批判书》，502页。

② 同上书，67页。

③ 同上书，85页。

是依据道理。道理是什么呢？便是人民本位的这种思想。……我之所以比较推崇孔子和孟轲，是因为他们的思想在各家中是比较富于人民本位的色彩。"① 他认为，在孔子的思想中包含着"以人民为本位"的精华。"孔子的基本立场既是顺应着当时的社会变革的潮流的，因而他的思想和言论也就可以获得清算的标准。大体上他是站在代表人民利益的方面的，他很想积极地利用文化的力量来增进人民的幸福。"② 孔子"以人民为本位"思想集中体现在他倡导的"仁"的观念上。据郭沫若考证，"仁"是春秋时代的新名词，在春秋以前的古书里，在金文和甲骨文里，都找不到这个字。"仁"字虽未必是孔子创造出来的，但它特别为孔子所重视，并且构成他思想体系的核心，乃是不争的事实。郭沫若引证了《论语》中孔子关于"仁"的大量论断，得出的结论是："仁的含义是克己而为人的利他的行为。简单一句话，就是'仁者爱人'。""他的'仁道'实在是为大众的行为。"③ 郭沫若高度评价孔子的仁学，认为孔子发现了人，主张每一个人不仅要把自己当成人，也要把别人当成人。孔子的这种人道主义思想顺应着奴隶解放的潮流，具有进步的历史意义。除了仁学以外，他对孔子实事求是的学习态度、注重教化的礼乐思想、"不语怪力乱神"的怀疑精神等，都表示充分的肯定。

资料卡片

郭沫若论孔子

他为人为学倒很能实事求是，主张"知之为知之，不知为不知"，主张"多闻阙疑……多见阙殆"——可疑的，靠不着的，不肯乱说。又说"多闻择其善者而从之，多见而识之，知之次（次第）也"，可见他是很能够注重客观观察的。"吾尝终日不食，终夜不寝，以思，无益，不如学也。"这个经验之谈很有价值，可见他是反对冥想那种唯心的思维方法的。但他也并不泯却主观，一味的成为机械。"学而不思则罔，思而不学则殆"，必须主观与客观交互印证，以织出一条为人为己的道理，然后他才满足。

摘自郭沫若：《十批判书》，93页，北京，东方出版社，1996。

① 郭沫若：《十批判书》，506页。

② 同上书，87页。

③ 同上书，88～89页。

(三) 郭沫若对儒学的分析批评

尽管郭沫若对孔子抱着同情的态度，但他并不讳言孔子的历史局限性。例如，孔子肯定人类中有“生而知之”的天才，在郭沫若看来，这是错误的。他肯定孔学的正面价值，但并不赞成“复兴孔学”，因而与所谓“新儒家”有原则区别。照他看来，时至今日还抱着“新儒家”的迷执，不啻是“恐龙的裔孙——蜥蜴之伦的残梦”。他郑重地声明：“我所采取的是历史唯物主义的立场，在这个立场上我仿佛抬举了先秦儒家，因而也就有人读了我的书而大为儒家扶轮的，那可不是我的本意。”①

需要指出的是，郭沫若基于对孔子和儒家文化的同情理解，就很难做到他自己反复申明的实事求是原则和力求客观的态度，有时难免会有溢美、牵强的解释与评论。例如把孔子客观上有利于人民的一面夸大为代表人民利益；把孔子“民可使由之，不可使知之”中的“可”与“不可”解释为“能够/不能够”，并认为“就是‘百姓日用而不知’的意思”，从而否认孔子有愚民思想；对孔子学说中的君子与小人之议、上智与下愚之论、重男轻女之说等，不是避而不谈，就是曲意回护。所有这些方面，无疑都表明郭沫若在运用唯物史观阐释孔子和儒家学说的时候，还有不少的工作要做。

在20世纪三四十年代，郭沫若立足于马克思主义哲学立场，首先站出来对儒学表示同情，大胆肯定儒学的现代价值，对于扭转一味批孔的偏激心态起到了一定的作用。但是，郭沫若关于儒学的看法，感情色彩比较重，这限制了他研究的深度。侯外庐等人弥补了这一不足，运用唯物史观对儒家思想做了比较客观的研究，取得了较大的研究成果。

资料卡片

《十批判书》

郭沫若著。由十篇题为“批判”的论文组成。1945年由重庆群益出版社出版。首篇为《古代研究的自我批判》，在此作者检讨了自己初期在古代社会性质研究中的某些观点和材料利用上的错误。在先秦诸子批判八篇中分别对先秦时期儒、墨、道、法、名等各家的代表人物和学术思想逐一做了批判性考查，揭示各种学说观点的学术渊源、理论贡献和社会属性。末篇《吕不韦与秦王政的批判》

① 郭沫若：《十批判书》，522页。

指出吕不韦与秦嬴政在思想上的对立，肯定了秦始皇统一天下的伟绩，同时也批评了他的独裁政治、焚书坑儒的过失。书后《后记》介绍了本书的形成过程。该书运用马克思主义观点和方法研究中国古代思想史，具有划时代的意义。1954年由人民出版社改排出版，1976年人民出版社重印，作者对原文做了若干文字订正。1982年人民出版社将其编入《郭沫若全集·历史编》第二卷。

摘自方克立主编：《中国哲学大辞典》，13页，北京，中国社会科学出版社，1994。

（四）侯外庐的儒学研究

1946年，侯外庐出版了《中国古代思想学说史》一书，发表了他关于先秦儒学的研究成果，评述了孔子、子思和孟子、荀子等儒家大师的学术思想。

该书的第五章《孔墨显学主潮论上：方法论之异同》和第六章《孔墨显学主潮论下：学说体系之异同》评述了儒家创立者孔子的儒学思想。侯外庐认为孔子与墨子在春秋时期并称显学，在中国古代思想史上占有十分重要的地位。他采取儒墨对比的研究方法，概述了孔子儒学思想的学说价值、理论特色和基本内容。

侯外庐认为，孔子在中国学术发展史上是一个承前启后的人物，是中国传统学术思想的当之无愧的奠基人。“孔子一方面是前无古人，在中国学术史上创立了‘学问’的基础；然而另一方面则又是前随古人（述而不作，信而好古），在中国学术史上继承着文化传统。由前者而言，孔子是一个国民资格的智者，教育家，所以知识的一般问题是由他合法则地提出；同时由后者而言，孔子是一个周代的维新人类之继承者，理想者，所以知识的局限问题，由他原则地理想化，他和希腊哲人的显族时代历史，相似而实未可同类。”① 从“承前”的角度看，孔子是以往传统学术思想的集大成者；从“启后”的角度看，孔子是春秋以来中国学术传统的奠基人。孔子一身兼有两种角色，相比较而言，侯外庐更为重视孔子的“奠基人”角色，强调孔子是“周代的维新人类”的代表。侯外庐对孔子学术思想做的这一定位，一方面同神化孔子的尊孔派划清了界限，另一方面也同鬼化孔子的批孔派划清了界限，显示出他独到的、客观的眼光。侯外庐明确表示不赞成“打倒孔家店”的口号，他批评说：“过去所谓‘打倒孔家店’的人（如北大教授吴虞）是有见于流而无见于源。”② 这一口号的偏激之处在于：没有把孔子思想放到当时特定的历史环境中加以考察，一概抹煞孔学的历史价值，并且把后

① 侯外庐：《中国古代思想学说史》，88页，上海，文风书局，1946。

② 同上书，117页。

世儒学的种种流弊，统统记在孔子的账上。

侯外庐指出，孔子在知识论方面的贡献特别值得注意，“在知识危机的时代，他的知识论确是中国有价值的传统”。“在客观上高扬了人类的能创精神”①。据侯外庐研究，孔子的知识论涉及认识主体和认识内容两个方面。他使用中国哲学的术语，把认识主体称为“能思”，把认识内容称为“所思”。在认识主体方面，孔子从“国人”的独特视角出发，以批判的眼光看待当时动荡的社会现实，表达了改造社会的愿望；正是受到“国人”视角的局限，孔子在认识内容方面不能不是“君子”式的，不能不徘徊于新旧之间。侯外庐对孔子知识论的评述，既看到其中合理的内核，也不讳言思想局限，应当说是相当中肯、相当全面的。

在侯外庐看来，孔子的学说体系由三部分组成，一是孔子的社会批判及其理想，也就是他的礼学。“孔子对于春秋社会的变异，以礼断为丧亡之世，这一批判的客观价值是后期儒家所未能发展的，尤其汉代儒学把这一传统都丧失殆尽。”② 二是孔子的人类认识及其道德观，也就是他的仁学。“孔子言‘仁’的心理学普及，仅就这个方面来研究，仁乃人类性超时代的道德概念，但这同时亦说明了春秋末年人类的新观念，因为它产生于人类的变异时代。”三是孔子的天道观。孔子的天道观比较复杂，他一方面对“主宰之天”表示怀疑；另一方面，仍旧保留着宿命论的色彩。其中既有合理的内核，也有思想糟粕。“在历史变异中，孔子是变风变雅以后的第一个哲人，他继承古代悲剧思想的部分，客观上说明了春秋的灭亡（术语谓之丧亡），但在其附保留的方法论方面，又没有否定命运。因此，他的命论，不在由上而下的‘降命’，而在由下而上的‘知命’与‘畏命’。客观的社会制度，在孔子学说中是没有歪曲的（理想部分是主观的）。”③侯外庐结合当时的历史现实，对孔子天道观的两重性做出了令人信服的解说。

按照侯外庐的看法，孔子在哲学上徘徊于唯物主义和唯心主义之间，带有二元论的性质，因而由孔子学说可以走向唯物主义，也可以走向唯心主义。孔子以后，儒家思想便沿着两个不同的方向发展，分化为思孟学派和荀子学派。该书的第八章《儒家思孟学派及其放大了的儒学》评述了子思和孟子的儒学思想。侯外庐认为，子思把孔子思想引向神秘主义方向，提出“中庸思想的形而上学”。“孔子把西周的‘天人合一’的宗教思想还诸人伦思想，子思则把人伦思想扩大而为

---

① 侯外庐：《中国古代思想学说史》，88 页。

② 同上书，125 页。

③ 同上书，127 页。

更广泛的宗教思想，所不同者，西周是以先王配天，子思则以孔子配天。”① 孟子则把孔子的仁学提升到性善论的高度，形成唯心主义的人性理论。“孟子的性善论是孔子的‘能思’与道德情操的放大，他所放大的唯心论，与孔子论‘学’，距离颇远。”② 尽管侯外庐把孟子儒学定性为唯心主义，但他并不因此而否定其中的合理内核，对孟子敢于批评战国的失政及其“政得其民”的主张予以充分的肯定。

该书的第十一章《中国古代思想底综合者荀学》评述了荀子的儒学思想。侯外庐认为，荀子沿着唯物主义方向发展了孔子的学说。例如，孔子基于经验论对“主宰之天”表示怀疑，可是仍保持着“对于自然现象的宗教残余”；荀子则清理了这种残余，明确提出“天行有常”的唯物主义自然观。在孔子那里，“正名”思想从属于伦理学，没有独立的逻辑性质；荀子“虽然仍采用了孔子的‘正名’的术语，而实质上则已变成了唯物论性质的范畴”③。针对孟子的性善论，荀子提出性恶论。侯外庐认为荀子性恶论否认先天良知的存在，包含着唯物主义的因素，因而性善论与性恶论的对立实则反映出唯物主义与唯心主义的对立。侯外庐在评价荀子思想的唯物主义倾向时，注意到了评价尺度的客观性和准确性，并没有不适当地拔高。他明确地指出，荀子“不是一个彻底的唯物论者，相反的，在他的哲学中，一般儒家的唯心论，尚占据着优势。所以，荀子哲学的特征，在于他的儒学的体系，充分吸收了唯物论的成果，而不是说是完全从唯物论的根据出发。”④ 侯外庐关于先秦儒学的研究有三个特点：一是把儒学放到当时历史环境中考察，贯彻历史主义原则；二是把孔子、孟子、荀子的思想联系起来考察，全面、准确、辩证地把握儒家思想的发展过程；三是努力发掘儒学中的唯物主义因素，贯彻取其精华而弃其糟粕、古为今用的原则。他对荀子的评价显然比对孟子的评价要高一些，可能受到当时流行的肯定唯物论、否定唯心论风气的影响，但基本上符合古代思想史的实际。

资料卡片

《中国思想通史》

侯外庐主编。是第一部运用马克思主义观点方法系统分析中国思想史的巨

① 侯外庐：《中国古代思想学说史》，204页。

② 同上书，218页。

③ 同上书，274～275页。

④ 同上书，279页。

著。全书五卷六册。涉及自殷代直到19世纪40年代各时期的政治、经济、哲学、逻辑、伦理等思想内容。编写始于抗日战争时期，1947年新知书店出版第一卷，1950年三联书店出版第二、三卷，第四卷上、下册分别于1959年、1960年由人民出版社出版，第五卷由人民出版社以《中国早期启蒙思想史》书名出版。书中对各个时代的主要思想家、学术流派的思想发展做了论述，特别着重分析了社会发展与学术思想演变之间的辩证关系，充分注意了中国思想史上的唯物论和无神论思想家，给王充、仲长统、范缜、吕才、柳宗元、刘禹锡、王安石、王廷相以重要地位。本书在史料引证、理论分析上力求实事求是，贯穿了党性和科学性相统一的原则。该书至今仍是研究中国思想史的重要参考书。

摘自方克立主编：《中国哲学大辞典》，120页，北京，中国社会科学出版社，1994。

六、毛泽东

中国马克思主义哲学思潮发展的轨迹，大体上经历了四个环节。第一个环节侧重于传播和理解唯物史观，以李大钊、陈独秀为代表；第二个环节侧重于传播和理解辩证唯物主义，以瞿秋白为代表；第三个环节是对马克思主义哲学体系的规范化和通俗化的传播和理解，以李达、艾思奇为代表；第四个环节则是马克思主义哲学的中国化。在马克思主义哲学中国化方面，上述中国马克思主义哲学家实际上都不同程度地做了一些工作，不过，全面致力于此环节的代表人物则是毛泽东。

毛泽东（1893—1976），字润之，湖南湘潭人。早年就读于湖南长沙第一师范学校，青年时期就参加革命活动。他积极投身于五四新文化运动，创办《湘江评论》。接受马克思主义以后，建立湖南共产主义小组，并出席中国共产党第一次代表大会。在中国共产党第三次代表大会上，当选为中央执行委员，参与中国共产党帮助孙中山改组国民党的活动。曾主持广州农民运动讲习所（第六届）和中央农民运动讲习所，为党培养了大批农民干部。党的“八七”会议纠正了陈独秀右倾机会主义路线错误以后，在井冈山创立工农红军和革命根据地。1935年遵义会议以后，结束王明“左”倾教条主义在党中央的统治，开始担任党中央的主要领导工作，先后担任中央书记处书记、中共中央军事委员会主席、中央委员会主席和中央政治局主席。新中国成立后，当选为中央人民政府主席、中华人民共和国主席及全国政协名誉主席。主要著作编为《毛泽东选集》、《毛泽东文集》和《毛泽东书信集》。

（一）迈入中国化的新阶段

毛泽东特别重视马克思主义中国化问题，特别重视研究包括中国哲学在内的中国历史文化遗产。他在《新民主主义论》中说："中国的长期封建社会中，创造了灿烂的古代文化。清理古代文化的发展过程，剔除其封建性的糟粕，吸收其民主性的精华，是发展民族新文化提高民族自信心的必要条件；但是决不能无批判地兼收并蓄。"① 他在《中国共产党在民族战争中的地位》中再次指出："学习我们的历史遗产，用马克思主义的方法给以批判的总结，是我们学习的另一项任务。我们这个民族有数千年的历史，有它的特点，有它的许多珍品。对于这些，我们还是小学生。今天的中国是历史的中国的一个发展；我们是马克思主义的历史主义者，我们不应当割断历史。从孔夫子到孙中山，我们都应当给以总结，继承这一份珍贵的遗产。"② 毛泽东正确地把中国文化遗产区分为精华和糟粕两部分，主张取其精华，弃其糟粕，批判地加以继承。他认为，只有把中国文化的优良传统融会到马克思主义体系之中，才会形成中国化的马克思主义；而只有中国化的马克思主义，才能成为指导我们事业的理论基础。

毛泽东集中全党的智慧，把马克思主义的普遍真理同中国革命实际情况结合起来，用马克思主义的科学世界观和方法论来指导解决中国革命和建设的具体问题，形成了具有鲜明特色的中国马克思主义哲学——毛泽东哲学思想。第一次国内革命战争失败以后，毛泽东及时总结历史教训，摒弃教条主义的思维方式，排除"左"、右倾机会主义路线的干扰，以马克思主义的哲学理论为指导，深入地分析中国社会的基本性质，找到了"农村包围城市"这一符合中国国情的正确道路。针对教条主义、主观主义倾向，毛泽东写了哲学论著《反对本本主义》。他特别强调"纠正脱离实际情况的本本主义"，大力倡导"向实际情况作调查"，明确地提出把马克思主义的理论同中国实际情况相结合的原则。这篇文章是毛泽东哲学思想初步形成的标志。到抗日战争时期，毛泽东哲学思想更加成熟。毛泽东成功地运用辩证唯物主义的思想方法对抗日战争的进程做了科学的预测，写出

---

① 《毛泽东选集》，2版，第2卷，707～708页，北京，人民出版社，1991。

② 同上书，534页。

《论持久战》一文。抗日战争的实际进程完全验证了毛泽东的预见。1937年，毛泽东发表了《实践论》和《矛盾论》，这是毛泽东哲学思想成熟化的标志。“两论”紧紧抓住认识与实践、主观与客观的关系，把唯物论与辩证法有机地统一起来，对中国革命的实践经验做了深刻的哲学概括和总结，对党内产生主观主义错误倾向的认识论根源做了全面、透辟的分析，从而创造性地发展了马克思主义哲学思想。从抗日战争时期到社会主义建设初期，毛泽东把马克思主义哲学应用于军事、政治、文化、经济等方面，系统地阐明辩证唯物主义的思想路线、军事理论、社会革命理论、党的建设理论、思想方法和工作方法、经济建设理论，等等，使毛泽东哲学思想得以多方面的展开。

资料卡片

毛泽东论马克思主义中国化

必须将马克思主义的普遍真理和中国革命的具体实践完全地恰当地统一起来，就是说，和民族的特点相结合，经过一定的民族形式，才有用处，决不能主观地公式地应用它。公式的马克思主义者，只是对于马克思主义和中国革命开玩笑，在中国革命队伍中是没有他们的位置的。中国文化应有自己的形式，这就是民族形式。

摘自《毛泽东选集》，2版，第2卷，707页，北京，人民出版社，1991。

（二）毛泽东思想的哲学创新

毛泽东哲学思想是马克思主义哲学中国化的第一个成功的范例。具有深厚中国哲学素养的毛泽东，在革命和建设实践过程中，创造性地运用和发展了马克思主义哲学。他的哲学思想既属于马克思主义哲学体系，又批判地继承了中国哲学的优良传统，使之获得现代理论形态。

第一，毛泽东哲学思想确立了以“实事求是”为基本出发点的辩证唯物主义世界观。在马克思主义哲学传入中国前，中国哲学尚停留在以元气为本体的朴素唯物主义的水平上，而历史观方面则以唯心主义为主导。马克思主义哲学传入中国以后改变了这种情形。毛泽东的贡献在于，他不但在理论上坚持了彻底的唯物主义原则，而且把这一原则贯彻到实践之中。他依据唯物史观，从生产力的发展和人民群众是历史的创造者的角度分析社会历史，并且把这一观点与中国固有的思想材料结合起来，形成实事求是的指导原则。他主张从客观存在的事实出发，寻找社会运动过程中固有的规律性，从而形成真理性的认识，并且以这种认识指导我们的社会实践。这样，就使实事求是成为中国马克思主义者的世界观和方法论精髓，成为中国共产党指导革命和建设的思想路线。

第二，毛泽东哲学思想中的矛盾学说，实现了中国朴素辩证法和马克思主义辩证法的紧密结合，使唯物辩证法成为现代中国人的基本的思维方式。毛泽东在《矛盾论》中所阐发的辩证法，既体现了马克思主义辩证法的基本原则，又带有鲜明的中国特色，实现了西方哲学和中国哲学辩证法思想的融会贯通。这种辩证法已经不是那种沉湎于范畴及其转化的纯粹概念的辩证法，而是对实际事物进行分析操作的实践辩证法。它注重研究内因与外因、主要矛盾与次要矛盾、质与量、前进与后退、得与失的矛盾运动，具有鲜明的现实性品格。它同中国革命的战略与策略内在地结合起来，发挥着指导实践的巨大作用。例如，在抗日战争时期，毛泽东运用辩证法思想提出了持久战的战略方针，并通过中国和日寇敌我双方矛盾关系的具体分析，科学地预测了抗日战争发展的全过程。在解放战争时期，毛泽东运用军事辩证法揭示敌我双方力量对比的发展变化，制定正确的战略策略，仅用几年的时间就赢得了全国性的胜利。毛泽东成功地运用辩证法指导革命实践，极大地提高了马克思主义辩证法的威信，使之深入人心，成为当代中国人认识世界和改造世界的锐利思想武器。

第三，毛泽东哲学思想以“实践论”和“矛盾特殊性”为核心，吸收中国哲学知行观中的合理因素，确立了从实践和中国自身的特殊性出发的唯物主义认识论。毛泽东撰写的《实践论》，可以说是马克思主义哲学与中国传统哲学相结合的典范。《实践论》的副标题是“论认识和实践的关系——知和行的关系”，认识和实践的关系是来自西方哲学的概念表述，而知与行的关系则属于中国哲学的范畴系统。毛泽东以中国的表达方式全面地阐述马克思主义认识论，使之具有中国的气派和中国的风格，更容易为中国人所接受。在《实践论》中，毛泽东不仅分析了认识和实践、感性认识和理性认识的辩证关系，而且概括出“实践、认识、再实践、再认识”的知行统一观。这一创造性的提法，既符合马克思主义哲学的基本原则，又凸显了中国哲学的“重行”传统。毛泽东把“重行”的观点同马克思主义哲学改造世界的理论结合起来，同社会发展理论结合起来，正确地指出：当全人类都能自觉地改造自己和改造世界的时候，那就是共产主义时代的到来。与实践论相联系，毛泽东很重视研究中国自身的社会运动的特殊性，强调马克思主义普遍真理必须同中国革命和建设的实践相结合，反对照搬照抄的教条主义态度。没有毛泽东的这一思想，显然不能找到中国革命的特殊道路，也不能找到中国社会主义建设的发展模式。

第四，毛泽东哲学思想把哲学与社会运动、群众路线结合起来，吸收中国哲学中民本思想的合理因素，把哲学化为广大人民群众手中的武器，实现了理论与实践的紧密结合。毛泽东哲学思想绝不是书斋里的学问，它是亿万人民群众的行动指南。理论一旦掌握了群众，便会化为极大的物质力量——毛泽东哲学思想充分地证明了这一点。从这个意义上说，毛泽东哲学堪称人民群众的哲学，堪称走出了课堂和理论家狭小圈子、蕴藏着改造世界的物质力量的哲学。

毫无疑问，毛泽东哲学思想作为马克思主义哲学中国化的成功范例，其历史作用是巨大的。在毛泽东哲学思想的指引下，我们赢得了民主革命的胜利，在社会主义建设中也取得了很大的成就。但是，由于长期以来“左”的思潮的冲击，使毛泽东哲学思想的发展受到了限制。一些“左”的观点，如过分强调意识形态的反作用、“以阶级斗争为纲”等，曾被人们误认为毛泽东哲学思想，造成了思想上的混乱。我们应当把毛泽东哲学思想同毛泽东晚年的错误区别开来，绝对不能因毛泽东晚年的错误而怀疑毛泽东哲学思想的正确性。尽管毛泽东是一位伟大的马克思主义者，但他也不能不受到历史条件的局限。由于中国社会发育的特殊性，从漫长的封建社会进入半殖民地半封建社会，缺乏社会化大生产的实践基础，缺乏世界交往的优势，缺乏民主和法制的建设，缺乏现代化的观念和活动方式，这些因素不可避免地限制了晚年毛泽东的理论视野。这些思想限制的负面影响只有在充分显示之后，才能为人们所认识。当中国历史进入新时期的时候，邓小平把马克思主义哲学中国化推向新的发展阶段，形成了当代中国的马克思主义哲学——邓小平理论。中国共产党第三代领导集体继往开来、与时俱进，又提出“三个代表”重要思想，进一步推进了马克思主义中国化的进程。马克思主义哲学中国化代表着未来中国哲学的发展方向，随着具有中国特色的社会主义事业的发展，中国化进程将不断出现新的进展。

资料卡片

毛泽东论实事求是

“实事”就是客观存在着的一切事物，“是”就是客观事物的内部联系，即规律性，“求”就是我们去研究。我们要从国内外、省内外、县内外、区内外的实际情况出发，从其中引出其固有的而不是臆造的规律性，即找出周围事变的内部联系，作为我们行动的向导。而要这样做，就须不凭主观想象，不凭一时的热情，不凭死的书本，而凭客观存在的事实，详细地占有材料，在马克思列宁主义一般原理的指导下，从这些材料中引出正确的结论。

摘自《毛泽东选集》，2版，第3卷，801页，北京，人民出版社，1991。

（三）中国哲学的现代变革

马克思主义哲学的产生“在人类认识史上起了一个空前的大革命”①，在哲学史上实现了前所未有的变革。马克思主义哲学传入中国后，在20世纪逐渐成为占主流地位的哲学形态，极大地改变了中国思想界的面貌，这对于有数千年哲学和文化传统的中国人来说，是一件前所未有的事情。以毛泽东哲学思想为代表的中国马克思主义哲学的形成和发展，标志着中国哲学实现了现代变革，揭开了中国哲学史的新篇章。

产生于古代社会的中国传统哲学，尽管包含着丰富的朴素唯物主义和辩证法，培育了中国哲学的优良传统，但不能不受到当时社会历史条件的限制。由于古代社会以农业生产为主，自然经济占主导地位，生产规模狭小，科学发展水平不高，限制了哲学家的视野。在这种情况下形成的中国传统哲学，还不可能揭示整个世界的普遍联系和普遍规律，更不可能揭示社会历史的发展规律。中国近代哲学虽然促使中国传统哲学转型，但由于社会变化急促、思想资源不足，并未形成完整系统的哲学理论形态，并未促成中国哲学的变革。直到马克思主义哲学传入中国，中国哲学的变革才告完成。这种变革集中体现在毛泽东哲学思想中。

马克思主义哲学是人类历史上最科学、最完备、最革命的哲学理论，是全世界无产阶级和广大劳动人民谋求解放的思想武器，当然也是中国无产阶级和广大劳动人民谋求解放的思想武器。它同中国社会实践相结合，同中国固有的思想资源相结合，形成了有中国特色的马克思主义哲学。中国马克思主义哲学的出现，意味着中国一切旧哲学的终结，意味着中国哲学发生根本变革。中国马克思主义哲学既是对旧的唯心主义和形而上学的批判和超越，也是对朴素唯物主义和辩证法的发展和升华，使之发生质的飞跃。在毛泽东哲学思想中，中国哲学的现代变革主要体现在以下几点：

（1）从朴素唯物主义到现代唯物主义。中国古代的气一元论虽然本质上是一

① 《毛泽东选集》，2版，第1卷，303页。

种唯物主义的宇宙观，但是还没有形成科学的物质范畴。“气”作为物质性存在，往往被赋予“神妙莫测”的功能，带有直观和猜测的性质，没有实证科学方面的依据。“气”不能正确地说明从低级到高级的多种物质运动形式及其相互关系，中国人在接受了马克思主义哲学的物质观以后，克服了这种朴素性，把物质理解为标志着客观存在的哲学范畴，并且把人类的物质实践也理解为一种具有客观实在性的对象性活动。这样的理解，不仅正确地解决了物质对于意识的独立性、根源性问题，解决了意识对于物质的依赖性问题，而且克服了旧唯物主义者“对对象、现实、感性，只是从客体的或者直观的形式去理解”的缺点，为自然观与历史观的统一、本体论与认识论的统一、唯物论与辩证法的统一，奠立了彻底的唯物主义的基础。毛泽东哲学思想已经达到了现代唯物论的高度，实现了自然观与历史观、本体论与认识论、唯物论与辩证法的统一，实现了由朴素唯物主义到辩证唯物主义，由唯心史观到唯物史观的哲学变革。

（2）从自发辩证法到自觉辩证法。中国古代哲学家从经验事实的观察中认识到矛盾的普遍存在，形成了以阴阳为核心的自发辩证法思想，使辩证思维成为中国哲学的一种精神特质。但是，自发辩证法毕竟没有脱离经验形态，没有从理论的维度概括出思维规律来。它虽然也能给人以智慧的启迪，但难以成为一般性的方法论指导原则。中国人在接受了马克思主义的唯物辩证法之后，掌握了对立统一规律、质量互变规律和否定之否定规律，掌握了一系列唯物辩证法的范畴，使辩证思维从经验形态上升到理论形态，并且自觉地运用到改造客观世界和科学研究的实践中。毛泽东哲学思想已经达到自觉辩证法的高度，既是对马克思主义辩证法思想的发展，也是对中国哲学辩证思维的理论总结。

（3）从直观反映论到能动的革命的反映论。中国古代哲学家十分重视心物、知行之辨，对知依赖于行、主观必须符合客观有朴素的、直观的认识，形成注重实事求是的精神特质。但是，他们常常把“行”局限在个人的道德践履和日常生活的狭隘范围，而看不到人民群众的社会实践才是联结主观和客观的真正桥梁。中国人在接受了马克思主义的认识论之后，对基于社会实践的辩证唯物主义知行统一观有了新鲜的、全面的、深刻的了解。毛泽东对实事求是做出新的解释，创立“能动的革命的反映论”的新理论，提出关于群众路线的新观点，把辩证唯物主义和历史唯物主义统一起来。毛泽东哲学思想既是对马克思主义哲学的发展，也是对中国哲学的发展。

（4）从“通古今之变”的传统历史观到唯物史观。中国古代哲学家有“今胜于古”的历史进化观念，也有损益因革的社会变革学说，并且对古今之变的动因和主体力量、社会历史发展的规律也进行了探讨，已有若干历史唯物主义思想的萌芽。然而总的来看，中国传统历史观是非科学的，并且唯心史观占主导地位，因而不可能正确地揭示社会历史发展的规律性。中国人在接受了马克思主义哲学中的唯物史观以后，批判了过去那种“退落的循环的历史观”，正确地看待社会历史发展的动因、主体和规律性，找到了观察中国的命运的新工具。以毛泽东为代表的中国马克思主义者，以唯物史观为理论指导，解决了“中国向何处去”的问题。毛泽东在《中国社会各阶级的分析》、《新民主主义论》等论著中，运用历史唯物主义的基本原理，科学地分析了中国社会的性质、经济结构、阶级关系和主要矛盾，解决了新民主主义革命的任务、对象、动力和途径等问题。在毛泽东思想的指导下，开创了中国历史的崭新局面。

（5）从传统的圣贤、君子人格到全面发展的新人。中国古代哲学家重视理想人格的培养，重视人的道德价值和精神境界的提升，形成了以人为本的精神特质。但是，在他们身上也存在着脱离社会实践的倾向，对伦理学上的自觉原则强调得过多，而对自愿原则重视不够。中国人在接受了马克思主义关于人的解放和人的全面发展的学说之后，克服了传统人格理论的缺陷，对人性、人的价值和人的自由问题进行了新的探讨，形成了新的认识。李大钊提出了“大同团结和个性解放统一”的社会理想，毛泽东则在《为人民服务》、《纪念白求恩》等论著中对新式理想人格做了系统的论述。中国马克思主义者依据历史唯物主义基本原理，把自由人格的实现和社会的发展进步有机地统一起来，以培养有理想、有道德、有文化、有纪律的社会主义新人为人格目标，在新时代发扬光大了中国哲学以人为本的精神。

资料卡片

毛泽东论知行统一

通过实践而发现真理，又通过实践而证实真理和发展真理。从感性认识而能动地发展到理性认识，又从理性认识而能动地指导革命实践，改造主观世界和客观世界。实践、认识、再实践、再认识，这种形式，循环往复以至于无穷，而实践和认识之每一循环的内容，都比较地进到了高一级的程度。这就是辩证唯物论的全部认识论，这就是辩证唯物论的知行统一观。

摘自《毛泽东选集》，2版，第1卷，296～297页，北京，人民出版社，1991。

思考题

1. 简述中国马克思主义思潮的发展历程。

2. 李大钊如何突破启蒙主义的思想局限？

3. 瞿秋白如何理解马克思主义理论体系？

4. 艾思奇如何理解辩证唯物主义的基本思想？

5. 郭沫若怎样评价孔子？

6. 怎样理解毛泽东思想的哲学创新？

参考文献

1. 赵德志，王本浩. 中国马克思主义哲学七十年. 沈阳：辽宁大学出版社，1991

2. 李大钊选集. 北京：人民出版社，1959

3. 瞿秋白选集. 北京：人民出版社，1985

4. 郭沫若. 十批判书. 北京：东方出版社，1996

5. 李振霞，傅云龙主编. 中国现代哲学人物评传. 北京：中共中央党校出版社，1991

6. 毛泽东选集. 2 版，北京：人民出版社，1991

结　语

续写当代中国哲学的新篇章

本章要点

1. 体现时代精神的当代中国哲学有助于社会主义市场经济的发展，有助于民主法制建设，有助于科学技术的发展，有助于构建社会主义和谐社会。

2. 随着世界性哲学问题的出现，当代中国哲学在世界范围内获得广阔的发展空间。中国哲学特别关注人生问题和价值问题，似乎更贴近当今时代人类哲学的主题。

3. 发展当代中国哲学，必须坚持马克思主义的正确方向。

4. 我们可以在马克思主义哲学的指导下，在当代中国找到培育工具理性的新途径。

5. 我们可以在马克思主义哲学的指导下，在当代中国找到培育道德理性的新途径。

研究哲学史本身并不是目的，而是为了推进哲学的发展。基于这种认识，本书以“续写当代中国哲学的新篇章”为结语。中国传统哲学和中国现代哲学都已经成为历史，但中国哲学没有成为历史。它仍旧保持着发展的态势，已迈入当代中国哲学的新阶段。

当代中国哲学是指中国哲学传统在现时代的新开展，是指能够指导现时代中国人精神生活的学问。它不是历史上某种哲学理论的复兴，而是当代中国人的精神创造。只有当代中国人，才能讲当代中国哲学。换句话说，当代中国人才是当代中国哲学的主体。中国哲学传统不是指历史遗迹，而是指能为现时代中国人所用的思想资源。“传统”中的“传”是个动词，意思是说，我们可以根据自己的精神需要，对先哲理论思维成果做出的选择、诠释和发挥。从这个意义上说，传统不属于既定的过去时，而属于正在形成中的现在时乃至未来时。简言之，传统不是死的，而是活的，时代性是它的题中应有之义。“传统”中的“统”是个名词，是指中华民族精神与核心价值观，并不是以往儒家所标榜的道统，也不是现代新儒家所标榜的“道德形上学”。当代中国哲学对中国哲学传统既有继承，也有发展。所谓继承，是指延续、弘扬优良传统；所谓发展，是指突破原有的传统，增加新的内涵。套用冯友兰的话说，当代中国哲学是“接着”中国哲学传统讲的，而不是“照着”中国哲学传统讲的。“接着讲”，意味着要讲出体现时代精神的新意。当代中国哲学是民族性与时代性的统一，是一门发展中的学问。它不是古代某种哲学的翻版，必须集中体现出当下时代精神的精华。

一、适应现代化，走自己的路

当代中国哲学必须适应中国奔向现代化的大趋势。当代中国哲学伴随着中国的现代化进程发展，理所当然要成为现代化事业的思想动力和精神支撑。可是，由于受“左”的思想的影响，由于研究方法的落后，由于受到各种条条框框的束缚，目前当代中国哲学似乎没有很好地发挥这种作用。

关于中国哲学传统与现代化的关系，学术界有两种对立的观点。一种观点认为，二者是不相容的，中国哲学传统对于现代化只有负面作用，只有清除这种负面影响，才能推进现代化进程。马克斯·韦伯发现西方资本主义现代化与新教伦理有密切关系，认为新教伦理为资本主义的发展提供了精神动力。他把儒家伦理同新教伦理加以比较，得出的结论是儒家伦理无助于资本主义的形成和发展。由于受到西化思潮和“左”的思潮的影响，把中国哲学传统视为现代化阻力的观点长期在思想界占统治地位。有相当多的人把中国没有实现现代化的原因归咎于中国哲学传统，热衷于发动一次又一次的反传统的思想运动。在“文化大革命”期间，反传统的呼声达到了顶点。可是，这样做的结果，非但没有推动中国现代化的进程，反而把国民经济推到了崩溃的边缘。就在我们不遗余力、大反传统的时候，曾受中国哲学传统影响的“亚洲四小龙”，不但没有否定中国哲学传统，反而成功地利用中国哲学传统中的思想资源，实现了现代化的目标。事实雄辩地证明：那种把中国哲学传统与现代化对立起来的观点，显然是站不住脚的。

另一种观点认为，中国哲学传统可以成为现代化的直接前提，这就是现代新儒家“由内圣开出新外王”的说法。这种看法的合理性在于肯定中国哲学传统与现代化兼容，推翻了把二者截然对立起来的偏见，但缺少历史事实方面的根据。如果正视历史事实的话，应当承认，从中国固有的哲学传统的确没有“开出”原发型的现代化。中国的现代化事业是从学习西方起步的，这是一个不争的事实。西方原发型现代化是一种十分复杂的社会历史现象，它的出现有体制的原因，有生产力水平的原因，有历史机遇的原因，不可能仅仅用某种哲学理论来解释。西方原发型的现代化，不是从西方的学理开出来的；中国后发型的现代化也不可能从中国固有的学理中开出来。中国的现代化事业，要靠当代的中国人的共同努力、共同创造。

在看待中国哲学传统与现代化之间的关系的时候，我们的问题，恐怕不是能否从中国哲学传统中开出现代化的问题，因为这个问题历史已经做出了结论，再做学究式的讨论，没有什么实际意义。我们面临的真问题是：中国选择了后发型的现代化道路之后，能否从中国哲学传统中找到精神动力？能否找到一条有中国特色的现代化之路？我们的答案是肯定的。尽管中国的现代化事业是从学习西方起步的，但不等于说一定要采用西方的发展模式。现代化不等于西化。中国必须找到一条符合中国国情的、有特色的社会主义现代化发展道路。中国的国情当然包括中国哲学在内。我们应当从中国哲学讲究自强不息、实事求是、以人为本、道德价值、和谐团结的思想资源中寻找现代化事业所需要的精神支撑和理论指导。事实证明，中国哲学传统不是现代化的阻力，而是现代化的动力。体现时代精神的当代中国哲学有助于社会主义市场经济的发展，有助于民主法制建设，有助于科学技术的发展，有助于构建社会主义和谐社会。

资料卡片

后现代精神

现代精神的对立物。现代精神的核心是个人主义，后现代精神则是以内在关系为中心的一个反个人主义的概念。个人主义强调自我，把个人和环境的关系理解为外在关系，是一种限制自我、剥夺自我的偶然联系。后现代精神的内在关系概念则认为，个人的自我和他的身体，他的周围自然环境，他的家庭，他的文化等等有一种内在联系，这种内在联系对他的自我同一性有建构作用。

后现代精神的另一个特征是它的有机主义。它认为，人不能对自然采取敌视或冷淡的态度，人应该和自然统一，和其他族类和平相处，建立起和它们之间的亲族关系。后现代精神认为，个体在本性上是自由的，他具有自我决定的能力，因而在人和自然的关系上，对环境的关心是人类福利所要求的。

摘自王治河主编：《后现代主义辞典》，231 页，北京，中央编译出版社，2004。

二、适应全球化，拓宽发展空间

当代中国哲学必须适应全球化的大趋势。当代中国哲学已经成为现今世界哲学论坛的组成部分，应当在世界哲学论坛上有自己的声音，回应全球性的哲学问题。随着信息时代的到来，国际社会的交往越来越频繁，联络越来越快捷，地球似乎变“小”了，被人们形象地称为“地球村”。在这种情况下，哲学思考不可能再限制在本民族、本国家的范围，全球化已成为必然的大趋势。一些令人普遍感到困惑的世界性哲学问题，吸引了全人类的目光，成为各国哲学家研究的共同课题。例如，在高速发展的情况下，如何处理人与自然的关系？在国际交往越来越密切的情况下，如何建立世界伦理？在科技理性与价值理性失衡的情况下，如何重建价值世界或意义世界？在生活节奏越来越快的情况下，如何排解人们在精神上的焦虑？在市场经济条件下，如何处理个体与群体的关系及个体之间的关系？如何从后现代的视角看待当今社会发展中出现的问题？如何纠正科学主义的偏颇？

面对这些世界性的哲学问题，许多西方哲学家感觉到，西方原有的哲学思想资源已经不够用了，他们开始把目光投向中国哲学，重视对中国哲学思想资源的开发和利用，希望在双方的对话中激发新的哲学智慧。海德格尔很看重老子的思想，在同日本哲学家的讲话记录《在通往语言的路上》中，他对东方的“非概念性语言和思维”表示钦佩。他重新思考本源性问题，很可能受到老子“无”的思想的启发。环保主义者在纠正西方人“征服自然”的错误观念时，常常引证中国哲学“天人合一”的理论。由联合国教科文组织主导的“第二次世界伦理会议”，高度重视儒家哲学，把“己所不欲，勿施于人”写进了《世界伦理宣言》。哈贝马斯在访问上海期间，向他的同行表示，希望中国哲学在推动世界哲学发展上发挥更大的作用。

随着世界性哲学问题的出现，当代中国哲学在世界范围内获得广阔的发展空间。中国哲学特别关注人生问题和价值问题，似乎更贴近当今时代人类哲学的主题。中国哲学历来重视道德价值问题，可能对价值世界或意义世界的重构有帮助。我们应当抓住这一历史机遇，推动当代中国哲学的发展，对人类文明做出更大的贡献。

资料卡片

全球化

后现代时期的一个重要理论问题，是政治、经济和文化方面的重要现象。自20世纪60年代以来，这个问题在西方学术界争议颇多。主要有以下几种代表性的看法：

第一种理论认为全球化是一个现代性的发展过程。这种理论主要以英国社会学家吉登斯为代表。

第二种理论认为，全球化实际上是西方消费社会对第三世界虚弱的文化的渗透，是晚期资本主义扩张的结果。美国学者杰姆逊等人即主张此说。

第三种理论是西方衰落论。即认为全球化的过程实际上是一个西方衰落的过程。持这种看法的西方学者以鲍曼、汤姆林森以及吉登斯为代表。

摘自王治河主编：《后现代主义辞典》，497～500页，北京，中央编译出版社，2004。

三、坚持正确方向，把握发展契机

马克思主义哲学已经成为现代中国哲学的主线。当代中国哲学接着现代中国哲学讲，首先就是接着这条主线讲。中国的现代化事业需要中国哲学提供精神支撑和理论指导，世界性的哲学问题需要中国哲学做出回应，这两种需求将有力地推动当代中国哲学的发展。发展当代中国哲学，必须坚持马克思主义的正确方向。

马克思主义哲学从20世纪初传入中国，至今将近90年了。它同中国的社会实践结合在一起，同中国固有的哲学思想资源结合在一起，已经成为当代中国哲学的理论基础。马克思主义哲学的出现标志着人类哲学思维的重大变革。马克思在《关于费尔巴哈的提纲》中指出："哲学家们只是用不同的方式**解释**世界，而问题在于**改变**世界。"① 马克思主义哲学的创立，宣告"解释世界"的哲学时代已经成为历史，实践哲学开始发挥主导作用。可是，我国的哲学教育由于受苏联哲学教科书的影响太深，似乎没有充分地注意到这一点，有些教材仍旧停留在"解释世界"的理论水平上。我们不能再延用"以苏解马"的模式了，应当解放思想，敢于独立思考，直接领悟马克思主义哲学的精神实质，提高我们的哲学理论思维创新能力。

注重实践历来是中国哲学的优良传统，发扬这种传统可以消解我们对马克思主义哲学的陌生感。马克思主义哲学作为一种实践哲学，对于近代以来的西方哲学来说，是个突破；对于中国哲学来说，却可以产生共鸣。中国现代哲学史表明：注重实践是马克思主义哲学与中国哲学的结合点；中国哲学的现代化进程与马克思主义哲学的中国化进程是同步进行的。当代中国哲学的进一步发展，仍旧会延续这一方向。

中国人出于实践的需要接受了马克思主义哲学，在运用马克思主义哲学指导中国社会实践的过程中逐步加深对马克思主义哲学的理解，在实践探索中进一步发展马克思主义哲学。马克思主义哲学传入中国后，同中国社会实践相结合，同中国固有文化传统相结合，已经形成中国化的马克思主义哲学——毛泽东思想和邓小平理论。在毛泽东思想的指导下，中国取得了新民主主义的胜利；在邓小平理论的指导下，中国找到了中国特色社会主义的发展道路。事实证明，中国马克思主义哲学的主导地位是历史形成的，它是20世纪中国哲学最辉煌的理论思维成果。在当代中国哲学中，马克思主义哲学仍将占有主导地位。

以马克思主义为主导的当代中国哲学，现在正面临着一个很好的发展机遇。首先，中国改革开放事业的发展积累了许多成功的经验，为当代中国哲学的发展提供了必要的前提。在邓小平理论的指导下，我国的经济有了连续多年高速度的发展，找到了一条在经济比较落后的国家建设社会主义的正确道路。中国改革开放事业的成功必然促进当代中国哲学的发展，要求我们从理论上总结概括实践经验，论证党的基本路线的哲学基础，回答新形势提出的新问题。这无疑会不断推动当代中国哲学的向前发展。

---

① 《马克思恩格斯选集》，2版，第1卷，57页，北京，人民出版社，1995。

其次，世界局势的巨变对于马克思主义来说既是一次严峻的挑战，又是一次发展的机会。自1989年以来，世界局势发生了引人注目的急剧变化，东欧和苏联相继改变了社会政治制度，国际共产主义运动落入低潮。面对这种剧变，中国共产党人没有惊慌失措，也没有因此而动摇共产主义必然胜利的坚定信念。这种剧变向我们深刻地揭示了人类历史发展过程的曲折性和复杂性，也向我们提出了捍卫、坚持和发展马克思主义哲学的重大任务。东欧和苏联之所以会发生如此巨大的变化，有许多经验教训值得认真总结，有许多理论问题需要思考研究。中国的哲学理论工作者应当承担起这一重大历史使命，勇敢地迎接挑战，抓住发展机会，尽快地使中国化的马克思主义哲学理论更加完善，为促使国际共产主义运动早日走出低谷，做出自己应有的贡献。

再次，现代科学技术的飞速发展必然推动哲学的发展，当代中国哲学应该把握发展的契机，对人类做出较大的贡献。在当今时代，科学技术面临着新的飞跃，从而改变人们的哲学思考方式。西方那种“征服自然”的观念业已过时，马克思主义哲学关于人的全面发展的思想，中国哲学中关于人与自然和谐相处的思想，已经越来越引起人们的注意。这一切都充分地表明：中国化的马克思主义哲学将会有广阔的发展前景，或者说当代中国哲学将会有广阔的发展前景。

资料卡片

汤一介论中国当代哲学

马克思主义哲学虽属西方哲学，但近一个世纪以来它在中国发生着特殊的重大影响，这是谁都承认的。中国当代哲学家的任务，就是要把它中国化，解决中国哲学和中国社会的问题，并能和当代西方马克思主义哲学家对话，使马克思主义哲学中具有中国哲学的因素，以适应中国社会的发展，为人类社会做出贡献。

摘自王中江、李存山主编：《中国儒学》，第一辑，14页，北京，商务印书馆，2006。

四、回应中国实证哲学，化理论为方法

除了马克思主义哲学外，中国实证哲学思潮也可以成为讲当代中国哲学的一

个接点。在20世纪前50年，尽管中国实证哲学发展不充分，但毕竟还不失为一种有较大影响的思潮，在思想界保持着与中国马克思主义哲学、现代新儒家鼎足而立的地位，与之并称三大思潮。20世纪50年代以后，实证哲学在港台地区还保持着相当的影响力，而在大陆的历史却已经终结了。

长期以来，由于受“左”的思潮影响，人们把中国实证哲学当成错误甚至反动的思想加以拒斥，这是不正确的。党的十一届三中全会以后，学术研究走上正轨，人们才摒除偏见，开始认真研究这一在现代中国颇具影响的文化现象，力图对其做出正确的评价。中国实证哲学思潮代表人物的著作得以重新整理出版，学术界也出现了一批研究成果。

在西方哲学界，近年来人本主义抬头，实证主义不再时髦，已经走下坡路。实证主义、科学主义、科技理性或工具理性成为人们批评的对象。在各种批评面前，实证论者自己似乎也有些底气不足。众所周知，逻辑实证主义是西方实证主义最成熟的产物，但逻辑实证主义在20世纪50年代已趋于衰微，割裂科学与哲学关系的企图不得不宣告破产。逻辑实证主义的众多支持者在对待哲学与科学的关系问题上，实际已离开了原来的方向。在今天，这种哲学不仅提不出重大的、有影响的论点，而且在很大程度上丧失了自信，并愿意承认“形而上学”存在的合理性，承认把哲学从科学中分离出来变成一种专门的技术学科的说法，实在是一种无稽之谈。

值得注意的是，西方哲学界贬抑实证主义、科学主义的风气，也吹到中国哲学界。有些喜欢跟风的人，时常发表文章，对实证哲学进行口诛笔伐。我们认为，在如何看待实证哲学的问题上，我们不必跟在西方人的后面亦步亦趋，因为我们的情况与人家不一样。从19世纪开始，西方哲学界就发起批判形而上学的运动，实证主义作为形而上学的对立物越来越极端化，已经走入死胡同。于是，以拒斥形而上学出名的实证主义反而遭到人们的拒斥。实证哲学在中国的情形与西方不同，它先天不足，后天不利，没有经过长足发展，更谈不上极端化了。所以，我们不能把西方批判实证主义、批评科学主义的观点照搬照抄过来。在“左”的思潮占主导地位的时候，实证哲学作为一种非马克思主义哲学，只能充当“反面教员”的角色，无人去挖掘其中的合理因素。今天虽然“左”的思潮不再占主导地位，可是我们对实证哲学的研究尚处于起步阶段，研究得还不够透彻、不够深入。

以马克思主义哲学为主线的当代中国哲学决不是狭隘的学派，它不会拒绝一切有价值的思想，其中自然包括实证哲学阐发的有价值的思想。中国马克思主义哲学也不是封闭的体系，它将永远处在不断发展的过程中；而同非马克思主义哲学进行对话和互动，乃是它发展所需的必要条件之一。从这个意义上说，研究中国实证哲学思潮在当今中国仍有积极的意义。当代的中国哲学可以不采用中国实证哲学思想家的讲法，但不能放过他们触及的重要哲学理论问题。这个重要哲学理论问题就是：如何培育适应中国现代化事业所需要的工具理性？中国马克思主义哲学作为认识工具，同工具理性是相容的。我们可以在马克思主义哲学的指导下，找到在当代中国培育工具理性的新的、正确的讲法。冯契教授提出的“化理论为方法”的主张，可能就是这样一种讲法。

资料卡片

冯契论哲学理论

哲学理论，一方面要化为思想方法，贯彻于自己的活动，自己的研究领域；另一方面又要通过身体力行，化为自己的德性，具体化为有血有肉的人格。只有这样，哲学才有生命力，才能够真正说服人。过去的大哲学家如孔子、墨子都有这种要求，马克思主义哲学更是要求如此。马克思主义哲学以实践作为认识论第一的和基本的观点，在此基础上来阐明认识运动的辩证法和客观现实的辩证法的统一，所以唯物主义的辩证法理论，在本质上是和革命的实践相统一的。正如马克思所说的，“辩证法对每一种既成的形式都是从不断的运动中，因而也是从它的暂时性方面去理解；辩证法不崇拜任何东西，按其本质来说，它是批判的和革命的”（《马克思恩格斯选集》，第2卷，第218页，人民出版社1972年版）。按照这样一种观点，一切的真正的理论、真正的哲学家、真正的哲学派别，都具有肯定自己又超越自己的品格，是革命的、批判的；它总是把自己看成是相对的、有条件的存在，看成是无限前进运动中的一个环节。

摘自冯契：《认识世界和认识自己》，20～21页，上海，华东师范大学出版社，1996。

五、回应现代新儒家，化理论为德性

中国实证哲学思潮触及的重大理论问题是：如何培育适应中国现代化事业所需要的工具理性？而现代新儒家触及的重要哲学理论问题是：如何培育适应中国

现代化事业所需要的价值理性？诚如冯契教授所说，当代中国哲学一方面需要“化理论为方法”，培育工具理性，另一方面也需要“化理论为德性”，培育价值理性。从这个角度看，现代新儒家思潮也不失为讲当代中国哲学的一个接点。西方现代化模式存在的一个明显缺陷就是片面夸大工具理性、消解价值理性，从而造成二者之间的失衡。由此带来的后果是：随着现代化的实现，而人却变成了“单向度的人”。在科学主义的掌控之下，现代人失落了意义的世界或价值的世界。我们搞的现代化事业是后发型的，而后发的优势就在于可以接受西方现代化过程中的经验和教训，避开西方人的误区。

现代新儒家对科学主义思潮做出回应，致力于儒学的现代转化，对于培育现代化所需要的价值理性取得了一些理论成果，但他们并没有完成此项任务。在他们关于儒学现代转化的哲学思考中，所关注的重点往往是个体意义上的人，并非是中华民族群体。在民族精神向度上，他们并没有取得值得称道的进展。现代新儒家建构的各种本体论学说，可以说都是对儒家伦理普适性的本体论证明，都在为现代人安顿价值努力寻找“安身立命之地”。他们的价值本体论都有浓重的理想主义色彩，希望人们认同这个价值的本体界，克服价值虚无主义，对治失落意义世界的现代病，提升恪守儒家伦理的自觉性，提升社会责任感，从而形成良好的社会秩序，促进人类社会的良性发展。他们价值本体论有浓重的准宗教的色彩，希望自己的学说发挥“以哲学代宗教”的作用。他们的愿望无疑是美好的，但是，他们的构想毕竟是抽象的，毕竟脱离了人们的生活世界。因此，能否真的获取人们的普遍认同，便成了问题。在普通人的眼里，这样的本体界恐怕只有欣赏的价值，实际上却是可望而不可即的海市蜃楼。现代新儒家强调儒家伦理的普适性，强调儒学实行现代转化的可能性与必要性，这无可非议，问题在于：儒家伦理的普适性是否一定要借助某种本体论来证明？我们认为，儒家伦理的普适性的根据，应当到中华民族的数千年的社会发展史中去找，应当在社会实践、生活实践中得到证明，而不必费尽心机地到形而上的本体界中去寻觅。

如何开发儒学思想资源，用以培育现代化所需要的价值理性？这不是现代新儒家的专门话题，而是有普遍意义的公共话题。关于这个话题，现代新儒家的讲法只是一种讲法，绝不是唯一的讲法。我们在马克思主义的指导下，可以找到新的讲法，创立当代儒学的新形态。我们主张把“现代新儒学”同“现代新儒家”这两个概念区别开来。“现代新儒学”当然包括“现代新儒家”，但不仅仅限于“现代新儒家”，它的外延比“现代新儒家”大得多。无论站在怎样的学术立场，无论抱着怎样的学术观点，只要是从现时代的视角研究儒家思想、诠释儒家思想、发掘其时代价值的学问，都可以构成“现代新儒学”的组成部分。郭沫若、侯外庐等现代中国马克思主义学者，运用马克思主义的立场、观点、方法研究儒家思想，促使儒学实行现代转化，寻找儒学适合现时代新的表达方式，促进人类精神文明的发展，建设适应时代要求的精神家园。他们的学术思想，也属于“现代新儒学”的范围。这意味着，现代新儒学思潮虽然发端于现代新儒家，但并不仅仅局限于现代新儒家。现代新儒家已经成为历史，而现代新儒学仍在参与创造历史。我们不必以“当代新儒家”自许，但可以讲出当代新儒学。

综上所述，我们认为当代中国哲学具有广阔的发展前景。当代中国哲学接着中国现代哲学讲，仍会以马克思主义哲学为主线。中国哲学的现代化进程与马克思主义哲学的中国化进程是同步的，马克思主义在中国已经生根、开花、结果，成为中国哲学不可缺少的组成部分，成为指导我们事业的理论基础。可以预见，一个以马克思主义为主导、葆有鲜明中国特色、适应现代化和全球化大趋势、回应中国实证哲学思潮和现代新儒家思潮触及的重大理论问题的当代中国哲学，将会活跃在世界哲学论坛之上。我们对中国马克思主义哲学的光明前途充满信心，对当代中国哲学的光明前途充满信心。

资料卡片

张立文论中国哲学的现代价值

中华民族是一个智慧的民族，也是一个爱智慧的民族。她的智慧之光，照耀中国大地，创造了古代文明，也与世界文明相辉映。当今世界，人们迫切祈求健康（自然健康、社会健康、人际健康、心理健康、文明健康，最终落实到人人身心健康），最畏惧、最害怕生病（自然病、社会病、人际病、心理病、文明病，最终落实到人的身心病）。中华民族的智慧，为治疗化解人类所面临的这些严重病症提供了宝贵的智慧理念，以及切实地实施的样式方法。

摘自张立文：《“自己讲”、“讲自己”：中国哲学的重建与传统现代的度越》，109页，北京，北京师范大学出版社，2007。

思考题

1. 怎样看待中国哲学与现代化的关系？
2. 怎样看待中国哲学与全球化的关系？

3. 为什么当代中国哲学必须坚持马克思主义的正确方向？
4. 如何吸收中国实证哲学思潮的理论思维成果？
5. 如何吸收现代新儒家思潮的理论思维成果？

参考文献

1. 冯契．认识世界和认识自己．上海：华东师范大学出版社，1996
2. 李振霞主编．中国当代哲学40年．北京：华夏出版社，1997
3. 方克立主编．中国哲学与辩证唯物主义．北京：高等教育出版社，1998

21世纪哲学系列教材

附录

中国近现代哲学研究的新进展

近年来中国近现代哲学研究比较活跃，主要著作有冯友兰著《中国现代哲学史》（广东人民出版社，1999）、杨国荣著《科学的形上之维——中国近代科学主义的形成与衍化》（上海人民出版社，1999）、顾红亮著《实用主义的误读——杜威哲学对中国现代哲学的影响》（华东师范大学出版社，2000）、顾红亮著《现代中国平民化人格话语》（华东师范大学出版社，2005）、陈来著《现代中国哲学的追寻——新理学与新心学》（人民出版社，2001）、张汝伦著《现代中国思想研究》（上海人民出版社，2001）、张文儒和郭建宁合著《中国现代哲学》（北京大学出版社，2001）、宋志明和孙小金合著《20世纪中国实证哲学研究》（中国人民大学出版社，2002）、胡伟希著《观念的选择：20世纪中国哲学与思想透析》（云南人民出版社，2002）、宋志明和刘成有合著《批孔与释孔——儒学的现代走向》（华东师范大学出版社，2004）、李连科著《中国哲学百年论争》（商务印书馆，2004）、景海峰著《中国哲学的现代诠释》（人民出版社，2004）、张锡勤著《中国近代思想文化史稿》（黑龙江教育出版社，2004）、景海峰著《新儒学与二十世纪中国思想》

(中州古籍出版社，2005)、李翔海著《时代性与民族性——现代新儒学与后现代主义比较研究》(人民出版社，2005) 等几十部，发表论文数百篇。创新性的理论观点大致有以下几个方面。

一、研究视角的创新

近年来的中国近现代哲学研究已经突破了“冲击—回应”的模式，也突破了“激进—保守”或“进步—反动”二分的模式，研究方法和研究视角呈现多样化，更加贴近中国近现代哲学思想发展史的实际。

宋志明认为，在以往的研究中，不适当地把“古今之争”或“新旧之争”当成近现代思想史的唯一主题，过多强调“昨天”对“前天”变革的一面，而忽视了“昨天”对“前天”延续的一面，对于几千年来的文化遗产没有表现出应有的尊重。在这种历史虚无主义情绪的影响下，凡是对传统思想表示同情的思想家，往往被视为“保守”，拒绝对之加以深入的研究。中国近代思想史同中国古代思想史相比，最突出的特色就是中西思想的融会贯通。因此，研究这段思想史，不能不采取比较的方法。在以往的研究中，由于把“新旧之争”当成唯一的主题，因而“中西之争”也被过分地凸显。于是，“新学”与“西学”成了同义语，而“中学”与“旧学”等号相连。凡是倡导西学者，皆被冠以“进步”的桂冠，凡是同情中学者，皆遭“反动”的恶谥。在这里，历史虚无主义情绪演变为民族文化虚无主义情绪。由于受这种不良情绪的控制，人们很难以平和、公允的心态比较中西思想，往往把西学理想化，将之说得尽善尽美；把中学妖魔化，将之说得一无是处。这种扬西抑中的做法，显然是不科学的。

宋志明主张从关注哲学思维转型的视角研究中国近现代哲学。中国近代哲学在本体论方面实现了由应然到实然的转向，不再像古代哲学那样特别关注本体的价值意义，而转向本体的存在意义。康有为的元学本体论、谭嗣同的“以太仁”说、严复的“质力相推”说、章太炎的本体论思考、孙中山的进化本体论，都体现出这一特点。在发展观方面实现了由健动到进化的转向。康有为提出“三世进化”论、严复提出“天演论”、孙中山提出“突驾”进化论、章太炎提出“俱分进化论”，创立了有中国特色的进化发展观。在知行观方面实现了由伦理型到知识型的转向。谭嗣同提出“贵知”说、严复提出崇尚实证的经验论、章太炎提出推崇理性的“贵行”说、孙中山提出“知难行易”说，都为建立新型的知行观做出了理论贡献。在人学观方面实现了由“子民”观念到“国民”观念的转向。康有为对人的新发现、谭嗣同的“冲决网罗”思想、严复的进化人学观、梁启超的新民说，都对人学观念的变革各自做出了重大的贡献；孙中山提出国民说，对近代的新人学做了出色的总结。从某种意义上说，正是由于重新发现了人，意识到人应有的价值和尊严，中国哲学才掀开了崭新的一页。

宋志明认为，现代中国哲学承接着两种思想资源，一种是中国固有的思想资源，另一种是西方近现代的思想资源。哲学理论工作者们依据自己对时代精神需求的理解，充分利用着两种资源，致力于艰苦的“综合创新”工作，并且取得了相当可观的成绩。对于中国固有的思想资源，他们肩负着双重的任务，一是清除封建主义的尘垢，为中国社会的发展扫清思想障碍；一是提炼体现时代精神和民族精神的合理内核，促使中国哲学实现现代转换。他们首先把重点放在前者，后来则逐渐转向后者。对于西方近现代的思想资源，他们也高度地重视，力求充分地加以借鉴和利用，借以推动中国哲学的现代化进程。对于中国现代哲学影响较大的西方近现代哲学思想资源主要有三种：一是从笛卡儿到黑格尔的近代理性主义思潮以及它在现代的延续即实证哲学思潮；二是黑格尔以后的现代非理性主义思潮；三是马克思主义哲学。现代中国哲学一改儒、释、道三教竞长争高的态势，代之以中国马克思主义哲学、现代新儒家哲学、实证哲学互动的新格局。

张汝伦也不赞成传统与现代的对立二分模式和“冲击—回应”的模式。他特别关注中国现代哲学家关于现代性问题的哲学思考，但反对所谓“现代化叙事”。在他看来，“现代化叙事”有三种表现：一是在近代思想家中找所谓新思想或启蒙思想的萌芽；二是在中国思想家中寻找符合现代化要求的因素；三是研究的内容简化为“启蒙与救亡的双重变奏”曲。他很重视中国现代思想自身的发展轨迹，认为进化史观、民族主义和社会主义是制约和形成大多数中国人世界观的基本形态，是现代中国普遍的意识形态。在现代中国虽然发生多次关于中国出路和前途的争论，但这三大思潮可以说是人们的共识：不管是什么主义者，都是进化论的信徒，孙中山和毛泽东都赞成社会主义，陈独秀和胡适都是民族主义者。这三大思潮相互联系着：进化史观促使中国现代民族主义的产生；民族主义和进化史观使人们相信只有社会主义才能救中国；社会主义又强化了进化史观和民族主义的信念。他由此得出结论：这三种基本的意识形态相互促进、相互支持，形成现代中国思想的基本预设，构成现代中国思想的遗传密码。研究这三种意识形态的生成过程，将对现代中国思想有更为深入的认识。

胡伟希不再看重中西哲学思想的冲突和对立，注重研究中西哲学思想的融通与中国现代哲学家的原创思想。他认为现代性是中国近现代哲学面临的基本问题。围绕这一问题，中国哲学家利用中国传统的哲学思想资源和西方哲学的思想资源，进行独立的哲学思考，形成独创的哲学理论。他把中国现代哲学划分为两种类型，一种是“酒神型”，另一种是“日神型”。“酒神型”哲学注重学术的“有用”性，希望学术有俾于社会和人生，要求学术对社会产生作用和发生实际影响，马克思主义学派和现代新儒家属于此种类型。“日神型”哲学强调学术的独立性，要求在具体的学术研究中恪守“价值中立”原则，“清华学派”为典型代表。“清华学派”在大学的讲坛上讲授哲学，从事专业性的哲学研究，视哲学为专业哲学家所从事的职业，主张在哲学研究中保持对社会和政治的“超越性”，避免哲学成为现实社会生活的简单图解，强调哲学是一门“反思”的学问，而不是“实践”或“行动”的学问。胡伟希认为“清华学派”的代表人物是金岳霖、冯友兰和张岱年，并且对这三位哲学家的哲学思想做了深入的研究。

二、现代新儒家研究的创新

从上世纪80年代开始，关于现代新儒家的研究成为热点，几乎所有的现代新儒家学者都有人做个案研究，涌现出一大批专著和论文。在比较充分的个案研究的基础上，近年来关于现代新儒家的研究呈现两个新的趋向：一个是从事综合性研究，对这一思潮做总体性的考察；另一个是从事比较性研究，把现代新儒家同后现代主义放在一起考察。

宋志明认为，发端于20世纪初年的现代新儒学运动以援西学入儒为基本特征：一方面面向世界吸纳、理解、转化西方的学术思想，另一方面基于时代的要求反省、充实、推进传统的儒家思想，使儒学在现代的理论形态中得到表现和发展。“现代新儒学”包括两个组成部分：一部分称为“现代新儒家”，指那些明确表示以接续儒家道统为己任的学者，他们表现出鲜明的文化保守主义学术立场；另一部分称为“儒家解释学”，指那些不标榜道统的儒家研究者，如晚年的熊十力、罗光、杜维明等人。他们分别站在不同的学术立场对儒家思想做同情的理解和诠释，以彰显儒学的现代价值。“现代新儒家”有狭义与广义之分。狭义新儒家奉儒家内圣学为道统，尊陆王而贬程朱，采取生命的进路，标榜道德形上学，主张由内圣开出新外王，从梁漱溟、熊十力到唐君毅、徐复观、牟宗三，构成一条明显的学脉。广义新儒家的道统观念比较宽泛，没有明显的学派继承性。冯友兰奉程朱为正统，贺麟则努力化解程朱陆王的对立，他们试图从学理的进路建立儒家哲学本体。钱穆、张君劢则从历史学或政治学的角度彰显儒学的基本精神。宋志明对狭义新儒家、广义新儒家、儒家解释学分别做了专门研究。

陈来认为，“近代化”或“现代化”是20世纪中国知识分子的共识，这种意识渗入中国哲学家的“哲学”观念之中，成为他们建构新哲学的动力之一。另外，“中国化”或“民族化”也是他们未曾间断的内心冲动，并随着时代和环境的变化，表现为各种不同形式的诉求与实践。这两个方面结合在一起，便构成现代性与传统的关系问题。后五四时代的现代新儒学正是围绕着这一问题展开的。借用冯友兰的话说，现代新儒学是“接着讲”的，而不是“照着讲”的。现代中国哲学既要保持中国性，又要追寻近代性或现代性，只能“接着”中国传统哲学讲，既不能“接着”西方哲学传统讲，也不能“照着”中国传统哲学讲。这种“接着讲”的方式，其实是对于传统哲学的一种“新”的重构。陈来从文化观、形上学、心物论、哲学史四个方面对新理学和新心学做了专门研究。

景海峰主张把现代新儒学放在20世纪中国思想演变的大背景中考察。在经过一个多世纪激烈的动荡、裂变和转换之后，儒学已彻底走出了经学时代的范式，被各种现代性的知识所分割和夹裹着，叙述方式也大大地改变了。现代新儒家面对身份裂解带来的意义迷失，在西学观照下充满对于合法性的焦虑，但他们没有放弃重构新儒学的努力。他们在现代性的冲击下选择尝试性策略，面对学科化的知识图景，先是从历史学入手，后来从哲学入手，整理传统学术的残片，做现代的转述，重新恢复儒学的“在场”身份，找到安身之地。景海峰对现代新儒学的发展前景持乐观态度：在全球化的大趋势下，世界经济一体化、政治格局多极化、文化多元化，以及各种文明形态跳跃、纠葛其间所构成的既交叉重叠又充满断裂与脱节的复杂秩序，为儒学的重新倡扬和走向国际舞台提供了前所未有的机遇。他对梁漱溟、熊十力、冯友兰、唐君毅、牟宗三、刘述先、傅伟勋的新儒学思想一一做了评述。

李翔海采用比较的方法研究现代新儒学，指陈现代新儒学同后现代主义之间的异同，形成新的学术见解。他认为，成就现代性是现代新儒家的基本意旨。他们所努力发掘的传统精神资源，都自觉不自觉地集中在与科学、民主等现代精神有联系，至少不明确地反对科学、民主等现代精神的成分上。对于违背科学、民主等现代精神的“传统”，他们在儒学内部做了颇有深度的自我批评。他们希图切开儒家的基本精神与特定的社会政治经济形态之间的联系，赋予其不为特定的社会历史条件所封限的恒常价值，强调儒学所素重的价值理性或人文精神可以对治工具理性的膨胀，在未来中国乃至世界文化建构中仍具有普遍意义。现代新儒家在认同现代性的同时，也对西方式的现代性提出颇为严厉的批评。在新儒家看来，西方式的现代性伴生着思想世界的危机：一是人生意义的失落，二是“科学一层论”带来了非人化的倾向，三是无度的戡天役物打破了自然本有的平衡，四是普遍商业化的风气使市场的价值变成了唯一的价值标准，五是集团人主宰的趋势导致精神的平面化。从这种批评态度反映出，现代新儒家同西方后现代主义者有相近之处，但二者之间在哲学取向上仍存在着相当的差异。李翔海把它们之间的差异概括为三点：前者主张“重立大本”，后者主张“放逐哲学”；前者主张涵融知识论，后者主张弃置知识论；前者重视儒学规范性的现代重建，后者标榜反基础主义。

三、中国实证哲学研究的创新

与现代新儒家研究相比，关于中国实证哲学的研究成果要少一些，但近年来也取得了一定的进展。近年来的中国实证哲学研究，理论深度有所加深，研究者注意揭示中国思想家的思想特色和原创性思想，注意研究中西实证论者之间的差异，不再简单套用西方的研究方法。

杨国荣把中国实证哲学同科学主义思潮联系在一起，对中国近代科学主义的历史起源做了梳理。他认为，明清之际西方科学传入中国，开始在中国引发科学主义思潮；经学的实证化趋向在一定意义上为中国近代对实证科学的普遍推崇做了理论准备和历史铺垫。19 世纪中叶，随着近代化进程的发轫，西学东渐力度越来越大，科学逐渐由“器”和“技”提升为格致之学，进而提升到“道”的形态。经过维新思想家的解说，“道”不仅是自然对象的普遍联系，同时被赋予某种世界观和价值观的意涵。五四前后，被泛化了的科学进一步提升为一种主义，渗透到知识学术、生活世界、社会政治的各个领域，科学主义成为一种强劲的社会思潮。杨国荣对科学主义的多重理论向度也做了梳理。20 世纪一些中国思想家因为科学普遍渗透各个知识领域，表现出重建学术与知识统一的趋向；而作为知识统一主要形态的科学，在某种意义上似乎成为一种新的“经学”。在科玄论战中，科学主义的人生观得到了具体的展开，随着科学向生活世界的渗入，人生观似乎变得漠视自身了。科学主义渗入社会政治领域，确认科学理性在社会变革中的作用，科学与民主成为启蒙思潮的两大旗帜；然而也逻辑地导致某种“技治”主义的可能。在史学、方法论、哲学等方面，科学主义也有广泛的影响。杨国荣对科学主义的负面效应做了批评，他指出：科学主义突出的主要是工具理性上的理性化，它以有效性为指向并往往将智慧消解于知识，从而导致智慧的遗忘和人的片面化，导致科学与人文、理性与价值、生活世界与科学图景的对峙。

宋志明和孙小金认为，从严复到金岳霖，在中国逐步形成了一股颇有影响力的实证哲学思潮，并且在改变中国固有的思维方式方面发挥了巨大的作用。中国实证哲学思潮的发展历程，大体可以划分为引入期、发展期、反思期三个阶段。在引入期，严复和王国维功不可没。严复大力倡导实证科学和实证方法，王国维把实证方法提升到实证原则的高度。他们虽不能算严格的实证论者，却是开中国实证哲学思潮先河的思想家。在发展期，胡适、王星拱、丁文江等人最具代表性。胡适接受并传播实用主义，称得上中国的一个实证论者。王星拱接受并传播马赫主义，强调实证论是科学的哲学基础。丁文江以“存疑的唯心论”自诩，在科玄论战中把中国实证哲学思潮推向巅峰。20 世纪 30—40 年代，中国实证哲学思潮进入反思期，张东荪、金岳霖先后建立起有特色的知识论体系。张东荪的多元认识论虽然没有完全突破实证论的局限，但已迈出实证论的范围；金岳霖承认被感知对象的客观性，最终突破了实证论的藩篱。宋志明和孙小金把中国实证哲学的特色概括为四点：一是外生性。中国传统哲学缺少实证论的资源，近现代中国实证论思潮不是接着中国传统哲学的话语讲的，而是接着西方哲学的话语讲的。实证哲学思潮在中国学术界虽有一定地位，但没有成为主导性话语。二是社会功利性。实证哲学在中国首先是作为改造社会的思想武器，其次才是哲学理论。中国实证哲学范导着尊重科学的社会风气，起到了影响社会舆论的作用。三是不同步性。中国实证哲学虽是接着西方实证哲学讲的，但不是照着西方实证哲学讲的。中国实证哲学的发展轨迹与西方实证哲学不同步，中国实证哲学所讨论的问题与西方实证哲学不同步，甚至在主题上也缺少相似性。四是不充分性。由于中国没有严格意义上的实证哲学传统，由于 20 世纪中国科学比较落后，导致中国实证哲学的起步面临着先天不足的困境；由于 20 世纪中国社会变革急促，学派更迭迅速，中国实证哲学无法保持长久的影响力，又陷入后天不利的境地。

在中国实证哲学的研究中，研究胡适仍旧是一个热点。研究者们不再像以往那样关注胡适与杜威之间的共同点，而是关注他们之间的思想差异，提出一些创新的观点。顾红亮认为，中国思想家并没有照搬照抄杜威哲学，他们在许多问题上对杜威哲学做了取舍，甚至误读。胡适和陶行知等人带着传统的眼光审视、阅读杜威哲学，既有自觉的层面，又有不自觉的层面。从不自觉之维看，受到前理解结构的制约；从自觉之维看，他们努力阐释杜威哲学和传统之间的变革和沟通关系，从传统的视角来选择、过滤、补充杜威哲学，用传统思想衔接杜威哲学。张汝伦认为，胡适和杜威在一些基本原则上有根本的差异。胡适将杜威的实用主义化约为方法，并且同清代考据方法混为一谈，未达到真正的“视界融合”。与其说胡适对杜威哲学做了释义学的阐释，不如说他李代桃僵，在提倡实用主义的同时偷换了它的实质内容。对于现代性内在所包含的种种深刻的问题，胡适基本上没有察觉，同以现代性批判为基本取向的杜威哲学处于貌合神离状态。

四、中国马克思主义哲学研究的创新

在中国现代哲学史上，中国马克思主义哲学思潮、现代新儒家思潮、实证哲学思潮竞长争高，构成中国现代哲学的基本格局。近年来关于马克思主义哲学中国化的研究论著不算多，但也提出一些创新的观点。

张文儒和郭建宁把马克思主义哲学在中国的传播和发展划分为五个阶段：一是陈独秀、李大钊与马克思主义哲学在中国的初步传播阶段。陈独秀的代表作是《马克思学说》，李大钊的代表作是《我的马克思主义观》。他们处于转述马克思学说的阶段，许多见解是正确的，也有一些表述不十分准确与规范。二是瞿秋白与马克思主义哲学在中国的全面传播阶段。陈独秀和李大钊着重传播唯物史观，瞿秋白则比较全面地传播了辩证唯物主义和历史唯物主义。三是艾思奇与马克思主义哲学的大众化阶段。艾思奇著《大众哲学》是马克思主义哲学大众化的一个成功范例。四是李达与马克思主义哲学的系统化阶段。李达著《社会学大纲》是中国人写的第一本系统阐述马克思主义哲学的教科书。五是毛泽东与马克思主义哲学的中国化阶段。毛泽东写出具有中国特色的《实践论》和《矛盾论》，提出实事求是的思想路线，提出军事辩证法、统一战线的辩证法、领导方法等实际工作中的辩证法。张文儒和郭建宁在《中国现代哲学》一书中，用专章对李大钊、陈独秀、李达、艾思奇、毛泽东的哲学思想做了评述。

宋志明认为，中国选择马克思主义哲学有历史必然性。在近现代中国，由于救亡运动与启蒙运动交织在一起，规定了启蒙主体的群体性，需要用马克思主义哲学的指导来解决民族动员、社会重建、现代化发展等问题。马克思主义哲学是重视社会发展的学说，为中国社会从传统的农业文明迈入现代的工业文明指引了方向，为中国社会发展提供了精神动力，这对于中国现代化发展是非常必要的理论指导。马克思主义在肯定资本主义社会化大生产的历史合理性的同时，也指出资本主义制度中社会化大生产与资本家所有制之间的矛盾，得出资本主义社会将被共产主义社会所取代的结论。这对处于发展中国家行列的中国来说，是一个极大的鼓舞。它帮助先进的中国人看到了未来，看到了希望，看到了自己的后发优势，树立起赶超西方发达国家的信心。在中国现代哲学史上，马克思主义哲学的传播曾出现三次高潮：五四时期、中国共产党建立初期、大革命失败以后。马克思主义哲学逐步同中国哲学相会通，同中国社会革命实践相结合，推动中国哲学发生根本的变革，形成中国马克思主义哲学思潮。这一思潮的历史发展轨迹，大体上可以概括为唯物史观的传播、规范化和通俗化进程、中国化进程三个阶段。在第一阶段，李大钊和陈独秀对唯物史观的传播，标志着中国无产阶级主体意识的自觉，为马克思主义哲学在中国的发展奠立了基础，为中国共产党的成立做了理论准备。在第二阶段，艾思奇写的《大众哲学》，运用人民大众喜闻乐见的形式和通俗易懂的语言，表达马克思主义哲学原理，取得了很大的成功，可以说是马克思主义哲学通俗化的典范之作。李达的《社会学大纲》理论水平最高，可以说是 20 世纪 30—40 年代中国马克思主义哲学规范化的典范之作。在第三阶段，毛泽东哲学思想是马克思主义哲学中国化的第一个成功的范例。具有深厚中国哲学素养的毛泽东，在革命和建设实践过程中，创造性地运用和发展了马克思主义哲学。他的哲学思想既属于马克思主义哲学体系，又批判地继承了中国哲学的优良传统，使之获得现代理论形态。*

---

* 本文原载《中国人民大学复印报刊资料·中国哲学》，2006（1），署名杜渐。

后 记

从 1979 年算起，我学习、研究和讲授中国现代哲学已经有二十多年了。这本书汇集了我多年积累起来的一些浅见。

1979 年，我考上吉林大学哲学系首届硕士生，攻读中国哲学专业，就开始学习和研究中国现代哲学。我的硕士论文的题目是《新理学简论》，以冯友兰的新理学为研究课题，开始步入中国现代哲学的研究范围。1983 年，我又考上中国人民大学哲学系首届博士生，专业依旧是中国哲学。我的博士论文的题目是《现代新儒家研究》，以梁漱溟、冯友兰、熊十力、贺麟等人的现代新儒学思想为研究课题。研究的对象虽然增加了，但仍未超出中国现代哲学的范围。

1986 年，我尚未毕业，就以博士生的身份为哲学系本科生讲授"中国现代哲学"这门课程。这是我第一次讲授中国现代哲学。在听过我的课的学生当中，现在有的已经当上教授了。毕业留校以后，我多次为本科生讲中国现代哲学，为研究生讲中国现代哲学专题研究。二十多年来，我研究的课题大部分都属于中国现代哲学的范围。已出版的著作主要有《现代新儒家研究》、《现代中国哲学思潮》(与赵德志合著)、《熊十力评传》、《贺麟新儒学思想研究》、

《冯友兰学术思想研究》(与梅良勇合著)、《20世纪中国实证哲学研究》(与孙小金合著)、《批孔和释孔——儒学的现代走向》(与刘成有合著)等，发表的论文也有数十篇之多。本书是对我多年的研究所做的一个总结。也许本书的一些观点不见得正确，但敢说都是我独立思考的结果，都是“自得之见”。我没有傍依任何学术权威，更不是从别人那里“拷贝”来的。既然是“自得之见”，难免有偏颇之处，敬祈读者教正。

本书是关于中国现代哲学的“通论”，不是“通史”。一般来说，通史的写法大都是按时间顺序叙述的，本书没有采取这种叙述方式，故称为“通史”不合适。本书把从1919年到1949年的中国哲学史看成一段完整的断代史，从整体的角度来把握，将主要内容概括为中国马克思主义哲学思潮、现代新儒家思潮、中国实证哲学思潮等三大思潮，对每一思潮分别加以论述，故称“通论”。

十分感谢本书的策划编辑李艳辉同志，她的雅意使本书获得出版的机会。

十分感谢本书的责任编辑胡明峰、杨宗元同志，他们的辛勤劳动，为本书增色颇多。

宋志明

2008年记于

中国人民大学宜园二楼思灵善斋

图书在版编目（CIP）数据

中国现代哲学通论/宋志明著.
北京：中国人民大学出版社，2008
（21 世纪哲学系列教材）
ISBN 978-7-300-09868-5

Ⅰ. 中…
Ⅱ. 宋…
Ⅲ. 哲学史-中国-现代-高等学校-教材
Ⅳ. B26

中国版本图书馆 CIP 数据核字（2008）第 164838 号

21 世纪哲学系列教材
中国现代哲学通论
宋志明　著

出版发行	中国人民大学出版社		
社　　址	北京中关村大街 31 号	**邮政编码**	100080
电　　话	010－62511242（总编室）		010－62511770（质管部）
	010－82501766（邮购部）		010－62514148（门市部）
	010－62515195（发行公司）		010－62515275（盗版举报）
网　　址	http://www.crup.com.cn		
	http://www.ttrnet.com(人大教研网)		
经　　销	新华书店		
印　　刷	北京七色印务有限公司		
规　　格	170 mm×228 mm　16 开本	**版　　次**	2008 年 12 月第 1 版
印　　张	18.5	**印　　次**	2022 年 5 月第 4 次印刷
字　　数	335 000	**定　　价**	48.00 元